LE DIXIESME LIVRE

d'Amadis de Gaule, auquel (con-
TINVANT LES HAVLTZ FAITZ D'ARMES
ET PROVESSES ADMIRABLES DE DOM FLORISEL DE
Niquée, & des inuincibles Anaxartes & la pucelle Alastraxerée sa
sœur) est traité de la furieuse guerre qui fut entre les Princes
Gaulois & Grecz pour le recouurement de la belle Helene
d'Apolonie. Et des auantures estranges qui suruindrent
durant ce temps. Traduit nouuellement
d'Hespagnol en Françoys.

ENVIE D'ENVIE EN VIE.

Auec priuilege du Roy.

A PARIS.

En l'Imprimerie d'Estienne Groulleau, demourant en la rue Neuue
nostre Dame à l'enseigne saint Ian Baptiste pres Sainte
Geneuiefue des Ardens.
1552.

Il eſt permis à Vincent Sertenas

marchant Libraire à Paris, faire imprimer & mettre en vente le Dixieſme
liure d'Amadis de Gaule, traduit d'Eſpagnol en Françoys: Et deffendu
à tous Imprimeurs, Libraires & autres marchandz, quelz qu'ilz ſoient,
imprimer ou faire imprimer n'expoſer en vente iceluy liure, iuſques à ſix
ans prochainement venantz, à compter du iour & date qu'il ſera acheué d'imprimer, ſur peine d'amende arbitraire applicable au Roy, & de
confiſcation des liures qui ſe trouueront imprimez par autre que par ledit
Sertenas & à ſon adueu: comme il eſt plus à plein contenu par lettres &
priuilege du Roy, donné à Paris le vingt troiſieſme iour de Mars l'an de
grace mil cinq cents cinquante. Signé par le conſeil, Buyer: & ſéellé ſouz
ſimple queuë de cire iaune.

Et fut acheué d'imprimer le treizieſme iour
d'Aouſt mil cinq cents cinquante & deux.

MA dame, le cours des influences celeſtes me rége maintenant d'obeïr à leur diſpoſition premiere faite de moy à
voſtre ſeruice vn iour qu'eſtát entré en voſtre chambre,
i'entendy du Seigneur de la Hunaudaye le propos que
luy en auiez tenu ſur ſa parole: dót il me remóſtra que le
labeur entier de mes muſes deuoit eſtre adreſſé à voſtre
nom vnique: comme à celle, de qui la grandeur ſeule le merite, ſans le bon
vouloir que (cóme experte es lágues & ſciences) portez à voz ſemblables,
iuſques à en departir à ceux que voyez ſeulement de franc cueur aſpirer à
l'amour de ſapience. Ie dirois que mon infortune, me tranſportant alors
trop loing de voſtre veuë, m'auroit deſtourné ceſt heur pour vn temps, li-
urant en autres mains tant la traduction des decades Romaines, que des diſcours Italiens formez ſur icelles, auec le traité Latin de l'vſage des chiffres.
Mais pluſtoſt ie repute à bonne encótre d'auoir ietté telz coups d'eſſay au
vent, pour me ſtiler & duire à pouoir apres dreſſer mon chef d'œuure à voſtre gloire & honneur. Non que ie vouſiſſe tenir encore ce romant Eſpagnol en tel conte, que i'y aye eſtendu tous les nerfz telz quelz de l'eſprit,
lequel ſeulement ay fait François pour m'exercer au lágage Caſtilan, comme aux deux autres: & ne va vers vous qu'en eſtat d'auant-coureur, eſperant bon recueil à cauſe du nom de Gaule qu'il porte, dót vous eſtes la premiere du ſang. Ie reſerue plus voluntiers toute ma reſte à employer au ſu-
iet ſerieux, veritable, & illuſtre de l'hiſtoire Françoiſe, contenant les geſtes & armes heroïques de voz fameux anceſtres. Laquelle (ſi ie ſentois le
moindre rayon de voſtre faueur ioint au zele naturel du païs qui nuyt &
iour me ſemble exiger quelque honneſte tribut de ma naiſſance) i'eſperois
traſſer pour le moins au net d'vn peu plus hardy pinceau, ſi ie n'auois la ſu-
fiſance d'y mettre la derniere main, & l'ombrager & reueſtir de ſes propres couleurs. Mais comme ceux qui tirent les figures geomátiques ne tié-
nent appuy, ne fondement, que ſur le mouuement du ciel, qui leur guide
& conduit la plume: auſſi telz ouurages ne peuuent eſtre menez à perfection, ſi quelque haulte puiſſance, ne preſte la main fauorable à l'ouurier
& entrepreneur. Vous me mettriez adonc (Ma dame) en paſſion du tout
contraire à celle de Tite Liue, s'eſiouyſſant du reſpit que luy dónoient les
premiers aages de la ville, à ne manier ſi toſt les carnages, pilleries & autres
horreurs enormes de ſon temps. Car mon cueur en celle hiſtoire láguiroit
ſur les vielz commencemens de deſir & affection ardente de voler iuſques
à voſtre ſiecle, pour ſe baigner en pleine ioye & lieſſe, deſcriuant les magnanimes empriſes & autant heureuſes conqueſtes de noſtre treſexcellent

á ii   Roy voſtre

Roy voſtre frere n'agueres en Boulognois, & Eſcoſſe, & auiourd'huy en la
Flandre & Lorraine auecque ſi brief & proſpere ſuccez (que lon peult ra-
menteuoir en luy la parolle de Sauanarolle au petit roy Charles)que Dieu
le mene par la main, & le ramene de tous ſes voyages: Voire,qu'a luy conuient proprement la deuiſe du grand Iules Ceſar . *Venu, ay veu, & vaincu,*
Ainſi qu'on doit eſperer par raiſon pareille conformité entr'eulx en l'effet
des haultes victoires: d'autât que Iules muny principalement de ſes legiôs
aguerries, & forces Françoiſes auec ſa bonne diſcipline militaire,reduit
l'Empire à ſon obeïſſance.Et fut il iamais memoire de meilleure ordônan-
ce & police de camp,ne de plus braues vieilles bandes (fuſſent les Phalan-
ges Macedoniques d'Alexâdre) ne de gendarmerie mieux en poinct & en
volunté?Pourquoy,ainſi acompagné,pourra moins que l'autre deffaire vn
Empereur, voire (comme iadis ſes predeceſſeurs)porter ſon nom & ſes armes iuſques aux plus loingtaines & belliqueuſes regions du monde ? Veu
meſmement que deſia toutes nations & ſeigneuries ſentans ſa felicité fata-
le, viennent de toutes partz requerir ſon amytié & alliance: tellement que
ſouz ſes fleurs de lis branle & marche à preſent, tant par mer que par terre,
preſque l'vniuerſelle puiſſance de l'Europe, pour l'expulſion de la tyrannie: comme verrez en ce dixieſme liure d'Amadis , qu'elle fut aſſemblée
deuant Conſtantinople pour le rauiſſement de la ſeconde Helene.Ie n'ou-
blirois alors(Ma dame)de blaſonner auſſi voz royalles vertus de toutes les
facultez de ma lâgue, pour môſtrer deux miroers de perfection d'vn ſang,
es deux ſexes, concurrens en vn meſme temps, reſplendiſſans ſur terre,ainſi
que les deux planettes du frere & de la ſeur luiſent au ciel par deſſus tous
les aſtres. Et commanderois à l'antiquité de ſe taire de Carmenta, Proba,
Sapho,& autres Dames doctes:& de Sulpitia & Claudia les pudiques, leſquelles voſtre clarté par trop obſcurcit & offuſque tant en la haulteur de
voz contemplatious qu'en l'atrempance & meſpris des pompes & delices
mondaines, dont leur moindre condition ne leur preſentoit ſi fort obiet à
combatre. Et venant à ceſte cronique , qui tant louë & magnifie ſon Oriane, Lucelle, Helene,Alaſtraxerée: Ie publieray hault & cler,que la grace,
maieſté, chaſteté, faconde de chacune , ſont en vous coniointes (Margue-
rite precieuſe)en vnion parfaite,par iuſte acord de voſtre nom au fait,qui,
comme la perle, excedez le pris de toutes autres,retenât ſa principale proprieté d'aymer ſingulierement le ciel , & (comme dit Pline) recognoiſtre
de luy tout voſtre eſtat & diſpoſition entiere.Or i'eſpere que ne dedaigne-
rez totalement ce fabuleux vulgaire des faitz & dictz inſignes de ces genti-
les Dames,& des geſtes merueilleux de maintz vaillâs Cheualiers:ains que
le prendrez pour deduit & recreation apres voz meilleurs liures Grecz &
Latins : Aumoins, quand vous ne voudriez ietter l'œil deſſus y ſouffrant
patiemment voſtre nom par ſon luſtre le ferez paſſer plus agreable entre
les mains des Gentilz-hommes & Damoyſelles qui n'ont pas eſtomac à
digerer plus graue & forte lecture: A l'intécion deſquelz ont eſté par bonne raiſon

ne raifon efcritz ces Romans, pour leur former vn exemple & patron de
Cheualerie, courtoifie, & difcretion, qui leur eleuaft le cueur à la vertu,
enfeignant les actes qu'ilz doiuent enfuyure ou euiter. Ce qu'ilz ne goufte-
roient fi voluntiers en plaine inftruction morale, non plus que les enfans
(comme dit Lucrece) vn bruuage medicinal, fi le bord du vaiffeau ne leur
eftoit oingt de miel, tel que leur eft l'apaft des comptes ioyeux d'auctures
eftranges, & amourettes femez parmy telles hiftoires. Quant à ceux qui
les defprifent, & reiettent par ce que le fubiet n'eft veritable : ilz blafme-
roient par mefme moyen la Cyropedie de Zenophon, les mufes d'Hero-
dote, les apologues d'Éfope, & toutes les tragedies & comedies comme fri-
uoles & inutiles : lefquelles ont tant efté aprouuées & honorées par la venerable antiquité. Mais que nous importe la verité ou faulfeté du fait, moy
ennant que les chofes foient pofsibles, bonnes & imitables ? l'aioufteray
d'auantage ce qu'ay ouy dire à quelques perfonnages de fçauoir rare & exquis: que tout ainfi que les fages anciens ont caché fouz fables de dieux, &
infinies fictions poëtiques la cognoiffance facrée des fecretz de nature (autremét, pourquoy euffent ilz celé l'inftitution de la vie & des meurs) côme
au labyrinthe du Minotaure, dragon des Hefperides, toifon de Colchos,
labeurs d'Hercules, & telles inuentions admirables. Ainfi en ont vfé les
Philofophes d'Italie, Apuleie en la metamorphofe de l'afne, Bocace en la
genealogie, & au philocope, Poliphile en l'hypnerotomachie. Ce qu'a-
uoient fait auant eulx en la grand' Bretaigne Merlin, Morgue, Zyrphée, &
autres fouz figure de charmes & enchâtemens de la table ronde, de la quefte du faint Greal, du palais d'Apolidon, tour de l'vniuers, fortereffes de
Phebus & Diane, & telles autres magies (dont ce liure eft remply) inuen-
tées & couchées par efcrit de telle grace, fuite & varieté, que tout bon entendement y trouuera occafion de douter quelque fens miftique : & ceux
qui aurôt leu la Cabale, ou Phifique occulte notée de telz enigmes & hie-
roglyphiques, par le confrontement & raport de leurs chiffres & characte-
res, les iugeront certainement auoir tous efté forgez en vn coing, comme
l'Abbé Tritemius le declare par fes Poligraphie & Steganographie, &
l'Hermite de Maiorque en fon Encyclopedie. Dequoy toutesfois (Ma dame) la refolution apartient à voftre fingulier iugement, s'il ne vous plaift y
apeller les fieurs, de l'Hofpital, voftre bon châcelier, & Perrot voftre con-
feiller (deux lumieres du Senat de Paris) lefquelz ne font feulement iuges
competens des controuerfes de droit (en quoy ilz ne cedent à Paule, ne Pa-
piniam) ains de toutes les difficultez plus arduës qu'on leur pourroit prefenter, mefmement de la prefente concernant les myfteres de la Poëfie, en
laquelle quand ilz fe veulent esbatre tiennent contrecare à Horace & Oui-
de. Mais à moy trop mieux fierra (laiffant queftions fi fantaftiques & efpi-
neufes) comparer par bon augure l'iffue du prefent mouuement de guerre
à celle qui en ce liure print fin par bons accordz & mariages des Princes &
Princeffes: croyant fermement que ce que les deftinées en ont iufques icy

à iij

retardé

EPISTRE DV TRADVCTEVR.

retardé & differé, a esté pour agrandir d'autant la consommation par l'acroissement de la grandeur de celuy de qui dependent voz esperances humaines. Dont l'ouuerture au iourd'huy se fait euidéte par conspiration des peuples pour sa Monarchie aufsi ample & superbe, que les veux mortelz oseroient conceuoir & souhaiter. Dequoy fortune (Ma dame) ne vous peult tollir ne diuertir le droit de communité, que nature vous y a donné: ains se iouëra pluftost à vous former paragon des heureuses princeffes (cóme l'eftes desia des vertueuses) aiouftant bien toft aux tiltres que vous auez de fille de Roy, & seur de Roy, deux autres pareilz de compagne & espoufe Royalle, & apres de mere: pour effacer en deux poinctz le los de la profperité de Lampido Lacedemonienne & de Berenice iugées par les Annales les mieux fortunées Dames de toute la memoire des hommes.

ENVIE D'ENVIE EN VIE.

I. G. P.

STEPH. PLANCH. SEZAN. I. C.

Hendecasyllabi.

Reſtabat ſuperandus alter orbis
Pellæo, nec adhuc putabat eſſe
Ad laudum cumulum ſatis ſuarum,
Harum non habuiſſe magnum Homerum
Præconem, vſque adeó probabat ille
Laudari egregij ſtylo poëtæ,
Et pingi artificis manu periti.

Reſtat magnanimo, piòque Regi
Henrico (hoſtibus & mari, atque terra
Fuſis, aucto etiam nouo orbe regno,
Libertate priore reſtituta
Germanis, reliquiſque fœderatis)
Virtutis, pietatis, & ſecundæ,
Fortunæ eximium inuenire teſtem,

Eſt quando ſine teſte manca virtus.
In re hac Gallia ne ſibi deeſſet
(Fœcunda ingenijs viriſque tellus)
Hunc nobis peperit, fideliorem
Ante non tulerat, mage aut diſertum.
Dicendis bene rebus aut gerendis
Natum eſſe ingenium videtur iſtud.
Quod ſi non mihi credis, hoc loquuntur
Illius monumenta doctiora.
(Quamquam te ſatis hæc docere poſſunt)
Quid non audeat erudita muſa
Fœlici in ſegete, & parata, inani
Tantum que potuit ſub argumento?

Q. B. L. B. V.

Παρθένον ὡς ἀδμῆτ' ἀδμήτων παρθενικάων
  Μάργαρί σε ζηλῶ εὔλογον ἦν σοφίην·
Ἀλλά σοι ἡ πρόφασις προσεχεστέρη ἐστὶ καὶ ἄλλη
  τῆς πρὸς διογενεῖς πιερίδας φιλίης.
Ἐκ Διὸς αἱ μοῦσαί τε, καὶ ἐκ Διὸς οἱ βασιλῆες,
  ὧν σὺ γένος θείας πρὸς πατρὸς ἐξεμάθης.

Ἰωάννου Αὐρατοῦ.

MARGARITAE INVICTIS-
SIMI HENRICI GALLIARVM REGIS
sorori.

Margari, quæ raris seclum hoc virtutibus ornas,
  Queis velut in suda Cynthia nocte nites,
Hæc tibi mellifluo profusa Gohorius ore
  Dedicat artifici scripta polita manu:
Tu facito, inuidiæ tetros contemnere morsus
  Sub clypeo tutus possit vt ille tuo.
Sic tibi contingat ventura in secula mitti,
  Semper & à sera posteritate coli.

Lucij Memmij Fremioti.

P. G. P.

Scit Thuscam, Hispanam, Gallam, Græcam atque Latinam.
Non totidem est linguis dignus ad astra vehi?

ODE.

A Madis
Que iadis
On vit eſtre
Tant adextre
Par les ars
Des Eſſars
Que i'honore,
Sembloit ore'
Moins parfait
A' l'effect
Et des armes
Et des Dames,
Par les ans
Trop nuyſans
A la grace
De ſa face
Et vigueur
De ſon cœur,
Ou s'aſſemble
Ce me ſemble,
Quelque ſoing
la teſmoing
Des années
Eſtonnées
Qui ont peur
Du labeur
Ou ſe dreſſe
La ieuneſſe.
  Mais les Dieux
Curieux
Que l'outrage
De noſtre aage
Ne fiſt tort
A' l'effort
D'vn tel homme,
L'ont fait, comme
Parauant,

Pourſuyuant
De la peine,
Par ta veine
Qui ſur tous
Tonne doux
Aux allarmes
Et aux larmes.
  Sus, ma voix,
Sus, mes dois,
Sus ma chorde,
Qu'on accorde
Ce vaillant
Bataillant
Qui reueille
La merueille
De ſes faitz,
Imparfaitz
Sans la dextre
Tant adextre
De celuy,
Dont ie ſuy
La faconde
Tant fœconde.
  Vous François,
Vous ainçois
Qu'enuironne
La couronne
Du Germain,
Toy Romain,
Toy que priſe
La Tamiſe,
Oyez tous
Le ſon doux
Que ma lyre
Veult elire,
Vous auſſi
Mon ſoucy,

Qui l'arene
D'Hypocrene.
Dedorez,
Adorez
L'erreur folle.
Qui m'afolle.
  Pour aux cieux
Voler mieux,
Ie ſouhaite
Du Poëte
Rauiſſeur
La douceur
Que les arbres,
Que les marbres,
Que les ours,
Que le cours
Des riuieres
Les plus fieres
Eſcoutoient,
Tant eſtoient
Ses merueilles
Nonpareilles.
  Et qui doncq'
Sentit oncq'
Sa penſée
Tant bleſſée,
Que l'aigreur
De ſon cueur
Ne s'egoute,
S'il eſcoute
Les douceurs
Des neuf ſœurs?
Sainte bande
Qui commande
Aux ruyſſeaux,
Aux oyſeaux,
Aux montaignes,
    Aux

Aux campaignes,
Et aux boys,
Dont la voix
Allechante
Qui enchante
Les espris
Bien apris
Noz cueurs touche
Par ta bouche,
Ou Python
Ce dit-on,
Et Mercure
Ont pris cure
D'instiler
Le parler
Qui l'oreille
Nous reueille.
O' si l'art
De Ronsard
Si bien i'eusse,
Que ie peusse
Du Thebain
Escriuain
Suyure l'ælle
Immortelle,
Sans la mer
Surnommer!
Le ciel more,
Et l'Aurore,
Le sommeil
Du Soleil,
Auecq' l'ourse,
Qui ma course
Borneroient,
Orneroient
Ta memoire,
Dont la gloire
Quelque iour
A' seiour

Fera bruire
Ceste lyre
De plus loing,
Si le soing
De l'orage,
Et la rage
Des proces
Pleins d'exces
Ne m'engoufre
Dans le gouphre
De fureur,
Dont l'horreur
Vehemente
Me tormente.
    Ia mes chants
Allechans
Donnoient place
A la chasse
Des ennuis
Ou ie suis,
Sans ton style
Qui distile
Ce doux miel,
Qui au ciel
Me repousse
Sur mon poulce
Fredonneur,
Qui l'honneur
De mon Loyre
Sur l'Iuoire
Va chantant,
Se vantant
De le faire
Aux Dieux plaire.
    Poursuy doncq'
Le vieil tronc
Par ses branches
Les plus franches
Reflory,

GOHORY
Dont la plume
Qui r'allume
Vn desir
Du plaisir
Qu'Amour porte,
Est plus forte
Que la mort,
Ny le sort,
Ny les signes,
Ou racines
Qui ont eu
La vertu
Dont Medée
S'est aydée
Sur les corps
Demy-mors
De vieillesse,
Qui delaisse
Tout ainsi
Cestuy cy
Que ton liure
Fait reuiure,
Qu'vn serpent
Doux-rampant,
Qui sa robe
Se desrobe,
Dressant l'œil
Au Soleil.
    Lors il tourne
Et retourne
Son beau rond,
Et d'vn front
Plus superbe
Va glissant
Dessus l'herbe
Verdissant.

COELO MVSA BEAT.

Ode

ODE PAR MARC ANTOINE DE MVRET
AV SEIGNEVR IAQVES GOHORY, SVR LA
traduction du Dixiefme d'Amadis.

Laißés le double coupeau,
Mufes, celefte troupeau,
Et venez voir la merueille
D'vn de voz plus fauoris
Qui du millieu de Paris
Toute la France reueille.

   Courés pour m'acompagner
A fon grand renom bagner
Dans voftre fainte fontaine:
Decochés voz trais diuers,
Et lancés par l'vniuers
Sa louange plus-qu'humaine.

   Comme l'aftre flamboyant,
Qui, par le ciel tournoyant,
Les faifons de l'an compaße,
Au iour d'efté le plus beau,
Dardant en bas fon flambeau
Toute autre lumiere efface:

   Ainfi Gohory ton los,
Qui n'eft d'autre terme enclos,
Que du ciel, qui s'en etonne,
Fait tout autre euanouïr,
Et plus loing fe fait ouïr
Que Iupiter, quand il tonne.

   Qui en la gaye faifon,
Lors que la terre à foifon
Etalle aux cieus fa richeße,
Et que Progné par les chams
Renouuelle les vieus chans
De fa plaifante trifteße.

   Pourra d'ordre blafonner
Les fleurs qu'on voit boutonner,
Sur le giron de la prée,
Il pourra conter les fleurs
Et les näiues couleurs,
Dont ton œuure eft diaprée.

   Et qui de la haute mer
Pourra tous de renc nommer
Les peuples portans ecailles

Il pourra conter les trais
Tant beaux & tant bien pourtrais
Dont tes ecris tu emailles.

   I'y voy pourmener deus dieus
D'vn cofté le furieus
Que la Trace adore & clame,
D'autre cofté Cupidon
Qui de fon brillant brandon
Les plus rudes cueurs entame.

   L'vn va fa maße rouant,
Et par terre tout ruant
Paue de mors la campagne
Et tirant par fes effors
Le tiede fang des plus fors
Dans rouges ruißeaus fe bagne.

   Deuant fa roide fureur
Vn chacun tremble d'horreur
Et de frayeur violente,
Lui à grans cous etourdis,
Moißonnant les plus hardis,
Tout fon harnois enfanglante.

   Autour de lui font volans
Les courrous trop violans
Et l'ardent defir de gloire:
Puis Alecto rugißant,
Et apres d'vn pas glißant
Vient l'inconftante Victoire.

   Mais le Dieu en Cypre né
Branlant vn trait empenné
D'efpoir qui les fols affronte,
Deçà delà voletant
Naüre des cueurs tant & tant
Qu'on n'en peut tenir le conte,

   O noble prince Amadis
Repren ton taint de iadis
Et derride ores ta face:
Voy comment par ceft auteur
Le renom de ta hauteur
Les eftoiles outrepaße.

Et vous

Et vous François valeureus,
Qui sous Henry prince heureus
Prince impacient d'iniure,
Vengés les tours inhumains
Fais à voz freres Germains
Par Espaigne la periure.
 Lors que voz membres dispos
Demanderont le repos
Lisés d'icy quelque page
Pour y voir de voz beaus fais
En mos exquis & parfais
Au vif depeinte l'image.
 Dames, qui des doux assaus
Qu'Amour liure à ses vassaus
Vous sentés epoinçonnées,
Si quelque desir vous point

D'entendre de point en point
Ses plus subtiles menées,
 Gettés ces yeus langagers
Ces yeus priués messagers
De voz secrettes detresses
Sur ce liure, & ie m'atans
Que dans vn bien peu de tams
Toutes y serez maistresses.
 Et toy mon vers haut-bruyant
D'vn pied roidement fuyant
Vaten corner cette gloire
Fay qu'on oye à cette fois
Le bruit de ta douce vois
De l'vne à l'autre gent noire.

ATANDANT MIEVS.

CL. COLET CHAM-
PENOIS, CONTRE AVCVNS
mesdisans de l'histoire
d'Amadis.

Ou estes vous ignorans, estourdis,
Qui detractez, sans aucune aparence,
Des beaux discours du Gauloys Amadis
Et de ceux là qui le font viure en France:
Goustez icy la diuine eloquence
Le stile doux, la grace & la faconde
De Gohory, & le fruict qui abonde
Souz ce discours (dont la perfection
Tire vn chacun en admiration)
Alors ie croy, si aueuglez vous n'estes,
Qu'il vous fera changer d'opinion,
Et retracter voz mesditz deshonnestes.

TVTTO PER IL MEGLIO.

ẽ ij   Il libro

IL LIBRO ALLA MARGARITA DI
FRANCIA SORELLA DEL GRAN RE.

O' gemma, ó fior che fate gran vergogna
All' Indo, al Tago, all' April all' Aurora:
Quel mio Signor, che voſtro eſſer agogna,
Del nome voſtro la mia fronte honora:
Non per dar luſtro e lume alla menzogna,
M'al mio parlar, ch'ogn'huom di laudi indora,
E per moſtrar ch'il chiaro nome voſtro
Da polſo, e lena, al ſuo fecondo inchioſtro.

Cœlum non ſolum.

I. P. P.

Ne iugez pas (lecteurs) par ceſte eſcorce
De ſtile doux, tout le pouoir & force
De l'ame heureuſe ou croiſſent plus beaux fruitz
Qui en lumiere vn iour ſeront produitz.
Mais bien ſachez qu'en ſe iouant, il fait
Mieux que maint autre en ſon labeur parfait,
Comme Bocace en ſes comptes menteurs
A paſſé tous les Thuſcans orateurs.
Or comme on dit que Ceſar euſt fait taire
Marc Cicero s'il n'euſt eſté au faire
Autant donné que l'autre au dire eſtoit:
Pareillement ſi l'auteur arreſtoit
Son long eſtude en l'art de l'eloquence,
Comme il l'employe en toute cognoiſſance
Des haultz ſecretz de Nature, à bon droit
Des bien-diſans le pris emporteroit.

Enſuyt la Table des matieres

CONTENVES DANS LE DIXIESME
LIVRE D'AMADIS DE GAVLE.

Et premierement.

ẽ iij les Grecz

Fin de la Table du dixieſme liure d'Amadis de Gaule.

FAVLTES D'IMPRESSION PLVS NOTABLES, QVI SE
trouueront en d'aucuns de ces exemplaires. Premierement.

Fueil. 4. page 1. ligne 1. voulans, liſez voulant.
A la meſme page, ligne 17. s'entrecnntoient, liſez s'entrecontoient.
La meſme, ligne 20. Siline, liſez Siluie.
La meſme ligne 22. que vous chantez, liſez que tu chantes.
Au meſme fueillet pag. 2. ligne 37. qui les ventz, liſez que les ventz.
Fueillet 6. page 2. ligne 14. le bien, liſez le lien.
Fueillet 19. page 2. ligne 10. courât, liſez picquant.
Fueil. 32. pag. 1. lig. 11. des vengeans, liſez vengeâces.
Fueil. 36. pag. 2. ligne 4. vn peu repos, liſez vn peu de repos.
Fueil. 4. page 1. lig. 13. & monſtrant, liſez monſtroit.
Au meſme, page 2. ligne 40. doter, liſez douër.
Fueil. 41. page 2. ligne 6. belles accurres, liſez beaux arceaux.
Fueil. 49. pag. 1. lig. 3. diuerſifere, liſez diuerſifiée.

Fueil. 55. pag. 1. lig. 10. à dit, liſez luy dicta.
Fueillet 56. page 1. ligne 19. auoit laiſſé, liſez auoit porté.
Fueillet 64. page 2. ligne 29. rompture, liſez routure.
Fueil. 65. page 1. ligne 19. conflit, liſez côflit.
A la meſme page, ligne 40. de tel cueur, liſez tel cueur.
Fueil. 68. page 2. ligne 32. fendit la piece, liſez la preſſe.
Fueillet 70. page 1. ligne 39. promettoit, liſez proiettoit.
Fueil. 89. page 1. lig 9. laquelle &c. liſez qu'il bailla à ſon Eſcuyer pour la porter à la Royne.
Fueil. 107. page 2. ligne derniere, qui leur auoit faite les oſtant ſi toſt de leur paradis.

FIN.

Le dixiesme liure d'Amadis de

GAVLE, AVQVEL (CONTINVANT LES HAVLTZ

FAITZ D'ARMES ET PROVESSES ADMIRABLES DE DOM FLORI-
sel de Niquée, & des inuincibles Anaxartes & la pucelle Alastraxerée
sa seur) est traité de la furieuse guerre qui fut entre les princes Gaulois &
Grecz pour le recouurement de la belle Helene d'Apolonie. Et des a-
uantures estranges qui suruindrent durant ce temps . Traduit nouuellement d'Hespagnol en Françoys.

Comme les nouuelles de l'auen-

ture du Tref & estrif (autrement dit la Tente & contention) vindrent à
la nef des Princes Florisel de Niquée, & Falanges d'Astre: lesquelz
allerent à l'espreuue couuertz & desguisez, & de ce
qui leur auint en chemin.

Chapitre   Premier.

Ous auez peu entédre par le discours du liure precedant, comme le vieil Cheualier de Chipre conduisoit par païs la Tente de cristal enchantée : en laquelle on voyoit vne Pucelle de grand' beauté, assise en vne riche chaire, gar-nie de deux coronnes, l'vne pour la Dame qui se presen-teroit, acóplie en toute perfection de nature: l'autre pour le Cheualier qui de l'espée fermant la porte double , vaincroit les quatre

A   freres

freres tous femblables de forme,contendãs entre eulx de la preéminéce de
fon amour.Or eftoit lors celle Tente arriuée au Royaume de Niquée, auquel la tempefte auoit ietté la nef feule,ou eftoiét les princes Florifel & Falanges, auec les Dames Alaftraxerée,Helene, & Timbrie,ayant efcarté en
mer le refte des vaiffeaux de leur fuitte, hors de la route qu'ilz tenoient
vers Conftantinople. Mais gueres ilz n'eurent feiourné en ce port quand
ilz entendirent les nouuelles de la Tente charmée. Si deliberent enfemble
d'en aller efprouuer le fort, toutesfois le plus couuertement qu'il leur feroit pofsible: c'eft à fçauoir les deux Princes & Alaftraxerée armez de toutes pieces , & Helene & Timbrie ayans la face couuerte de crefpines d'or,
efpeffes de force riche garniture . En ceft acord defcendirent incontinent
en terre, commendans à Darinel (aufsi defguifé) de donner ordre à leur e-
quipage pour le iour enfuyuant , auquel ilz monterent à cheual . Et fi toft
qu'ilz entrerent en la campagne, la princeffe Alaftraxerée (qui moins n'e-
ftoit faconde que vaillante & belle) premiere leur entama ce propos ioyeux. Ie fçaurois voluntiers, mefsieurs & mes Dames, quel prefent vous me
voudriez faire, à fin que ie n'vfaffe que de l'vn de mes eftatz en cefte entreprife , & que par ce moyen quelqu'vn de vous gaignaft partie de ce hault
pris. Le prince Falanges ne fut fourd à cefte demãde, luy refpondant.Ma
Dame, ie fçay bien que ce n'eft à moy que ce langage s'adreffe, qui n'ay ri-
en dequoy entrer en partage auec celle qui a daigné receuoir mon tout.
A' ah (dift lors Timbrie en fouriant) Cheualier eft-ce la faueur que me re-
queriez en cefte auenture, veu que la part de vous,dont ie faifois eftat,s'eft
ainfi allé rendre quant & fon tout. Ma Dame (refpondit il) eftant venu en
voftre puiffance defnué de tout le mien,ie fuis excufé du tort que m'impo-
fez de reuoquer le don que vous aurois fait . Helene qui auoit affez prefté
l'aureille à leur debat,leur dift alors:N'entrez ie vous prie plus auant en ce
difcord: car ie croy que ne cóquerrez plufgrand' part de ceft honneur, que
celle que le prince Florifel &moy vous taillerós.Et fi pour vous iouër tour
d'amis,vous otroyons liberalemét le droit d'encommencer l'efpreuue.Ma
Dame (dift Florifel) ie ne vous oferois defauouër de parole que portez tãt
à mon auantage . Ce fera donc à vous de la maintenir par raifon contre ces
Dames, me laiffant la charge de le mettre en effect en temps & lieu . Non
non (replique Alaftraxerée)feigneur Florifel fi ie n'eftois en habit de Che
ualier ie ne lairrois ainfi paffer les paroles de voftre maiftreffe . Et d'autre
part fi ie n'eftois femme aufsi peu foufrerois-ie la brauerie de voftre refpóce pour ma beauté : parquoy ie fuis deliberée de quiter les armes à Falanges, qui emportera fur vous la gloire de prouëffe, à fin de faire rédre à Helene celle de beauté entre mes mains . Lors Florifel à fa contenance vn peu
courroucé luy dift: Quant à l'honneur de Cheualerie, qu'aurez vous fait,
le faifant liurer à celuy à qui en eft deu l'hommage? mais au regard du pris
des Dames, pas ainfi ne le confentiray, m'affeurant qu'elle releuera autant noftre honneur de fon cofté, qu'il aura efté foullé du mien . Darinel

voyant

voyant la meſlée entr'eulx ſi forte, tout beau (diſt il) meſſeigneurs, i'ay
trouué vn expedient pour vous apointer. Siluie ma maiſtreſſe eſt là, qui
par ſon excellence vous mettra hors d'vn debat ſans doute, & ſa veuë mettra en mon cueur telle magnanimité, que ſi i'ay loy de prendre les armes,
ie vous depeſcheray de l'autre. Puis la diſcretion de ma dame Timbrie a-
cheuera la tierce part de l'auenture. Timbrie alors cóme picquée de ce que
ſouz l'emmiellement de prudéce, il la tiroit hors du rang des belles. Vraye
ment (diſt elle) ie croy que voſtre maiſtreſſe y ruëra grand coup. Vous n'a-
uez pas veu (reſpond Darinel) quelle elle eſt au pourtrait qu'en ay figuré
en ma teſte par mes contemplations, lequel rebat en moy du miroër de
mon eſperit, & lance les rayons dont ie ſuis enflambé ſans relaſche. Ce propos eſmeut grand riſée entr'eulx, & telz les continuërent en toute gayeté,
iuſques à ce qu'ilz aprocherent de la fontaine des amours d'Anaſtarax:
ayant le Soleil deſia couru la moytié de ſa iournée. Là ilz aperceurent vne
grande troupe de Cheualiers & Dames qui montoient ſur les cheuaulx &
pallefrois: parquoy de paour d'eſtre congneuz ſe deſtournoient du chemin, ſi vne Pucelle de ceſte compagnie ne leur euſt tranché en diligence,
laquelle apres vn ſalut courtois leur diſt: Seigneurs Cheualiers, ſi vous tour
nez à coſté pour n'eſtre deſcouuertz, ie croy qu'icy vous conuiendra changer propos, & faire ce que ne voulez: car là y a vn Cheualier qui vous má-
de par moy, que ſeuremét vous pouez aller refraiſchir à la fontaine, moyé-
nant que n'en partiez ſans congé prendre par vn coup de lance qu'il vous
veult dóner, pour faire cognoiſtre que ce n'eſt crainte ne laſcheté qui vous
tire hors des grádz chemins. Damoyſelle (reſpód Alaſtraxerée pour tous)
le Cheualier qui vous enuoye vers nous eſt (à ce que ie voy) bien autant
affamé de la iouſte, que nous degouſtez de luy faire ſentir qui nous ſommes: mais puis qu'ainſi va, dites luy qu'il trouuera icy les mains pleines, &
dequoy remplir les yeulx, qui luy voudroit faire grace de la veuë, ce que
ie ne conſentiray de peur de vous faire autant de tort qu'il nous en pour-
chaſſe. La pucelle retourne auec ſa reſponce, & Alaſtraxerée la voyant e-
longnée, leur diſt: Vous m'auez fait vn paſſedroit que ie n'ay oublié, de có-
mencer l'eſſay du Tref enchanté, duquel i'entendz vſer à ceſte heure en l'e-
ſtrif, ſi m'en laiſſez conuenir contre ce braue Cheualier. Ma Dame (diſt a-
lors Falanges) ie ne croy pas qu'il y ayt perſonne d'entre nous qui n'atende
l'iſſue de ce combat, telle qu'on doit eſperer de voſtre tant vertueuſe que
heureuſe main, mais l'heur qu'il ne ſentiroit moindre d'eſtre vaincu par
vous que vainqueur d'autres, me rend ialoux & enuieux de ſon bien. Pour-
ce vous ſuplie ne faire ceſt hóneur par voz mains à qui il n'eſt pas deu, ains
en laiſſer la charge aux miennes obligées perpetuellement à voſtre ſeruice.
Monſieur (reſpond Alaſtraxerée) ie prendz voſtre courtoiſie en bonne
part: mais quant à la gloire que ne voulez qu'il recoyue de moy en ſon deſ-
auantage meſme, n'en ayez mal à la teſte, ceſt armet l'en priuera du tout,
en deſcouurát ce qui demeure reſerué à celuy qui ſeul l'a peu meriter en ce

A ii   monde.

monde. Sur ce deuis fortit d’aupres la fontaine vn Cheualier de fort belle
taille, la lance au poing, groffe, au fer trefluifant, qui fembloit venir bien
entalenté de la ioufte. Si toft qu’Alaftraxerée le voit, prend la fienne & va
vers luy au pas de fon cheual, & quand ilz furent affez pres, l’autre luy dift:
Cheualier (cuidant parler à homme) voftre refponce a tellement rechargé
ma demáde que ie viens au hazard des armes, en efpoir de celuy de la veuë
qu’auez mis en auant. Nous en fommes (dift la Princeffe) venuz à l’experience, fi en voyons l’effeƌt. A̓ ce mot fe reculerent, puis reuindrent les lances baiffées, couuertz de leurs efcuz fe rencontrer de toute la puiffance des
cheuaulx, fi viuement que les lances volées en efclas, ilz s’entreheurtent &
verfent par terre eulx & leurs maiftres: dont Alaftraxerée fe releue legerement pleine de maltalent pour le mefchef qui oncques ne luy eftoit auenu,
& l’efpée nuë à la main marche contre fon aduerfaire qui ia eftoit debout,
auffi honteux qu’elle de fon infortune. Lors commencerent entr’eulx vn fi
cruel & perileux combat qu’en peu d’heure ilz dehacherent leurs harnois
en maintes pieces, & les taignirent de leur pur fang dont refterent trop e-
fpouentez, tant eulx de la vertu l’vn de l’autre, que tous ceux qui les regardoient, fpecialement Falanges à qui tel ieu ne plaifoit gueres. La Princeffe
fort indignée de fe veoir en ceft eftat, fentoit vn grief creuecueur de la longueur du conflit, qui les contraignit à la fin de fe departir pour prédre haleine, & bien affermoient les regardans que c’eftoit la plus eftrange & furieufe charge que iamais ilz euffent veuë de deux champions, lefquelz ayans l’œil l’vn fur l’autre. Alaftraxerée fe print à dire à part elle. O̓ Mars
Dieu belliqueux ? à qui peut auoir efté preftée ta force nompareille, pour
eftre ainfi employée contre ta propre fille? dea fi c’eft toy mon pere que ie
tiens icy deuant moy, ie te fuplie ne me tenir plus longuement ta diuinité
couuerte, non que frayeur aucune du danger prefent me tente le cueur (que
la mort mefme ne fçauroit eftonner) mais pour ne perfeuerer en cefte offence contre toy, & referuer l’effort de mes bras à execution plus iufte, cótre les tyrans & monftres de la terre, fans le rompre contre toy, & brifer
par vaine violence cóme le fer fur l’enclume. Le Cheualier ne faifoit moindres exclamations de fon cofté, leur eftát bien auis, & à ceux qui les veoiét
qu’impofsible feroit que leur combat print autre fin que celle de leurs vies,
neantmoins ilz recommencerent leur efcrime trop plus furieufe que parauant, voire de telle afpreté & viftefse, qu’euffiez iugé du iour n’auoir rué
vn feul coup, & comme ilz alloiét renforçant le chamaillis de plus en plus,
voicy arriuer en ce lieu grand’ compagnie de Cheualiers & Dames, dont
les chefz eftoient les princes Amadis de Grece, & Anaftarax, auec le preux
Birmartes, & la princeffe Niquée, & Siluie, auec la grand’ royne Zahara,
& la belle Onolorie, lefquelles auoient tiré ces feigneurs hors du chafteau
de l’enfer d’Anaftarax, pour aller veoir l’auenture du Tref & eftrif, & defia auoient feiourné enuiron huyt iours en cefte contrée, l’ayant trouuée
fort plaifante & delicieufe. Arriuez doncq’ cefte part, furent grandement
efmer-

eſmerueillez de l'eſtrange rigueur du combat, & s'enquirent d'aucunes de la troupe qui eſtoient les Cheualiers du conflit, deſquelz toute l'aſſemblée eſtoit ſi eſmeuë en deſirs & regretz. Ceux à qui ilz s'adreſſerent ne les cognoiſſans, s'eſtonnerent tant de la graue repreſentation des ſeigneurs, que de la ſinguliere beauté des Dames, & leur reſpondirent que les deux combatans leur eſtoient incongneuz, mais l'ocaſion du combat ilz leur dechifrerent en brefz motz : d'autre coſté les Cheualiers & Dames deguiſées demanderent au prince Floriſel qui eſtoient les ſuruenans, lequel leur en rendit bon conte, dont il mit Helene en grand trouble d'eſperit meſlé de pareille ioye pour la preſence de ſes parens : mais elle entra en grande admiration de la Princeſſe Niquée, qu'il luy ſembla que nature euſt formée pour vn chef d'œuure de perfection extréme. Eſtant donc ainſi ſpectateur de ce camp ſi cruel, ne voyant aucun moyen pour les departir, & Alaſtraxerée irritée de honte nouuelle à cauſe des ſuruenans, deſcharge vn ſi peſant coup ſur la creſte de l'armet de ſon ennemy, qu'elle luy fit poſer vne main en terre, mais il ſe redreſſa auſſi toſt, & en rādit à la Princeſſe le change d'vn autre en pareil endroit, tel que ſans la bonne trempe de ſon heaume, il luy euſt pourfendu la teſte, & de la rudeſſe merueilleuſe du coup l'eſpée rompit, le heaume ſe decloua & tomba, elle meſme ploye vn genoil iuſques en terre. Incontinent que les Princes aſſiſtens luy virent le chef deſcouuert eſtimerét que c'eſtoit Floriſel, dont ſe iettent à pied à grand haſte, trop indignez de le veoir ainſi atourné, & Niquée ſur tous. Mais le Chevalier à qui elle auoit affaire la recongnoiſſant beaucoup mieux, fut ſaiſi au cueur de grand aiſe, nonobſtant le deul qu'il portoit de l'auoir inſciemment ſi mal traitée, & courut à elle pour l'embraſſer amyablement, mais elle qui le iugea venir aux prinſes pour la perte de ſes armes, luy tira vn coup ſur l'eſpaule dextre fort dāgereux, ſi luy qui y prenoit garde ne l'euſt fait gliſſer en gaucheant : puis auant que luy donner loyſir de redoubler, luy ietta les bras au col, eſcriant: O' ma Dame & ſeur germaine quel deſaſtre m'a guidé par voye ſi inhumaine à voſtre tant deſirée rencontre? qu'il nous ayt falu achepter ceſte veuë au pris de noſtre ſang, & eſprouuer entre nous noz forces tant experimentées contre les autres ? O' dieux ? ie vous rendz graces, que d'vn ſi rude coup de mon eſpée auez donné tel ſecours à noz vies. Alaſtraxerée qui l'auoit auſſi lyé de ſes bras, & s'esforçoit de l'abatre à tour de lutte, quand elle entendit ce langage, mit la main à ſon armet qu'elle luy deſlace. Lors recogneut le vaillant Anaxartes ſon frere, qui eſtoit le comble de tous ſes deſirs, lequel (comme auez entendu par l'auant cours de l'hiſtoire) depuis qu'il partit d'auec la princeſſe Oriane, auoit paſſé par maintes fortunes dures & eſtranges, iuſques au iour de ceſte rencontre, & s'en alloient en habit couuert à la Cité de Niquée le roy Artiſes, la pucelle Artemire, & luy, en intention de tanter le ſort de la Tente. Ainſi, voyant venir les autres ſeigneurs & Dames deguiſées, les auoient par gayeté ſemondz de la iouſte, ne penſant que le ieu deuſt tourner en ſi faſcheux

A iii   termes,

termes, iufques à eftre dechiquetez de tant de playes, vray eft qu'elles e-
ftoient petites, à caufe de la bonté de leurs harnois. Quand doncques la
Princeſſe le congneut, pleurant de ioye, luy diſt : A' à monfeigneur & frere trefcher ie vous fuplie me pardonner cefte offence, dont ay fouffert quất
& quant bóne punition. Ie ne vous fçaurois exprimer fuffifamment la mil-
leiefme part de l'aife que cefte recognoiffance aporta à la compagnie, &
principalement à la Royne leur mere, laquelle hors de foy d'abondance
de plaifir, les va acoller la larme aufsi à l'œil, & ilz luy baifent les mains,
tous rauis de ioye. Vous pouez ymaginer quel contentement luy pouuoit
eftre de voir fa fille, qu'auant ce iour elle n'auoit iamais veuë, & la voir en
telle perfection, tant de beauté que de prouëſſe. Dieux immortelz? diſt elle, que de faueur ie fens maintenant que m'auez prefté, m'eflifant à pro-
duire fur terre ce double parragon de toute grace & vertu humaine. Les
autres feigneurs & Dames la prefens, les vindrent careffer, & arraifonner de
tant de propos que ma plume ne pourroit fournir à les defduire. Bien vous
dy, que le prince Falanges ne fut le plus mal party de gloire & de lyeffe, &
fe fuſt voluntiers donné à cognoiftre à la royne Záhara, & au feigneur A-
naxartes, fans le refpeét qu'il eut de ne decouurir leur fait. Mais Florifel, &
les Dames eftoient en grand doute, craignans qu'Alaftraxerée (tranfpor-
tée de ioye) s'oubliaſt tant, qu'elle declaraſt qu'ilz eftoient, laquelle (comme bien auifée) quand on le luy demáda, refpondit qu'elle ne les cognoiffoit, & les auoit rencontrez affez pres de la, allans (à ce qu'ilz difoient) à
l'effay du Tref & Eftrif, & fe tenans toufiours couuertz, eftoient arriuez
enfemble en ce lieu : parquoy fe deporterent de s'en enquerir plus auant.
Mais le roy Artifes & la pucelle Artemire venans en cognoiffance, furent
plus que bien recueillis, fi apliquerent quelque leger apareil aux playes des
deux champions, & prindrent le chemin de la ville, ou ilz furent receuz &
traitez en grand magnificence, mefmement la princeffe Alaftraxerée, qui
de fa grace naïfue atrayoit fus elle les yeulx de grandz & petitz. Ce iour, en
cófideration des naürez on fit furçeoir l'efpreuue de la Tente. Et peu apres
que les chirurgiens furent fortis de leur chambre, tous les Princes & grans
Seigneurs les allerent vifiter. Lors Alaftraxerée (apres auoir tenu long téps
fon regard fiché fur le roy Amadis) adreffa à luy fa parole. Roy fans per, le
bruit de tes vertuz incroyables, me contraignent à defgorger en cefte compagnie, la conception que i'ay de ta grandeur, laquelle à monftré fa prouëffe, à dompter les plus fiers, fa clemence, à foulager les vaincus, fa iuftice,
enuers fes fubietz, fa courtoifie, à l'endroit des Dames. Dequoy i'ay icy tất
de tefmoings, que ie fuis excufée de plus ample recit. Au moins rendray-ie
grace aux Dieux, d'auoir tant fauorifé noftre fiecle, que de l'aorner d'vn
tel Soleil, des rayons duquel fort la lumiere & fplendeur de la Cheualerie.
Le Roy receut grand plaifir de fa harangue, laquelle il paya fur le champ,
en pareille monnoye, difant : Ma Dame, les vertuz que m'atribuez ie con-
fefferois hardiment n'eftre pas en moy, fi ie ne les cognoiffois voftres : parquoy

quoy voulans vſer de largeſſe enuers moy, me les pouez donner, comme
choſe dont la proprieté vous eſt acquiſe. Et ne craindray d'ofencer les aureilles de ceſte aſsiſtance, vous blaſonnant la fleur des Dames, & le miroir
des Cheualiers: veu que de plus que vous, eulx & elles ne ſe voudroient vâ-
ter: mais vous portez le chapeau tyſſu de toutes leurs fleurettes, ayant en
vous les graces & vertuz des vns & des autres enſemble: leſquelles ont forcé ma volunté de m'abandóner pour ſe rendre voſtre, à fin que l'employez
mieux vous meſmes en voſtre ſeruice, que ie ne ſçaurois eſtant demeuré
mien. Sur ce propos, entrerét en la chambre la royne d'Argines, & Alquif,
auec Vrgande. Adonc Alaſtraxerée s'auiſa de faire apeller le maiſtre d'ho-
ſtel, qu'elle pria en ſecret de loger honorablement les Seigneurs & Dames
venuz en ſa compagnie, combien qu'ilz ne fuſſent de ſa congnoiſſance. Ce
qui fut fait, & ainſi paſſerét la iournée les vns auec les autres, en toute lieſſe & reiouïſſance. Les deux bleſſez garderent le lict iuſques au cinquieſme
iour qu'ilz ſe leuerent: dont fut arreſtée au lendemain l'experience de la
tente. Or ceux à qui la longueur du delay ennuyoit le plus, eſtoient Floriſel & Timbrie, qui ſur la crainte qu'ilz auoiét d'eſtre cogneuz, s'entrecnntoient maintes ſornettes: meſmement Darinel qui en eſtoit le maiſtre luy
diſoit: Monſeigneur vous ne conſiderez point le deuoir que ie fais de peur
que ſoyez deſcouuertz par moy, qui voy ma dame Siline preſente, & la laiſ
ſe ſans parler à elle. Comme eſt il poſsible (diſt Timbrie) ce que tu diz Darinel, que tu la laiſſes, veu que vous chantez tous les iours.

Iamais ne m'eſlongne d'elle,
Et vois touſiours hors de moy,
Pour eſtre en elle à requoy.

Ma Dame (reſpond Darinel) bien le puis dire ſans m'entretailler, ſelon
le priuilege d'Amour, qui nous maintient entre peine & lieſſe, auant la
iouïſſance, car ie porte iour & nuyt l'ymage de m'amye que i'ay forgée en
mon ceruean, laquelle paiſt mon ame de force menuës penſées: mais aprochant de ſa preſence (d'ou eſt né ce fantoſme) ie ſens vn autre plaiſir plus
certain, duquel le fruict ſe perd en ſon abſence, autremét de la laiſſer, mon
cueur ne ſe conſentiroit iamais auſsi qu'il me faudroit emprunter la beauté
de monſeigneur Falanges, pour cauſer telle enuie de ma perſonne, que ie
fuſſe ſouuent receu au change. De ce Timbrie ſe print à rire, diſant: Il pert
bien Darinel que ſçauez les muances du ſeigneur Falanges, puis qu'en oſez
faire telle comparaiſon. Ma Dame (reſpondit Falanges) ie vous aſſeure
que mon cueur ne fut iamais variable ne vagabód hors du lieu ou il ſe deuoit arreſter. Ie ne ſçay qu'il en eſt (diſt elle) mais ie iuge Darinel l'vnique,
vray, & loyal amant qui iamais n'a eſté au châge. I'en apelle (diſt Floriſel)
& croy que ma Dame ne me ſouffrira ainſi exclurre hors du nombre des
feaulx amátz, ayant touſiours poſſedé la ſeigneurie entiere de mon cueur.

A iiii

Ie m'en

Ie m'en raporte (replique Timbrie) à Alaftraxerée, de ce qui paſſa entre
vous & Siluie, & auſsi auec Arlande, par voz importunitez enuers l'vne,
& par la ruſe meſme de l'autre. Ie luy ay tout pardonné (diſt Helene) par-
ce qu'en vertu de la foy qu'il ma vouée, il a reſiſté à leurs aſſaultz, & renon-
cé leur alliance. Laiſſons ces belles raiſons (diſt Timbrie) & vous aſſeurez,
que quicóques à vne foys franchy le ſault il eſt bien aiſé a y auoyer. Quant
à moy (reſpond Floriſel) ie croy que ma Dame ſe tient certaine de ma vo-
lŭté immuable, ſçachát que ie ne pourrois trouuer obieĉt ſuffiſant à me diuertir du ſien. Nous entrerions (diſt Darinel) en plus grande contention,
que celle que nous auons demain à eſprouuer, ſi vous ne vouliez auouër la
verité du fait, & me laiſſer franc le pris de loyauté, qui m'a eſté aiugé. Quel
les armes prendras tu Darinel (diſt Timbrie) pour ſouſtenir ceſte querelle?
ma cornemuſe (reſpond) & mes cháſons, que ie feray hault reſonner en ce
camp contre les deſloyaux. A' l'heure la ſaiſit. Et vous l'aurez (diſt il) toute freſche tirée du moule de mes rymes. Si commença à ſonner & chanter enſemble, auec ſaultz & gambades, la chanſon qui s'enſuit:

Chanſon de Darinel.

Dieu fit l'homme au commencement,
Tout rond, auient qu'il ſe rebelle.
Dont le ſeigneur pour ſon torment,
(Sans tout deffaire l'œuure belle)
En deux pieces net il le fend:
L'vn eſt maſle, & l'autre femelle.

A' ſe reioindre elles deſirent,
Pour reuenir encor' en vn,
Faiſant de deux vn corps commun:
Toutes à l'vnion aſpirent,
En cherchant leur propre moytie,
Ou giſt le vray fruit d'amytié.

Hommes & femmes ſe pourmeinent,
Et apres eulx leur lien trainent,
Tant qu'vn demy trouuant le ſien,
Iouïſſent du ſouuerain bien.

De ceſte ioyeuſe chanſon ny eut celuy d'eulx qui ne s'eſclataſt de rire. Et
dit Timbrie que par ceſte ſentence bien & meurement diſcutée, nul ne ſe
pouuoit ſentir greué. Si eſt-ce (diſt Falanges) que i'ay dréſſé ma penſée à
l'exemple de l'eſcueil de mer, qui les ventz & les vndes batent, mais touſiours demeure ferme & conſtant. Puis qu'auez deſcouuert mon pot aux
roſes (diſt Floriſel) & que Venus à laiſſé reueler mes larrecins, ie prendray

pour

pour ma deuise. *Le Roseau qui ploye assez, & ne rompt point.* Ie vous iure (conclud Timbrie) tous bons & francz amoureux, & que deuez faire paix ensemble, pour mieux penser de fournir à la guerre que chacun a pour soy. En tel plaisir de menuz propoz ces seigneurs passerent le temps auec leurs Dames, atendans le lendemain, que l'espreuue de l'auenture se deuoit commencer

Comme l'auenture du Tref &

estrif, des quatre freres fut acheuée.

Chapitre   II.

Enu le iour ordonné, auquel l'espreuue de la tente deuoit estre mise en effect, elle fut assise au mylieu d'vne grand' salle tapissée de haulte lice, & au dessus tant en la voulte qu'au rabat, ornée de painture exquise, ou les Princes se rendirent à l'issue du festin en telle pompe & magnificence que leur grandeur requeroit. Et peu apres y vindrent les Dames, & l'Emperiere Abra la premiere, vestuë de surcot de drap d'or frizé, corset & mâteau imperial, duquel portoient la queuë trois Pucelles vestuës à la legere en guise de Nimphes, & sur son chef portoit vne

couronne

couronne cloſe, garnie de pierrerie de valeur ineſtimable. La belle Niquée la ſuyuit, tenant Siluie par la main, ayant vne robe de veloux cramoyſi, enrichie de diuers fueillages & compartimens de broderie. Et ſur
ſa cheueleure nuë portoit vn cercle d'or bien aſſorty de Rubis, & Emerau-
des. Siluie auoit acouſtrement de ſatin blanc fort plantureux, decoupé &
raporté à gros boutons & fers d'or, & ſur ſa teſte vne ſumptueuſe toque à
l'Egyptienne. La royne Oriane entra parée d'vn veloux de haulte couleur,
taillé en figures de lyons ſur ſa doubleure de toelle d'argent. La princeſſe
Oriane, & toutes les autres grandz Dames vindrent en parure riche & di-
uerſe, decorées de maintz ioyaux & affiquetz. Mais la Royne Zahara marchoit, acompagnée de vingt Damoyſelles (ſans les deux qui portoient le
miroër acouſtumé deuant elle) & ſur tout auoit en ſa carrure vn carcan de
dyamans orientaux, au bout duquel pendoit vne enſeigne du dieu Mars.
Et menoit par la main la gentile royne Gradafilée. La princeſſe Alaſtraxerée, ſe ſentant bien guerie n'y voulut pas faillir, reſueillant à ſon arriuée les
yeulx de toute l'aſſiſtance, & les retenant ſus elle longuemét rauiz d'admiration de ſa grace & beauté nompareille, fort auantagée encores par l'artifice ingenieux de ſon acouſtremét. Elle entra en la ſalle auec vn port haul-
tain, adoucy neantmoins d'vn regard amoureux : Pour atour de chef, ſes
blondz cheueulx eſtoient treſſez de laz d'or, ſemez de pierrerie, dont luy
batoit ſur le fronc vne Carboucle de merueilleux eſclat, taillé en eſtoille
(pour ſignifiance du planette dont reclamoit ſa naiſſance) & deſſus portoit le bonnet garny d'vn cercle d'or, & d'vne plume blanche. Sur ſa gorge
polie vn riche colier, dont la ſingularité de l'ouurage paſſoit le pris des e-
ſtoffes: Sa robe eſtoit de drap d'or ſur champ d'argent, & cueillie en Amazone, & les decoupures atachées de boutons & guipures d'or, tout autour
de la robe vn bord large de frizons à ſes deuiſes comme fleches, eſpées, da-
gues, & autres pieces de trophée, & par deſſus portoit vn chamarre de toelle d'or veloutée de verd, reietté en eſcharpe. Quant Niquée l'eut aſſez
remirée de pied en cap, luy renouuella par ſa ſemblance la memoire de ſa
Nereïde, tellement que pleurant de ioye, l'alla embraſſer, diſant : O' ma
chere Nereïde, c'eſt vous meſme ſans autre, que ie tiens preſentement entre mes bras. Lors ſe tournant vers ſon pere, qui moins ne la contemploit
que les autres. Monſeigneur (diſt elle) ores que vous tenez Nereïde de rechef en voſtre poſſeſsion, auiſez vn peu de mieux y prendre garde. Le Soudan luy reſpond en riant: Ma fille, ie croy qu'elle la prend telle de ſoy, que
qui y voudroit aiouſter de plus, il ne perdroit que ſa peine. Alors elle s'ata-
che à ſon mary, diſant: Monſieur, côfeſſez verité, duquel vous ſentez-vous
en plus grand danger, ou du combat que vous euſtes contre Amadis de
Grece, ou de celuy que vous auez maintenant auec Nereïde ? Ma Dame,
reſpondit-il, ie ne trouuerois aſſeurance de gloire moindre à eſtre vaincu
en ceſte guerre, que d'auoir eſté vaincueur en celle, ou voſtre faueur a plus
grand' paour que moy. Mais ie vous ferois voluntiers vne demande à mon
tour,

tour, de qui la peur vous est plus grande, ou des deux Nereïdes que voyez
à ceste heure, ou des deux Amadis de Grece que vous vistes vn iour ensemble? Niquée se print à rire, toutesfois ne sceut tant dissimuler l'atainte de
ce petit esguillon de ialousie, qu'elle ne fust embellie de la nouuelle couleur qui luy en monta au visage. Beaucoup de petitz brocardz facecieux
s'entreiettoient sur ce propos, quand les Princes incogneuz entrerent en la
salle, menantz leurs Dames souz les bras, qui par la taille & auenance de
leurs personnes iointe à leur geste & maintien seigneurial, causerent vn
merueilleux desir aux assistens de les cognoistre, dont plusieurs s'adresse-
rent à la princesse Alastraxerée pour le sçauoir, qui leur en rédit toute telle responce qu'elle auoit fait aux autres le iour de son combat. Tost apres
eulx vint le fort Anaxartes non armé, que l'on fit seoir entre l'empereur
Esplandian, & le roy Amadis. Adonc marcherent en place plusieurs Cheualiers pour tenter l'auenture, iusques au nombre d'enuiron quarante, qui
tous y laisserent leurs espées fichées en la Tente, & les escuz pendans auec
leur nom (suyuant la loy de l'espreuue) les vns plus hault, les autres plus
bas, selon le degré de la prouësse qu'ilz auoient monstrée. A ceste cause
les armes du prince Briant frere d'Helene, se voyant au plus pres du sommet du pauillon, n'estans surmontées que d'vnes seules, c'est à sçauoir de
Zahir, lequel au temps qu'il partit de Constantinople auec les autres Princes, rencótra la Tente au royaume de Hógrie, de laquelle il emporta l'hóneur par dessus tous, combien qu'il ne donnast fin à l'auenture. Or apres
que tous les Cheualiers qui là estoient eurent fait leur effort en vain: le
prince Anastarax suruint tout armé d'vn harnois richement doré, & graué
subtilement: lequel venant empoigner l'espée qui fermoit la porte double,
la tira aisément, & elle s'ouurit, si entra dedans, & soudain la Damoyselle
se leua, luy faisant vne grand' reuerance, & luy à elle. Adonc les quatre
freres cessans leur meslée se ruerent ensemble sur luy, qui les soustint longuement, par telle vaillance & adresse que le pere des Cheualiers enchantez dist, qu'il n'auoit encores veu son pareil à l'espreuue. Aussi passa-il par
viue force malgré les freres, & ietta les bras sur la Damoyselle charmée,
pensant la tirer hors de la tente, mais il ne luy fut possible la mouuoir, ne
tant ne quát, & en s'y efforçant fut chargé par tous quatre de tant de coups
& horions qu'a la fin tout elourdé il tomba par terre, & incontinent fut
poussé dehors, & son espée auec l'escu s'alla ficher en la Tente au dessus de
tous les autres. Et l'enchantée se remit (comme deuant) en son propre lieu.
Dequoy Siluie sentit autant de douleur en son cueur, qu'il n'auoit mis l'a-
uenture à fin, que Florisel en eut de ioye, esperát bien en l'acheuant, acheuer de faire entendre à Siluie, de combien sa vertu estoit plus grande que
sa fortune, au regard de luy & d'elle. Et pour-ce qu'il vit qu'Amadis de Gre
ce s'en alloit armer tant pour l'ennuy qu'il conceut de l'accident d'Anastarax, que pour l'opinion qu'il auoit que l'honneur de ceste victoire ne
fust d'estiné qu'à luy. A ceste cause craignant si son pere le deuançoit qu'il
n'y mist

n'y mift la derniere main, dift en voix baffe à Helene : Ma Dame ie fuplie voftre feigneurie me donner congé & faueur, pour non feulement effayer cefte auenture, ains l'acomplir du tout : car y allant apuyé & porté de la grace de Dame tant acomplie, ceft honneur ne me peult faillir, ia fache qu'il peuft eftre denié à ma valeur, comme defia à tant & telz Cheualiers. Monfeigneur & vray amy (refpond elle) s'il ne tient qu'à ma faueur, vous fçauez bien que pouuez aller feurement, comme celuy qui me tenant toute fienne, ne peult auoir faute de rien qui foit en moy. A' ce propos il luy voulut baifer les mains, puis vint dire à Timbrie: Ma Dame, ie requier voftre benediction s'il vous plaift, pour acheuer cefte iournée. Allez allez (dift elle en riant) demander celle de voftre pere & mere icy prefens: car c'eft mon eftat (veu la maifon dont ie fuis) donner faueurs pour les armes, non pas benedictions comme vn euefque. Vous dites bien vray ma Dame (refpond il) mais le bien eftroit d'amytié entre vous & ma Dame Helene, & la part aufsi que i'en touche, me donne quelque loy de decognoiftre voz qualitez plus eftimables en vn endroit, & de tenir auecques vous autre langage que ma liberté ne requerroit. Elle fouzriant de ce propos, luy fit refponce. Laiffons ces belles raifons, car encores que l'efperance des effectz foit exclufe d'entre vous & moy, l'honnefteté des faueurs, felon le lieu que ie tien feroit bien permife, telle que ie l'otroye à ce gentil Cheualier (monftrant Falanges) pour l'obligation feule de l'honnefte feruitude qu'il me porte: par laquelle il acheuera l'effay à quoy vous aurez failly, le vous laiffant à entreprendre premier, à fin que voftre comparaifon luy ferue de plus grand luftre. Ainfi chaftié Florifel, fe va prefenter à l'auenture, au grand defplaifir de Falanges, qui fort defiroit gaigner le deuant, & non moins que luy, pour luy, Alaftraxerée, qui fuyant le motif de fon affection, luy pouuoit bien fouhaiter ceft honneur plus qu'à autre, à qui en fa penfée elle offroit liberalement la victoire fur elle mefme. Florifel donc, auec vne hûble reuerence aux Princes, paffa armé d'vn harnois blanc, poly & graué delicatement, & furgetté d'or en la graueure, les laiffans fort fatisfaitz de fa grace & contenance. Et venu à la porte arracha l'efpée & l'ouurit, puis entre dedans, ou la pucelle le faluë trefcourtoifement, & luy elle: mais elle ne fe remit en fa chaire comme de couftume, ains demeura debout, dequoy la compagnie commença à s'efmerüeiller, ne luy ayant encores veu faire ce tour. Ce fait, les quatre freres rompans leur combat luy courét fus, & commencent vne meflée auecques luy, la plus braue & terrible que iamais euft efté veuë pour tel nombre, lequel fembloit à ceux qui l'oyoient, veu l'horrible tintamarre de leurs coups druz & durs, eftre de vingt Cheualiers. Eulx eftans en tel eftat, Amadis de Grece & Birmartes entrerent en la fale armez de toutes pieces ; la venuë defquelz enfla tellement le cueur à Florifel, qu'il defcharge vn coup fur l'vn des freres fi vehement, que fans aucun fens il le couche tout plat, & du bond de la cheute, fon heaume luy vole hors de la tefte: mais affez toft il fe releua, & s'alla agenouiller deuant

la Damoyla Damoyſelle Enchantée . Les trois autres maintindrent long temps leur bataille : toutesfois à chef de piece l'vn d'eulx fut auſsi renuerſé , qui s'alla renger en pareil deuoir que le premier. Sur ces entrefaites, la royne Mabile ſe print à dire: En bonne foy ie croy que ce Cheualier meſcongneu, ſera à la fin fort cogneu. Autant m'en ſemble (diſt Alaſtraxerée) côbien qu'elle en fuſt trop mal contente en ſon cueur, à cauſe de ſon amy à qui elle euſt mieux aymé ceſte gloire . Ce pendant les deux freres qui reſtoient ſe vindrent atacher aux prinſes auec Floriſel , employant tous leur pouuoir à le ietter dehors: mais au contraire, il recueillit tellement toutes ſes forces à ce coup, que les leurs ne peurent tant reſiſter qu'il ne les proſternaſt en terre. A' l'inſtant de leur cheute,la tente pleine par dedans de fumée auſsi eſpeſſe que quand on eſcure par le feu vne coupe de criſtal tournée contre bas , au deſſus de l'eau bouilláte, en ſorte que rien ne ſe voyoit plus de ce qui eſtoit en la tente. Bien on oyoit vne melodie d'infiniz inſtrumens, la plus douce & delectable qu'oncques euſt receuë aureille d'homme : laquelle ceſſant, la Tente fut toute ceinte d'vne flamme , comme d'vne eſclair de tonnerre. Et apres (elle euanouyë & perduë en l'air) le criſtal demeura plus cler & pur que iamais , & lors on vit dedans Floriſel ſur ſes piedz , l'eſpée en la main, & les quatre freres à genoux deuant la pucelle , qui ſe tint touſiours debout , iuſques à ce que Floriſel ſe preſentant à elle , receut ſur ſa teſte la couronne qu'elle auoit entre ſes mains. Adonc ſortit de la Tente ainſi couronné & armé, & ſaiſit le fourreau de l'eſpée qui eſtoit de Iayet, autremét dit Rocáille,garnie d'or, & ſemée de force pierres precieuſes.En ceſte gloire retourne vers ſa Dame, qui y ſentoit bonne part,laiſſant toute l'aſsiſtance aſſez troublée d'enuie, meſmemét les deux Princes qui ſe venoient d'armer, fort courroucez en leurs courages . Or vint vers luy le pere des quatre freres qui ſe mit à genoux pour luy baiſer les mains (ce qu'il ne voulut ſoufrir) dont ſe leue , & s'en va au parquet des Roys (qui eſtoit eleué de trois degrez ſur le plan de la ſale) leur requerant puis que l'eſſay des Cheualiers eſtoit acheué (au grand honneur de leur court) qu'ilz permiſſent pareillement l'ouuerture de l'eſpreuue des Dames, ce qu'ilz acorderent ſans difficulté , & euſsiez veu incontinent Damoyſelles en place, entrans en la Tente, & ſortans à la file: au moyén que deux des freres ne faiſoient que ſe leuer à leur venuë , & les prenans par les bras les remettre dehors , iuſques à ce qu'Helene (le Phenix vnique des belles) voyant qu'il ne reſtoit pucelle en la troupe qui ne s'y fuſt eſſayée, fors que la royne Gradafilée , & là Alaſtraxerée, parce que les mariées n'y eſtoient receuës, diſt à ſa couſine: Mamie voulez vous eſprouuer l'auenture? Non non (diſt elle) ie n'y voys pas heurter ma teſte contre vous, puis que le ſecód Paris vous a deſia adiugé le pris de beauté . Allez y vous, car l'heure de mon auenture n'eſt pas encor' venuë , ce diſt elle : Helene auec vne contenance de honte virginale (Floriſel la tenant par la main) marche auant , & ſaluë au paſſer les ſeigneurs, d'vne grace merueilleuſe. Surquoy Alaſtraxerée aſsied à l'heure ſon iugement

B   ment

ment, que l'auéture s'en alloit finir, & qu'il ne faloit plus atédre. Or quand ilz furent à la porte du pauillon, Florifel la laiffe, & elle entre. A´ fon arriuée les quatre freres fe leuent en piedz à cofté, & la Damoyfelle enchantée va vn pas au deuant d'elle, la receuant auec vne reuerence fort baffe, à qui Helene rendit la pareille. Et les freres qui s'eftoiét partiz d'vn cofté & d'au tre, à la rencontre d'elles s'humilierent iufques en terre. Lors la pucelle print la couronne qu'elle portoit fur fon chef, & la pofe fur celuy d'Helene, ou elle là tint longuement fans retirer fes mains, au grand contétement de Florifel, penfant voir la fin de l'auenture, & pareil defpit des Dames qui eftoient demeurées derriere. Mais apres que la Damoyfelle l'eut affez tenuë fur la tefte d'Helene, luy dift : Ma Dame fi vous n'auiez perdu la prime fleur de voftre chapeau, ie vous prefenterois l'hóneur de cefte couronne, pourtant contentez vous de l'auantage qu'emportez de la beauté. Adonc remit la couronne fur fa tefte, Helene demeurant fort honteufe de fes paroles: Si la print gracieufement par la main, & la meine iufques à la porte du Tref, ou apres vne grand' reuerence, elle la laiffe, & retourne en fa chaire: Helene aulfi regaigne fa compagnie, fort fafchée du propos que chacun auoit entendu qui luy auoit deftourné le pris: combien que l'on ne fceuft pas comme, ne par qui, hors mis ceux qui auoient conduit & manié l'affaire. Alors la royne Gradafilée paffa pour effayer l'auenture, conduite par l'Empereur Lifuart, qui la laiffa à la porte, & elle entrant dedans, receut toute telle cerimonie qu'Helene, & aprocha de la Damoyfelle qui luy dift: Royne trefilluftre, par vous & par celle qui eft tantoft fortie d'icy, mon fort pouuoit prendre fin, fi vous deux eftiez reduites en vne, or vous retirez auec telle gloire de chafteté, qu'elle a emportée de beauté. Ainfi la print par la main, & la mena dehors comme Helene: dequoy l'affemblée euft efté fort esbahie (veu l'excellence qu'ilz trouuoient en la Royne) s'ilz n'euffent mieux confideré la perfection extréme de la Pucelle charmée, à l'heure qu'elle fe monftra pour la feconde foys à la porte de fon pauillon. Elle retirée en fon fiege, Alaftraxerée luy dift: Ma chere Dame quelle gloire puis-ie hormais efperer de la couronne egale à celle que vous auez gaignée, ie pers le cueur de plus rien y pretendre, puis qu'auez conquis le loz principal que toutes Damoyfelles doiuent defirer. Ma Dame (dift elle) trop plus en aquerra, quiconque en emportera la double louange: pourtát allez hardimét comme celle qui merite feule toute la reputation du monde. Lors le roy Amadis la print par la main, elle fe leue, & toutes les Roynes la fuyuent iufques à la tente, efpouentées de la voir fi acomplie de toutes mefures, couleurs, traitz, & lineamens, mefmement de fa haulte taille & corpulence, car elle paffoit toutes les autres qui eftoient en la falle quafi de toute la tefte. Or quád elle fe vit à la porte du Tref fe tourna vers le Roy difant: Si ce refte de fort fe deuoit acomplir par armes, i'auois grande confiance en la faueur que me preftez pour y mettre fin, procedant de celuy à qui tout le monde d'vn confentement en defere l'honneur: car fi peu d'o-

pinion

pinion qu'on a de mes armes, i'y renóce en voftre prefence, d'autant qu'elles difparoiffent comme vne tenve nuë, deuant le Soleil: mais puis qu'il eft
queftion de la preéminence de beauté, i'y vois efprouuer la mienne, fouz la
faueur aufsi de celle de la royne Oriane. Ce dit, Amadis l'habandonne, &
elle entre dedans la Tente, dont la Damoyfelle fe leue, & les quatre freres
diuifez deçà & delà, à fon arriuée ployent les genoux iufques en terre, autant en fait à l'aprocher la Damoyfelle enchantée (mais la Princeffe bien
peu s'humilia) & l'autre oftant la couronne de deffus fa tefte l'afsied fur cel
le d'Alaftraxerée. Et foudain fe leua vn fon armonieux de mufique, voire
fi grand bruit, que les efcoutans demeurerét quafi rauis en ecftafe. Ainfi fe
fort Alaftraxerée glorieufe de fa victoire. Et tous ilz la reçoiuent à grand'
ioye, fors (comme pouuez douter) Falanges feul, qui ne fentoit moindre
contentement de fa gloire qu'elle mefme. A' l'heure le pere des quatre Che
ualiers enchantez luy vint de grand aife baifer les mains, fupliant que le
dernier poinct fuft experimenté, pour auerer, lequel des quatre auroit la
Pucelle à femme, qu'il efperoit (veu ce qui eftoit paffé) trouuer en ce lieu
la fin heureufe de fon long trauail. Ce que les Princes acorderent. Incontinent allerent plufieurs Dames & Damoyfelles, dont pas vne ne fceut que
dire aux quatre freres, & defia la plufpart des principales y auoient efté,
quand Florifel dift à Timbrie: Ma Dame, il eft temps que le loz de voftre
fageffe forte en lumiere & cognoiffance de tout le monde. Elle fe leue à
l'inftant & luy refpond. Icy verray-ie fi ie viz aufsi abufée du fçauoir que
de la beauté, du pris de laquelle ie n'euffe voulu quiter ma part, s'il fuft e-
cheu en mon rang non plus que de ce refidu. Or fut elle conduite par Falanges, & à fon entrée receut bien grand honneur, tant de la Damoyfelle,
que des freres. Apres cómença à leur dire. Que le puifné de vous quatre fe
prefente, ce qu'il fit, & elle luy dift. As tu premier requis d'Amour la Pucelle? Ouy, dift-il. Elle demanda en quelz termes il luy auoit fait fa harangue. Qu'il luy pleuft (refpond-il) m'otroyer fon amour. Lors luy remőftra
qu'il ne difoit pas vray, pourtant meritoit de la perdre. Si fay (maintiét-il)
ie la fupliay donner remede à ma pafsion. Voy tu comme tu te condemnes
toy mefmes, replique Timbrie, tu as dit en premier lieu, que l'auois requi-
fe d'Amour, apres tu cófeffes luy auoir demandé le don d'amoureufe mercy. Puis que fouz faulce couleur d'amytié l'as folicitée de deshonneur, va
va, elle eft perduë pour toy. Vienne maintenant le plus ieune apres luy.
Quand il fe monftra, elle l'interrogua, veux tu beaucoup de bien à cefte
Damoyfelle? Ouy, refpondit-il. En quoy, dift Timbrie, le cognoiftrons
nous? En ce que ie ne defiray iamais rien en ce monde tant, que l'otroy de
fon amour. Defia as-tu menty, dift elle, qui te ventes de l'aymer tant, & la
requiers de faire pour toy chofe contre fon deuoir: ioinct que le vray amát
doit preferer le bien de s'amye au fien propre: parquoy vuide de deuant
moy, car tu n'as nul droit en elle. Et vienne le plus ieune apres luy : auquel
fe prefentant, elle dift : tu n'es pas fecond, mais le premier. Si fuis (dift il)

B ii   elle

elle replique, n'as tu pas esté premier? il respond que non. Or voy (dist Timbrie) comme en recognoissant verité, tu as perdu la Damoyselle. Ne sçez tu pas que le premier qui l'a requise la doit auoir? Pourquoy donc as tu affermé estre le deuxiesme? sachant que n'auós à faire iugement sur l'ordre de vostre naissance, mais sur le temps de la requeste d'Amour qui luy a esté faite? Respond, qu'aussi l'auoit il premier requise. Lors luy demande ou ce auoit esté, il luy dist que ce fut en vn iardin. Comme le prouueras-tu dist elle? veu que bien sçay qu'il n'est pas ainsi: voire qu'elle estoit en son logis assise en vne chaire. Il asseure auoir dit vray en tout & par tout. Sçay tu donc mieux (dist Timbrie) ce qui en est de cecy que moy? Ouy (dist-il) en ce dont est question entre nous. Or regarde combien tu te foruoyes : car celuy qui bien ayme ne cognoist iamais en Amour tant que qui est libre de passion, & chacun est aueuglé en son propre fait. Ainsi par tes mensonges tu es exclus de prendre plus aucun droit en la Damoyselle, si te recule d'icy, ce qu'il fit. Et estoit la compagnie trop esbahie des demandes subtiles de la Dame desguisée qui poursuyuit, disant: Or vienne donc auant laisné, lequel s'offre, & elle l'interrogue en ceste forme. Aymes-tu ceste fille de vraye amour? Ayant respondu que si: elle aiouste, comme le pourrons nous sçauoir? Par-ce (dist-il) que ie luy porte pure & chaste affection en intention de l'espouser. A' à ce n'est rien (respondit-elle) la faulte des autres ta fait, quelle raison meilleure veulx tu rendre? en quel lieu estoit elle, quand tu luy fis la requeste auant les autres? La ou elle est encores, respond. Comme est il possible (dist Timbrie) veu qu'il ya plus de mile lieuës d'icy à la contrée d'ou vous venez? Du lieu (dist-il) ou elle estoit alors, elle n'en est pas maintenant plus eslongnée. Timbrie enquerant comme il se pouuoit faire. Mon cueur (il expose) est la place ou elle sied, en laquelle elle est encores, & oncques n'en partira. A' ce coup as tu bien parlé (dist elle) ne reste qu'a sçauoir si tu l'aymes en ton cueur tant que tu affermes. Assez (dist adonc le Cheualier) vous respond de l'amour extréme que ie luy porte, l'inimitié presente que i'ay contre mes freres, à cause que ne puis plus auoir d'amytié auec eulx, l'ayant toute logée en elle. Tresbonne preuue en as fait (conclud Timbrie) partant la pucelle doit estre tienne, ainsi ie l'ordonne. A' ce mot commença tel bruit d'instrumens en la salle, sans en aperceuoir les ioueurs, que tous en estoient esmerueillez. Incontinent la pucelle desanchantée se ietta à genoux deuant elle, luy requerant les mains, & les trois freres disparurent de ce lieu, ne demeurât que l'aisné. Auquel sur le champ la Damoyselle fut espousée en tresgrand honneur. Et à cause qu'il estoit tard, on vint couurir pour le souper. Parquoy la bande mescogneuë se retira. De laquelle furent tous les propos de ce soir, lesvns auisans la prudence singuliere de la Dame desguisée, les autres desirans affectueusement cognoistre le Cheualier qui emportoit le pris, à quoy tant de gens de bien auoient failly. Et les Dames couuoiteuses outre mesure de sçauoir qui estoit celle de si parfaite beauté, qui n'auoit peu gaigner le tout par faulte d'vn

poinct.

poinct. Telle fin print l'auenture tant renommée de la Tente qui demeura
en la salle fort claire & transparente, & son entrée depuis à tous libre &
ouuerte.

Du deuis de Florisel auec Ala-

straxerée, en faueur du prince Falanges.

Chapitre   III.

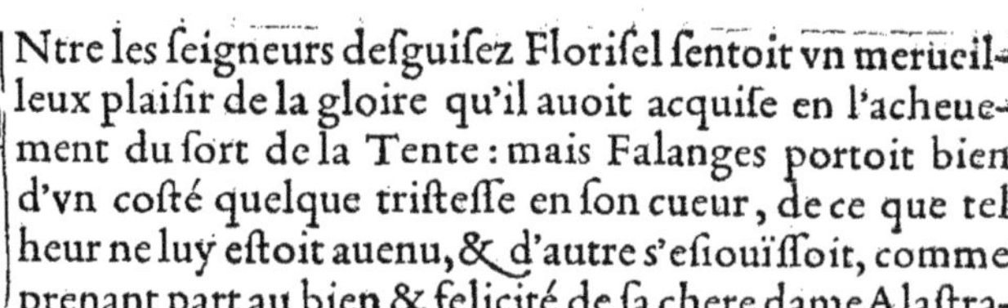

Ntre les seigneurs desguisez Florisel sentoit vn merueilleux plaisir de la gloire qu'il auoit acquise en l'acheue-
ment du fort de la Tente : mais Falanges portoit bien
d'vn costé quelque tristesse en son cueur, de ce que tel
heur ne luy estoit auenu, & d'autre s'esiouïssoit, comme
prenant part au bien & felicité de sa chere dame Alastra-
xerée, pour laquelle il fut tout du long de la nuict trauaillé de diuerses pen
sées, balanceant entre crainte & espoir, iusques à ce qu'il vit l'aube du iour
esclarcir les fenestres de la chambre ou ilz estoient couchez Florisel & luy,
qui le rendit plus hardy de l'esueiller, estimant qu'il eust suffisamment re-
posé. Si luy escrie, monsieur, cest trop dormy, le Soleil nous fait honte,
qui desia nous vient rayer sur le ventre. Quoy monsieur mon compagnon
(dist Florisel en s'esueillant) si vous auez la pulce en l'aureille qu'en puis-ie
mais? le remede est de la tirer par quelque subtil moyen. A' a monsieur (respond Falanges) n'auez vous apris par vostre passion propre à auoir autre

B iii   pitié

pitié des miferables & langoureux amans? Gardez que le Dieu qui vous a tant departy de fes graces ne fe courrouce de voftre ingratitude enuers fes loyaux fubictz, & retire fa main, vous eflongnant autant de fa faueur que vous en eftes pres. Bref, i'ay le cueur fi chargé de douleur & deftreffe, qu'il fault que ie le defgorge prefentement en voftre fein. Ie confidere que voy-cy le iour que le departement fe va faire des Princes icy affemblez, & de celle fur tous qui, s'en allât, femble me defmembrer & emporter plus de la moytié de moy. Ce qui m'aflige tant l'efperit, que ie ne fçay bonnement quel party prendre, d'autant que me feparer d'elle ie ne puis, fans danger trop certain de ma perfonne. Et ie fens bien d'autre part l'obligation que i'ay de ne vous habandonner, en voftre fi vrgent & important affaire. A-mour me tire d'vn cofté, qui a tant de puiffance, que vous mefme auez e-fprouué: honneur, qui eft l'vnique guidon de vertu, me tourne de l'autre, qui ne permet que ie vous faille au befoing de voftre querelle, pour ne tô-ber en foupçon d'auoir fuiuy les voluptez & delices, fuyant la peine & tra-uail qui s'offroit des haultes & belliqueufes entreprifes. Que feray-ie donc? Ie fuis refolu fouffrir toutes les tranchées & angoiffes de cefte langueur, iufques au dard de defefpoir, pluftoft, foy, que iamais te faulce: Mais s'il e-ftoit poffible de trouuer quelque fecours à mon defconfort, ie vous fuplie monfieur y auifer pour moy, comme pour celuy qui a les yeulx de l'enten-dement fi offufquez de cefte taye d'affection, qu'ilz ne peuuent voir le re-mede de leur maladie. Florifel efmeu de compaffion de fon bon & fidelle amy, luy refpondit: Monfieur mon compagnon, ie m'esbahy comme vous adreffez à confeil à qui en a autant de meftier que vous, eftant troublé de paffion femblable à la voftre: car combien qu'Amour m'ayt payé le iufte falaire & guerdon de mes trauaulx, ma volûté enuers ma Dame en eft plus encline & ardente, & d'autant ay moindre vfage de ma raifon. Si eft-ce qu'il n'eft en fon pouuoir d'eftaindre en moy le iugement & cognoiffance que i'ay, de l'amytié feruiable que ie vous doy. Parquoy pour fatisfaire tât à celle que me portez, qu'au defir extréme que vous auez de vous affeurer de la faueur de ma dame Alaftraxerée. Ie ne treuue meilleur moyen pour voftre prompte allegeance, que de luy porter parole de voftre part auant fon partement, à fin d'entendre la refolution finale du fait ou failly. Ce que ie m'offre à faire trefvoluntiers (fi le trouuez bon) comme celuy qui ne s'e-fpargnera iamais en chofe ou le voudrez employer, mefmement en ce cas icy, auquel auez fur moy fpeciale hypothecque de mutuëlle recompence. Si Falanges fe refiouyt de ce propos, il ne conuient douter, luy eftant of-fert fi liberalement ce qu'il n'euft ofé demander, dont le remercia cent mil foys, & de ce pas auiferent enfemble pour le mieux, que Florifel la pren-droit apres fouper durant le bal. Ce qu'il fit, allant en la falle bien caché, & affublé de fa cappe, fi tira vn page apart, qu'il pria aller incontinent di-re à la Princeffe, qu'vn de fes Cheualiers eftranges venu en fa compagnie iufques à la fontaine des Amours d'Anaftarax, la fuplie fe vouloir rendre

à vne

à vne fenestre respondans sur la mer, pour entendre aucune chose concernant son seruice. Le page alla aussi tost vers elle faire son message, sur lequel elle pensa fort si c'estoit point Falanges, & sans tarder sort de la salle,
ne consentant que personne luy fist compagnie, & s'en va droit à la fenestre que l'enfant luy auoit declarée, de laquelle elle fait loing tirer les torches. Lors vient Florisel, lequel s'estant donné à cognoistre, elle receut en
grand' lyesse, & luy dist en riant, Cheualier si les armes m'eussent esté per-
mises en l'espreuue d'hier, ie vous eusse laissé autant d'enuie sur ma prouësse, qu'à moy sur la beauté de vostre maistresse. Ma Dame (respond Florisel) quant aux poinctz qui me touchent, ie les soumetz de bon gré à vostre
valeur: mais quant à elle vous me pardonnerez si ie recognois de sa faueur
si peu de vertu que i'ay peu monstrer en l'auéture, laquelle si moindre eust
esté d'elle enuers moy, ie n'eusse iamais fourny à l'effort extréme de la Ten
te. Ainsi elle a mieux aymé ne gaigner de sa part l'hôneur antier, à fin que
i'y paruinse de la mienne. Vous auez (dist Alastraxerée) pratiqué celà auec
Falanges, qui a bien voulu ceder ce droit d'espreuue à la cognoissance se-
crette qu'il a de voz affaires. Ie ne serois tenu (respond Florisel) que de la
pareille, pour celle que i'ay de ses meilleures pensées. Puis que vous co-
gnoissez si priuément ses desirs interieurs (dist elle) faites nous en quelque
part. Tresvoluntiers, dist-il, ma Dame, si vous n'en sçauez rien : car c'est
l'ocasion propre qui m'ameine icy maintenant. Lors tournerent les motz
de risée en parole vraye & serieuse, & Florisel poursuyuit, si l'estat de mes
plus affectueux desirs ne vous estoit cler & euident (Princesse gentile)
ie n'aurois la hardiesse d'entreprendre l'embassade presente deuers vous:
mais la certitude que vous auez du secret de ma vie vous respond de mon
silence, touchant le vostre par l'asseurance reciproque que pouons en cecy
prendre l'vn de l'autre. Partant ne deuoit craindre le sage prince Falanges
de me commettre seurement ceste charge, non plus que ie l'ay espargné au
seruice de ma dame Helene: pour lequel ne vous desplaira, si ie vous fay ce
mot de remonstrance, que puis que l'excellence de vostre beauté (combien
que desirée de tous) ne doit par raison faire don de soy fors qu'à vn, vous a-
uez à penser plus tost que tard (tandis que ceste tendre & souëue fleur de
ieunesse est verte & vifue en vous) à qui entre les mortelz vous deuez faire
ce present precieux & irreuocable, & apres qu'en aurez bien côsulté, ie suis
asseuré que ne trouuerez personnage au monde mieux doué de toutes les
graces, & bonnes parties desirables en vn grand seigneur tel qu'il est. Et le
poinct que ie trouue plus digne de côsideration, c'est qu'il vous ayme plus
que soymesmes. Dont ayant fait sacrifice deuot de son cueur à vostre diuinité, merite par pitié la recompense de ce que pouez otroyer de la part qui
est humaine en vous. Voylà, ma Dame, la requeste que i'auois enuie de
vous faire auant nostre departemét, tant pour vostre bien que pour le sien,
laquelle ie vous suplie receuoir & respondre de telle discretion qu'auez a-
coustumé d'vser en toutes choses. Ce dit, Alastraxerée luy fit telle respon-

B iiii

ce d'vne

ce d'vne fort bonne grace. Ie suis grandemét esbahie (monsieur) de la harangue que me faites presentement pour autruy, veu que la princesse Siluie
desia me l'auoit faite pour vous mesmes, sinon que vueillez monstrer en ce
comme tenez ma volunté pour conquise en vostre endroit, voire en telle
sorte, que ne vous contentant de l'auoir pour vous, en voulez faire largesse
aux autres. Voylà, telle est la condition de tous les biens de ceste mortelle
vie, lesquelz pourchassans en opinion d'y trouuer entier contentement,
quand sommes paruenuz au but de nostre atente, le desir y trouue peu du
tout qu'il ymaginoit, dont il auiét que la iouïssance refroidit ceste ardeur
premiere tant violente par le descouurement de l'imperfection des choses
que nous nous auons figurées totalement perfaites. Mais de ceste felicité a-
complie, la chair fragile ne pouant iouïr, il nous la fault esperer en la vie
celeste seulement. Or vous sachant estre assez auerty du droit que i'ay de
nature diuine, par l'auantage de mon sang paternel: i'estimois qu'auriez
peu comprendre le fruict exquis qui peult estre cueilly en moy, tenant partie de l'immortel, lequel on ne pourroit trouuer es autres de mon sexe, veu
qu'il gist en l'embrassement des ames desia desnuées de leurs corps. Pourtant ie n'eusse iamais creu qu'eussiez permis ne souffert à nul viuant d'entreprendre cest heur vnicque sur vous. Contrainte suis finablemét de hault
louër l'amytié singuliere d'entre vous & luy, qui a eu tant de force en vous,
que de donter vostre passion propre, pour satisfaire à la sienne. O' heureux
Falanges, non seulement de ses haultes pensées, mais aussi de la rencontre
de si rare & parfait amy. Touchant lequel ie vous acorde franchement les
graces & vertuz qu'atribuez à sa personne, laquelle ie metz à si hault pris
qu'elle ne reçoit enchere, iusques à vous dire pour responce derniere, conforme tant au merite des prieres de l'embassadeur, qu'au guerdon de l'afe-
ction si vehemente de celuy qui l'enuoye, que si iamais ma volunté descéd
à alliance d'homme, ie le tiens en reputation de Prince autant vertueux &
acóply que la terre porte, & de qui ie souhaitterois la familiarité plus que
de nul autre qui viue. Or ie vous prie presenter mes affectueuses recómen-
dations aux bonnes graces de mes dames Helene & Timbrie, les asseurant
qu'elles peuuent faire estat de moy & du mien autant que de leur propre,
comme suis deliberée leur donner mieux à entendre par effect, quand l'o-
casion se presentera. Florisel plus que content de si bonne & fauorable responce, l'en remercia mile foys, luy offrant de sa part toute la subiection de
si peu de liberté que la loy d'Amour luy pouuoit auoir reseruée. Et n'oublia à luy requerir, si de fortune apres la departie leur venuë en ce lieu e-
stoit descouuerte, de vouloir employer sa prudence à l'excuser, & soustenir leur cause. Sur ce poinct prindrent congé l'vn de l'autre, auec grandz a-
dieux & regretz, & se retira chacun vers sa compagnie. Falanges qui atendoit le retour de son fidele amy en tresgrande deuotion, receut les nouuelles qu'il luy raporta, en tel plaisir & aise, qu'il pensoit resuer en les oyant
comme rauy, & quasi ne les pouuoit croire. Ceste nuict ilz gaignerent leur

nau, &

nau, & ayant bonace prindrent la route de Conſtantinople , & Darinel
quant & eulx, qui leur diſt à l'embarquer qu'il les vouloit ſuiure en ce voyage , pour aquiter la promeſſe qu'il leur auoit faite de les conduire & rendre à ſauf, nonobſtant la ſatisfaction que ces yeulx perdoient de la veuë de
Siluie, par-ce que tel payemét de ſes penſées l'endebtoit touſiours d'auantage. Deux iours apres qu'ilz furent partis de ce port, la royne Zahara có-
manda qu'on donnaſt ordre à tout ſon equipage pour s'en retourner en ſes
païs, acompagnée de ſa fille Alaſtraxerée qui auoit recueilly toute ſa flote,
& d'Anaxartes auſsi , lequel auant que partir ne faillit pas de bailler à vne
des Damoyſelles d'Artemire vne lettre eſcrite à Oriane. Pareillement Birmartes & ſa chere femme s'en allerent en leur Royaume , & tous les autres
Seigneurs & Dames chacun en ſa contrée . Apres partit Amadis de Grece,
& Niquée flotans vers Conſtantinople, & laiſſerent Anaſtarax & Siluie a-
uecques le Souldan, la royne d'Argénes auſsi print le chemin de ſon Iſle,
& Alquife & Vrgande auec elle , fort triſtes de la piteuſe d'eſtinée qu'ilz
preuoyoient s'apareiller . Leſquelz nous laiſſerons tous iuſques en leur
temps & lieu.

Comme les nouuelles vindrent

à la princeſſe Arlande que l'enchantement de la Tour de l'Vniuers eſtoit deffait.

Chapitre   IIII.

La compagnie

A compagnie qui eſtoit allée auecques Floriſel (comme vous a eſté dit cy deuant) vint par ſes iournées trouuer la princeſſe Arlande en la maiſon de plaiſance, luy rendant la lettre qu'il luy eſcriuoit. Elle fut grădement troublée à leur venuë, & auſſi toſt qu'elle eut le paquet entre ſes mains l'ouurit, & y trouua telle teneur.

Ma Dame, le loz des victoires belliques publié par tout à ſi clere trompette, me ſemble de vil pris, à comparaiſon de celuy que merite, qui par prudence eſt vainqueur de ſoymeſme. Car du premier, ſouuent la plus grand' part eſt deuë à la fortune qui eſt commune entre nous & noz lieuxtenans & ſouldatz. En l'autre, perſonne ne peult prendre aucun droit, fors celuy ſeul à qui tout l'honneur apartient. Or le fait ia paſſé entre vous & moy vous ſemond & conuie au conqueſt de ceſte gloire nompareille : veu les aſſaulx que voſtre propre volunté vous liure iour & nuyt, leſquelz deuez ſouſtenir & repouſſer vertueuſement par voſtre grand' ſageſſe : car vous ſcauez que de mon coſté ie ne puis obeïr à la loy de voſtre vray Amour, ayant perdu ma liberté entiere : dont ne me reſte plus aucune part que puiſſe employer en voſtre ſeruitude. Ie le voudrois, & ſi ne puis : ie confeſſe & recognois la debte, mais ie n'ay plus dequoy ſatisfaire, pour vne obligation precedente qui me tient en gage corps & ame : Parquoy force vous eſt de prendre ma bonne volunté en payement, ſans vous plaindre de moy, quant à faulte d'amour enuers vous, d'autant que mon impuiſſance m'excuſe, l'ayant tout mis parauant en autre endroit, ny deſloyauté, veu que ma foy eſtoit deſia arreſtée en lieu d'ou ne la puis retirer. Conſiderez donc qu'Amour, non moins que les autres choſes naturelles, retient touſiours ſa proprieté, qui eſt d'exercer tyrannie enuers ſes vaſſaulx, comme il fit contre la royne Dido, & pluſieurs grandz Dames, leſquelles firent ſacrifice à ce Dieu cruel de leur pur ſang, & de la vie au bout. Prenez exéple & vous mirez en moy, pour obeïr à ſa force, ainſi que voyez que ie n'y ay ſceu reſiſter, & gaignez ſur moy (qui vis en continuëlle guerre) ceſt auantage de demeurer en paix & repos d'eſprit : laquelle vous ſouhaitte, auec acroiſſement de gloire & proſperite, d'auſſi bon cueur que preſente ſes treshumbles recommandations à voſtre bonne grace

Celuy qui eſt tout voſtre en ce qu'il eſt ſien, FLORISEL DE NIQVE'E Prince des deux Empires.

La princeſſe Arlande ayant leu

& releu tout du long ceſte lettre, & encore entendu les nouuelles du deſenchantemét de ſes parens dont elle auoit eſté cauſe, à peine qu'elle ne mourut de deul, & tant iettoit de plaintes & de regretz, que ſa diſcretion ne la pouuoit ſauuer de dire maintes folies, voire elle ſe paſma pluſieurs foys en

vne

vne heure, en forte que contrainte fut de garder la chambre ne sçay quantz
iours. A᷉ tant surferrons à plus parler d’elle, pour traiter du confeil qui fut
tenu fur le recouurement d’Helene.

Comme le prince Birmartes ar-

*riua au royaume d’Apollonie, ou fut tenu confeil
fur le recouurement d’Helene.*

Chapitre   V.

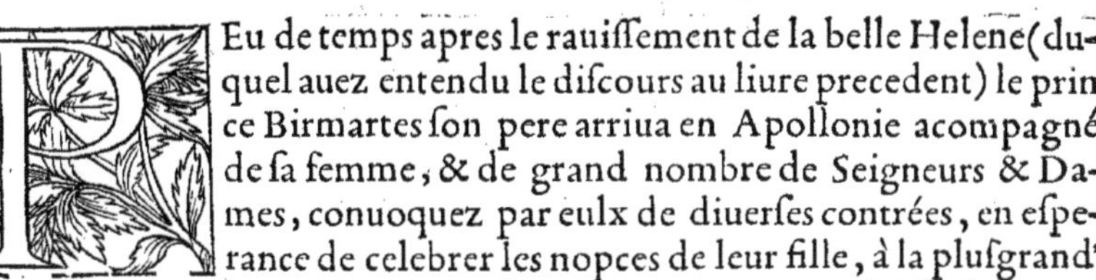

PEu de temps apres le rauiffement de la belle Helene (duquel auez entendu le difcours au liure precedent) le prin
ce Birmartes fon pere arriua en Apollonie acompagné
de fa femme, & de grand nombre de Seigneurs & Dames, conuoquez par eulx de diuerfes contrées, en efperance de celebrer les nopces de leur fille, à la plufgrand’
magnificence qu’ilz pourroient auifer. A᷉ leur venuë on ne laiffa de mener
ioye publique & folemnelle, en diffimulant par peu de iours la trifteffe de
ce grief infortune: d’autant que les playes fi frefches receuoiét à plus grand’
douleur le premier apareil : & (comme on dit communément) mauuaifes
nouuelles ne viénent iamais que trop toft. Toutesfois eftant le fait tel qu’il
ne pouuoit longuement eftre couuert, fans fortir en cognoiffance, le vieil
Roy delibera en faire luy mefmes la premiere ouuerture à toute l’affemblée, à la pure & nuë verité de la fortune comme elle eftoit paffée. Ce qu’il
fit, auec

fit, auec telle deſtreſſe & amertume, que ſa harengue, ou (à mieux dire) douloureuſe complainte fut toute pleine de regretz & lamentations, rompuë de ſouſpirs & ſanglotz menuz, arroſée de groſſes larmes qui luy diſtilloient le long de la barbe blanche, de telle ſorte qu'il n'y eut cueur ſi dur en ceſte compagnie qui ne fuſt eſmeu à grand pitié & compaſſion, voire que ceux meſmes qui auoient eſté preſens à l'accident, en ſentirent recharge d'alteration nouuelle. Ma plume ne ſeroit ſuffiſante à exprimer la moytié de ſi piteux ſpectacle: ſeulement vous diray, qu'il imprima es cueurs des Princes & Seigneurs aſſiſtens, vn ſi merueilleux deſir de vengeance, que depuis fut fort dificile à eſtaindre & aſſouuir ſans abondante effuſion de ſang de deux parties : comme le ſuccez de la guerre vous fera entendre cy apres plus à plain . Or vous laiſſe icy à conſiderer, comme les anciens main tenoient ſainte & inuioble l'auctorité de leur foy, & plus que tous ceux qui eſtoiét par deſſus tous, & exemplaires aux autres: veu le mortel creuecueur que les pere & mere d'Helene ſouffroient de ce rauiſſement , à raiſon de la promeſſe qu'ilz auoient faite au prince Lucidor , touchant leur fille , ſans que le reſpect de la qualité du rauiſſeur , filz d'Empereur , & heritier de deux Empires, & le party de mariage trop plus auantageux pour elle, peuſt aucunement amoindrir n'adoulcir l'aigreur nompareille de leur affection. Or les pourſuyuoit Lucidor, & ſommoit de leur parole à grande inſtance, comme pour la choſe que plus ardemment il deſiroit en ce monde : tellement que ſon importunité contraignit le bon Roy d'ordonner & publier vne aſſemblée des eſtatz de ſon Royaume, en la pluſgrand' diligence qu'il luy fut poſſible : pour eſtre fait droit au prince de Gaule ſur ſa demande & concluſion . Lequel y comparut acompagné de la nobleſſe Françoiſe . Et comme gentil-homme treſeloquent entama le propos en telle maniere.

Harengue du prince Lucidor.

Sire, diſt-il, Princes, Barons, Ca-

pitaines, & ſoldatz Apoloniens, ſi noz ſages anceſtres (que les ſiecles paſſez ont porté) en la ſucceſsion de tant de bons enſeignemens , nous euſſent encore laiſſé la cognoiſſance certaine du train & gouuernement de fortune, ſon inconſtance ne me donneroit à ceſte heure ocaſion de la blaſmer, ne ſa certitude loy de dire ce que i'en dy: Mais d'autant qu'elle a preſcrit l'auctorité d'executer elle meſme ſes deſſeings, les princes de ce móde gaignent beaucoup moins de vouloir reſiſter à ſes effortz, qu'à obeïr & s'aquiter de l'obligation que ſouuent elle leur impoſe . Non (Sire) que ie vueille ſouz ceſte couleur denier en rien celle que ie dois à voſtre honneur , ne pareillemét laiſſer à exiger de vous en iuſtice celle que deuez au mien , eſtant deliberé faire des deux pareille miſe & recepte , au cas du rauiſſement de Helene voſtre fille & mon eſpouſe . Auquel n'a eſté fait moindre force à

vous

vous qu'a moy, qui m'induit à requerir presentement qu'a l'entreprinse de la iuste vengeance vostre vouloir se conforme au mien pour la satisfaction mutuëlle. Non pas que i'aye doute (seigneur Birmartes) ne desfiance aucune en ce cas de vostre franc & magnanime courage : mais crainte seulement du conseil qu'on vous pourroit donner au contraire, soit pour vous en diuertir du tout, ou pour le moins retarder la diligence requise en tel affaire, à l'ocasion de l'ancienne amytié qu'auez tousiours euë auec les Princes Grecz, chose qui me tourneroit à perte inestimable si elle tiroit à longueur, veu l'arroy & equipage, auquel voyez que me suis mis, lequel me demeureroit inutile s'il n'estoit renforcé & augmenté par le vostre. Parquoy esbahir ne vous deuez (Sire) vous Princes, Barons, Capitaines, & soldatz Apoloniens que ie vous solicite si vrgemment à ceste entreprinse, & moins refuser ma requeste estant de telle consequence pour vous, qu' en la cuydant reietter comme mienne, vous vous trouuerez en effect autant contrarier à vous mesmes. Qui est celuy qui pourroit dire que cest oultrage n'ait esté fait autant à vous qu'à moy ? Quant est de ma part, ie suis disposé à la vengeance, en laquelle si ie ne contente mon desir en satisfaction de mon honneur, autant que fortune l'a mal contenté, ie tourneray sur ma personne le reste de l'effort, pour ne luy seruir plus de subiet à autre cruauté nouuelle. A' ceste cause, vous suplie tresaffectueusement (Sire) & vous autres seigneurs Apoloniens, vouloir en cest endroit employer voz forces, & celles de voz amys & alliez aioindre aux miennes : pour mettre sus vne telle puissance contre les Princes Constantins, que si de leur gré ilz ne s'offrent à la reparation du tort & iniures, nous soyons suffisans à l'executer sur eulx, & les forcer à la raison. Icy fay-ie fin à ma demande, sans la faire de mon intention premier que de la vengeance, soit à bailler ou à prendre. Surquoy, apres que le roy Birmartes, & autres grandz seigneurs eurent mis les testes ensemble, fut auisé que Birmartes comme principale partie interessée, feroit la responce : auec moderation, toutesfois d'aucuns articles, tendans à tranquilité (si elle se pouuoit obtenir) sans se precipiter au hazard de la guerre, lequel commença ainsi :

Harengue du prince Birmartes.

Seigneur Lucidor, puis que le bon

plaisir du Roy monseigneur & pere, & des Seigneurs assistans me, charge de la responce qu'ilz entendent vous estre faite. Ie vous diray en bref ce qu'il leur en semble, remettant neantmoins ma volunté & resolution à la vostre. En premier lieu, ie vous confesse que nous auons interest commun auecques vous en l'issuë de ceste cause, laquelle n'est de condition en rien differente à celle qui fut iadis demeslée entre les Grecz & Troyens, pour le rauissement de leur belle Helene, de laquelle me desplaist extrémement

C   que ma

que ma fille porte le nom & effect de feconde. Ie ne denieray non plus l’a-
mytié ancienne que i’ay auec les princes Grecz . Si eft-ce qu’en la balance
de mon iugement elle n’eft de tel poix que le refpect de mon honneur , &
de celuy de ma fille, ne trebuche & l’emporte : lequel i’eftime deuoir eftre
racheté à quelque pris que ce foit , tant des biens que de la perfonne . Toutesfois comme les affaires de telle importance requierent leur commencement eftre diligemment confulté & debatu , de peur que la fin mal fucce-
de : feruát tel deuoir à la decharge des Princes enuers Dieu & les hommes,
principalement leurs fubietz , au cas que la fortune tournaft mal à poinct
felon leur proget . I’ay aucunement egard aux chofes qui font contre mon
propre gouft: car delaiffant toutes pafsions (comme l’on doit en cas de con
feil) i’eftime qu’en cefte entreprife nous couchons la fomme totale de noz
eftatz & finances, & les mettons en la main de Fortune , fans affeurance de
paruenir à la reparation pretenduë , autre que de noftre bon droit, qui a
fouuent meftier d’ayde, comme fuiet à l’inconftance de la variable déeffe.
Bon droit auoient les princes Grecz contre la ville de Troye , qui fouftint
neantmoins leur fiege & affault l’efpace de dix ans , & euft fouftenu (peult
eftre) iufques à la fin, fans la trahifon fi cauteleufement pourpenfée, fi vaillamment executée . Mais laiffons à part la grande effufion de fang que ic
voy apreftée: confiderons feulement quelle en fera l’iffuë : car au vray l’effect des armes eft quafi fortuit , ne iamais fondé en feurete quelcóque, dont
nous fault defcendre fpecialement à la conferuacion de noftre honneur:
touchát lequel (combien qu’ayt efté offencé à l’enleuemét d’Helene) peut
eftre que raifon nous fera faite de la reparation plus grande que n’efperós,
apres que la partie aura bien entendu & difcuté le fond de noftre cóplain-
te. Surquoy on ne pourroit affeoir aucun iugement legitime , auant qu’a-
uoir ouy la deduction des deux parties. Pource regardons à y proceder par
meure deliberation, de peur de nous repentir trop à loyfir de noftre temerité precipitée. A’ cefte caufe, ferois d’auis (feigneur Lucidor) qu’auant que
paffer oultre , vous fifsiez entendre voftre intention par cartel, au prince
Florifel, le fommát de reparation de l’outrage , à fin que par fon refus, ren-
diez noftre caufe d’autant meilleure. Lors luy pourrez fans difficulté denó
cer guerre mortelle à feu & à fang , iufques à l’acompliffement de la vengeance . Et quant à le combatre voftre perfonne à la fienne , ic n’en ferois
d’opinion, d’autant que le faiz de fi generalle offence ne fe doit charger
fur les efpaules d’vn feul, lequel perdant, le refte de la pourfuite (touchant
aux autres) demeuraft fans amendement. Non que ie vueille en cecy reuoquer en doute aucune la valeur de voftre perfonne : mais par-ce que la faueur de Mars eft incertaine & commune , en laquelle on ne doit repofer fa
confiance de chofe fi importáte, l’euft il promis & affeuré par feing & féel
autentique. Voylà à quoy tend l’auis du Roy, & de cefte noble afsiftance,
d’atendre la refpóce que le prince Florifel fera aux embaffadeurs enuoyez
de voftre part : pour fur icelle prendre fondement de noftre refolution finale.

nale. Ce pendát, ne requerir ne mettre encore en peine les amys (defquelz
defirons le fecours en ceft affaire) iufques à ce que leur puifsions monftrer
le pluf-que deuoir, auquel nous ferons mis pour chercher paix, & euiter
l'horrible furie de la guerre, ce qui les animera d'auantage à prendre les
armes pour nous, quafi contre l'ennemy commun de droit, equité, paix, &
repos des peuples, fans que le laps de ce peu de téps vous puiffe porter aucun preiudice, en expedition de telle confequence, dont l'ordre & apareil
requiert lógueur & demeure, de peur que de foudaine entreprife nous en-
courions trop tarde repentence. Cefte oraifon plut fort à toute l'afsiftence,
fuyuant laquelle fut ordonné que le conte d'Armignac (qui acompagnoit
Lucidor en ce voyage) feroit cefte ambaffade, perfonnage de bon cerueau,
& de grand' eloquence, portant par aage defia la barbe blanche. Parquoy
le iour prochain il partit d'Apolonie tenát par terre le chemin de Thrace
iufques à Conftantinople, là ou il trouua Florifel & Helene, Timbrie, & les
autres Princes & Dames, qui auoient efté magnifiquement receuz de la
princeffe Oriane, & d'Onolorie. Iaçoit que ce ne fuft fans quelque degouft
d'amertume & trifteffe, craignant chacun à la forme de leur venuë le danger & mifere qui en pourroit enfuyure. Icy la royne Zirfée ne fait plus ample mention de leur arriuée, ne voulant mefler & confondre les matieres
de plaifir auec celles de fi trifte cófequence, feulement vous dit l'acueil qui
fut fait au conte d'Armignac ambaffadeur, lequel venu en Conftantinople fut receu, felon l'eftat de fa perfonne, ioinct le refpect de qui il eftoit
commis, luy acordans les princes Grecz à fa requefte, iour & afsignation,
pour propofer fa demande en plein confeil. Le iour efcheu & l'affemblée
faite, commença ainfi: Treshaultz & trefpuiffans Princes, Seigneurs, & noble afsiftence, Lucidor le Vindicatif, monfeigneur, m'a enuoyé par deuers
Florifel de Niquée, pour luy prefenter en prefence de vous tous cefte lettre, requerant qu'il la face lire hault & cler, & m'en rende refponce, à fin
qu'icelle obtenuë ie m'en retourne. Ce difant luy bailla la lettre, laquelle
il ouurit, & leut à l'inftant.

Lettres de Lucidor le Vengeur au prince
Florifel de Niquée.

SeigneurFlorifel, Lucidor le Ven-

geur, Prince naturel de France, & d'Apolonie par alliance, prie Dieu vous
infpirer tellement que puifsiez cognoiftre la faulte qu'auez commife enuers luy, & la reparer ainfi que droit & raifon le commande. Ce qui m'a
meu à vous efcrire ce mot de lettre, eft à fin que voftre erreur recogneu, &
l'amende faite à mon contentement, ie puiffe demeurer auec vous en telle
paix & amytié comme deux princes Chreftiens, de telle grádeur que nous,
fommes, deüroient, pour employer noz communes forces contre les infi-

C ii

deles.

deles. Ie defire fort fçauoir qu'elle excufe vous trouuerez du grãd tort que vous m'auez fait, & à vous mefmes (ce que ie puis dire) en violant mon e-ftat Royal, enfemble l'amytié que vous deuiez au pere de ma fiancée, vous fupliant me la vouloir efcrire par le menu, à fin que i'y puiffe prendre con-fideration qui foit fuffifante, pour acomplir la fatisfaction de voftre part en mon endroit: car ou ie ne la pourrois receuoir de vous, de voftre bon gré, force me fera de la prendre au fil de l'efpée, par le moyen des armes, feulement entre vous & moy, iufques à oultrance de voftre vie, ou la mien-ne. Ie m'esbahy trop, comme voftre vertu tant cogneuë iufques icy, en fi glorieux affaires, s'eft tant oubliée par apetit defordonné de ieuneffe ef-frenée, que de fe declarer tant ennemy de la raifon, mefmement de la paix inuiolable que voz peres & predeceffeurs ont toufiours entretenuë, auec les parens de mon efpoufe. Vous affeurant qu'à grand' peine vous lauera toute l'eau de voftre mer, d'vne fi grãde tache & macule: car voftre eftoffe eftoit tenuë de refifter à fi vilain acte, ne faifant chofe que ne voudriez que vous fift celuy qui eft de voftre qualibre, dequoy ne vous pourriez defcharger aucunement enuers Dieu ne les hommes. Au moyen dequoy, encores que i'euffe bon droit de vous faire la guerre, comme à violateur de ma femme, & de fa propre foy, fi eft-ce qu'ayant Dieu deuant les yeulx, & les affaires de noz republiques Chreftiennes en recommendation, vous ay bien voulu femondre de m'en faire raifon de vous mefmes, confideré que les loix obli-gent les Princes quant à foy, à fin que par ce moyen on efcheue vne fi cru-elle guerre comme ie voy eftre apreftée, non moindre que iadis voz pre-deceffeurs eurent deuant Troye, laquelle Dieu vueille deftourner par fa grace, au moyen de voftre iufte fatisfaction. En cas que nõ: ie protefte vous mener telle guerre, que l'vn de nous deux y demeurera pour les gages.

Apres que la lettre eut efté leuë par le fecretaire, le prince Conftãtin fentit vn grand mouuement de colere, qui luy fit vn peu rougir le front & rouil-ler les yeulx en la tefte: toutesfois la diffimulant au moins mal qu'il peut fe leua debout, & dift au conte d'Armignac. Combien que ma refpõce feroit fuffifante de vous declarer qu'Helene d'Apolonie foit ma femme, & pour telle ie l'ay amenée, fi eft-ce (feigneur Conte) que ie vous entens refpondre plus pertinemment, & par meure deliberation de confeil: parquoy faites bonne chere ce pendant, & ie donneray ordre de vous depefcher bien toft. Le Conte à cefte refponce fe retira du confeil, ou demeura Florifel, auec les autres feigneurs, prefidens & cõfeillers, aufquelz adreffa telle parole. Tref-excellens Princes, feigneurs, amys, & aliez, vous auez prefentemét enten-du l'ambaffade de Lucidor, lequel ie ne veux ignorer auoir efté fiancé auec Helene par lettres de credence: mais tant y a que moy qui l'ay efpoufée en propre perfonne penfe n'y auoir fait faulte qui ne foit remediable, & efpe-re que Dieu n'en prendra aucun mal contentement. Seulement me femble auoir mal vfé de la façon de noftre partement, d'autant que pourroit con-cerner l'anciéne amytié de mes predeceffeurs, auec les parens d'elle. Et vou-

drois

drois bien qu'il euſt eſté poſsible le faire par leur conſentement , mais puis
qu'il ne peult eſtre autrement , en vn mal fait ne giſt qu'amende , vous ſupliant qu'il vous plaiſe me donner conſeil , comme i'en puiſſe ſortir à noſtre plus grand honneur . Ce dit , ſe raſsied en ſon ſiege , ſurquoy y eut diuerſes opinions , les vns diſans , que l'on deuoit mener la guerre , pour monſtrer à Lucidor ſa folie. Les autres n'en vouloient point , cherchans pluſtoſt
paix & ſatisfaction aux deux coſtez , comme on a acouſtumé de faire en
ſemblable cas. Mais l'amiral Frádalo ſage vieillart , qui ſe trouua à l'aſſemblée parla ainſi par l'ordonnance d'eulx tous. Treſexcellens ſeigneurs , cóbien que la vieilleſſe que ie porte ſur la teſte , me donnaſt quelque licence
de dire mon auis , toutesfoys la preſence de voz grandeurs m'en a retenu
iuſques à ce qu'il vous a pleu m'en faire le commandement , auquel obeïſ-
ſant ie dy , que ie ne croy pas que la guerre ayt oncques eſté inuentée , ſinon
pour plus grande aſſeurance de paix , dont ne doit on iamais faire effort
pour honneur , moyennant qu'il puiſſe demeurer ſatisfait : car quoy que le
pris en ſoit grand , auſsi eſt celuy de la conſeruation de la paix , laquelle on
pert quand on la met en balance , & bien ſouuent ceux meſmes qui la quie-
rent le plus. En bonne foy i'eſtime que le moyen eſtat ſoit beaucoup meilleur en ayant paix , que les grandz hóneurs auecque guerre : car le premier
eſt comme ſeur & ferme , & l'autre tremble de paour de tresbucher . Parquoy prenós le bon & laiſſons le mauuais , cognoiſſans que pluſieurs Princes ont conſerué leurs Empires & Monarchies plus par gracieuſeté amya-
ble , que par bobance odieuſe , pretendans ſouuent d'ocuper le leur & l'autruy. Et vous plaiſe croire que Ceſar n'euſt pas eſté ainſi meurdry , ne Rome deſpouillée de la ſouueraineté du monde , ſi l'vn ſe fuſt contenté en la
gloire de ſes grandz faitz , ſans vouloir vſurper ce qui ne luy apartenoit , &
que les Senateurs & le peuple Romain n'euſſent eſté ſi ſuperbes de vouloir
ſupediter tous les autres : car celà leur engendra vne naturelle diſcorde , e-
ſtant certain que Royaume diuiſé en ſoy ne peult eſtre perdurable.Et vous
autres meſſeigneurs les Princes eſtes autant tenuz à la clemence & bon trai
tement de voz ſubietz , qu'à la gloire de l'execution de voz actes propres ,
& à garder leur ſang , & celuy de leurs femmes & enfans par tranquilité ,
pluſtoſt que de l'eſpandre pour enuahir les terres d'autruy iniuſtement . Si
vous aſſeure meſsieurs que ie ſerois d'opinion d'auoir bonne paix , qui la
pourroit obtenir : mais cognoiſſant le naturel de noz ennemys , principalement des gens de Lucidor , qui ſont querelleux , cherchans touſiours cinq
piedz en vn mouton . Ie reſouz de pluſtoſt commencer la guerre ſur eulx ,
& la reculer hors de noſtre territoire , que d'atendre icy le cry , pleurs , &
lamentation des veuues & orphelins , aupres de nous : dequoy ma vieilleſſe m'a donné aſſez claire experience , & voſtre commandement la hardieſſe de le vous dire. Son opinion fut trouuée bonne de tous ceux qui deman-
doient la guerre . Et apres qu'il ſe fut remis en ſon lieu , ſe leua Amadis de
Grece , qui leur fit tel diſcours . Il me ſemble (meſsieurs) qu'il feroit beau

C iii

viure

viure au monde, s'il n'y auoit ceste difference d'estatz & d'honneurs : mais d'autāt que nostre gloire nous met tousiours en peines & trauaulx, ie trou-ue que la paix donne peu de seureté au repos, & qu'honneur ne se peult bonnement asseurer sans guerre. Parquoy ie ne puis contredire que l'on ne doiue tousiours choisir la paix : mais ie debatz que l'on ne la doit deman-der telle que l'honneur y ayt interest, & qui seroit plustost vraye guerre, souz vsurpation du non paisible. Ce qu'elle fait souuent quand les articles que l'on pourfuit ne sont en la main des hommes: ains frustrant leur inten-tion fait aucunesfois le contraire de ce qu'on espere. Mais en ce cas là il me semble qu'on la doit demander, & que le moyen d'y paruenir est en reque-rant le contraire de ce qui nous a esté proposé, sans venir aux conditions de la satisfaction ou elle n'eschet. Parquoy (Seigneurs) ie suis d'auis si Lu-cidor ne veult consentir qu'Helene soit femme de Florisel en demeurant en paix auec nous, qu'il se contente sur les cartes. Et s'il a si grand' enuie de manger de la guerre, ne face que venir, & on luy en dónera tout son saoul. Et voylà ce que i'en pense. Finy son propos, il se mit en sa place, & Falanges se leua pour en dire son opinion à son rang. Messeigneurs (dist il) la gloire de la paix est fort bonne, mais celle de la guerre est beaucoup plus grande, quand on la matte en paix par honneur: Toutesfois par-ce que sa fin est in-certaine, & trop plus seure à desirer qu'a aenturer, atendu les doutes qui se peuuent presenter es commencemens, moyens, & fins, i'ay tousiours ay-mé la victoire sans effusion de sang, non la guerre, sinon pour plus grande seureté, auec conseruation d'honneur : mais quand il est en bransle de la fortune, l'on le doit radresser à toute force, croyant trop bien que le bon cueur face beaucoup en telles entreprises, pourueu que l'on regarde bien au temps, & lieux, & moyens de l'xecution. Au reste ie n'ay memoire d'e-stre iamais entré en bataille contre mes ennemys, que ie n'eusse tousiours esgard que l'effusion de leur sang se deuoit racheter par egale portion des miens. En quoy ie louë merueilleusement le dit de ce sage capitaine, lequel ayant occis six mil hommes, sans qu'il demeurast plus de huyt de ses gens en la place, regretta grandement leur mort : iugeant que telz huyt soldatz estoient suffisans à conquester toute Lasie & la Grece : car à dire vray l'on ne deüroit pas aenturer vn seul amy pour dix mil ennemys, consideré que la vie d'vn homme de bien ne tombe en estimation. Parquoy me semble que demeurant Helene ou elle est, on doit faire hardimét les excuses, prin-cipalement auec le prince Birmartes son pere. Lors tous les assistens prierét le prince Olorius de dire son auis, mais il n'y voulut oncques entédre, pour-ce que ce fait icy luy sembla trop toucher aux deux parties, desquelles il e-stoit amy, ne voulant (comme l'on dit) mettre le doigt entre le boys & l'es-corce. Partant le surplus de toutes les opinions fut remis au roy Amadis, qui parla en telle sustance. Seigneurs l'on a si bien proposé sur cest affaire, que le meilleur seroit de n'en faire plus ample mention, ains se deüroit on du tout arrester à ce qu'en a opiné le prince Falanges, ioinct qu'il me sem-

ble, que

ble, que quand l'amy eſt iniurié de l'autre, chacun eſt tenu de ſoliciter leur apointement. Mais qu'en fault-il dire d'auantage ? fors que l'on ſçait bien que tout le tort qui a eſté fait, redonde contre le prince Birmartes, hors mis lequel, ne giſt icy autre améde. Parquoy ſatisfaiſons de noſtre deuoir enuers luy, ſans atribuer la louange de noſtre gloire à perſonne qui viue. Si ſuis d'auis que Floriſel doit reſpondre, & ſoy iuſtifier de la faulte commiſe, en ce qu'il s'eſt marié, & emmené Helene ſans le ſceu de ſes parens, s'excuſant ſur l'amour de l'excellente beauté d'Helene qui l'a conduit à telz termes. Offrant pareillement pour plus gráde deſcharge de luy & de nous, que nous donnerons à Lucidor autre perſonnage de noſtre lignage, tant qu'il ſera content, puis qu'il eſt maintenant impoſsible de luy donner Helene. De laquelle choſe s'il ne ſe cótente (comme il doit) nous ſuffiſe auoir fait tel deuoir, & prenons Dieu pour noſtre iuge, & tous les hommes en teſmoignage, & noz amys pour nous ayder, & noſtre propre hóneur pour ennemy, à cauſe duquel ſerós forcez iuſques à là de remplir les campagnes & chemins pour reſiſter à ceux qui nous vouldront faire oultrage. Car de ma part ie vous aſſeure, que Floriſel ne pourra trouuer raiſon qui l'excuſe mieulx que la force d'Amour, en quoy ie l'ayderay de ma perſonne, & meſmes ſon pere Amadis de Grece: monſtrant par ſon exéple que la beauté de Niquéé l'a peu cótraindre de laiſſer la foy auant promiſe à Lucelle: A' tant il ſe teut, & conclurent enſemble que Floriſel reſpondroit ſelon le contenu de ceſte derniere conſultation. Qui fut leur negoce pour toute la iournée, pendant laquelle, Helene & Timbrie ne ceſſoient de prier Dieu, que ſon plaiſir fuſt de mettre la paix entre leurs parens & Floriſel. Le iour enſuyuant fut donnée la reſponce par vne lettre au conte d'Armignac, en pleine ſale, y eſtant Helene preſente : laquelle il eſpouſa lors auec toute les cerimonies de l'Egliſe, à fin que le Conte le viſt pour en faire le raport à Lucidor, de ne s'y atendre iamais. Auecques ceſte lettre, le Conte ſe partit de Conſtantinople, & peu apres luy, l'empereur Lucencio & ſa femme, & auec eulx le prince Olorius, qui s'en alla en l'empire de Babilone, auſsi fit l'empereur des Romains auec ſa flotte, demeurans en ce lieu l'empereur Liſuart, & l'emperiere Abra, pour veoir à quelle fin tendroient ces affaires, acompagnez neantmoins de grand nóbre de ſeigneurs & bós Cheualiers.

Comme le conte d'Armignac re-

tourna auec la reſponce des lettres de Floriſel.

Chapitre　　　　　VI.

L E Conte ambaſſadeur exploicta tant par ſes iournées, qu'il
arriua au royaume d'Apolonie, ou il fut gracieuſement receu
du Roy, & de toute la ſeigneurie . Et apres auoir rendu ſonpa-
quet à Lucidor, ſe tira à quartier, & fut leu le contenu qui portoit cecy.

*FLORISEL DE NIQVE'E , Prince de deux empires
de la grand' Bretaigne, & de Gaule, de Thebes, & de
Rhodes, heritier d'Apolonie: à Lucidor le vindicatif.*

Seigneur Lucidor, ie m'esbahy de

ceſt oultrecuidé ſurnom que voulez ocuper, vous faiſant apeller le Vengeur, ſachant (ou deuez ſçauoir) que tel tiltre n'apartient qu'a Dieu ſeul.
Et pour pertinément reſpondre aux articles de la lettre que le conte d'Armignac voſtre ambaſſadeur m'a preſentée , ie dy que vous meſmes eſtes tenu de ſatisfaire aux paroles de preſumption, deſquelles vſez contre moy,
& Helene mon eſpouſe. Quant à ce que vous dites, que l'excuſe n'eſt ſuffiſante qu'Amour m'ait induit à telle faulte, inferant que perſonne d'eſtat,
comme vous ou moy, ne les deüroient cómettre ſi lourdes. Ie dy que l'excellente beauté de ma dame Helene, ioinct le parentage & lieu dont elle
eſt yſſuë , m'ont obligé à ſi nobles penſemens, m'ayant touſiours tiré hors
de moy-meſmes, comme ententif continuëllement en l'honneſte Amour
que ie luy portois ſouz pure loy de mariage, qui me doit ſeruir de deſcharge, pour effacer la coulpe que me voulez impoſer, dont ne me ſens aucunement reprehenſible , ſi n'eſtoit de la faulte que ie puis auoir faite à ſes parens,

rens, de l'emmener fans leur confentement, chofe qui me defplaift beaucoup pour l'amour d'eulx , à qui ie deuois bien ce refpeét . Sur ce que vous dites, que ie m'ofte à moymefmes, ce que la bonne renómée m'a toufiours voulu otroyer : ie maintien ne l'auoir en rien violée ne diminuée : ains efperé que ce que i'ay fait en ce cas me fortira à grande augmétation de gloi re . Aufsi de tout temps les princes Grecz font couftumiers de garder le poinét d'hóneur , & de bien venger les oultrages qu'on entreprend de leur faire. Et maintenant que l'Empire eft regy par les plus magnanimes & belliqueux feigneurs qu'il euft iamais, il n'eft preft de cheoir du degré de fa reputation ancienne. Quand à vous, fi voulez entendre raifon, vous deuez deporter de cefte querelle, voyant qu'Helene eft ma femme , & que le fait eft irreuocable: Mais pour la reparation enuers vous, meffeigneurs & parens ont conclu vous donner autre Dame, de grandeur, beauté, & richeffe, telle qu'aurez raifon de vous en contenter: finon, vous fuffife remettre le fait à la difcretion de voz parens, des miens, & de ceux de ma femme, promettant defcendre à toute condition raifonnable & honnefte , enuers le prince Birmartes, & le roy d'Apolonie. Autrement ie protefte deuant Dieu de deffendre ma iufte caufe, tát que lame me refpirera au corps. Vous fupliant par amytié, feigneur Lucidor , prendre egard à la fin douteufe, & incertaine, des batailles, & au grand nombre des amys, de la Grece, fans celuy de feʒ propres vaffaulx: fans y comprendre les meurtres que fufcitera contre vous, ce tiltre enorme de vengeance, que vous vfurpez fur la puiffance diuine. Quand Lucidor eut leu la lettre de Florifel, il cuyda forcener d'ire & de maltalent, comme celuy que la pafsion dominoit plus que la rai fon: neantmoins filant plus doux qu'il n'euft voulu , s'il euft efté chef vnique de l'entreprife, demanda aux feigneurs leur auis, lefquelz commirent le prince Birmartes pour faire la refponce, qui dift ainfi. Seigneurs & Princes, ie voy le chemin ouuert, pour entrer en paix, ou en guerre, choififfez lequel vous voudrez, remettant quant à ma part, toute mon opinion, en celle du prince Lucidor, auquel toutes noz affeétions font deuës, móyennát l'ennuy qu'il a receu à noftre occafion, m'eftant auis aufsi que don Florifel propofe tous les articles de defcharge, que gentil-homme aymant fon honneur pourroit donner, tellement que confiderant l'éuénement perilleux des batailles, nous deuons laiffer la guerre, pour fuyure la paix, atendu le party qu'il nous fait de mariage, fans nous arrefter du tout à ce que difoit Heétor de Troye, qu'il valoit mieux auoir vne dangereufe guerre, qu'vne deshonnefte paix : car fuft-il ores qu'euffions mené guerre dix ans, nous ne pourrions en fin auoir meilleur party que celuy qu'il nous offre. Parquoy meffeigneurs, ayons l'œil fur l'inftabilité de Fortune, & que l'hó neur ne fuit qui le veult, mais celuy qui le fuit, & à qui il plaift à elle de le donner. Et me femble , que ce feroit folie d'aller chercher à grand trauail, en la maifon d'autruy, ce que l'on nous aporte icy à noftre huys . Et entendez que les conditions qui s'achetent au trenchant de l'efpée couftent bien

cher,

cher, & fortiffent fouuent leur effect tout au rebours de ce que les hommes
proicttent. Oultre, puis que Florifel fe repend d'auoir emmené Helene
contre noftre vouloir, & qu'il prefente à Lucidor vne autre aufsi noble &
riche, me femble qu'on la doit accepter (atendu que la chofe faite ne peult
eftre autrement) en prenant la plus hônefte paix que fera pofsible: laquelle fi vous reffufez entierement, ie fuis preft de vous fecourir iufques à la
mort, pour vous faire cognoiftre, feigneur Lucidor que ie ne crains la guer
re, ou i'ay pris nourriture. Cefte refponce pleut affez à la plufpart des af-
fiftans, mais oncques ne peut enfoncer la raifon dans l'entendement de
Lucidor, auquel l'image d'Helene eftoit imprimée fi auant, auec cefte deliberation de vengeance, qu'il ne peut oncques entendre à l'offre qu'on luy
faifoit, ains afpiroit totalement à cefte furie, ne trouuant gouft en aucune
opinion contraire, fi dift ainfi. Seigneur Birmartes, fi la perte de voftre fille, pour eftre fi bien mariée comme vous dites, faifoit à côparer à la mienne qui ay perdu ma femme, & la mort de tant d'hommes de bien qui font
periz en mon feruice, ie croy bien que voftre braue courage ne nous euft
donné tel confeil. Mais alleguant que voftre fille demeure bien mariée, ie
ne m'esbahy pas que ne fentez le dômage que i'en fouffre. Et quant à moy,
ie ne demande plus mariage, car ie péfe en eftre pourueu, & vous requiers
la femme que vous m'auez promife, laquelle i'auray, ou la tefte de Florifel,
pour la difpenfe du fien auec ma fatisfaction. Et iufques à ce que celà auienne, ie iure Dieu iamais ne prendre repos, & mourir à la pourfuite, ainçois
que ie ne recouure mon Helene : car ma grandeur ne le peult fouffrir, ne
l'amour incomparable que luy porte. Parquoy môfieur (parlant au Roy)
& vous autres Seigneurs & Cheualiers fi me voulez donner fecours en ceft
affaire, vous ferez beaucoup pour voftre honneur: finon, foit Florifel fi
grand terrien qu'il peult eftre, i'ay confience en mon bon droit, auec l'ayde des miens, de luy faire comparer fa folie. Lors il fe teut, au grand defplaifir de Birmartes, qui preuoyoit la grand' ruïne qui en deuoit auenir, &
la hayne mortelle qu'il failloit prendre contre ceux qui leur auoient efté a-
mys fi intrinfeques. Si luy dift: Monfieur, puis qu'il vous en femble ainfi,
voyez en quoy vous voulez que ma perfonne vous ferue : car ie vous prometz ma foy que ie m'y emploiray, moy & mes amys iufques à la fin: toutesfois Dieu me foit tefmoing que cefte querelle me defplaift grandemét,
voyant fi bon remede, pour l'apointer. Ie vous remercie (dift Lucidor) ie
ne pouuois pas autre chofe efperer de tel Prince que vous eftes. Parquoy
i'enuoiray deffier Florifel, & efcriray à tous les Princes du monde qu'ilz
nous aydent à l'amendemét d'vne telle violence. Ainfi fortirét du confeil,
demeurant la charge à Lucidor d'ordonner ce quil voudroit eftre fait.

Le defir de Lucidor eftoit fi extreme pour paruenir à l'execution de fa
vengeance, qu'il ne penfoit iamais en autre chofe, finon qu'il luy peult feruir à fes fins. Or ne tarda il gueres à mander le deffy à Florifel, & d'autre
part,

part, suplications à tous Roys & grandz Seigneurs de se trouuer prestz à
certain iour pour entrer es terres & païs des Constantins, & les chastier de
l'outrage par eulx commis contre le droit cómun des gens . Entre lesquelles en adressa vne à la royne Zahara, &à ses enfans de telle forme &teneur.

Lettre de Lucidor le Vengeur à Zahara,
royne de Caucase.

Ma Dame, m'estant n'agueres a-

uenu, que Florisel de Niquée ayt entrepris sur l'alliance faite entre moy &
la princesse Helene d'Apolonie, me la rauissant par violéce indeuë, ie n'ay
pensé meilleur recours qu'en vostre excellence, & celle de voz illustres siiz
& fille , pour obtenir secours à venger le tort & honte qu'il m'a pourchas-
sé , lequel si ne le me vouliez acorder, nonobstant quelque amytié qui
pourroit estre entre vous & luy, ou les siens, ie vous prie auoir plus d'egard
à la diuinité dont vous participez, laquelle vous oblige à rendre iustice en
terre , à ceux qui la vous requierent . A' tant, ma Dame, les haultz Dieux
vous maintiennent tousiours en leur communication , vous inspirant volunté encline à ma iuste querelle.

Celuy qui est tousiours prest de faire seruice à vostre
royalle magesté LVCIDOR LE VENGEVR.

Et mille autres lettres enuoya

deça & delà, importunant tous les Princes du monde, pour entendre à son
secours, & renuoya en ce mesme temps le conte d'Armignac son ambassa-
deur porter les lettres de deffy , ce qui sembleroit estrange , attendu qu'vn
simple herault, suffisoit: mais il le fit pour pratiquer intelligence par quelque voye , ou pour quelque mot extrauagant, que le Conte eust bien peu
semer entre gens de bien, qui eust peu seruir à son intention. Si se transporta le Conte en peu de iours à Constantinople , là ou trouuant Florisel luy
presenta le cartel de telle sustance.

Cartel de Lucidor le Vengeur
à Florisel de Niquée.

Lucidor le Vengeur, Prince natu-

rel de France, de Secile, & d'Apolonie par alliáce . A' toy Florisel de Niquée, malheur pour tout salut. Ie t'auois n'agueres requis de me restituer
amyablement ma femme & espouse Helene, que contre Dieu & raison tu

m'as

m'as enleuée, en la maison de son ayeul : Ce qu'as refusé de faire , contre toute loy diuine & humaine, au moyen dequoy ie dy que tu as fait acte de brigant, voleur, rauisseur, & malheureux adultere . Si te deffie à feu & à sang, toy, tes amys, fauteurs, & alliez, pour auec les miens te renger à telle raison, que bien tost viendras à ma mercy, pour receuoir punition à mon contentement . Pendant qu'on lisoit ce cartel il n'est possible d'exprimer l'impatience de Florisel : car il eust bien voulu que c'eust esté desia à faire, & s'escria à haulte voix deux ou trois foys , qu'on y responde, qu'on y responde, qu'on y responde . Ce qui fut auisé deuoir estre fait par escrit, & enuoyé par vn roy d'armes.

Responce de Florisel au Cartel de
Lucidor le Vindicatif.

Lucidor le Vindicatif, Florisel de

Niquée . Prince des deux empires &c. à receu ton presumptueux cartel de deffy, sur lequel il te respond, qu'il ne fit oncques chose que gentil-hóme aymant son honneur ne deust faire, t'auertissant de rechef qu'Helene d'Apolonie est sa femme & espouse, laquelle il deffendra contre toy & tous autres qui la luy voudront quereller, auecques telle recharge que toy, & les tiens mauldirez l'heure que iamais ceignistes espée contre les Grecz, pour la playe qui en seignera sur toute ta posterité , & celle de tes confederez. Car par l'inique refuz des códitions & offres, ausquelles me sumettois, tu as fait de ton droit ton tort . Dont auons Dieu de nostre costé , qui par sa iustice punit & donte tousiours les superbes , & ne te lairra vsurper sur luy le droit de vengeance qu'il a reserué nommément à sa diuinité.

Lucidor ayant leu le cartel , à peu qu'il ne bondit & saillit hors du sens de despit. Et n'eust esté la crainte qu'il auoit de rompre le desseing de tant de grandz Seigneurs, ausquelz il auoit requis secours, il l'eust enuoyé deffier de sa personne à la sienne : mais celà fut assoupy pour vn téps, au moyen que i'ay declaré. Faisant tandis Florisel ses diligences de son costé, de soliciter ses amys, entre lesquelz escriuit vne telle lettre au Soudá de Niquée.

Lettre de Florisel au Soudan de Niquée.

Monseigneur, la fortune m'a vou-

lu ce bien, de me colloquer en mariage auec la princesse Helene d'Apolonie, & combien que la forme soit aucunement legere, moyennant la force dót m'a falu vser, pour l'émener à Cóstantinople : si est-ce que pour purger le forfait qu'on y pourroit pretendre, ie leur ay fait depuis tant d'offres equita-

quitables, que le droit eſt demeuré de ma part, ayant offert l'alliance de
noſtre maiſon, à Lucidor prince de France, auec lequel y auoit eù quelque
propos de mariage d'elle, d'autant que les choſes deſia faites, ne ſe pouuoient deffaire. Il n'a laiſſé toutesfois de m'en importuner, iuſques à enuoyer cartel de deffy à moy, mes parens, fauteurs, & alliez, à feu & à ſang,
par mer, & par terre, pretendant (comme il eſcrit) ne me tollir ſeulement
ma femme, mais ma teſte auſsi, dequoy i'ay bien voulu auertir voſtre im-
perialle mageſté, eſperant qu'icelle ne me faillira en ce beſoing. Monſeigneur ie prie le Createur donner à voſtre haulteſſe bonne & longue vie.

Pluſieurs courriers furent depeſchez auecques miſsiues, pour requerir
le ſecours des amys & alliez, demeurant la court en eſtat fort triſte de tel
mouuement, & plus que tous la belle Helene, cognoiſſant qu'elle eſtoit le
motif de tout ceſt apareil, & de la deſolation qui en pourroit eſchoir. En
ces troubles la Damoyſelle de la pucelle Artemire ne laiſſa perdre la commodité qui s'offrit de preſenter à la princeſſe Oriane, la lettre du fort Anaxartes, luy diſant qu'elle luy aportoit ce paquet de la part de ſa maiſtreſſe,
laquelle la receut, ſe doutant bien de qui elle venoit, & ſe retira en ſon ca-
binet ſeule pour veoir la teneur qui eſtoit telle.

Lettre du prince Anaxartes, à la treſexcel-
lente princeſſe ORIANE.

Ma Dame, celuy vous preſente

ſalut, à qui vous l'auez tollu, deſirant le comble des heurs de ce monde, à
celle qui l'a deietté au fond de tous infortunes, qu'il eſtime moindres que
le deſeſpoir de voſtre bône grace, ou l'auez plongé par voſtre rigueur derniere, lequel s'il ſentoit en luy quelque offence qui vous preſtaſt ocaſion
de luy tenir rudeſſe, non ſeulemét ne s'ingereroit de vous en requerir mercy, ains vous en voudroit venger ſur luy meſmes, faiſant office de pluſque
Pellican pour ſes petis : mais ſi ſon affection deſmeſurée cauſée par voſtre
beauté extreme, il a, neanmoins, touſiours refrenée à bride de raiſon contre le naturel. Si oncques en ce peu d'acces & conuerſation qu'il a eu pres
de vous il ne fit ſeulement vn clin d'œil à l'intereſt de voſtre grandeur,
tant s'en fault que la langue ſe ſoit hazardée de charger le faiz de ſon
las cueur. Quelle raiſon pouez vous pretendre pour le bannir ainſi de la
fruiction de voſtre veuë, laquelle perdant luy ſemble viure en perpetuel-
les tenebres, ſinon d'autant que la flambe continuë de ſon cueur, luy peult
eſclairer, qui l'euſt pieça ars & conſommé en cendre ſans les larmes ordinaires dont il l'amortit. Plaiſe vous doncques pour toute ſatisfaction que
non pas moy, mais Amour, merite pour moy me rapeller de ceſt exil. Au-
moins me faire entendre de voſtre main la conception de voſtre eſprit que

D   le mien

le mien ne peult comprendre si ne desirez la mort brieue de celuy que le
seul penser de vostre excellence soustient en langoureuse vie.

Vostre ou plus nul ANAXARTES LE DIVIN.

La Princesse leut ceste lettre a-

uecques grande emotion de son chaste sang, laquelle dissimulant, fit responce à la Damoyselle qu'elle presentast ses affectueuses recommenda-
cions à la bonne grace de sa maistresse, par-ce qu'elle ne voyoit occasion
de luy rescrire, dequoy la messagere partit fort mal contente.

Comme le prince Falanges se per-

dit à la chasse, courant apres vn Faulcon.

Chapitre   VII.

La force

A force de l'yuer commençoit defia à mettre fa blanche barbe, changeant la couleur des verdz preaux par vne iauniffe trop amortie, & les eaues dormantes de fe couurir d'vne epeffe glace, quand le prince Falanges qui eftoit demeuré auec les autres feigneurs dans Conftantinople, print enuie de voller le canart: parquoy montant à cheual en cefte intention, alla aux champs, acompagné de fon faulconnier, & trois ou quatre de fes gentilz-hommes domeftiques: ou ayant eu aucun deduit autour des glaces, fe trouua par fortune en vne orée de la foreft, en lieu marefcageux & aquatique, auquel la gelée n'auoit pas pris, par-ce que tout le pourpris eftoit fonteines & veines faillantes, fituées en fablon bouillant, chault de nature, & couuert d'vne montaigne contre Septentrion, dont procede la gelée, & ouuert contre la ligne du Mydi, dont le Soleil l'efchauffoit en celle faifon. Si que pour la raifon que i'ay dite, & pour eftre ce lieu en bon abry, ceft eftang n'eftoit pas gelé: parquoy il y auoit ordinairement des Herons, mefmes à cefte heure là en y eut vn que le prince Falanges fit leuer, iettant fes Faulcons, & vn bel Autour blanc qu'il auoit fe leua contre luy fi hault en l'ær que l'on en perdit prefque la veuë, & les oyfeaulx toufiours plus hault, pour fe garder du bec, duquel il fe reuengea merueilleufement, fe iettant fur le doz, & voletant les piedz contremont, & donnant grandz coups de bec pour les percer de part en part, s'il les pouuoit ataindre: ains comme il en y auoit trois bonnes pieces, principalement ceft Autour qui dominoit le deffus, & les deux autres luy batoient les coftes, le pauure Heron fut tant matté qu'il tomba quant & les oyfeaulx en vne place ouuerte dedans le boys, à laquelle le prince Falanges picqua en toute diligence, pour fecourir fes oyfeaux, mais le deuoir en eftoit defia fait, par vne des belles Damoyfelles du monde, qui fe trouua en ce lieu acompagnée de douze autres, & de grand nombre de gentilz-hommes, & auoit defia ofté la proye aux oyfeaulx, & les paiffoit d'vne cuiffe du Heron mefme. Si toft que le Prince la vid ainfi, luy eftát bien auis qu'elle eftoit Dame de haulte guife, & maiftreffe de toute la troupe, il mit pied à terre, & la faluant, la remercia bien fort, de la bonne afsiftance qu'elle auoit fait à fes oyfeaux, ia foit (dift-il) que ie n'euffe iamais penfé que le Heron fe deuft trouuer fi mal traité par main de Damoyfelle : laquelle ne l'ayant encores aperceu iufques à cefte heure là, fut fort efmerueillée de le voir fi extreme en beauté, aufsi furent tous les gentilz-hommes & Dames de fa compagnie. Si luy fit vne gracieufe refponce: Seigneur (dift elle) vous ne vous deuez esbahir de voir que i'vfe de cruaulté, ayant mon cueur furprins & opreffé de plus cruelz penfemens que n'eft le danger ou le Heron s'eft trouué, car Amour & fes chiens me le rongent inceffamment, aufsi paroiffoit affez fa douleur intrinfeque, par la palleur & maigreur de fa tendre chair. Lors le Prince eftant eftonné de fon propos, & non moins defireux d'en cognoiftre la fin, comme celuy qui eftoit pafsionné de la mefme

D ii angoiffe.

angoiſſe.Ma Dame (diſt-il) ie vous ſuplie dites moy quelle choſe vous entendez par voſtre dire, à fin que m'eſtant poſsible de trouuer remede pour
vous ſecourir , ie le puiſſe faire d'auſsi bon cueur que ie vouldrois que l'on
m'aydaſt.Il conuient (diſt elle) ſçauoir premierement qui vous eſtes,pour
cognoiſtre ſi voſtre mal, & voſtre perſonne, ſont remediables par vne meſme conſolation,comme ie pourrois eſtre ſecouruë: parquoy vous me direz
voſtre nom, s'il vous plaiſt, & voſtre paſsion , pour la conferer auec la mi-
enne.Ma bonne Dame (diſt le Prince) l'on m'apelle Falâges d'Aſtre : quât
à l'eſtat de mes Amours, mes penſées ſe ſont ſi hault eleuées,que i'ay entrepris le ſeruice d'vne Dame , laquelle merite eſtre reſeruée aux Dieux immortelz , comme fille qui eſt procedée de leur lignée en acointâce humaine, à cauſe de laquelle i'ay prins la hardieſſe de m'offrir à elle, & demeurer
perpetuëllement ſon treshumble vaſſal : ſi que mon mal eſt bien grand à
cauſe de ſa diuinité, à quoy ie penſe à grand' peine pouuoir paruenir,moy
eſtant en ce monde , & ſi i'eſpere qu'entre les mortelz la princeſſe Alaſtraxerée ne doit iamais auoir d'autre que moy. Ce qu'oyant la belle Damoyſelle tomba de ſon hault tout plat à terre,d'ou le Prince la releua,& la tint
entre ſes bras comme morte , perdant entierement tout le tainſt de ſi peu
de couleur qu'elle auoit : à quoy acoururent auſsi toutes les Damoyſelles,
auſquelles le Prince demanda ſi ce mal la tenoit ſouuét. Monſieur (dirent
elles)il y a quelques iours qu'elle en eſtoit affranchié.Lors elle qui s'eſueil-
la quaſi comme d'vn ſomme, iette ſon œil piteuſement contremont , pour
regarder le Prince qui la tenoit embraſſée , ſa teſte d'elle repoſant ſur le
bras droit de luy, & fondant en larmes ſouſpira ſouuent pour celuy qui la
tenoit,car elle s'eſtoit enamourée de luy, par la grande renommée qu'elle
en auoit ouy. Si luy diſt: Helas monſeigneur Falanges d'Aſtre, ne vous eſmerueillez plus de ce que m'auez veu faire: car celuy qui a en ſoy-meſmes
ſi belle experience de mal comme vous auez n'eſtimera pas grandement
le beaucoup d'afliction qu'auez veu en moy . Ma Damoyſelle (diſt-il) ie
voy vne paſsió bien merueilleuſe.Seigneur (reſpódit elle) or ſeray-ie contente devous declarer le mal qui me tiét,pourueu que me vueillez otroyer
vn ſeul don, en tant que voſtre grand renom m'aſſeure d'vn deſir de vengeance que i'ay ne doutant que n'en veniez à bout, s'il vous plaiſt me faire tant de bien. Dites hardiment (luy diſt le Prince) car ie le vous acorde
voluntiers. C'eſt (ce diſt elle) que ie vous prie vous en venir quant & moy
tout ſeulet , dans ceſte nef que vous voyez là au riuage de la mer : car allant
en icelle en certain voyage que ie veux faire , ie vous conteray tout à loyſir
ce que ie quiers. Alors deſpleut bien au Prince d'auoir fait la promeſſe,tou
teſfois il eſtoit de ſi franc courage qu'il n'en voulut oncques faire ſemblant,
mais luy diſt:Damoyſelle faiſons-le ainſi que l'auez ordóné. Surquoy ſuruindrent deux de ſes valetz , auſquelz il bailla ſes oyſeaux pour les raporter en la ville, & leur enchargea de dire aux Princes l'auenture de ſon partement, les priant le luy pardonner, atendu qu'il auoit neceſſairement à
faire vn

faire vn voyage pour fecourir vne Damoyfelle, au moyen dequoy & pour
eftre leur allée fi breue, il n'auoit peu prendre congé, trop bien leur commanda de n'en fonner mot, iufques à ce que le nauire feroit tant eflongné
de la riue que l'on ne le peuft choifir de veuë, à fin qu'aucũ d'eulx ne le re-
tardaft par priere, & ainfi fes gens le firent: & luy, la Damoyfelle & leur
troupe s'embarquerent, faifant leuer les ancres, & haulfer les voilles finglerent auec vn vent en pouppe, tellement qu'ilz ne mirent gueres à tourner vn cap, derriere lequel l'on ne les vit plus. Or ayant ainfi voyagé tout
le long du iour iufques à la nuict, le Prince, eftimant toufiours cefte Damoyfelle eftre de hault lieu, veu l'equipage des gens, feruiteurs, & la riche tapifferie d'or dont la nef eftoit tenduë, luy requift gracieufement luy
dire la caufe pourquoy elle l'auoit demandé, felon fa promeffe qu'elle luy
auoit faite en terre, à quoy elle fondât toute en larmes luy dift : Monfieur,
vous fçauez que Dieu le createur a donné remede à toutes chofes fors qu'à
la mort, & qu'il n'y a en ce monde plus grande douleur que celle que feuf-
frent ceux qui ayment, & font defdaignez de ceux, aufquelz s'adreffent
tout leur defir : car le mal eft tel, que d'autant plus pourfuyt celuy qui ayme, tant plus aigremét fe defdaigne le bien aymé : chofe incurable, & tendant infalliblement à la mort. Et puis que vous (monfeigneur) pouez eftre
feru d'vn mefme mal, comme le mien, i'efpere que pourrez mieux trouuer
remede pour mon mal qu'vn autre, à raifon dequoy, ie le vous ay aufsi bié
librement voulu dire. Et eft qu'il y eut vn Roy au royaume de Scithie,
à qui fa femme donna vne fille fort excellente en beauté, laquelle eftant
bien fage & endoctrinée en quelques parties de medecine, mefmement en
la cognoiffance des fimples, s'afectionna grandement en l'art de la Magie,
en laquelle elle eftudia fi profondement, comme elle eftoit autrement extreme en tous dons de grace. Et à fin qu'elle fuft de plus infigne marque,
Dieu permit qu'elle fuft extrémement amoureufe d'vn fien coufin (comme le moyen qu'elle inuenta vous pourra donner cler tefmoignage) fi bien
qu'elle ne voulut oncques entendre à autre amour que de luy, qui fe nommoit Danifel, & elle Damicene : auquel (rompant la loy d'honnefteté,
qu'vne Damoyfelle eft tenuë d'obferuer) elle fe defgorgea vn iour à luy declarer toute fon intention, dont il fit peu de conte, eftant defia fon efprit
occupé de l'amour de Cafiée, ieune Damoyfelle parente du Roy. Dequoy
Damicene fe trouuant bien fachée & tourmentée, puis voyant que ne fa
beauté, ne les figures qu'elle faifoit ardoir au feu, fculpées & grauées à
l'heure de Venus, ne luy pouuoiét valoir, defefpera de fes atentes, & ayant
confulté long temps à par foy, graua vne Fortune en plomb, heure & iour
que Saturne eftoit en fon exaltation, par le moyen de laquelle elle le penfoit occire, fichant vn poinfon dans le cueur de l'image, qui reprefentoit
Danifel : toutesfois l'amour qu'elle luy portoit eftoit fi vehement, qu'elle
penfoit bien ne viure longuement apres luy. Et notez bien qu'a la mefme
faifon que Damicene fe trouua ainfi apafsionnée, elle fut aymée d'vn Duc,

D iii

autant

autant qu'elle aymoit Danifel. De forte que confultât vn iour en foymefmes le tort euident qu'elle luy faifoit, s'aperceut clerement, que le mal que
le Duc enduroit fans coulpe, eftoit tout femblable au fien. Au moyen dequoy ymaginant vn iour, & contrepenfant ce defordre qu'amour faifoit,
delibera chercher remede de vengeance, tant pour les amans, comme pour
les defdaigneux, la defirant faire d'elle mefmes, aufsi toft que de celuy qui
la faifoit ainfi lâguir. Et pour ce faire s'en alla en vne Ifle furnommée l'Ifle
des Citez, qui n'eft guere grande, ou elle fit baftir vn chafteau qu'elle nom
ma de Vengeance & fatisfaction d'Amours, & y dreffa vne fort excellente
chambre, dans laquelle fi bien ouura par fon art magique, qu'elle y afseid
vne ftatuë ou Idole de bronze à deux vifages (dont l'vn eft de Damoyfelle, & l'autre de Cheualier & a quatre bras defquelz l'Idole empoingne
deux puiffans carquoys, & deux poingnantes flefches fur les arcs tenduz,
preftes à defcocher, dequoy font ordinairement naürez tous ceux qui entrent en la chambre, c'eft à fçauoir les hommes du cofté de la Damoyfelle,
& les Dames du cofté du Cheualier: apres laquelle bleffure iamais perfonne
ne fort de là, & ne vous fçaurois dire que c'eft qu'ilz y font: finon qu'on
eftime que chacun y eft remedié par fon contraire. Ce tabernacle ainfi dref
fé, la pucelle y fit entrer Danifel par fes artz., & le Duc & Cafile, & en fin
y entra elle mefmes, mettant deuant le logis vn perron de marbre, fur lequel eftoit graué la caufe & fin de cefte auenture, & deuant la porte du
chafteau trois autres perrós rengez, felon la voye, & chacun d'eulx gardez
par vn fort vaillant hôme darmes, fi bien que perfonne n'y pouoit entrer
fans combat, les hommes chacun pour foy mefmes, & les Dames auec condition d'amener Cheualier qui fift pour elles. Tellement (Monfeigneur)
qu'ayant entendu voftre bonne renômée bruire parmy le móde, & ayant
grande confiance en voftre vaillance & honneftcté, ie me fuis auancée au
grand befoing & defir que i'ay d'y entrer, m'en venir vers vous, fupliant
me faire tant de bien, & croire qu'oncques Damoyfelle ne fe trouua tellement tourmentée, comme ie me fens, au moyen de quelqu'vn que i'ayme
de tout mon cueur, & combien qu'il femble que ie ne luy deürois vouloir
tant de mal, n'a moy mefmes, fi eft-ce que ie defire la vengeance de luy,
pour la prédre de moy par vn mefme moyen. Voylà doncques (mófieur)
partie de l'ocafion de ma demande, referuant le furplus à vous dire lors
que ferons au lieu, ou vous auez aufsi bien affaire que moy. Le prince fe
trouuant fort eftonné de fi merueilleufe auenture: certes Damoyfelle (dift
il) la fortune qui m'a ainfi furprins à pied leué pour venir auec vous, ne la
point fait fans raifon: car i'ay grandement befoing d'aller à tel feftin: parquoy Damoyfelle mamye tenez vous toute affeurée, que fi la liberté fe
peult recouurer par ce moyen là, i'y employeray toutes mes forces, à fin
qu'en me perdant ie me puiffe retrouuer. Si vous veulx-ie bien prier de me
dire voftre nom, moyennant qu'il ne vous defplaife. Monfieur (dift elle)
ie fuis contente de vous dire qui ie fuis, fouz condition que me ferez promeffe

meſſe de procurer mon remede par ceſte entrepriſe. Ce feray-ie en bonne foy (diſt-il) & le feray ſans faulte, comme choſe ou ma part y va. Or
ſachez donc (diſt elle) que ie ſuis Arlande princeſſe de Trace, celle en qui
la fortune a mys exceſsif amour, ſans aucun remede : car i'eſtoye au côtraire obligée à deſdaigner, & deſirer la mort de celuy que i'ayme, à cauſe de
celle de mon frere qui fut occis par les mains de l'vn des princes de Grece:
tant y a que celuy que i'ayme s'apelle Floriſel de Niquée, lequel non content de l'ingratitude qu'il m'a touſiours monſtrée, m'a fait encores trois ou
quatre bons tours, & vn entre autres, auquel la princeſſe Alaſtraxerée ioua
ſon perſonnage à mon grand malheur, qui fut cauſe en la vous oyant nom
mer de me faire ainſi eſuanouïr. De ce le Prince fut fort esbahy, & la conſola au mieulx qu'il peut, ne donnant à cognoiſtre l'eſtroite familiarité &
conuerſation qu'ilz auoient luy & Floriſel, de peur de la plonger en deſconfort, ains diſsimula comme s'il euſt eu haine contre luy, auec vne eſperance qu'il luy promettoit de ſon ſecours, nauigant ainſi leur route, iuſques à l'Iſle des Vengeances & ſatisfaction d'Amour, ou ilz vindrent ſurgir
la deuxieſme nuict.

Comme la Princeſſe declara á

Falanges tout le fait pour lequel elle luy auoit demandé le don. Et comme il eſprouua l'auenture de l'Idole des Vengeances d'Amour.

Chapitre   VIII.

A Princesse doncques nauiga ainsi auec le prince Falan-ges, acompagnée des Damoyselles de sa troupe, tant qu'ilz vindrent prendre terre en l'Isle des Vengeances, en laquelle toute la troupe desbarqua, & force cheuaux & hacquenées pour monter toute la compagnie, & sur tous vn coursier de Naples bien bardé & châtraine, auec sa selle dorée à la Damasquine, sur fond d'azur, & vn harnois de la mesme sorte qu'elle auoit fait aporter expres pour Faláges, car elle auoit tousiours ouy dire qu'il estoit comme de la corpulence de Florisel ou d'Alastraxerée, lesquelz elle auoit bien cogneuz. Et cheminerent en tel equipage enuiron vne iournée, tant qu'ilz virent le chasteau, au mylieu duquel aparoissoit vne tour plus grosse, haulte & massiue que toutes les autres (dont y en auoit beaucoup) laquelle maistresse tour sembloit estre enuironnée d'excellens edifices de palais, bastiz en triple ordre de coulonnes à trois estages, percé, couróné, & timpanilé d'vne merueilleuse beauté. Mais premier qu'arriuer audit chasteau, trouuerent trois pauillons tenduz chacun deuant son perron (dont nous auons parlé) sur lesquelz estoient penduz les escuz des Cheualiers, tenans auec trois escriteaux, dont celuy du premier perron disoit: Si le desir de l'espreuue de l'Idole iusticier veult estre executé en entrant ceans, il conuient premierement toucher l'escu, & trouuera l'auentureux le commencement, car il sortira de ce pauillon tel homme qui luy pourra estre egal en loyauté d'Amours, à fin que par ce moyen il soit iustifié par deuant l'Idole. Quand Falanges eut leu, il dist à la Princesse: Ma Dame, puis que nous sommes icy arriuez, la raison veult que i'acomplisse ce que vous ay promis, & suis deliberé sonder le gué, iaçoit que mon desir repugne aucunemét à faire oultrage à telz Cheualiers, qui sont mesmement forcez par iniustice d'Amours, comme chose qu'hóme ne deüroit faire, ne fust seulement que pour satisfaire à la promesse, estant d'opinion que mieux vaudroit deffendre l'auenture, que l'assaillir. Monsieur (dist lors la Princesse) ie croy bien que vous dites la verité, neátmóins ceste foy promise est tant excellente auec la necesité qui m'en est vrgente, que moymesmes me fasche de vous importuner, vous supliant y forcer vostre propre naturel, & acomplir ma requeste. Sus donc, dist le Prince. Lors, touchant l'escu, vit incontinent sortir du pauillon vn Cheualier, aussi grand presque qu'vn Geant, armé de toutes pieces, sur vn cheual fort puissant, qui luy dist: Cheualier vous ne pouez maintenant eschaper du combat si ne vous voulez rendre pour vaincu, autrement il n'y a ordre de passer plus auant. Cheualier (respond Falanges) il me semble qu'il vous seroit aussi bon de me laisser passer, pour esprouuer l'auéture sans cóbatre, à fin que plusieurs puissent trouuer le remede qui est leás, qui seroit œuure plus charitable: neantmoins quant à moy, puis que ie suis venu si auant, ie ne laisseray ia pour crainte d'en experimenter le hazart. Cheualier (dist l'autre) pour venir à la iustification de nostre combat qui se doit faire auát

toute

toute chofe, ie penfe feurement que vous auez autant de raifon d'affaillir
en cefte querelle, comme i'ay à la deffendre : car ceux qui entrent ceans fe
font eulx mefmes la force de la deffence (fi force y a) confideré le vouloir
qu'ilz ont de ce faire, & nous autres de fouftenir. Quant à ce poinct (luy
dift Falanges) i'en fuis tout refolu, non feulement pour moy, mais pour
l'obligation & deuoir dont ie fuis tenu à cefte Damoyfelle : parquoy prenons autant de la campagne comme il nous en fault, & ie fuis preft à la bataille: ce qu'ilz firent, & baiffans les lances en leurs arreftz, vindrent l'vn
contre l'autre d'vne telle roydeur, que le Cheualier fouftenant rompit fa
lance, mais le Prince le rencontra fi bien, qu'il ietta homme & cheual
par terre, le froiffant fi lourdement du coup, & de la cheutte, qu'il fut long
temps fans mouuoir ne pied ne main: au moyen dequoy le Prince defcendit à pied, & luy deflaçant l'armet, mit la pointe de fon efpée contre fon
vifage, difant: deportez vous entierement de la force & refiftence que m'a-
uez voulu faire, en vous rendant à moy, autrement voicy voftre mort. A-
quoy le Cheualier luy refpondit : Môfieur paffez oultre, & efprouuez l'a-
uenture contre les autres, quand à moy ie ne vous y feray plus d'empefchement : & fur celà Falanges luy bailla la main & le leua debout. Ce fait, le
Prince monta fur fon cheual, & alla au fecond perron, ou il y auoit tel e-
crit. La condition de cefte auéture eft defia declarée, & la peult la fortune
leuer en auant, ou faire ce que le deuoir de chacun pourra aconfuyure fans
autre chofe. Parquoy le Prince toucha à l'efcu qui eftoit ataché au perron,
fortant incontinent du pauillon vn fort Geant, lequel apres grand conflit, fut furmonté par le Prince, qui paffa oultre, iufques au troifiefme perron, ou le contenu difoit en cefte forte: Garde toy de prendre orgueil, encores que la fortune t'ayt aydé deux fois, car elle te pourra donner autant
peu de feureté en la troifiefme bataille, côme tu en as eu beaucoup es deux
premieres : car c'eft icy qu'il fault conter à l'hofte. Qui n'eftonna aucunement le hardy Prince, ains touche l'efcu du perron de la troifiefme tente,
d'ou fortit vn autre grand Geant, qui fe rencontra auec Falanges d'vne fi
grande force de cheuaux, des corps, & des heaumes, qu'ilz furent aterraffez
tous deux, demeurans quelque temps eftourdis fur la dure : apres ilz côm-
mencerent l'efcrime de l'efpée, defmaillât, decoupant, & froiffant armètz,
efcuz, & cuiraffes: tellement que l'vn & l'autre furent defcouuertz en plufieurs endroitz, dont le Prince fe trouua en grand hazart, n'euft efté fa le-
gereté & adreffe, de laquelle il defroba plufieurs coups au Geant, le fra-
pant mefmes d'vne viuacité fi grande, qu'il le vainquit auant que l'heure
fuft fonnée. Parquoy il apella lors la Princeffe Arlande, & fans aucun con-
tredit la mena iufques à la maiftreffe porte du chafteau, ou ilz trouuerent
vn efcriteau latin, graué en vne frize de Iafpe, duquel le contenu eftoit tel.
Quiconques obtient la liberté, l'efpere à plus grand guerdon de ce dont il
defefpere. Mais ne fachans bonnement entendre ce que c'eftoit à dire, pafferent oultre, trouuans la court belle & quarrée, toute enuironnée de gal-
leries

leries de blanc albatre, pauées en efchiquier, de marbre noir & blanc, & la
place de la court mefmes, fauf que le pauement eftoit plus menu & plus
rude, à fin que les cheuaux ne gliffent. Et au mylieu eftoit la tour de vingt
piedz en carré dans œuuré, & la muraille de quatre piedz d'efpeffeur, auec
quatre petites tourelles cormieres feruans pour viz à monter aux autres e-
ftages, percée & lifcée de belles molures à l'antique, & au deffus couron-
née, endentelée, & enrichie de demy taille dans vne frize fouz l'architra-
ue, fur lequel eftoit afsis vn charpentage fait à mode de couronne clofe,
couuert d'azur, auec vne pomme & girouette de fin or, ayant en la chambre de deffouz l'Idole (duquel nous auós defia parlé) qui eftoit afsis, fur vn
trofne fort riche. En laquelle ilz entrerent, trouuans à larriuée vn fort honorable vieillart qui les falua, & leur dift: Monfieur, & vous ma Damoyfelle, fi voulez paffer outre pour entrer ceans, encores que voftre vaillance
vous ayt códuit fi auant, fi vous fault-il entédre les conditiós de l'efcriteau
du dernier perron, lefquelles font: Que vous aurez d'icy en auant autre o-
pinon que n'ont les autres amoureux, voire tout au rebours, fi ce n'eft que
celuy ou celle qui entre, n'ayme egalement comme il eft aymé: car vn tel
pourra donner la liberté de l'entrée à tous ceux qui viendront apres luy,
d'autant que c'eft le principal poinét, auquel confifte l'acompliffement de
l'auenture, plus qu'en la viétoire de ceux qui ont efté fupeditez. Parquoy
fi n'auez bien entendu les propheties des trois perrons, ie fuis icy commis
pour expliquer leur contenu, s'il en fourd quelque doute, à fin que ceux
qui voudront entrer ceans, n'ayent apres ocafion de fe lamenter de ma
maiftreffe, difans qu'elle auoit conftitué nouuelle loy, contre les reigles
d'Amour. Si toft que le vieillart eut finy fon propos, la princeffe Arlande
dift à Falanges: Monfieur, que deliberez vous faire, voyant que fommes
fi pres, vous, d'auoir vengeance de voftre Dame defdaigneufe, moy, de
mon cruel amy, & ennemy, ioinét que fçauez, que voftre vaillance vous
en a donné occafion, pour en deliurer vous, & autres qui font icy venuz.
Ma Dame (dift le Prince) fi ma douleur eftoit de mefme condition que
la voftre, i'aurois raifon de deffaire l'enchantement, mefmes pour le bien
qu'y pretendez: mais veu que mon mal eft confit en gloire, d'autant que
la perfonne le vault pour qui ie le fouffre, i'aurois plus d'auantage à croi-
ftre qu'a diminuër mes paſsions, fans cófentir quafi que ie n'en aye ne plus
ne moins. Ie ne me plaintz point de ce qu'elle ne m'ayme pas, feulement
me lamente, que mes feruices ne peuuent meriter fa bonne grace: car au
furplus fa grand' valeur cóparée à la mienne qui eft fi petite, dóne affez de
defcharge de la coulpe que ie pourroys auoir, au cas que telz penfemens
ne me fuffent acordez: vous affeurát (ma Dame) que le plus grand poinét
qui me tormente eft, que le tort que l'on me fait me tire à vne raifon de le
deuoir endurer, moyennant fa beauté qui eft tant excellente, que la rouë
de fortune m'a voulu partir tel defir pour mon partage, fi auát, que ie con-
temple fouuent mon infimité (comme le pan regarde fes piedz) & toutef-
fois ne

fois ne m'en puis diftraire, ains pluftoft à les augmenter quand i'y penfe.
O'bien heuré mal,auquel la conftance eft fi grande qu'elle craint le remede,ou tous autres ont couftume de le procurer.Parquoy,ma Dame,ie vous
prie excufez moy, fi ie n'efprouue cefte auenture, & m'employez en toute autre chofe, comme celuy qui vous defire obeïr iufques à la mort. Si eft
ce (dift-elle) que ie demande vengeance de celuy qui en vfe de fi grande
contre moy , par fon defdaing & deffaueur . Et ce difant, fe voulut lancer
dans la chambre ou eftoit l'Idole: mais oyant vn trefgrand bruit d'inftru-
mentz, lutz, guitarnes, harpes, & violons, demanda premier, la caufe
pourquoy il fe faifoit, & le vieillart luy dift: vous verrez maintenant yf-
fir dehors tous ceux qui ont efté ceans enchantez,demonftrans chacun fon
mal, par œuures & par effectz:puis ilz y rentrét enuiron la mynuict,ayans
fait tout le tour du circuit du chafteau, & du pourpris, des iardins, & vergers de ceans, comme verrez prefentement, s'il vous plaift,vn peu atendre:
qui fut caufe que la Princeffe s'arrefta , pour veoir ce qui en auiendroit.
Tout foudain fortit par la porte de la chambre des Seigneurs & Dames,
Cheualiers, & Damoyfelles, & deuant tous marchoit la pucelle Damicene, veftuë d'vn fin drap d'or, ayant fes cheueux efpars,& vne riche couróne d'ineftimable valeur,portant vne flefche trauerfée parmy fon cueur,du
cofté feneftre de laquelle, elle fembloit eftre autant ioyeufe comme la
beauté de fon tainct & femblant pouoient tefmoigner, aufsi ne faifoit elle
que rire, en difant: O' gloire de ma vengeance, qui recois contentement,
par le contraire de celuy qui eftoit traité de moy en femblable cruauté. O'
cruel Amour & aueuglé! perfonne n'eft exempt de tes rufes,finon ma fcié-
ce, qui a tant valu de te pouuoir furmonter.Sur mon Dieu , mefcongnoif-
fant Danifel,tu payeras maintenát la folle enchere, & le mal dont le mien
pouoit prendre guarifon , fentant ce que tu penfois faire fentir à ta pauure
Damicene,t'affeurant qu'il n'y a pitié qui tienne, puis que tu ne l'as voulu
prendre de moy, en téps & heure. Or ie m'eftime trop heureufe d'auoir a-
legement de mon mal, moyennant la vengeance pure de luy . Ceffe hardiment de foliciter ton remede : car par la loy dont as vfé enuers moy fera ta punition, entant que mes yeulx ne te peuuent regarder,ny mon
cueur porter bien-vueillance. Ie me fuis entierement contemnée de toy,
comme l'eftomac qui reiette les viandes, en mefme forme qu'il les a aual-
lées, mon gefte fera d'orefenauant comme qui n'en a point, m'eftant amer
en bouche, tout ce que te femblera eftre doux . Deporte toy deformais de
me fuyure, fans penfer que ie prenne compafsion de ton mal, qui me tourne à fingulier plaifir . Or la fuyuoit Danifel bien pres de fes talons , armé
de toutes pieces hors mis l'armet (gentil-homme de fort belle taille)ayant
en fon cofté dextre vne flefche fichée, laquelle fembloit ietter flamme ardente qui le cuydoit embrafer . Helas (difoit-il) ma dame Damicene fou-
uienne vous du temps que me fouliez demander fecours, en aufsi grande
amertume que ie fouffre maintenant. Ie ne vous demáde pas que vous fen-
tiez

tiez mon tourment pour m'en defcharger, mais feulement à fin que confiderez, que tel mal vous pourroit encores auenir. Amour, amour, comme tu me payes bien, par le mefme moyen que ie l'auois delinqué. A' á beauté fouueraine, dont vient celà qu'en toy loge fi extreme rigueur & cruauté? O' mort viens moy fecourir! Apres luy marchoit vne autre pucelle, iouïffant de mefme gloire, & vfant des propres paroles de Damicene, & derriere elle vn Cheualier, faifant toutes telles plaintes que Danifel. Si ne tarda gueres qu'Arlande ne deuint bien peneufe, voyant fon Florifel marcher au troifiefme reng, reprefentant fon perfonnage de telle fierté qu'il deuoit eftre, au cas qu'elle y fuft entrée, mais l'amytié cordiale que la Princeffe luy portoit ne peut oncques tant fouffrir pour l'amener au defir de fa vengeance, que plus elle peuft veoir en telle deftreffe celuy qu'elle aymoit tant, ou plus que foymefmes, iaçoit qu'elle euft fceu certainement paruenir à telle ioye que la princeffe Damicene, fi bien que iettant vn hault cry, & diftillant les chaudes larmes des yeulx, tomba toute plate. Le prince Falanges, penfant qu'elle fuft pafmée, la print entre fes bras, & la releua luy & le bon vieil hóme, qui alla querir de l'eau de la fontaine, & l'en arrofa tant qu'elle reuint à foy. Mon Dieu (dift elle) qu'Amour eft de farouche & eftrange nature, fans aucune pitié, raifon, ny equité. O' grandeur que tu obliges les hommes eftroitement. O' mal qui pourrois tant tourmenter mon loyal amy, fans me faire aucun bien à moymefmes. En bonne foy ie fuis bien abufée d'eftre icy venuë pour celà: car penfant trouuer guarifon pour moy i'ay compaffion d'autruy, affeurant tout le monde que n'ay entreprins ce voyage pour entrer au feu, mais pour en fortir du tout, puis ay trouué plus grand mal ou chacun pretend fi bon remede. Helas mon grand amy Florifel, combien que vous me foyez plus ennemy que la propre cruauté, fi ne peult ma langueur, ny tout l'abus & enchantement de ce lieu tant gaigner, que i'execute côtre vous aucune rudeffe, delaiffant le fecours à qui le peult obtenir, & reftant à iamais fruftrée de tout bien, pour ne pouoir mal vouloir à qui eft caufe du mien. Or demeureray donc feulette & folitaire, aymant le feul & vnique paragon de tous les viuans, & me rengeray en miferable folitude, pour m'exiler & bannir de tout foulas: promettant d'orefenauant ne vouloir plus procurer mon falut, puis qu'il ne peult eftre fans le dommage de celuy à qui ne le puis defirer. A' ce mot fe pafma encore vne fois: dont le Prince eftant efmeu à grand' pitié, dift au vieillart: Mon amy auez vous bien entendu la lamentation de cefte ieune Princeffe. Ouy monfieur (dift-il) & fuis bien esbahy qu'elle n'a prins le remede au temps qu'elle l'efperoit le plus, voyant mefmes la gloire de celles qui font en femblable eftat, & dont elle a cogneu tant clere experience. Mon amy (refpód le Prince) ne péfez pas que le mal que Damicene voftre maiftreffe a enduré foit à comparer à celuy que fouffre cefte Damoyfelle: car on voit euidemment qu'elle fuit fon contrepoifon qu'elle a tant prefent, & Damicene la pourchaffe par fi longue efpace: dont on peult aifémét conclure, que
voicy

voicy l'vne des plus parfaites amytiez, que lon vid iamais, atendu qu'elle
poſtpoſe ſon propre bien à cil de celuy qu'elle ayme. Toutesfois i'auray
plaiſir de cognoiſtre ce qui en ſera, & atendons icy iuſques à la nuict. Pendant leſquelz propos la Princeſſe reprint ſes eſperitz, & Falanges luy diſt:
Ma Dame vous ne deuez entierement deſeſperer de voſtre aiſe & ſoulas,
de peur de l'oſter du tout à celuy qui n'a cure du voſtre: car peult eſtre qu'il
ne viendra iamais icy, parquoy vous ne deuez laiſſer à eſprouuer l'auenture, conſideré que ceſt homme m'a dit que la nuict ſe change ſi bien, que
ceux qui ont eſté en ioye le long du iour, retournent en deſplaiſance ſur le
ſoir, changeans leurs peines en gloire, & leur gloire en peine. Helas monſieur (reſpódit elle) comme dites vous que poſsible ſoit qu'il ne vienne iamais en ce chaſteau, qu'il y eſt deſia tout venu, & le porte continuëllement
auec moy, auſsi que choſe deſia paſſée, ne peult eſtre qu'elle n'ayt eſté. Parquoy ne me penſez pas faire à croire telz ſonges, & me contenter de ce qui
pourra ſuruenir vers la nuict: car i'ay encores horreur de veoir ce que ie
voy en plain iour. Ma Dame (diſt-il) ie vous prie demeurons icy ce ſoir,
puis nous partirons demain au matin, ſi vous aſſeure que ie ſuis content de
tenter l'auenture quant & vous: par ce moyen elle demeura, & voyans par
la porte la chapelle de l'Idole, furent fort esbahis de la grande richeſſe qui
eſtoit leans, ſe donnans bon temps à viſiter l'edifice par dehors, & toute
l'œuure du chaſteau, qui eſtoit de grande & ingenieuſe architecture, iuſques à ce que la nuict les en tira: & retournans vers la chambre y virent vne
infinité de torches & de flambeaux allumez ſur chandeliers d'argent fin,
leſquelz ne furent pas ſi toſt mis à terre que Damicene ne retournaſt en la
chambre, acompagnée de toute la troupe qui en eſtoit partie quant & elle.
Si toſt qu'elle rentra ſe ietta deuant l'Idole à deux genoulx, diſant. O' vin-
dicateur (diſt elle) de mes apetitz aueuglez, puis qu'il vous à pleu me donner auiourd'huy ce plaiſir de veoir celuy tourmenté pour qui i'ay eſté tant
vexée & affligée, endurciſſant vn cueur qui n'a peu auoir aucune compaſsion tout le long de ce iour, ie vous prie qu'en payement de ma cruauté comme iuſte iuge changer mon inique plaiſance, & la tourner en triſteſ
ſe, à fin que ie face penitence de ma durté inhumaine. Ce dit, l'Idole deſ-
cocha la fleſche de l'homme, dont la frapa au coſté gauche d'vn trait ſi enflambé que celuy de Daniſel n'eſtoit rien au pris. Auquel les autres bras e-
ſtans deuers le viſage de la Damoyſelle tirerent vn autre trait de lyeſſe, dót
il fut conuerty en ioye, & elle en doleance, tout au rebours de ce qu'ilz a-
uoient eſté le iour. Auſsi fut bien la cerimonie contraire: car le Duc marchoit deuant auec vne gloire non pareille, & Damicene apres luy, faiſant
ſes complaintes, puis alloit Daniſel menant grand ioye, & la pucelle Caſi-
le le ſuyuoit, pleine de pleurs & regretz. O' douloureuſe amertume (diſoit
Damicene) qui n'as moyen pour temperer tes extremitez, excedans tous
les limites de raiſon. Et toy raiſon ſi bien ſuffiſante du payement d'vne
debte que n'ay voulu aquiter: cóme eſt bien employée en toy la vengean-
E   ce d'Amours

ce d'Amours? ayant permis que la ioye du iour foit tournée en mefcontentement de la nuiɛt, pour rendre la pareille à celuy qui n'a voulu efcouter de iour. O' duc d'Eftres mon vray amy, voyez icy voftre Damicene tant à voftre commandement par force qui la contraint, comme elle en fouloit eftre alienée de fon propre gré: car i'aymoye lors Danifel, & luy Cafile: payans tous enfemble le tribut au contraire moyennant noftre mef cognoiffance, felon la loy qu'Amour à impofée, à ceux qui ne fe vouloient reigler par icelles. Et difant telles & autres paroles, paffa oultre: demeurât le Prince & la Princeffe fort efmerueillez de veoir les traitz que chacun receuoit l'vn apres l'autre: Parquoy le Prince dift à Arlande: il me femble ma Dame que Damicene vfe d'aufsi grande cruauté contre foy mefmes comme elle a fait contre ceux qui luy ont efté caufe de ce faire. Il s'en fault beaucoup (dift elle) car elle a efté caufe pourquoy ie n'ay voulu me contenter, felon l'apetit que i'auois de ma vengeance. Parquoy ne plaife aufsi à Dieu, que Florifel gaigne aucune gloire fur moy, finon celle que ie luy veux bien payer, par ma peine forcée. Vrayement ma Dame (pourfuit Falanges) ie m'eftime bien heureux d'eftre venú icy auec vous, fi la gloire de mes penfées me pouoit eftre entierement otroyée. Neantmoins (comme le cueur me iuge) ie ne verray icy chofe qui me deuft plaire, & craignant irriter la diuinité, fi ie penfois que ma Dame qui eft celefte, deuft eftre fuiette à telz charmes & enchantemens, pour comparoir en ce lieu, ie me repens de ma folle prefumption, & prie aux Dieux me la pardonner, aymant trop mieux l'aymer & me donner peine par mes difcours, en nulle ou fort petite efperance, que d'en eftre reietté du tout par ma folle oultrecuidance de l'atempter. Vous fupliant (ma Dame) que retournions d'ou nous venons, puis que voftre part eft affez efprouuée. A' quoy la Princeffe s'acorda bien voluntiers, car elle craignoit aufsi bien perdre le fentiment du doux mal d'aymer que le Prince. Si s'en allerét de ce pas trouuer leur troupe qui auoit fait acouftrer le fouper.

De ce qui auint en Conftantino-

ple depuis que le prince Falanges en fut party.

Chapitre   I X.

Tous ceux

Ous ceux de la court de Conſtantinople furent en grand
eſmoy , pour les mauuaiſes nouuelles de la guerre , &
pour le partement impourueu de Falanges , ſpecialemét
Floriſel, lequel depuis qu'il le ſceut n'eut plaiſir ne ioye,
ſe voyant ſans celuy qui eſtoit la moytie de ſon ame. Or
en ce téps arriua le prince Zahir, & d'autre part le prin ce
Garinter , tous deux venans à Conſtantinople, au moyen de la guerre que
lon auoit deſia criée en pluſieurs païs , & quant & eulx grand nombre de
barons & ſeigneurs, qui auoient auec eulx couru le monde. Et tant de nobleſſe y ſuruint de iour en iour , qu'à peine y auoit il logis pour les gens &
les cheuaux . Si entendez que des que ces deux Princes virent la pucelle
Timbrie, chacun d'eulx y imprima tant ſon affection de la vouloir ſeruir,
qu'ilz n'atendoient que l'heure de luy pouoir declarer , ſans toutesfois que
l'vn ſceuſt rien de l'autre: mais tant eſtoient oultrez de ſa bóne grace , con-
iointe à ſon exquiſe beauté, que l'vn & l'autre en entreprint de merueilleux
faitz d'armes , comme leurs hiſtoires racontent particulierement , le tout
pour luy deſcouurir chacun ſon cueur, dequoy elle s'aperceut aſſez toſt à
leur contenance, mais comme ſage qu'elle eſtoit le diſſimula, ſachant aſſez
plaiſamment leur rendre à chacun ſon entretien. Si auint que le prince Zahir trouua commodité de parler à elle , combien que ce fut auec vne telle
alteration de fieure , qu'il perdoit geſte & maintien , au moyen de la ve-
hemence d'Amour qui le dominoit. Lors luy diſt: S'il eſt ainſi (ma Dame)
que nature ayt mis ordre en ce que toute creature viuante ſoit rangée par
la force d'Amours, combien donc plus deüriez vous croire, que voſtre excellence peuſt auoir ſubmis tous mes eſperitz en voſtre ſeruice ? ie vous aſſeure que i'en ſuis reduit en telz termes, que ie tremble deuant vous, com-

E ii

me

me celuy qui n'ofe prendre la hardieffe de le vous faire entédre, vous priãt
encores, ne prendre en mauuaife part la prefente fignifiance que ie vous en
faiz, & croire que i'aymerois mieux mourir en vous obeïffant, que de viure, & en riens vous defplaire. De ce propos la princeffe Timbrie rougit
vn peu, & luy rendit telle refponce. Monfieur ie m'esbahy, que vous qui
eftes fi bien apris en la cognoiffance des chofes, oubliez la loy d'honneur
en mon endroit, fachant que ie fuis fille, & publiãt neantmoins l'affeétion
que vous dites me porter. Or vous confeffe bien que toutes chofes naturelles font par leur inclination incitées à aymer, fi eft-ce que le feu ne brufle
que les chofes combuftibles, qui luy font atifées, encores y a il moyen de
l'eftaindre par l'eau qui luy eft contraire. Partant fi auez trouué en moy
quelque atrait d'amytié, l'ocafion d'embrafement n'eft fi grande, que doit
eftre voftre atrempance à y refifter, & voftre prudence à ne me requerir
de chofe que fçauez n'eftre en ma puiffance, pour l'acorder, dont vous prie
affeétueufement de vous en vouloir deformais deporter. Ma Dame (dift
Zahir) ie vous prie ne vous fafcher, fi voftre valeur & grandeur ont en ce
vfé de leur office à me captiuer, n'eftãt demeuré en moy tant de difcretion
de pouoir fouftenir l'effort de voftre beauté : vous affeurant qu'il n'eft en
mon pouoir de me commander à moy mefmes qui fuis defia entierement
voftre. Ie ne fçay (dift elle) comme vous l'entédez, de dire que foyez mien,
puis que l'auez ofé euenter fans mon confentement. Et furce poinét, ne luy
voulant tenir plus long propos, s'en alla fourrer parmy les autres Princeffes, laiffant Zahir trop melancholié de fa refponce, iaçoit qu'il fentit fon
cueur allegé aucunement, de le luy auoir declaré. Lors Garinter qui fe
trouua à l'autre cofté de la falle, & ayant veu la contenance du prince Zahir tant à l'abordée, qu'il ne danfoit que fur vn pied, comme fur la retraite
qu'il demeura tout penfif, cogneut affez toft, ce qu'il y pouoit auoir, receuant en foy mefmes double peine, tant à caufe qu'il doutoit eftre preuenu,
que d'vne fecrette ialoufie qu'il conceut contre Zahir, penfant neantmoins
de faire le femblable, & fe defcouurir à Timbrie, voyant le téps & le lieu,
comme il fit, car il l'acofta bien toft apres, & luy dift : Ma Dame ie vous
fuplie me faire tant de bien, que nul autre foit receu en voftre bonne grace
premier que moy qui la penfe meriter, autant qu'homme qui foit, tant à
caufe du lieu dont ie fuis yffu, comme pour la bonne affeétion que ie vous
porte de long temps. A' quoy Timbrie luy refpondit : Seigneur Garinter,
ie vous prie que le iugement que vous donnez des autres, foit aufsi bien
pour voftre contentement. Tandis furuint Darinel qui tenoit compagnie
à Helene, qui abregea le propos, par fes ioyeux deuis, auquel dift l'emperiere Abra. Darinel mon amy, vous eftes bien tenu à la princeffe Helene,
de ce qu'elle vous entretient fi longuement fans voftre Siluie. Vrayement
ma Dame (dift-il) ie ne fuis donc pas grandement obligé à vous, de me iuger fi leger, que ie fois feparé de celle, fans qui ie ne me trouue iamais en
moy mefmes. Voftre grandeur a trefmal apris l'experience d'Amour, ou

vous

vous auez tout oublié ce que vous en fceuftes au téps que vous en mefliez.
L'emperiere fe mift à rire, mon bon amy(dift elle) ie croy que voulez emporter l'auantage fur tous ceux qui ayment. Ma Dame (dift-il) ie ne nie-
ray ia que ie n'aye bien gaigné l'hôneur côtre vous tous, car la plufpart de
vous a fi bien colloqué fes penfées, qu'il n'y a plus que gaigner auec eulx. Ie
vous prie mon amy Darinel (dift Timbrie) dites nous côme vous l'entendez, eft-ce pour moy que vous le dites, ne me voulez vous point ? Il fuffit
(dift Darinel) que ie le veux dire de moy-mefmes. Quoy doncques Dari-
nel(dift le prince Zahir) il n'y a point d'Amour en cefte falle, que le voftre ne fupleaft bien à tous, à vous ouir parler, & reffufez vous fi belle Damoyfelle ? Pourquoy non (dift Darinel) ie vous affeure bien que la vehe-
mence de mon affection eft fi grande qu'Amour m'en fait largeffe, pour
vous en prefter à tous tant que vous eftes. Et fi vous, monfieur, le dites pour
vous mefmes, on a bien cogneu en vous autant de faute d'amytié, comme
i'en ay plus qu'il ne m'en fault. Or quand vous en aurez affaire, i'en ay à
voftre commandement, chacun fe print à rire. Lors Florifel, y voyant la
preffe, vint, & luy ietta fon mot. Certes Darinel vous me deuez bien auoir
oublié, de tenir fi peu de conte de moy, au propos que defchifrez de voz a-
mours, efquelles nous auons efté compagnós d'armes, mefmes en la pourfuite que fçauez. Depuis, môfieur (dift-il) vous en auez receu le falaire du
dernier poinct, qui eft le payement de tous voz maux: parquoy vous eftes
prefentement moindre que moy, qui perfifte fans efperance, laquelle vous
auez maintenant perduë, en iouïflant du bien pretendu. Surquoy Amadis
de Grece fe rua à la trauerfe. A' ce que ie voy Darinel (dift-il) vous nous
rendez à tous noftre change. Certes fire (dift Darinel) ie n'ay pas beaucoup d'affaire à le gaigner fur vous, quitez moy celà, ie vous quite les armes: mais fi le roy Amadis en vouloit parler, nous orrions des faitz mira-
culeux enuers les voftres, iaçoit que la beauté de ma Dame Niquée fut fi
grande, que n'eufsiez peu faire autrement que de la bien aymer. Ie vous
mercie mon amy Darinel, dift elle : toutesfois ie voudrois bien fçauoir qui
vous eftimez plus belle, voftre Siluie ou moy. Cela s'en va fans dire, refpô-
dit-il. Et s'il eftoit ainfi que telle beauté defaillift en ma Dame, ie croy
qu'elle ne vous doit rien en bonne grace, & en tout. Et vrayement i'ofe
bien dire de Siluie, qu'elle eft tant belle, que beauté ne fe deüroit nommer
que par fon nom. Quand il prononça ce mot, Helene dift à Oriane : Ma
Dame deportons nous de difputer auec Darinel : car vous voyez que fon
affection eft tant pafsionnée, qu'il ne laiffera rien pour les autres. Ma foy
dift lors le roy Amadis, Darinel ne me fait moins de plaifir par ce propos,
que fit quafi la gloire que ie receu à l'arc & la chambre enchantée, atendu
que fes deuiz amoureux n'ont aparance de moindre amytié, qu'auoit en
fon temps Apolidon, voire ie croy qu'il en y ayt plus. Ie m'en affeure bien
fire (dift-il) puis que ie penfe emporter le pris, voire par deffus voftre maiefté, laquelle a obtenu le renom de loyal amant, plus qu'autre qui ia-

E iii

mais

mais fut, ne fera : fi ce n'eſt moy , qui ay obtenu ceſt honneur par ſentence
de voſtre propre bouche (ſauf à voſtre grãdeur, la preéminence de l'eſtat)
quand vous m'auez preferé au prince Apolidon , lequel vous fut egal , &
moy plus ſublim : parquoy (ſire) vous me donnerez congé de celebrer le
loz qu'il vous a pleu me faire, par vne chanſonnette, deſſus ma cornemuſe:
commençant de fait à chanter, ſonner , & danſer l'vn parmy l'autre , pour
reſiouir la compagnie . Ainſi paſſerent pluſieurs iours , eſquelz Timbrie
fut fort importunée des deux princes, mais elle ſe deffendoit hõneſtement,
par paroles gracieuſes & diſcretes : combien qu'a mon auis , elle euſt eſté
contente d'aymer ou l'vn , ou l'autre , à tiltre de mariage, principalement
le prince Zahir, qui eſtoit beau à merueilles, & non moins diſpoſt que Garinter, qui meſmes ne luy deuoit gueres en l'autre part . Or fut il ataint ſi
au vif de ſon amour, qu'il commença à porter vne ſecrete enuie au prince
Zahir , tant qu'il determina vn iour trouuer occaſion de ſe ioindre à luy
pour eſprouuer ſes forces , penſant par ce moyen gaigner la bonne grace
de Timbrie: toutesfois c'eſtoit conter ſans ſon hoſte, d'autant que le Prince eſtoit trop pour luy tenir contrecare. Si eſt-ce qu'il ſe partit ſi ſecretement, que perſonne n'en ſceut rien, ne Floriſel meſme, qui demeura fort
ennuyé de ſon partement, doutant qu'il ne s'en allaſt mal content de luy,
ne luy ayant dit ne quoy ne comment . Pource requit à ſa dame Helene,
qu'elle luy vouſiſt permettre d'aller apres , ſouz promeſſe de retourner
vers elle , auec luy ou ſans luy , auant que l'hyuer fut paſſé . Ce qu'elle luy
otroya, combien que non ſans difficulté, le priant fort auoir eſgard au dã-
ger ou il ſe mettoit, à cauſe des inimytiez nouuelles, & qu'il retournaſt biẽ
toſt, pour ayder à ceux qui ſe viendroiét expoſer en telle expedition pour
amour de luy . Ce qu'il luy promiſt entierement , la requerant de ne declarer à perſonne ſon partement, à fin qu'il ne fuſt deſtourbé. Tant ya qu'il
ſe partit vn ſoir, acompagné d'vn ſeul Eſcuyer, auquel il auoit commandé
mettre en ordre ſon equipage de cheual & harnois , ſans declarer par le
chemin qui il eſtoit, laiſſant la court aſſez troublée, pour l'abſence de deux
ſi bons Cheualiers: neantmoins chacun s'en conſola , eſperans que Floriſel
rameneroit bien toſt Garinter.

Comme Floriſel ſe mit en queſte

*de Garinter, & de ſes eſtranges auentures
en chemin.*

Chapitre   X.

Or aprochoit

R aprochoit defia la fefte de la natiuité d'iceluy vray Soleil, qui au iour de fa pafsion fit perdre la clarté à l'autre,
quand le prince Florifel ayant cheuauché grand' partie
de l'empire de Grece à la pourfuite de Garinter, pour-
chaffa par mefme moyen s'il pourroit trouuer Falanges.
Et vn iour des l'aube du matin fe trouua en vne foreft, ou
il rencontra vne Dame acompagnée de douze Cheualiers, & autant de
Damoyfelles pleurans & lamentans douloureufement la mort d'vn Cheualier qu'ilz conduifoient, couché dans vne licticre couuerte en dueil, lequel eftoit encores tout armé, & fon armet en tefte, fendu iufques à la bar-
botte, & aupres de luy eftoit afsife vne fort belle Dame, laquelle arrachoit
fes cheueux à plein poing deffus le trefpaffe, difant à haulte voix . O' mef-
congnoiffante fortune, pourquoy te monftres tu de prime face fauorable
à celuy que tu veux puis apres deffaire à fi grand malheur . Helas cruelle,
ne te fuffifoit pas le facrifice de tant de Cheualiers Grecz & Romains, fans
prendre encores la poffefsion de mon feu mary ? Ha à Dieu, monfeigneur
mon amy, prince de Boece mon mary & efpoux, que l'inique mort t'a bié
fait vn faulx bond, lors que penfois venir au plus hault degré de tes nobles
faitz d'armes! Helas que Dieu n'a permis qu'il fuft demeuré en moy, fruyt
de voftre fuccefsion, pour m'ayder à venger fa mort tant inhumaine, fans
que contre l'ordre naturel le pere auec Timbrie feule, foient heritiers de
tous les royaumes & feigneuries, à lquelle pleuft ores à Dieu luy donner fi
bon mariage, que ta bonté fuft de quelque part reffufcitée : Mais, helas,
nous en fommes bien loing , d'autant qu'elle demeure au pouoir des princes de Grece noz mortelz ennemys en compagnie de fa coufine Helene.
O' mort m'as tu pas tollu mon mary à propos? lors que toute vengeance
E iiii　　　　　　　　　　　　eftoit

eſtoit en ſi beau train , moyennant la deliberation que Lucidor a faite de
courir ſus aux princes Grecz , en quoy le defunct euſt peu faire grand deuoir à l'auancement de la ſatisfaction deuë à luy, à moy , & à ſa poſteri-
té.Mais,helas! Artiſile princeſſe de Boecie tu n'as pas eſté ſi heureuſe, ains
côuient que tu meures en viuant, voyant ce que tu veoys deuant tes yeulx,
& demenant, ce diſant, vn geſte d'extreme affliction , iuſques à tordre
ſes mains, pleurer, & ſouſpirer,tant que Floriſel en eut grand' pitié,& plus
à cauſe des propos qu'il auoit entenduz de ma dame Timbrie, couſine
de ſa treſchere Helene , coniecturant par ce langage qu'elle deuoit eſtre
femme de feu ſon frere, occaſion qui l'eſmeut à plus grand' compaſsion &
à volunté de la ſecourir en tout ce qu'il luy ſeroit poſsible, pour l'amour
de Timbrie, poſtpoſant l'aigreur qu'il euſt peu prendre à cauſe de l'alliance qu'elle nommoit en faueur de Lucidor , nonobſtant laquelle il luy diſt:
Ma Dame, ie vous prie prendre quelque peu de patiéce , & penſer pluſtoſt
à ce qui peult receuoir amendemét, comme ſeroit de vous venger, & non
pas vous arreſter à ſes larmes & lamentations , ſachant qu'en la mort n'y a
point de remede . Et auiſez au moyen par lequel ie vous y pourrois faire
ſeruice , & me contenter moy meſmes, pour aucune partie qui me touche
en ceſte vengeance : me diſant s'il vous plaiſt la cauſe de ſa mort , pour me
fonder en iuſtice , auec la raiſon qui ſera de la voſtre . La Princeſſe oyant
Floriſel ainſi parler, haulſa les yeulx, & l'eſtima ſoudain l'vn des meilleurs
Cheualiers du monde, à la ſtature & proportion de ſes membres . Helas
Cheualier (diſt elle) Dieu vous vueille ſçauoir gré de voſtre bonne volunté, comme ſeul qui eſt pour vous en faire recompenſe: Mais conſideré que
ce fait icy doit eſtre reſerué à plus grand effort que d'vn ſeul Cheualier, ie
doute que n'en pourriez venir à chef: neantmoins ie ne veulx pas eſtre ſi
mal apriſe que ie ne vous die bien du tout comme il en va: eſperát en Dieu
que vous eſtes aparu à moy, pour me rendre le calme de ma tormente . Or
entendez doncques, que bien pres d'icy , ſur les liſieres de Boecie, y a vn
Cheualier tant bien compoſé en beauté, & doué de telle force, que ie croy
(ſelon mon iugement) qu'il ſurmonte tous les Princes du monde, en ces
deux poinctz , ſe tenant preſentement dans vn chaſteau, qui apartient à vn
ſage perſonnage, duquel iuſques icy nous ſommes tresbien trouuez, ſinon
depuis quinze iours, que de ſon chaſteau ſont ſortis grand nóbre de Cheualiers dix à dix , & douze à douze, qui ont volé toute ceſte contrée, prenans hommes & femmes ainſi qu'ilz les trouuoient pour mener au chaſteau: & ſelon que i'ay peu entendre (d'aucuns qui en ſont eſchapez) on leur
fait faire ſerment de declarer, s'ilz ayment, ou s'ilz ſont aymez : car pour
l'vn on les retient, pour l'autre on les laiſſe aller. Le chaſteau eſt fondé en
vne Iſle que fait vne groſſe riuiere, n'ayát autre paſſage que d'vn ſeul pont
de boys, qui eſt gardé par trois Cheualiers enſemble . Or eſt ainſi, que venans à la chaſſe le Prince monſeigneur & moy,penſant luy faire reparer la
tyrannie qu'il exerçoit en ſes limites ſur ſes vaſſaulx & ſuietz , & pluſieurs

autres

autres allans & venans par ce Royaume, delibera de côbatre ces trois Cheualiers, mefmes (ce me difoit-il) le faifoit plus voluntiers pour-ce que i'e-
ftoys prefente, à fin que ie viffe fa vaillance, qui fut tant bien executée par
luy, qu'ayant vaincu les trois gardes du pont, il trouua vn autre Cheualier,
qui fembla pluftoft eftre dyable qu'hôme mortel, felon les grandz coups
qu'il donnoit, & comme pourrez voir par celuy de l'armet, lequel deffendit fort & ferme la porte, que feu mon mary cuidoit gaigner, tant qu'il y
mourut à la peine: neantmoins i'ay prié qu'on me rende le corps mort, lequel ie voys mener à Apollonie, pour efmouuoir le prince Birmartes, ou
Lucidor à m'en faire vengeance, ou Brian s'il y eft. Or vous ay-ie dit tout
le fait: voyez fi le cueur vous peult donner telle force ou hardieffe de le
venger, à fin de m'ofter hors de peine d'aller plus loing. Florifel ayant entendu les paroles d'Arfile, & par icelles meu à pitie, mercia Dieu de l'a-
uoir conduit fi à propos, pour faire feruice à ma Dame Timbrie, en ven-
geant la mort de fon frere, parquoy refpondit à la Princeffe. Ma Dame, la
raifon que vous m'auez expofée eft fuffifante pour mettre prouëffe au
cueur qui n'en auroit point: aufsi la iuftice que vous auez requiert que vous
en foyez fatisfaite: Parquoy croyez hardiment qu'ores que ie n'euffe vaillance en moy pour entreprendre vn tel acte, que ie mourrois de honte fi ie
ne le faifois. Commandez doncques à quelqu'vn de voz gens de venir a-
uec moy pour me monftrer le chemin du chafteau, quand au furplus laiffez
m'en conuenir, car aufsi bien partie de quelque autre deuoir veult que ie
m'en aquité. La Priceffe tant ayfe que rien plus luy dift, qu'elle mefme luy
feroit côpagnie, à fin que fa prefence iuftifiaft d'autât plus fon champion.
Et partant tournans la lictiere, prindrent le chemin deuers le chafteau, fi
requit la Princeffe fouuentesfois Florifel d'ofter fon habillement de tefté,
comme les femmes font toufiours curieufes de veoir, mais il ne le voulut
onc, de craite d'eftre cogneu, s'excufant qu'il ne fe defcouuriroit point iufques à ce qu'il auroit acheué la bataille, en laquelle (s'il mouroit) on le
pourroit conter pour vn homme de fon païs depefché. Ainfi marcherent
tout le iour en tel equipage, iufques à la nuyt qu'ilz arriuerent en vn petit
village, ou Florifel s'alla loger à part, luy & fon Efcuyer. Le lendemain cô-
tinuërent leur erre iufques enuiron les trois heures apres mydi au chafteau
de l'Ifle enuironnée (ainfi le nommoit-on) lequel eftoit bafty de fort belles tours, & fcitué au mylieu de l'Ifle, ou arriuans fonna la guette, faifant
figne de gens de cheual qui aprochoiét, au moyen dequoy y courut grand
nombre de gens fur les carneaux & murailles, auec plufieurs gentilz-hommes & Damoyfelles, fpecialemét en vne croifée de feneftre qui eftoit plus
baffe, vne trefexcellente Damoyfelle auec vn Cheualier qui l'en trete-
noit, mais ilz eftoient fi loing oultre le pont, que les furuenans ne les pouuoient cognoiftre. Ce Cheualier voyant la lictiere prefupofa aufsi toft que
ce pouoit eftre, & commanda que l'on fift ouuerture d'vn guichet, par lequel ne pouoit entrer qu'vn homme d'armes de front: difant l'vn des gardes aux

des aux Cheualiers de la troupe . Mefsieurs s'il y a quelqu'vn de vous autres qui vueille entrer ceans qu'il y vienne tout feul , car on ne laiffera pas
entrer d'auantage . Parquoy Florifel s'auança, demourant la Princeffe à
l'entrée acompagnée de fa fuitte, prians Dieu le vouloir preferuer de trahifon, & luy donner victoire. Et comme il marchoit fon petit pas, luy vindrent à l'encontre trois Cheualiers bien armez, montez fur grandz cour-
fiers, lefquelz couchans leurs boys, trois enfemble vindrent contre luy, &
luy contre eulx , fi bien que du premier coup de lance qu'il donna , il en
coucha vn tout roide mort par terre,& eulx ne faillirent de leurs ataintes,
mais il ne s'en efmeut oncques ne peu ne prou, trop bien mettans les mains
aux efpées luy dónerent beaucoup d'affaires:mais Florifel les acouftra tellement en peu de temps,qu'il leur monftra bien qu'il fçauoit faire, donnát
à ceux de fa troupe vne ferme efperance de les venger , par l'experience
qu'ilz veoient en luy. Ainfi depefché Florifel de tous les trois, rendit ceux
du chafteau fort esbahis de fa vertu non pareille : mefmement le Cheualier , qui fe tenoit debout deuant fa Damoyfelle, lequel demandant fon
cheual & fes armes, fortit bien toft apres armé de pied en cap , acouftré de
verd, fur vn deftrier tout blanc. Or l'aperceuant venir ceux de dehors,com
mencerent à crier, à quoy Florifel cogneut que c'eftoit le Cheualier qui a-
uoit occis le prince de Boecie, & le voyant fi beau & tant adroit luy dift:
Seigneur Cheualier fi voftre difcretion euft efté femblable à voftre force
& vaillance felon fa reprefentation , ie n'cuffe prefentement occafion de
vous quereller l'inique loy icy obferuée, aufsi ne feroit la Princeffe qui
m'y a amené: tellement, que fi ne voulez prendre la correction de vous
mefmes, en vous repentant, & luy requerant pardon , ie ne partiray de ce
lieu fans vous y contraindre: vous requerant de rechef en faire la iuftice de
voftre propre inftinct naturel : atendu qu'il vous fera plus honorable, que
faire autrement . Le Cheualier tenant l'œil fiché fur Florifel , tandis qu'il
parloit, fe contenta fort de fa difpofition & corfage, toutesfois luy refpon
dit: Seigneur Cheualier ie péfe bien que vous eftimez auoir plus de droit
en cefte entreprife,que vous n'en y trouuerez à la fin, efperát quant à moy,
que ie la pourray deffendre à bonne equité . Aufsi fçay-ie bien qu'il fe fait
plufieurs tortz au monde, que lon veult debatre par raifon, & quelquefois
à tort contre droit, moyennant les promeffes que les Cheualiers font fouuent , fans fçauoir quoy ne comment: ce que ne deuez ignorer , fi voftre
phifionomie ne me trompe, & d'autant eftre plus tardif à contreroler
les emprifes cheualeureufes. Parquoy ie vous declare que celuy qui eft là
mort n'auoit iurifdiction en ce lieu,pour nous faire inhibition & deffence
de delaiffer la couftume que nous auons icy trouuée, & non mife fus par
nous mefmes,vous affeurant que fa mort m'a autant defpleu, qu'elle pourroit à vous : toutesfois vous fçauez que tout homme eft aftrainct aux chofes,aufquelles l'honneur l'oblige: mais puis que c'eft force,prenez vne lance, & moy vne autre, & finiffons ce proces . Florifel qui n'oyt aucune ay-
greur

greur en tout le propos du Cheualier, l'eſtima fort,& luy diſt: Monſieur à
voſtre parole,& aparence de voſtre vertu, ie voudrois bien me pouoir excuſer de ce combat,mais la foy promiſe (comme auez dechifré)m'a reduit
à ce poinct,qu'il n'y a ſubterfuge pour moy,&ſi croy que voſtre cauſe n'eſt
pas du tout ſans raiſon:toutesfois puis qu'il vous a pleu egaler noſtre droit,
remettant la iuſtification en noz forces,vous me ferez don d'vne lance,ou
ſouffrirez que i'en aille querir en ma compagnie. Soudain eſcria à vn ſien
Eſcuyer qu'il en aportaſt vne, puis luy diſt en la baiſſant. Or ſus donc Che
ualier voyons à ce coup le tort ou le droit que nous auons, à fin de le perdre,ou le gaigner l'vn ou l'autre.Ce diſant,deſloge,courant à bride abatuë
contre Floriſel qui le receut,s'entredonnans ſi grandz coups de lance, que
faulſans leurs harnois s'entamerent aucunement la chair,& volans les pieces, ſe ioingnirent ſi rudement de leurs corps & des cheuaulx, qu'ilz tomberent enſemble à terre, y demeurans vne eſpace tous eſtourdis: mais Floriſel ſe leua premier, & empoignant l'eſcu & l'eſpée, s'en alla trouuer ſon
aduerſaire qui ſe mettoit en pareil arroy. Si commencerent enſemble vne
ſi cruëlle bataille que lon ne vit oncques vne telle entre deux Cheualiers,
ſi bien que des mailles & pieces de leurs armeures,le pont eſtoit tout ſeme,
eſtimant bien ceux qui les regardoient, que iamais pas vn d'eulx n'en eſ-
chaperoient la vie ſauue: car ilz furent ainſi plus d'vne grand' heure, ſans
reprendre haleine, dont ilz auoient grand beſoing, toutesfois l'vn ne l'o-
ſoit faire auant l'autre, de paour de monſtrer ſigne de recreance. Cependant Floriſel qui ne s'eſtoit veu iour de ſa vie en tel deſtroit,ſinon vne fois
auec le prince Anaxartes,penſant que ce fuſt luy,le reclamoit quelquefois,
auſsi faiſoit l'autre,lequel ſe ſentant en grand' deſtreſſe,delibera s'en mettre hors à vn coup,lequel il ramena de telle force ſur l'eſcu de Floriſel,qu'il
le fendit depuis le chef iuſques à la pointe, dót il tomba de la main, & deſcendit le coup ſi rudemét ſur la creſte de l'armet en croiſant,que s'il n'euſt
eſté de fin acier, il eſtoit en grand danger de ſa fin: neantmoins il fut tel,
que force fut à Floriſel de mettre vne main à terre,dont il eut ſi grand' hôte que la cholere luy redoubla ſa force au bras : dont vint de furie luy penſant fendre la teſte en deux,& le coup paſſa l'eſcu & l'eſpée qu'il auoit parée, & tomba ſur l'armet, qu'il trencha tout iuſques au taiz, dont le Cheualier vert donna de deux mains à terre, mais ſe releua bien toſt,en volunté de rendre le change à ſon ennemy, mais le ſang qui luy couloit ſur les
yeulx luy portoit grád' nuyſance. Ainſi durerét trois heures ſans cognoiſſance d'auantage de l'vn ſur l'autre, qui ſembla tourner à la fin du coſté de
Floriſel, tombant l'autre tout eſtendu au mylieu du pont. Dequoy la prin
ceſſe Arſile & ſa compagnie eurent grand' ioye, eſtimans le debat eſtre reduit à fin, eſtans de l'autre part ceux du chaſteau en grand' perplexité:tou-
tesfois ne dura gueres que les deux parties ne fuſſent egales en deſplaiſance,
par-ce que Floriſel qui luy penſoit aller tollir les armes chácela, en danger
de cheoir du pont en l'eau, ſi les barrieres ne l'euſſent ſouſtenu, ſi ne garderent

derent elles pas de prendre fa mefure en la place: eftimát vn chacun qu'ilz fuffent tous deux mortz . A' cefte occafion la Dame qui eftoit apuyée à la feneftre, les commanda porter en la fale. Lors voyant Arfile que l'on emportoit Florifel fut tant outrée de n'y pouoir remedier, qu'a l'heure elle fe pafma, & apres qu'elle fe fut reuenuë s'efcria. O' bon Cheualier, que vous auez fait pour moy de ne me dire voftre nom , qui me pourroit maintenát rengreger ma douleur. Ce difant & autres paroles piteufes , ouyrét au chafteau force pleurs & crys, que faifoit la Damoyfelle (qui durant le combat eftoit apuyée à la feneftre) fur les deux naürez, fpecialement fur Florifel qu'elle recogneut, en luy faifant ofter fon armet, car incontinent elle tomba comme morte , demeurans les afsiftans trop efmerueillez de la caufe. Mais apres qu'elle reuint de pafmoifon tordát fes mains, & iettant les groffes larmes. Helas Florifel de Niquée le meilleur des bons (dift-elle) comme vous eft auenu cefte malle fortune ? finon (comme ie penfe) pour augmenter la mienne . O' mon Dieu, comme vous a il pleu permettre qu'au temps que i'efperois aneantir mes infortunes, ie m'en fens plus accablée? A' ah doux ennemy , que vous eftes prefentement bien payé, de celle à qui vous auez toufiours refufé le payement . O' feu que i'ay moy mefmes allumé, tu me brufles en flamme ardéte, laquelle eft vne amytié, tendant à plus grande inimytié: vne vie, pour plus forte mort : vne efperance, pour defeperer. Ainfi lamentant & pleurant arrofa de fi grande abondance de larmes, le vifage de Florifel, que celà le reueilla cóme d'vn fomme, ioíct le cry que faifoient les Damoyfelles entour luy, lequel fe trouuant en vne grand' fale, riche, & bien tapiffée, le fond eftant d'Azur , & les ouurages d'Argent , & au mylieu d'icelle vn trofne dreffé, couuert de drap d'Or, fur lequel eftoit pofée vne ftatuë, afsife en vne chaire, reprefentát l'image de luy mefmes, fi au vif qu'il eftoit pofsible, & celle d'Helene aupres pofée en fiege d'honneur , pour les caufes que pourrez entendre cy apres . Or fe trouuant à fon refueil la tefte couchée dans le giron de la Dame efpleurée, la cogneut que c'eftoit Arlande de Thrace, parquoy fe teut, & faignit encores le mort, pour le danget ou il fe iugea, fe voyant entre fes mains . Dont elle continuant fon deul, le fit transporter en vne riche chambre, & le mettre fur vn lict, prenant garde comme il fe porteroit, & l'autre Cheualier en vn autre lieu, commandant à fes medecins & chirurgiens mettre bon ordre à leurs playes : car le fage Aftibel s'en mefla , & affeura la Princeffe qu'ilz n'auroient que le mal. Et que plus eft ma Dame (dift-il) croyez que telle tormente n'eft pas furuenuë, fans efperance de mettre meilleure bonace en voz dolentes pafsions : parquoy prenez hardiment bon courage, car tout ne fe portera que bien . Haa Aftibel mon amy (dift-elle) ne me donnez efperance en chofe , laquelle recouurer eft la perdre du tout: d'autant que ie fcay bien que le plufgrand defplaifir qui me pourroit auenir, feroit la mort de ce Cheualier , & fa conualefcence me feroit du tout defefperer : car il s'en iroit , toutesfois i'efpere que ie l'en garderay bien s'il

peult

peult reuiure, tant qu'autre perfonnage n'aura iouïffance de ce qui m'a-
partient tant iuftement. Ma Dame (dift-il) vous parlez comme bien auifée, & quant à fa vie n'ayez aucune doute, mais repofez vous-en fur moy,
ne delaiffant la cerimonie de fon ymage, fans craindre de luy faire mal: car
i'efpere que le bruit mefmes le pourra efueiller. Dequoy la Princeffe fut
ioyeufe pour la confiance de fa guerifon, qu'elle manda à tous les prifon-
niers detenuz iufques à ce iour, de s'aprefter pour les cerimonies qu'elle
vouloit celebrer, s'acouftrant elle mefme pour s'y trouuer incontinent.
Florifel oyant tous ces propos, & eftant entierement reuenu à foy, fe fentant de telle force que peult eftre celuy qui a perdu de fon fang, penfa longuemét s'il gaigneroit le hault, pour fe mettre en liberté, eftant trop courroucé d'eftre tombé entre les mains d'Arlande, mefmes par l'effort d'vn
feul Cheualier, ioinct les menaces qu'il auoit entenduës de fa prifon. Las
qu'eft-cecy? dift-il, que cuydant viure maintenant en repos auec ma chere
efpoufe, la fortune me donne de fi grandz trauerfes, me banniffant de la
prefence d'Helene, pour me renger en captiuité auec Arlande. Sur mon
Dieu ie ne fçay que ie face: car ie n'y voy nul moyen: & murmurant ainfi
à par foy faifoit mile regretz d'Helene, & autant de chafteaux en Efpaigne
pour efchapper: eftant deliberé de plus toft mourir que de faulfer fa foy,
neantmoins voulut bien voir les cerimonies, lefquelles il vid eftant couché
en fon lict, armé de toutes fes armes, acompagné de dix Cheualiers commis pour fa garde.

De la cerimonie qui fut cele-

brée en la prefence de Florifel au chafteau de
l'Ifle Enuironnée.

Chapitre   XI.

                                    F   Inconti-

Ncontinent que la nuyt fut venuë on celebra la cerimonie acouſtumée, en grand’ ſolemnité, ou il y auoit plus
de cinquante torches allumées dans la ſalle, ou la princeſſe Arlande ſe preſenta, veſtuë d’vne robbe de veloux
vert ſur toille d’or toute decoupée, & les taillades repri-
ſes de S S d’or fort bien ouurées, ayant ſes cheueux deſ-
ueloppez,& deſſus vne belle guirlande de riche pierrerie,marchant deuát
elle vne fort belle Damoyſelle qui iouoit de la harpe, & vne autre derriere
portant ſa queuë,auec grand nombre de Dames & Damoyſelles qui la ſui-
uoient,chacune d’elles menées par la main de quelque gentil-homme auſſi ma-

ſi magnifiquement veſtu comme les Dames, horsmis Arlande qui n'auoit
aucune conduite, ains marcha ſeule deuant toute la troupe iuſques aux
throſnes, ou elle s'agenouilla entre les deux ymages, & diſt en telle ſuſtan-
ce. O' ymage qui es repreſentée en mon entendemét, qu'elle force peult a-
uoir eſté ſi grande que tu ayes payé à ce Prince le tribut d'Amours que tu
me deuois ſi iuſtement? Ha a Floriſel de Niquée, que ne t'es tu contenté
des cruautez dont tu as vſé en mon endroit, ſi auát que i'ay oublié la mort
de mon frere, qu'Amadis de Grece ton pere a occis, ſans que ta beauté ayt
tant captiué ma liberté que i'ay redouté mon remede, craignant ta peine
pour la receuoir en moy-meſmes plus grande, comme eſt aparu par experience de l'ydole des Vengeans. Helas mon amy, puis que raiſon de peine
ne vous peult aucunement eſmouuoir, ie vous prie pour le moins prenez
la en reſpect de celle que i'ay eu de vous, quád ie vous vis marcher derriere
Damicene. Et vous figure qui eſtes mienne, & pour voſtre repreſentation
tráſmuée en moy-meſmes: Ie ſuis ſeure que ie vous ay, & poſſede, & neantmoins ie vous perdz, atendu que tout ce qui m'en demeure ne ſont que
douleurs: Ie vous prie neantmoins puis que ma voix n'eſt aſſez penetrante
pour entrer en voz aureilles, receuez au moins le ſon de ma harpe. Lors cómença à ſonner & chanter de ſa gorge, en ſe complaignant de Floriſel &
d'Helene. Et apres qu'elle eut acheué, toute la compagnie commença à
ſonner & chanter auec vn tel retentiſſement, qu'euſſiez dit que la ſalle en
trembloit, ſuplians par leurs accordz aux deux ymages, donner liberté à
leur maiſtreſſe laquelle partit apres la cerimonie, laiſſant Floriſel bien eſ-
bahy: lequel reſolu de mettre en effect ſa deliberation d'eſchapper par force, miſt incontinent ſon armet en teſte, & ſortant de la chambre l'eſpée
au poing, frappa premier ſur les gardes qui regardoient la proceſsion
qui paſſoit. Ha a canaille (diſt-il) ia ne ſera ſelon voſtre intention de me
faire demeurer icy par violence, donnant à l'vn d'eulx ſi grand coup ſur le
heaume qu'il n'eut oncques puis beſoing de medecin, commençant tout
ſoudain vne ſi cruelle bataille auec les autres, qu'il ſembloit a veoir cent
Cheualiers, quant à la moytié, elle fut bien toſt depeſchée, courant les autres à vau de route, à quoy ſuruint le Cheualier Verd deſarmé, combien
que gueres n'y auoit qu'il eſtoit reuenu à ſoy, & ſaillant contre Floriſel l'e-
pée au poing & vn eſcu en l'autre, qu'il auoit empoigné à la haſte, penſa
par ſa dexterité faire vn coup de maiſtre contre celuy qui n'agueres l'auoit
mis en tel eſtat. Floriſel le recognoiſſant fut fort esbahy, & quant & quant
ioyeux de le rencontrer en ce lieu. Si ne fit que parer à ſes coups, ſans luy
en ruer vn ſeul. Auſsi vous ſçauez que c'eſtoit Falanges d'Aſtre ſon vray &
ſingulier amy: toutesfois ne ſe voulut donner à cognoiſtre à luy, iuſques à
ce qu'il ſe viſt du tout en liberté. Alors racourut de rechef le reſte des fuy-
ars, leſquelz Floriſel acouſtra d'eſtrange ſorte, eſpargnant touſiours Falanges, lequel auſsi ne frapoit gueres ferme, à cauſe de la grand' foiſon de ſang
qui l'auoit fort debilité. Finablement Falanges voyant tant de corps eſten-

F ii

duz à

duz à l'entour de luy s'esbahit qui pouoit estre celuy qui tant vsoit de cour-
toisie en son endroit, se tira à quartier. Adonc Florisel deslaça son armet,
& Falanges le voyant à la face courut à luy, selon que sa lasseté souffrit, &
se tindrent embrassez longuement sans pouoir parler, d'exces de ioye. Et
apres Florisel dist à son compagnon. A'à mon grand amy, qui seul auez
puissance sur moy de m'eslongner de la veuë de mon Helene, ie vous ay
retrouué, grace à Dieu. Sur ce propos arriua la princesse Arlande, laquelle n'auoit riens sceu de ceste derniere bataille, & voyant Florisel debout a-
uec Falanges, fut fort ayse de le voir en bon poinct, mais luy qui ne se fioit
pas du tout en elle, demanda à Falanges s'il y auoit leans autres hommes
de deffence que ceux là, à fin qu'il ne receust autre oultrage qu'Arlande
luy pourroit procurer. A'quoy Falanges luy respondit que non. Lors Florisel memoratif des bons tours qu'il auoit iouez à Arlande, s'alla mettre à
genoux deuant elle, & luy dist: Ma Dame ie cognois & confesse l'ingratitude de l'amour reciproque que ie vous deuois, & les ruses dont i'ay vsé
frauduleusement pour eschaper de voz mains, me remettant presentement
en leur puissance, comme forcé de vostre vertu, non pas de celle de voz
gens: à condition toutesfois qu'il ne vous plaise me traicter pis que ne
deuez ce bon seigneur, qui est icy auec moy. La princesse voyant Florisel
en son pouoir fut rauie de tel aise, qu'elle ne fit aucun conte de ses hommes
qui estoient morts deuant elle. Certes (dist-elle) Florisel il semble bien que
vous auez plus grande liberté que l'ocasion ne veult, puis que vous rendant
à moy vous ne pretendez à autre fin sinon me vaincre & me tenir vostre
prisonniere. Ha a Arlande, est il possible que celuy qui a vaincu Helene, se
vousist renger à vous? ma foy ie croy que non, mais c'est vne discretion dót
il m'abuse, pour effacer toutes les iniures que son pere & luy m'ont faites.
A'l'heure commanda apprester les chambres pour les deux seigneurs, & de
les seruir de tout ce qu'ilz voudroient demander si on en pouoit fournir,
non plus ne moins que sa propre personne. Ce qui fut acomply par les of-
ficiers qui en eurent la charge, en la forme qui leur estoit enioinct.

Des propos que le sage Astibel

*eut auec la princesse Arlande, touchant les affaires
de Florisel de Niquée, & comme elle remit
les deux Princes en liberté.*

Chapitre   XII.

Estans les

 Stans les deux Princes logez en leurs chambres, Arlande se retira en son quartier, ou le sage Astibel la vint voir bien ioyeux de ce que Florisel estoit en la puissance de sa maistresse, si luy dist : Ma Dame, vous deuez desormais faire bóne chere, & prendre repos de tous voz trauaulx, consideré qu'auez ceans celuy duquel pourrez desormais iouïr à vostre contentement: Car au cas qu'il fust si ingrat de ne recognoistre le bien que vous luy faites, & les passions qu'auez endurées pour luy, i'espere que mes sciéces seront assez subtiles pour le vous rendre plus doux qu'vn aigneau. Helas Astibel mó amy (dist-elle) il me sembleroit plustost le cótraire: car i'ay tousiours eu opinion de le reduire par sa force, ou m'en deffaire du tout, iusques à l'heure presente que sa discretion m'a du tout vaincuë, me faisant vne si hóneste requeste de pardon, que ie demeure plus conquise que iamais:voire tant, que sans la passion qui m'assuietit à luy,ma grandeur royale demeureroit obligée à ne luy faire aucun mauuais traitement, ayant sceu si bien iouer du plat de sa langue, qu'il a desia imprimé en moy vne volunté de luy donner liberté. Tant ya Astibel que ma force n'est pas pour resister à la sienne, & ne croy que voz sciences puissent rien valoir contre personne si vertueuse. Aussi n'est raisonnable que ce qui consiste en franc vouloir de m'acorder ou non qu'il y soit rengé par fraude ou violence. Sur ce propos Astibel se retira en sa chambre,la laissant en la sien ne auec ses Damoyselles, ou elle dormit bien peu le long de la nuytée. Parquoy se leuant le lendemain de bonne heure, alla voir les Princes qui estoient desia debout, en presence desquelz elle fit venir tous les prisonniers de leans,& leur dist:Si la force du cruel Amour à peu subiuguer vous autres mes amys, par les tortz dont il est coustumier d'vser enuers vn chacun, ie croy que receürez pour ma descharge ce qu'il a fait contre moymes mes, par le moyen de ce Cheualier qui vint hier icy. Et croyez que si i'ay detenu aucun ceans qui eust bien voulu estre autre part,ce a esté pour auoir compagnie en ma solitude ou ie me suis retirée en ce chasteau,comme vous voyez, vous priant à tous ne prendre en mauuaise part le tort que ie vous puis auoir fait,en vous retardant de voz affaires,sans vous esbahir que personne qui ayt tant aymé comme moy, ayt en ce perdu la discretion. Pource vous rendz à tous presentement vostre liberté, pour vous en aller la part que bon vous semblera. Ce fait elle commanda à ses gens de leur restituer à chacun tout ce qu'ilz auoiét aporté leans, dequoy ilz la remercierent humblement. Lors Florisel luy dist: la vertu que l'on void en vous est si grande que vous en obligez voz auersaires mesmes. Or sçauez vous la raison qui m'a conduit en ce lieu qui est pour obtenir reparation de la mort du prince de Boecie,en quoy sa femme & ses seruiteurs qui vindrent auecques moy ne sont aucunement satisfaitz de ma promesse : à laquelle ie vous prie auoir egard, & me faire tant de bien de m'en acquiter enuers eulx. Mon grand amy (dist-elle) la coulpe du Prince m'a aboly la faute qui pour-

F iii   roit

roit auoir esté commise, combien que sois marric de son trespas: mais puis qu’on ne le peult remedier, il fault supleer par discretion à ce qui est impos-sible. D’auantage il n’y a plus personne qui vous en poursuyue: car vous ne fustes pas si tost mis ceans, que la Dame & ses gens s’en allerent, & ne sçay qu’ilz sont deuenuz: neátmoins i’en remetz la satisfaction en vostre main. Florisel se contenta fort, & luy dist: Ma Dame vous parlez si bien que ie ne me puis mal contenter de vous. Ie vous prie pour ma descharge enuoyer quelque gentil-homme vers la veuue luy dire de vostre part, qu’il vous de-plaist grandement de l’accident de son mary. Ce que la Princesse fit incon-tinent. Or se tindrent les Princes enuiron quinze iours en ce chasteau, pour acheuer de guerir leurs playes, Arlande les visitant plus qu’a toutes heures du iour. Lors declara Falanges à Florisel tout ce qui estoit passé entre luy & Arlande à l’auenture de l’Idole des Vengeances d’Amours, auec la re-queste qu’elle auoit faite à l’image d’auoir la garde de ce chasteau, & que son intention n’estoit que de luy atraper, tenant pour certain qu’il vien-droit si tost qu’il sçauroit les nouuelles de l’iniuste loy du passage, mise sus par elle. Or aprochoit le temps que Florisel auoit besoing de retourner à Constantinople, pour satisfaire au deuoir dont tout le faiz reposoit sur luy: Mais il ne sçauoit qu’y faire, craignant que la Princesse ne luy donneroit sa liberté: parquoy en communiqua auec Falanges, qui ne luy en sceut que conseiller, voyant la grande amytié qu’Arlande luy portoit: toutesfois có-siderant la tresvrgente necessité, fut d’auis qu’il sondast le gué quand il la trouueroit en ses bonnes, ce qu’il estoit prest de faire, mais la Princesse le preuint par vn moyen qui fut tel. Elle se voyant ordinairement iouïr de la presence de Florisel, qui de plus en plus l’enflamboit sans allegeáce, deli-bera domter son desir, & ne luy en parler iamais, estimát que son mal luy seroit plus leger à souffrir loing que pres de sa cause, le print à part, & luy dist. Ia sache Florisel que ie ne doiue aucun respect d’amytié à vostre He-lene, qui m’a priuée de tout mon bien qu’elle vsurpe, si est-ce qu’ayant e-gard à l’effusion de sang de voz suietz qui pourroit auenir pendant vostre absence, ie vous remetz en vostre entiere & franche liberté, demeurant tou-tesfois vostre ennemye quant à ce poinct, pour donner secours à Lucidor, contre vous selon la ligue, en laquelle ie suis comprise. Florisel lors autant surprins d’aise que de merueille, voyant la chose resortir à son souhait, re-spondit: Ma Dame, vous me faites de iour en iour plus cognoistre le ma-lheur qui m’a rendu incapable de vostre bóne grace, en me saisissant auant d’vne autre, laquelle si à commencer estoit, ie ne croy pas que mon cueur se peust endurcir contre vous en telle ingratitude: mais puis que mon astre m’a reduit auec Helene en telz termes que vous voyez, force nous est de pil-ler patience. Et quant à l’assistance qu’auez promise à Lucidor cótre moy, ie louë la foy que voulez garder, receuant plus de contentement de la vous voir obseruer pour luy, que si vous la faulsiez pour moy, d’autant que ie desire vostre honneur. Finablement, ma Dame, puis que c’est vostre plaisir

de nous

de nous remettre en liberté, ie prendz congé de vous, pour donner ordre à mes affaires, demeurant au reste en tous lieux ou ie me trouueray prest de vous faire seruice. Ce dit, luy baisa la main, & ainsi partirent luy & Falanges.

Comme la royne Zahara partit

auec ses deux enfans à grand flotte pour aller en Apolonie, & de l'estrange auenture qui leur suruint.

Chapitre   XIII.

V N iour comme le rayant Soleil cōmençoit à descouurir le sommet de la montaigne de Caucase, la royne Zahara qui auoit receu les lettres des princes Constantins, requerans elle & ses deux enfans de leurs secours, auoit desia equipé grand' flotte de nauires à qui elle fit haulser les voilles & singler en mer, acompagnée de trente mille Amazones, & le prince Anaxartes fit autre armée de grand nombre de bons Cheualiers qu'il cōmanda suyure celle de sa mere, & d'Alastrax erée sa seur. Ainsi flottoient trois belles armées ensemble, couurás la mer d'aussi loing que l'on la pouoit voir, & fut fait commandement expres aux capitaines & pilotes, qu'au cas que fortune de temps les separast les vns des autres, chacun auisast de tirer la route d'Apolonie, ou leur intention estoit de faire vne algarade. En ceste deliberation nauiguerent enuiron quinze iours,

F iiii   depuis

depuis l'entrée de Tanaïs en la mer Euxine, & de là par le bras saint George en la mer mediterranée, puis passerent à la veuë de Constantinople sans
se donner à cognoistre. Mais au bout de quinze iours le temps tournant sa
robbe, menaça la flotte de naufrage par contrarieté de ventz, & la mer en
tel danger que les nauz furent escartées, l'vne ça l'autre là, en tel desordre
qu'il n'en resta deux ensemble, & voguoient les voilles aussi pleins de vétz
que leurs cueurs de crainte, fors la Royne & ses enfans qui esperoient que
Neptune Dieu de la mer auroit respect à la race de Mars Dieu des batailles. Or estoit la mer si enflée que l'on voyoit quasi les nuées couchées sur les
vndes, & les vaisseaux nageans entre deux eaux, & regnoit vne bruyne e-
spesse induisant de iour la nuict toute noire. Ceste malace ilz coururent
deux iours entiers, au bout desquelz la tormente ietta la nef des Princes có
tre vne petite Isle (pauure & infortune abordement) meigre & desolée, sa
verdure fennée, le fueillage sec au perterre, les arbres couchez, froissez &
brisez comme si Typhon par son exhalation en eust renuersé la racine, &
ne s'y voyoient que chouëttes, chahuans, chauues souriz, & autres oyseaux
de tenebres solemnisans la tristesse du lieu par leurs voix douloureuses. Dequoy la Royne & ses enfans furent fort esbahis, & desiràs sçauoir par quel
desastre ceste Isle estoit si deserte, firent ietter l'esquif en mer, & firent ancrer en vne rade qui se trouua garentie du vét par l'abry d'vn hault rocher.
Ce fait prindrent terre eulx trois seulement auec leurs cheuaux, harnois, &
quelque petite prouision atachée à l'arson de leurs selles, d'autant qu'ilz
n'esperoient pas en trouuer par la contrée: marchát doncques par ces lan-
des desolées, & par ces boys fouldroyez, descouurirent de loing quelques
burons ou taudiz, comme loges de bergers, dans lesquelles ilz trouuerent
plusieurs hommes & femmes de grand aage, aussi iaunes, flaitriz & deffi-
gurez que s'ilz eussent esté nouuellement desterrez. Anaxartes s'auança de
leur demander le nom du païs, & la cause de sa desolation, mais ilz luy firent signe qu'ilz n'entendoient son langage, luy respondans par vn autre
qu'il ne comprenoit pas mieux: mais ilz luy monstrerét de la main vn chasteau & vieil edifice fondé sur vne roche, à fin qu'ilz y allassent chercher a-
dresse, & homme qui parlast à eulx: au moyen dequoy marcherent vers
le chasteau, deuant lequel ilz trouuerent vne belle fonteine, & sur le bord
vu vieillard assis, tenát vne liure en sa main, lequel s'estoit mis là pour s'es-
chauffer au Soleil qui commençoit à rayóner, le liure qu'ilz luy virent leur
donna espoir qu'il pourroit parler, à tout le moins figureroit des caracte-
res, par lesquelz on l'entendroit, lequel se leua quand la Royne arriua &
son filz, & sa fille, leur faisant la reuerence, & les salua en langue Grecque:
laquelle ilz sçauoient, & demandans la cause de la pauureté de l'Isle, leur
pria de se mettre à pied, & qu'il leur en declareroit l'ocasion entiere. Ce
qu'ilz firét, & fut fort esbahy le vieil homme de leur beauté & richesse, luy
estant bien auis que ce deuoient estre personnages de grand estat que la for
tune auoit là amenez, & leur commença à dire tout le fait de l'Isle, ainsi que
vous

vous orrez raconter . Iadis meſſeigneurs (diſt-il) que Troye la grande fut
deſtruite, les Dieux enuoyerent pardeça le capitaine Atrides qui ſubiugua
ceſte Iſle, ayant lors vn filz de luy qu'il engēdra en la fille du Roy y regnāt
en ce temps là, lequel filz fut nommé comme luy, demeurant apres ſon pere & ayeul ſeul ſeigneur de la prouince, & duquel ſont depuis deſcenduz
tous les Roys ſucceſſeurs en droite ligne iuſques à noſtre tēps (y a enuiron
douze ans) que l'Iſle eſt ainſi degaſtée: car du dernier roy nommé Titan-
nides, luy demeura vne ſeule fille apellée Franciane heritiere de ce Royaume, qui ſe trouua de ſi excellēte beauté que ie ne croy ſa pareille au demeurant du monde. Si auint qu'vn iour elle eſtant ſeule arriua en ceſte Iſle vn
Cheualier des parties Occidentales, tant beau & vaillant que la nature ſem
bloit en auoir voulu faire vn paragō, lequel trouua noſtreRoy ſur le poinct
de perdre ſon Royaume, par vn Geant qui tendoit à l'ocuper à main forte,
laquelle ce Cheualier (qui oncques ne nous diſt ſon nom) repoulſa, & deſconfit le Geant . Or deuint il apres amoureux de Franciane, & elle de luy
pareillement, toutesfois comme ſage pucelle ne luy manifeſta ſon amour,
combien qu'il luy en fiſt ſouuent ouuerture, ains pluſtoſt le renuoyoit par
quelque couleur d'excuſe, nonobſtant qu'elle l'aymaſt ardemment, comme eſt depuis aparu. Ce qu'elle faiſoit tant pour euiter affection deshonne-
ſte, à quoy il euſt peu tendre & aſpirer, que pour le peu d'eſpoir qu'elle a-
uoit de mariage auecques celuy que l'on cognoiſſoit pour vertueux &
vaillant homme. L'amour de luy croiſſant de plus en plus(ſans aperceuoir
vn ſeul grain du bon vouloir mutuël de la pucelle) le rédit à la fin fort triſte & melencolique: au moyen dequoy le Roy qui l'aymoit grandement
chercha tous les paſſetemps, dont il ſe pouoit auiſer pour le recréer, tant
qu'vn iour il le mena luy & ſa fille à la chaſſe, & de là en vne maiſon de
plaiſance qu'il auoit ſituée au mylieu d'vn lac d'eau douce de bien troys
licuës d'eſtenduë, dans laquelle eſt vne tour carrée, ayant vne belle chambre au bas, en laquelle eſtoit vn tombeau de marbre noir, cloz d'vne eſpée
auec ſon epitaphe engraué en lames de cuyure tant effacées qu'on ne les
pouoit plus lire, ne ſçauoir qui eſt là inhumé. Or auint vn iour que ſe trouuant ce Cheualier ſeul à ſeul, auec la Princeſſe en la chambre, la pria d'a-
mour plus fort que iamais, ſurquoy elle luy fit reſpóce de grand deſdaing,
dont le pauure amant luy diſt, Franciane vous auez peu d'egard à l'amytié que ie vous porte: parquoy preferant voſtre vouloir au mien, ie veux ce
qu'il vous plaiſt, & deſgainant ſon eſpée miſt le pommeau contre terre,
& fourra ſa poitrine parmy la pointe, dont ſe tranſperça de part en part,
tombant pour mort en ſa preſence: dequoy elle eut ſi grand' pitié, que mettant tout ſoudain la main à l'autre eſpée qui eſtoit fichée dans le tombeau,
& l'arrachant de force plus que feminine, en fit tout autant que ſon amy.
A'ceſt inſtant ſuruint le Roy ſon pere qui vid ce pitoyable accident, mais
auſsi toſt ſe leua vne grande flamme en la chambre qui le chaſſa dehors, &
perſonne n'y oſa rentrer, & ſe mit luy & ſes gens à faire tant de plaintes &

clameurs

clameurs que tout le lieu en retentiſſoit : voylà comme noſtre Iſle eſt demeurée en ſi miſerable eſtat. Or deuez ſçauoir qu'à l'autre coſté de l'Iſle y a
vn perron, auquel ſont engrauez certains motz , par leſquelz on a encores
eſperance que ces deux amantz reuiüront : auſsi lon voit chacun iour au
matin les deux eſpées ſortir de leur cueur , & eulx ſe pourmener ſur le cay
qui eſt autour de la maiſon , ſans toutesfois que l'on puiſſe aller à eulx , à
cauſe du feu que vous ay dit , & du lac qui eſt plus impetueux qu'vne furieuſe mer, tellement que quaſi perſonne ne l'oſa paſſer oncques puis . Ces
choſes ſont cauſes du mal & ſolitude que nous ſouffrons icy , & combien
que pluſieurs Cheualiers, couuoitans par honneur eſprouuer l'auenture,
ſoient paſſez delà , nous n'auons iamais ſceu nouuelles de leur retour . A'
raiſon dequoy le Roy, qui vit encores, a ordonné que perſonne n'y aille, ce
que l'on n'a fait y a plus de ſix ans, tant pour la deffence, que pour-ce que le
lieu eſt deſert & inacceſsible : car voylà le lieu (diſt-il) meſſeigneurs ſur le
ſommet de ceſte haulte montaigne qui eſt platte & vnie au deſſus , & au
mylieu d'icelle le lac auec la maiſon apellée le Palais doré, à cauſe qu'elle
ſemble de pur or quand le Soleil y rebat au matin ou au ſoir . Ainſi ne demeurent en toute ceſte Iſle que vieilles gens qui prennent plaiſir à eſtre ſo-
litaires. Certainement (diſt la Royne) vous nous contez merueilles : mais
dites nous ie vous prie, que deuiennent ces Cheualiers qui eſſayent l'auenture , nous n'en ſçauons riens (diſt-il) qui leur cauſa plus grand deſir d'y
paſſer, auec la confiance qu'ilz auoient en leur diuinité preſumée, qu'il leur
feroit otroyé, ce que nature denie à tous . Au moyé dequoy Anaxartes diſt
à ſa mere: Ma Dame , s'il vous ſembla oncques que ma grandeur m'obli-
geaſt à entreprendre haultz faitz d'armes , ie ſuplie voſtre maieſté , & ma
ſeur Alaſtraxerée me ceder le droit de ceſte eſpreuue, & ſi d'auenture ie ne
venois demain au ſoir , vous paſſerez apres ſi bon vous ſemble . Mon filz
(diſt la Royne) faites en ainſi que voſtre diuin eſprit vous conſeille , comme celuy à qui ſont reſeruées choſes plus qu'humaines, combien qu'euſsiós
mieux aymé vous tenir compagnie pour participer en la fortune telle que
vous pourroit auenir , par-ce que voſtre abſence nous pourra faire plus de
mal en craignant voſtre peril, que ne feroit la mort meſme. Ma Dame (diſt
il en ſouzriant) ie vous mercie humblement pour tout ce qu'il vous plaiſe
me dire, vous aſſeurant que pour ceſte ſeule ocaſion veulx-ie aller ſans
compagnie, à fin qu'en obtenant victoire (cóme i'eſpere) ma gloire ne ſoit
amoindrie d'y auoir eſté vous & ma ſeur preſente, ainſi m'en voys, recommandant voſtre grandeur en la garde de ceux que ie penſe m'eſtre fauora-
bles en ceſte entrepriſe. Ce dit, demanda le chemin au vieil homme qui luy
monſtra aſſez à regret, comme celuy qui auoit pitié de ſi belle ieuneſſe . Et
Anaxartes chemina tant qu'il arriua au pied de la haulte mótaigne , ſur laquelle il monta à grand malaiſe, deſcendant de cheual, ſon eſcu trouſſé ſur
ſes eſpaulles , & faiſant ſi bonne diligence qu'il ſe trouua en la plaine de
deſſus enuiron les trois heures apres mydi, que le Soleil commençoit à deſcendre,

ſcendre, donnant vn luſtre dor à toute la fabrique, voire tel qu'il ne per-
mettoit à l'œil de le regarder, aparoiſſant au mylieu du palais vn feu noir,
auec vn bruit & eſtincelles de grandz brandons, comme ſi l'ær euſt voulu
faire reſiſtéce au hault element, qui eſt le feu, & que chacun d'eulx euſt taſ-
ché à conſeruer la preéminence de ſon pouoir, veu la merueille de leur debat, en ſe demenant, deſchirant les nuës auecques vn ſon ſi oultrageux que
les aureilles en deuenoient ſourdes, & la veuë en aueugloit : tellement
que toutes les puiſſances & ſens naturelz commencerent à defaillir à Anaxartes, ce dont il ne ſe fuſt iamais douté : Parquoy s'agenoillant en terre
tendit les mains au ciel, diſant: Déeſſe de mes ſouueraines penſées qui auez
peu tollir les armes à Mars mó pere inuincible, par voſtre extreme beauté,
ie ſuplie voſtre grande clemence qu'il luy plaiſe m'otroyer la gloire que ie
voy icy apreſtée deuant mes yeulx, remettant en moy mon ſens & entendement, à fin que ceſte auenture ne me ſoit denyée. Et toy luyſant Apollo
donne à ma veuë reſiſtence contre la reflection de tes raiz, à ce que les cieux
& tourbillons de ceſt eſpouentable lieu ne me puiſſent faire dommage. Finie ſa priere il ſe leua, & alla droit vers le lac, ſur le riuage duquel trouua
vn pilaſtre de cuyure, ou eſtoient lettres grauées contre la ſouz-baſe, & vn
Cheualier apuyé, armé de toutes pieces, & veſtu de iaune, hors-mis la teſte qu'il auoit deſcouuerte, & l'armet deuant ſes piedz, & autour de luy
tout encloz d'armures, haches, piques & lances, teſtes de mortz, & autres
oſſementz. Ce Cheualier auoit vne playe à la poitrine, de laquelle ſembloit ſortir le ſang qui auoit taint toutes ſes armes, ſon viſage eſtoit palle,
mais d'aſſez belle lineature, & ſa teſte repoſant ſur ſon coulde, homme de
moyenne ſtature, de fort bonne proportion, les yeux fermez, l'eau diſtil-
lant d'eulx en grande abódance ſe meſloit parmy ce ſang, & compoſoient
enſemble (en decoulant) les rubis orientaux, & autre pierrerie. Lors penſa
bien Anaxartes que ceſte entaſſure d'armes eſtoient de ceux qui auoienr a-
uant luy trouué toute l'auentute à leur dam, deſquelz ce Cheualier pleuroit ainſi la mort infortunée auuenuë par ſa main: dequoy le Prince ne fut
ſans frayeur, puis rememorant que celà luy promettoit argument de plus
grand' gloire, reprint courage, & aprochant plus pres ouyt ce Cheualier
prononçant ces paroles auec grans ſouſpirs, tellement que ſa poitrine s'en-
leuoit & rabaiſſoit, comme vn ſouflet quand il ſe r'enfle pour reboufer le
vent qu'il a encloz en ſoy. O' douleur ſi grande (diſoit-il) que ſon extremité ne me la laiſſe ſentir? O' Amour que tu m'as cher couſté? Helas Franciane, ne te ſuffiſoit pas que ton amour commandaſt à mon eſpée faire de
moy ſacrifice, ſans que ce meſme glaiue t'occiſt quant & moy, pour me liurer vne viue mort? Helas me failloit-il venir des regions d'Occidét, chercher ma fin en Orient, en voyant es yeulx de ma Dame la perle qu'achetent les marchans de Leuant? n'eſtoit-ce aſſez qu'vn tel mal me vint de
plus grand bien pour me delecter en la peine, iuſques à me troubler l'entendement pour me tuer, à cauſe de celle pour qui ie deuois plus deſirer ma
vie?

vie? oultre , auec vne telle rigueur que tous les bons Cheualiers qui viennent en ce lieu pour me remettre en liberté & franchife, ne tóbent en moin
dre inconuenient que de la mort. Or aprochera tantoſt la nuyt qui me dónera vn peu repos pour me fouſtenir plus longuemét en langueur, ne fouf-
frant encores ma fortune que ie meure , eſtant deſia trefpaſſé . Adonc ouurant lors fes pauures yeulx , vid deuant luy le Prince tout armé qui enla-
çoit fon heaume, fort triſte de voir ce piteux ſpectacle, & auſsi de la memoi
re que telles paroles luy renouuelloiét de la peine qu'il ſouffroit inceſſam-
ment pour fa maiſtreſſe. Mais ce Cheualier apuyé le voyant ainſi equipé,
leua l'armet qu'il auoit deuant ſes piedz,& le miſt en teſte,puis embraſſant
fon efcu, & mettant la main à l'efpée,ha Cheualier, diſt-il, quelle force me
faites vous contre tout droit & raiſon , pour la receuoir de moy plus cruelle que ie ne voudrois? & ce diſant, s'en vint contre le Prince,qui luy refpó-
dit: Cheualier, la force dont vous me menacez ne fera iamais ſi gráde qu'el
le me face peur , efperant qu'il n'y a perſonne mortelle à qui victoire foit
donnée fur moy , pourtant ne doutez à faire voſtre pouoir , car la moytié
de la paour m'en eſt deſia paſſée . Et fans autres propos mirent la main aux
armes , cómençans entr'eulx fi cruel combat,que peu de temps apres la terre eſtoit couuerte des lames qu'ilz auoient trenchées de leurs harnois , &
eulx baignez en fang , autant Anaxartes que le Cheualier de la Colonne,
dont il fe trouua en auſsi grand' deſtreſſe que iamais il auoit eſté au parauant, fi ce ne fut vne fois auecques Floriſel, deuant la tour de l'Vniuers, tellement qu'au vray il douta de fa perſonne . A' la fin las d'efcrimer vint à
ioindre fon ennemy de fi pres qu'ilz s'entrefaiſirent au corps,lutans fi víue-
ment qu'ilz tomberent tous deux par terre , ou ilz demeurerent vn temps
embraſſez, iufques à ce que par laſſeté ilz perdirét la force des prinfes. Lors
le Cheualier naüré mettát fa main en la grand' playe qu'il auoit au parauát,
s'efcria horriblement , & ce fait, faulta dans vn petit bateau, qui eſtoit ataché au pied de la colonne,& le deſtachát le poulfa arriere de la riue,diſant
au Prince:Cheualier ie n'ay plus de temps pour me combatre contre vous,
parquoy vous pourrez icy demeurer iufques à demain au matin , vous affeurant d'auoir obtenu plus de gloire cótre moy que nul autre a eu depuis
que ie fuis icy. Ce dit, s'en alla de randon au Palais doré , dans lequel Anaxartes le perdit incontinent de veuë, eſtant auſsi laſſé, froiſſé,& entamé de
coups & de playes qu'il auoit iamais eſté. Or combien que le Soleil fuſt defia couché luy fembla impoſsible ainſi atourné de durer iufques au lendemain pour l'atendre, au moyen du fang qu'il auoit perdu & perdoit toufiours. Neantmoins fe leua debout , & aprochant à la colóne leut le dicton
latin, qui contenoit telle fuſtáce. Le fouuerain des Amantz durera iufques
à ce qu'il luy fera permis par deux procedans d'vn ventre : auquel temps le
profód de la fepulture fera manifeſté, auec le fecret des fecretz,gardé fi ce-
lément pour l'immortel renom de ceſte plaine . Le Prince demeura fort e-
ſtonné de telles lettres,qu'homme viuant n'auoit leuës que luy: mais comme il

me il ne les pouoit entendre, & ne sachant que faire, vit venir le bac flotãt deuers luy, non plus ne moins que si quelqu'vn l'eust amené, se venant rendre au propre lieu de la Colonne, dont il estoit party. Ce qui donna tant de courage au Prince, qu'oubliant toute la peine passée, il s'apresta pour s'exposer à tout le danger qui en pourroit auenir.

Comme le fort Anaxartes arriua

au palais Doré, & des grandz merueilles qu'il y vit.

Chapitre   XIIII.

Naxartes doncques entrant en la barque, se vit sur vne eau plus noire & hydeuse que n'est la mer en sa tempeste, mais les raiz de son soleil vnique Oriane reuerberans sur son cueur, en tiroient tant de vapeurs tournées en pleurs & souspirs, qu'il n'en craignoit moins la suffocation que du lac horrible: toutesfois fit telle diligence à voguer des deux rames qu'il peruint en peu d'heure au cay, mais quand il y fut, foullé & rompu du trauail de la rame oultre la debilité de ses blessures, il eut fort à faire à mettre le premier pied sur terre, ce qu'il fit droitement à heure que le vespre commençoit à paindre le ciel de sa couleur obscure, entrant dedans la basse court, en laquelle il regarda assez longuement l'architecture du palais, qui estoit fort excellemment ouuré & figuré de diuerses sortes d'animaux releuez à demy taillé, & la couuerture & toute l'autre estoffe du bastiment estoit tant clere, & luysante, qu'elle esblouissoit la veuë des

G   regardans

regardans:mais fur tout eftoit la chambre de grand’ fplendeur, en laquelle
fe trouua vn tableau comme de pur Chriftal, auquel paroiffoient certaines
lettres noires, vn peu effacées par antiquité, & au deffus pendoit vne efpée
trauerfant fur deux chefnettes, & deffouz vne pucelle apuyée côtre le mur,
qui fembloit belle en perfection, veftuë d’vne robe toute femée de beaux
diamans fur toelle d’or,& fes blondz cheueux entrelacez pendâs aux deux
coftez fur fes efpaules,& crefpis au deffus,comme fi on l’euft fait à propos,
auec vn fer chault,portant vne belle guirlâde fur le chef, & des perles penduës à fes aureilles, & tenoit en fa main vne harpe,qui fembloit eftre de fin
or, de laquelle elle iouoit fort armonieufement, auec vne voix & grace qui
aydoit beaucoup à fa beauté : tellement que le Prince eut tant de plaifir
de la voir & ouir chanter qu’il ne fentoit nulle de fes playes. Si fe tira vn
peu à quartier à fin de ne troubler fa mufique. Et quand elle eut finy fa
chanfon, lafcha la harpe, tordant fes mains, & verfant grande abondance de larmes, auec telles paroles. O' force vigoreufe d’honneur & grâdeur,
que vous me vendez cher la reuerence que ie porte à Amour. O' excellente beauté, combien me vaudroit mieux ne t’auoir iamais conquife,qu’ayât
par toy perdu la liberté. Lors le prince Anaxartes luy tint bonne compagnie au plus fecret de fon cueur, reduifant à fa memoire la beauté de la
Princeffe qui l’auoit du tout conuerty en elle. Helas, ma Dame, difoit-il,
bien ferois affeuré de perpetuelle mifere,fi ie n’auois en vous la feureté que
cefte Damoyfelle demonftre fi clerement à fon amy. Et fi ie la tenois en
ma main,ie me foucirois peu de tout le monde. Finy fon propos, ainfi que
le iour fe vouloit clorre,vit entrer dans la chambre,le Cheualier contre qui
il auoit eu le conflit, qui eftoit richement acouftré, fans autres armes que
fon efpée qu’il auoit ceinte, lequel fe prefentant à la pucelle fut mal receu
d’elle par vn faulx femblât, dont fe mettât à genoux,il luy dift auec grâdz
foufpirs & gemiffemens:Ma trefchere dame Franciane ie vous fuplie auoir
egard à ma lôgue & ferme foy,par laquelle i’ay efperé meriter voftre bonne grace, & mettez fin à la cruauté dont auez vfé continuëllement enuers
moy. Il n’eut à peine acheué quand la pucelle luy refpondit en cholere,
Cheualier qui m’aymeroit craindroit mon deshonneur, pource deportez
vous de plus m’importuner contre raifon.Lors le Cheualier luy dift:Fran-
ciane, puis que vous ne voulez de moy,ie veux vouloir ce qu’il vous plaift:
ce difant, defgaigna fon efpée, & s’en trauerfa à iour, comme vous a efté
conte cy deffus. Ce que voyant la pucelle commença à tordre fes mains, &
diftiller les groffes larmes, difant : Ie fuplie voz diuines maieftez que ma
côplainte puiffe monter iufques au plus hault de voz cieux,puis qu’il vous
a pleu me mettre en telle peine que ie ne demande que la mort, pour chofe que i’ay faite, penfant qu’elle vous fuft agreable, qui eft la conferuation
de mon honneur : tant ya que ie ne puis plus denier à mon loyal amy qui
gift icy mort deuant mes yeux, le payement de pareille amytié, me donnant à moymefmes femblable mort en tefmoignage de ma pureté,& falaire de

re de ma cruauté . Ce difant, & autres paroles affez lamentables, penfa ar-
racher l'efpée de laquelle le Cheualier s'eftoit occis, mais ne la pouuant a-
uoir, ietta la main incontinent à celle qui eftoit péduë entre les deux chaines, & l'ayant empoignée fe coucha deffus la pointe, auec toutes les cir-
conftances qui vous ont efté defia declarées . Anaxartes fut grandement e-
ftonné de la flamme & fumée efpeffe qui fortit du tombeau, & du bruit enfuyuant, & perdit quafi la force de fe fouftenir fur fes piedz . Lors fut tout
le paué arrofé du fang des deux amans qui nageoit deffus aufsi vermeil &
fleurant que la roze . Lequel le Prince regardant bien ententiuement y vit
vne figure aufsi femblable à la princeffe Oriane que fi elle euft efté repre-
fentée dans vn beau miroer, faifant exclamations & regretz pour l'amour
de luy, telz qu'elle faifoit vrayemét, quand elle fe trouuoit aucunefois toute feule. De ce fecret il n'eut moindre deul que ioye, & dift en cefte forte:
O' precieux fang icy efpandu fur les blanches pierres, entremeflé des larmes de ces deux loyaux amans, auquel ie voy le portrait de ma Dame, de
laquelle ie me lamentois à fi grand tort. Certes fang, tu es ma redemption,
m'ayant ce iourd'huy donné ocafion de patience, voire iufques à mourir
en fouffrance, puis que ie voy aparence que mes peines ne feront perduës.
O' Anaxartes, que tu es obligé à procurer le bien de celuy qui t'a rédu tant
d'aife, & fe iettant fur le Cheualier empoigne l'efpée qui luy paffoit parmy
le corps, & l'en tire à force, qui ne fut fi toft fait, qu'il reuint du tout en fon
fens, & fe dreffa debout. Adonc cogneut-il que s'amye s'eftoit feruë de l'e-
fpée pour l'amour de luy, dont il eut fi grand douleur qu'en foufpirant fe
lamenta douloureufement : O' mort qui m'es retournée en vie, pour plus
mourir. Et voyant le Prince qui tenoit encores en fa main l'efpée qu'il luy
auoit oftée du corps . O' Cheualier (dift-il) puis que tu as vfé de telle pitié
en mon endroit, que i'en reçois prefentement plus grande cruaulté, ie te
donneray guerdon de douleur, tel que tu m'as deliuré, receuant de moymefmes vne autre mort pour mon repos, & ce difant, fe lance apres l'efpée,
de laquelle la Dame eftoit trauerfée: mais le Prince l'embraffa fi ferrément,
& l'autre luy, que les playes s'ouurirent luytans fort & ferme, tant que le
Prince terraffa en fin le Cheualier, tombant quant & luy, tant eftoit las, ou
ilz demeurerent longuement comme vous orrez.

Comme la princeffe Alaftraxe-

rée alla apres Anaxartes fon frere, & donnerent fin à l'auenture.

Chapitre   X V.

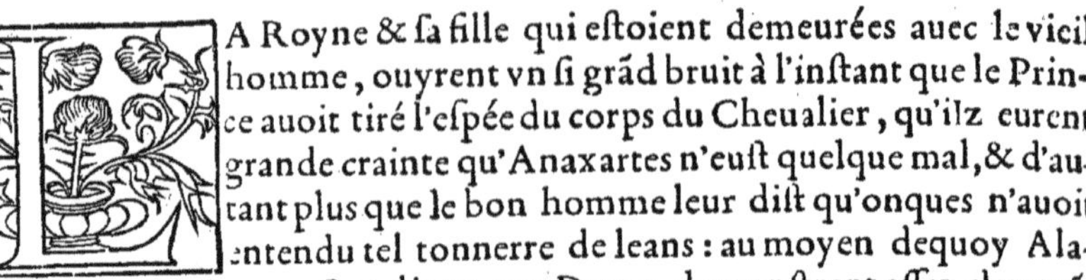

A Royne & ſa fille qui eſtoient demeurées auec le vieil homme, ouyrent vn ſi grãd bruit à l'inſtant que le Prince auoit tiré l'eſpée du corps du Cheualier, qu'ilz eurent grande crainte qu'Anaxartes n'euſt quelque mal, & d'autant plus que le bon homme leur diſt qu'onques n'auoit entendu tel tonnerre de leans : au moyen dequoy Alaſtraxerée diſt à la mere : Les dieux, ma Dame, demonſtrent aſſez cleremét par ſi euident prodige quelque accident aueuu à Anaxartes mon frere, puis que les combles du hault Ciel en ſont percez : parquoy s'il vous plaiſt ie ne ſeiourneray plus icy ſans me mettre en mon deuoir pour ſa deliurance. Ce diſant, elle s'achemine par le ſentier qu'Anaxartes eſtoit allé, acompagnée de la Royne qui ne la voulut abandonner, ains voyagerent enſemble quaſi toute nuiĉt au cler de la Lune, iuſques enuiron l'aube du iour, qu'ilz arriuerent au bord du lac du Palais doré, ou le terroer & les ſeiches herbes n'eſtoient pas ſeulement paintes & ſemées du ſang, harnois, & oſſemens des Cheualiers treſpaſſez en ce lieu de long temps, mais encores de plus frais, de ceux qui auoient combatu le iour precedent. Et n'y trouuans à qui parler, pour demander que ſignifioit ce petit parc entaſſé d'os & armures l'vne ſur l'autre, comme ſignes de Trophée, en deſir de cognoiſtre l'auenture, & des nouuelles d'Anaxartes, marcherent auant, tant que l'vne d'elles auiſa le tableau pendu à la Colonne, lequel elles leurent : puis voyans auſsi le bac qui y eſtoit attaché, prindrent confort en eſperance d'en ſçauoir plus auãt, Parquoy la princeſſe Alaſtraxerée requit ſa mere, qu'atendu que la barque eſtoit ſi petite, qu'il n'y auoit ſiege que pour vne perſonne ſeule, que ſon plaiſir fuſt la laiſſer aller au Palais doré : ce que la Royne luy acorda bien enuis, demeurant toutesfois ſur le riuage, & ſa fille ſe met à ramer, aſſez eſtonnée du grand bruit qu'elle oyoit, de l'eſtrange feu & flamme qui ſe meſloit parmy les nuées, puis aprocha ſi pres qu'elle vit la reflectió du Soleil batant contre l'edifice, & paignant les nues prochaines à l'Orient, d'vn tel email rougeaſtre & doré que lon voit au col d'vn paon. Or ſe reſiouiſſoit grandement la princeſſe Alaſtraxerée voyant ceſte lumiere & clarté, laquelle donne naturellement grande aſſeurance en cas d'horreur, & l'obſcurité de ſoymeſmes frayeur, ſi bien que celà luy acreut le cueur, & commença à dire : O' treſluyſans meſſagers des dieux, mes peres & ſeigneurs, voſtre auenement me ſert de ſignifiance qu'ilz ont reſerué à leur fille l'iſſuë de ceſte auenture, ie ne ſens aucune crainte à cauſe de la gloire que vous me denoncez, que par moy les campaignes de ceſte Iſle ſeront reuerdies, & les arbres ſecz bouteront & fructifieront. Lors ſon eſpée au poing ſe lança dãs le Palais, & paſſant au trauers de la court entra dedãs la chambre, ou premier elle aperceut la pucelle faulſée de part en part, de qui la beauté ſinguliere l'emeut à grand' compaſsion : parquoy mit ſoudain la main à l'eſpée, qui luy paſſoit parmy ſon corps, & l'arracha, auſsi toſt la flamme qui ſortoit du ſepulcre commença à diminuer peu à peu. Et Franciane & les deux

Cheualiers

Cheualiers retournerent enfemble en leur efprit vital, duquel ilz n'auoient
eu que quelques interualles iufques à cefte heure là, & à l'inftant mefmes
le terroer de tout le païs fe reueftit de fa belle verdure, & gayetté naïue,
dont l'enchantemét l'auoit ainfi defpouillée. Apres, l'ær fe remplit de nouuelle mufique des doux oyfeletz, au lieu des autres nocturnes de mauuais
prefage, auec vn bruit de tant de meneftriers que lon oyoit par dedans le
fepulcre, que les Cheualiers & Dames demeurerent vne efpace comme rauiz de l'armonie. Adonc voyant Franciane fon amy vif, beau comme elle l'auoit cogneu, & luy elle d'autre cofté, il eft impofsible à langue d'exprimer la ioye qu'ilz conceurent tous deux, & les actions de grace qu'ilz rendirent l'vn & l'autre à ceux qu'ilz veoyent auoir efté caufe de leur refurre-
ction: combien que Franciane difsimulaft le plus qu'elle pouoit l'exces de
fon plaifir, fi bien qu'Alaftraxerée luy dift. Ma Dame, pourquoy ne monftrez vous aufsi bon vifage que vous en auez l'occafion? A' quoy elle refpondit: Ma Dame, la peine que i'ay foufferte ne me peult faire oublier l'office
de mon fexe, & plus toft que de le violer ferois aufsi prefte que iamais à receuoir mort nouuelle. Ma chere amye, dift Alaftraxerée, ne vous arreftez
pas là : regardez la punition diuine qu'auez vne foys encouruë, & gardez
qu'en l'irritát de rechef, ne vous enuoye vne mort fans reffufciter. Le prince Anaxartes s'y vint mefler: difant, ma fœur (vueille ou nó) le fecret de fon
cueur eft icy depainct en ce paué arroufé de leur fang, comme fi tout y e-
ftoit efcrit à la main, comme i'ay veu l'experience de l'amytié que me porte ma dame Oriane, dont ay receu grand confolation. Alors Alaftraxerée
baiffa la tefte pour fe mirer aux carreaux, mais elle n'y fceut rien voir, partant que celà ne feruoit qu'a ceux qui eftoient aymez, & aymoient pareillement: mais le Cheualier y veoit trop clerement les fecrettes penfées de
Franciane, efquelles il print reconfort, n'y ayant fceu rien cognoiftre auant
qu'Anaxartes luy tiraft l'efpée hors du corps. Ces chofes ainfi paffées ilz a-
loient tous quatre à la tumbe quand arriua furce poinct la royne Zahara,
que la barque eftoit retournée querir, aufsi toft que fa fille eut paffé le lac &
mis pied à terre. Et apres le recueil honorable qui luy fut fait tát par fes enfans, que par le Cheualier & Franciane, vont vifiter le tombeau ouuert, ou
ilz virent vn vieillart ayant la barbe blanche, & la tefte chauue, acouftré eñ
Philofophe, lequel tenoit en fa main vn rolleau de lettres qui difoit ainfi:
Semifteñes, homme fage & grand Philofophe, fit faire cefte fepulture &
paué, pour le remede de dom Frifes de Lufitanie, & de la belle Franciane,
lefquelz pafferont iournellement par facrifice ordinaire, elle maintenant
toufiours fa cruauté, iufques à ce que furuiendra en ce lieu vn gentil-homme qui le furmonte en vaillance, & vne Dame qui paffe Franciane en beauté, lefquelz les pourront lors deliurer de la mort, dont ie les ay preferuez
par ma fcience: moyennant toutesfois que de leur fang demeurera vne im-
prefsion es carreaux de ceans, que tous ceux qui font aymez, & ayment
aufsi parfaitement y pourront cognoiftre (comme en vn papier efcrit) tou-

G iii

te la

te la secrete pensée de leur partie, ores qu’elle la voulsist celer, & à l’heure sera veuë sans estre cogneuë la cause de mon enterrement. Fort esbahis ilz furent de telle escriture, & prenans le Philosophe l’vn par la teste, l’autre par les piedz (lequel estoit embaume) le leuerent de là, & virent souz luy vne eschelle par laquelle on descendoit plus bas, ce qu’ilz firent, & trouuerent vne belle salle enrichie de statues d’or, taillées au vif, selon les ymages de plusieurs Roys, entre lesquelz & au plus hault y en auoit vn de plus belle corpulance, & de meilleure grace & doulceur de visage que les autres lequel estoit assis en vne grand’ chaire vestu d’vne robe de drap d’or, & la barbe luy pédoit iusques à la ceinture, blanche cóme neige. Or cestuy n’estoit que cóme édormy, &au vray estoit tout plein de vie, ayát sur son chef vn escrit graué de telle sustançe. Tous ces Roys cy sont de la genealogie de Bretaigne iusques au present roy Artus icy enchanté par Semistenes philosophe, iusques à ce que luy fera compagnie celuy qui luy succedera, ne deuant rien aux precedans en force ne loyauté d’amour. Autour de luy estoient plusieurs chaires vuydes, & oyoit on en la salle grád bruit d’instrumens, sans voir personne qui en iouast. Ainsi sortirent de là les seigneurs & dames, & remirent le sage tout ainsi qu’ilz l’auoiét trouué. Et quand ilz voulurent sortir du palais Doré, ouyrent vn coup de tonnerre fort horrible, par lequel toute l’eau du lac fut desechée en vn instant, trouuans toute prarie verde, en laquelle ilz rencontrerent le pere de Fráciane qui acouroit à la nouueauté du bruit qu’il auoit entendu, car il esperoit tousiours que l’auenture prendroit fin de son viuant. Ce qu’estant auenu, n’est pas possible d’exprimer la ioye qu’il sentit, rédant mil mercis aux seigneurs qui luy auoient fait ce bien: lesquelz il mena de là à vne sienne Cité fort noble, ou ilz trouuerent les vieilles gens tous raieuniz. Lors le Cheualier declara au Roy son nom à sa requeste & instance, & comme il estoit de Lusitanie region d’Espaigne, que lon appelle presentement Portugal, gentil-homme de maison Royale, mais decheu de l’ancienne richesse de ses predecesseurs. Ce qu’entendu par le Roy, en cótemplation principale de sa vertu, l’acorda auec Franciane, laquelle s’excusa grandement de la rigueur qu’elle luy auoit tenuë, pource qu’il ne luy auoit declaré le lieu dont il estoit extrait: surquoy il respondit: Ma Dame, si ie vous ay celé mon nom & mon lignage, ce n’a pas esté pour autre ocasion, sinon que i’eusse bien voulu monstrer autant de bien & vertu de ma personne, que i’eusse peu meriter de vostre amour, duquel ie me suis estimé indigne:car la gloire qui me pourroit proceder de mon sang, on la doit plustost atribuer à mes predecesseurs qu’a moy. Les nopces faites & celebrées, la royne Zahara & ses enfans prindrent congé du Roy, retournans à leur nef pour aller retrouuer leur flotte:estans acompagnez de dom Frises, qui mena de là sa femme en son païs, en quoy nous les laisserons pour vn temps.

Comme

Comme la grand' flotte de Luci-

dor arriua à veuë de Conſtantinople, laquelle les Grcz
voulurent empeſcher de prendre terre.

Chapitre XVI.

Es raiz du Soleil s'eſtendoient ſur la freſche rozée d'vne
matinée, paignant les gouttes en fines Iacintes, à l'heure
que le bras ſaint George ſe vit tout couuert de galeres, ga-
lions, hulques, rubarges, flouins, & mil autre ſorte de
vaiſſeaux de Ponant, ſur leſquelz venoit le prince Lucidor, acompagné de Roys, Barons, & autres grandz Sei-
gneurs, qui luy donnoient ſecours, deſquelz l'equipage en leur hault apareil d'armes, eſtandars, & pennonceaux, rendoit vn merueilleux eſclat ſur
la marine, & monſtrant aſſez la maieſté des chefz de l'armée : laquelle arriuée & cogneuë par les Grecz, coururent incótinent aux armes, ſe rengeáſ
les vns aux galeres & autres nauires qui eſtoient dedans le port : les autres
dreſſans eſquadrons ſur le riuage au meilleur arroy qu'ilz pouuoient, ſonnans trompettes & clairons des deux coſtez : tellemét qu'eſtans comme ie
vous dy les armées rengées, tant par mer que par terre, les princes Grecz ſe
tirerent à part pour prendre conſeil, ſi lon ſouffriroit aux ennemys mettre
pied à terre, pour les combatre en campaigne, ou ſi lon leur deffendroit la
deſcente : ſurquoy y eut de diuerſes opinions, mais en la fin fut auiſé de reſiſter & tenir bon au riuage : pource qu'au fort aller ilz ne pourroient que

G iiii

prendre

prendre terre malgré eulx, fans receuoir en ce notable dommage. Aufsi fut ordonné que Florifel de Niquée feroit tenu pour capitaine general des Grecz, & de tous ceux qui eftoient venuz à fon fecours: qui ordóna incontinent tous fes efquadrons correfpondans les vns aux autres, à l'opofite de l'ordonnance que Lucidor auoit faite. Si commanda incontinent au roy Frandalo d'inueftir premier auec fon armée de mer (charge bien adreffée, pource qu'il eftoit fort ftilé au fait de la marine) aufsi fit-il fi bon deuoir à l'aborder qu'il porta grand dommage de prime encontre. Quand au furplus de la gendarmerie on la departit en trois bataillons: dont le premier fut conduit par Florifel & fon pere le vaillant Amadis de Grece. Le fecond fut mené par les deux empereurs Efplandian & fon filz Lifuart de Grece, auec plufieurs autres Roys & Princes. Et le troifiefme demeura au treshault & trefpuiffant roy Amadis de Gaule, auec fes freres & alliez, l'empereur des Romains, & le prince Anaftarax, & le furplus des Roys & Princes de leur fecours à pied & à cheual. L'auantgarde de Lucidor fut donnée à la royne Zahara & fes deux enfans, auec dom Frifes de Lufitanie, à caufe du grand nombre d'arcs qu'auoient fes femmes Amazones, & apres elles venoient les autres naux auec Lucidor & Birmartes. Le roy des Scithes fut le premier qui refifta de la part des ennemys contre les Grecz, eftant fuiuy de plufieurs Roys qu'il auoit amenez. Or eftoient defia toutes les Dames de Conftantinople, montées au plus hault des clochers & des tours de la ville, voyans affez aifément les armées efpanduës, tant par la mer que par les champs, & les harnois reluifans fur le riuage de la mer, les prouës des nauires peuplées de grand nombre d'archers, tirans fleches aufsi dru que grefle, les mariniers caler les voiles pour prendre port, les autres iettans les efquifz en mer pour defcédre gens en terre, mettant en iceux les plus fortz & robuftes hommes que lon pouuoit trouuer pour exploiter tel effect tandis que lon les fouftenoit à force de trait qui voloit de tous coftez, l'vn empefché pour ancrer, l'autre montant fur la gabie: l'vn rampant fur l'anthene, l'autre à trouffer & deftrouffer les cordages, bref le tumulte y eftoit fi grand que lon n'euft bonnement fceu, auquel entendre, dont les pauures femmelettes effrayées commencerent à pleurer & crier par toute la ville, principalement Helene, qui voyant fi grande quátité de Princes, tant Orientaux qu'Occidentaux, affemblez pour elle, pour mener fi cruelle guerre, fe defchiroit la face tendre, & tiroit fes cheueux dorez, & en fin tomba pafmée dás le giron de la princeffe Oriane, laquelle la fit foliciter & aporter de l'eau, tant qu'elle fe reuint, & lors commença à exclamer. O Dieu createur & feigneur des lumieres, ayes pitié de tes peuples, & tourne fur moy tout l'infortune de cefte predeftination. Las pourquoy m'as tu voulu doter de cefte beauté, pour celebrer l'immortalité de ma renommée, en fecondant la grecque Helene, par l'infiny carnage de tant de nations venuës icy de fi loing chercher leur fepulture? Ha beau paifage (iettant l'œil tout à l'entour) i'ay grand' peur que ne feras gueres fans eftre tainct de bien autre cou-

tre cou-

tre couleur. Ce difant, fe laiſſa cheoir encores euanouyë : Parquoy les Dames fe retirerent des carneaux & feneſtres, & la porterent en bas, qui ne fut
pas fi toſt fait , que plus de dix mil femmes de la royne Zahara aprocherét
ſi pres du cay du port qu'ilz combatoient quaſi main a main, des nauires
auec ceux de terre, qui eſtoient les gens de Floriſel, s'eſtendant de là en a-
uant toute la flotte du long du riuage, ſur lequel toutes les armées eſtoient
auſſi ordonnées pour les receuoir : comme firent les deux Empereurs & le
roy Amadis, leſquelz fouſtindrent le prince Birmartes & Lucidor ſi viuement qu'ilz depeſcherent beaucoup de leurs gens, qui penſoient prendre
terre, les vns faiſans rempar de l'eau, les autres couurans le riuage de leurs
corps, & la mer taignans de leur ſang. D'autre part Frandalo & ceux qui
eſtoient contre luy, firent grand deuoir de s'acrocher les vns aux autres,
& combatre & ſe mettre à fons. Ce conflit dura aſſez longuement, auquel
quaſi furent tous employez, tant pour aſſaillir que pour faire reſiſtence,
dont chacun ſe trouua tant las & trauaillé, qu'il fut beſoing de ſonner la
retraite des deux coſtez, ſans que lon vous puiſſe declarer au vray, lequel
des deux parties emporta l'auantage, ſe trouuant le nombre des mortz &
naurez preſque pareil du coſté des aſſaillans & des tenans. Ce fait, & les
Grecz retirez en la ville, les François prindrent terre, tant que la nuict dura, ce que la royne Zahara differa iuſques au lendemain.

Comme la flotte ſe desbarqua, &

de quelle magnificence la royne Zahara & ſes enfans

prindrent terre.

Chapitre   XVII.

Le iour

E iour venu, la plufgrãd˙ part de la flotte eftoit defia def-
barqueé, quãd on vint amener en terre vn chariot triumphal, que la royne Zahara auoit ordonné eftre equippé
pour elle & fes enfans, chofe de telle prefumption & arrogance qu'elle penfoit luy apartenir. Il eftoit fait à dix
belles accures de marfil cheuauchans l'vn fur l'autre à
mode de fphere, par excellente fymmetrie, en tailles de molures, & entre
deux remply de miroers d'acier enchaffez de fin or, & par deffus le chariot
eftoit figuré le dieu Mars, armé d'vn harnois enrichy de pierrerie, ayant
autour de luy les principaux Dieux que les gentilz adoroient, compartis
fur les connexes des arceaux, par deffouz lefquelz eftoient trois riches fie-
fieges en façon de throfnes couuertz de drap d'or, fur lequel eftoient brodez tous les nobles faitz d'armes d'elle, d'Anaxartes, & Alaftraxerée. Or
eftoit le chariot attelé de fix Licornes, auec leurs felles & garnitures de grã
de richeffe, & leurs cornes chargées de force paillettes d'or, portans chacune vne Damoyfelle qui les manyoit, veftuë de toelle d'argent. Et deuãt
marchoient douze Roys d'armes & herauldz, portans les cottes d'armes,
felon la deuife du dieu Mars, voltigeans à l'entour les Dames & Damoyfelles de la compagnie de la royne Zahara toutes armées, & montées fur
cheuaulx legers, fort richemẽt parez, auec vne infinité de meneftriers, lefquelz ne furent pas fi toft fortis des nauires pour mettre pied à terre, que
lon ne vint incontinent attacher l'efcu de Zahara au deuant du grand arc
du chariot, celuy mefmes qu'elle portoit quand elle deliura Lifuart de Gre
ce, & aux deux coftez furent penduz les deux efcuz du filz & de la fille, le
fien pareil à celuy qu'il auoit lors qu'il combatit contre Florifel deuant la
tour de l'Vniuers: celuy d'elle eftoit verd ayant au mylieu la protraiture de
Mars. Incontinent apres fortit la royne Zahara & fes deux enfans, armez
de harnois finguliers, auec les furcotz de fin drap d'or trainans en terre, ouuertz par deuant: leurs teftes eftoient defarmées & chargées de couronnes
d'or. Si fe mift la Royne la premiere dans le chariot en la chaire du mylieu, & fes deux enfans aux deux coftez : qui ne furent pas fi toft afsis, que
tous les Roÿs & Princes payens ne fe iettaffent à genoux pour les adorer,
laquelle reuerence faite monterent fur le chariot enuiron douze Roys infidelles, lefquelz fe coucherent fur le plancher, deuãt les piedz de ces trois
diuines perfonnes, tenant chacun vne efpée nuë en fa main. Qui fut l'ordre
auquel la royne Zahara eftant desbarquée, marcha droit deuers la ville, allans deuant elle Lucidor, & les autres Roys & Princes de leur ligue, tant
que la campagne eftoit toute couuerte de magefté & magnificéce. Laquelle ne pretédoit autre chofe que de recognoiftre la ville, auec telle brauade.
Ce qu'entendans ceux de dedans: contre cefte vaine pompe ne firent aufsi
autre effort, fe tenans toufiours fur leur gardes, & eftoient apuyez aux fe-
neftres, tours & carneaux, pour voir le magnifique triumphe. Mais fi ceux
de dehors auoient l'œil eleué pour regarder contremont, le prince Ana-

xartes

xartes qui y auoit le cueur quant & quant pour voir la princeſſe Oriane, laquelle n'eut moindre ioye de l'honneur en quoy elle voyoit celuy à qui elle portoit vne affection incroyable: tellement qu'apres auoir fait quelques
voltes autour de la ville, la royne Zahara fit dreſſer ſes tentes & pauillons
au plus pres de la muraille, toutesfois hors la portée du trait: & plus loing
ſe camperent les Princes & Roys venuz au ſecours de Lucidor. Eſtant la
Royne deſcenduë fit conuoquer tous les principaux pour tenir côſeil, mais
ſuruint vn Roy d'armes de la ville, auquel fut acordé audience, qui parla
en ceſte maniere: Treſexcellente royñe de Caucaſe, & vous Roys Princes
& Seigneurs de ceſte aſſemblée, ſachez que mon ſouuerain ſeigneur Flori-
ſelde Niquée, prince des deux Empires& gouuerneur de Conſtantinople,
m'a enuoyé par deuers vous, pour vous dire que la grande amytié qu'il
vous a pleu autresfoys porter à luy & ſes predeceſſeurs le ſemble obligé à
vne courtoiſie (nonobſtant la guerre iurée contre luy) qui eſt de vous preſenter pour voz perſonnes les logis de plaiſance qu'il a à l'entour de la ville: vous ſupliant d'auantage vous venir refraiſchir en la ville, & il vous bail
lera telz hoſtages que vous tiendrez pour aſſeurez de tout bon traitement.
Surquoy la Royne reſpondit: Mon amy dites au ſeigneur Floriſel voſtre
maiſtre, que ſi nous eſtions ſeulz nous ne refuſerions ceſte offre : mais par-
ce que (côme lon dit cômunément) qui a compagnon à maiſtre, nous n'o-
ſerions bonnement abandonner la troupe, s'il nous veult venir voir icy il
nous fera treſgrand plaiſir. Floriſel, leur reſponce receuë, s'arma de toutes
pieces, hormis l'armet, & ainſi alla au camp de ſes ennemys, acompagné
de pluſieurs grandz ſeigneurs, ou il arriua à heure que le conſeil n'eſtoit
encores ſorty: toutesfois y entra par conſentement des Princes, qui le receurent à grand' careſſe, & luy faiſant mettre vne chaire pour s'aſſeoir, ſe
mit auec eulx, & le splus apparens de ſa bande. Or ſe tenant là Floriſel aſſez bonne piece à les regarder pour voir s'ilz luy diroient rien, & les autres
s'atendans qu'il commençaſt à propoſer de ſa part, Lucidor changea ſouuent couleur, en voyant celuy qu'il hayoit le plus au môde, combien qu'il
confeſſaſt en luy meſmes de n'auoir oncques veu Cheualier de plus belle
diſpoſition: dequoy Floriſel s'aperceuant, adreſſa ſa parole à la royne Zahara. Ma Dame, & vous monſieur Anaxartes, & ma dame Alaſtraxerée,
i'ay eu grand plaiſir de pouuoir venir icy pour vous ſaluer, côme mes bons
ſeigneurs & amys du temps paſſé, vous aſſeurant qu'encores m'euſt-il eſté
plus grand, s'il vous euſt pleu me faire tant de bien d'acepter pour voz logis les conditiôs que ie vous ay mandées: ce que i'entendz bien que ne m'a-
uez ſceu acorder, à cauſe d'aucuns, qui ſouz ie ne ſcay quel pretexte de raiſon viénent quereller & reuoquer vne choſe qui ne peult eſtre deffaite: qui
me deſplaiſt grandement de ce qu'ilz n'ont voulu condeſcendre aux offres
legitimes, ſans chercher la rigueur des armes, dont l'iſſuë eſt en la main de
Dieu. A' quoy ie les prie d'entendre pour la derniere foys : ſinon i'en remetz la vengeance à celuy à qui elle apartient. Seigneur Floriſel (reſpondit la

dit la royne Zahara au nom de tous) ie ne tiens pas noſtre amytié eſtainte, en ce qui pourroit eſtre hors ceſte querelle: quant au ſurplus, Fortune mettra ordre & fin aux choſes à venir : vous declarant que ſommes deliberez vous reduire par noſtre effort es termes que vous demandons, puis que ne vous y rengez de vous meſmes. Floriſel print congé d'eulx, demeurant encores le conſeil arreſté, qui n'entendit en autre choſe, ſinon à fortifier & remparer leur camp, & aux moyens d'aſſaillir la ville, en quoy les Grecz ne furent negligens de leur part, & la nuiĉt meſmes les conſeilz contraires d'vn coſté & de l'autre furent tous d'vne opinion, ceſt à ſçauoir de demander à ſon ennemy iournée au lendemain. Pour laquelle les Grecz firent deux batailles de toute leur gent: dont la premiere eſtoit de cinquâte mil cheuaulx, conduite par le prince Amadis de Grece, auec ſon filz Floriſel, & l'autre de tout le reſte de la cauallerie & infanterie fut ſouz la charge du roy Amadis de Gaule. Ce qui fut ainſi publié, au grand regret des Dames, qui ne firent que pleurer toute la nuiĉt, prians Dieu pour leurs mariz & amys. En pareil arroy eſtoit le camp de Lucidor, qui ſceut l'apreſt de ſes ennemys par ſes eſpies, au moyen dequoy il ordonna ſemblablement deux bataillons: dont le premier eſtoit à la royne Zahara, & ſes deux enfans, auec les roys de Perſe, & autres payens, enuiron de ſoixante mil cheuaulx, & l'autre au fort Birmartes, & à Lucidor: auquel y eut plus de mil elephás, portans chaſteaux auec gens deſſus, garnis d'arcz & fleches, leſquelz furent retenuz pour donner aux flancz, quand les armées ſeroient iointes. Ceſte fut la deliberation de terre, & ſemblable deſſeing les roy de Scittes & Frandalo, chacun de ſa part pour le fait de la mer Amiraux des deux coſtez. Ce ſoir les Chreſtiens ſe mirent en bon eſtat, faiſans deuoir catholique, & les Payens en leurs cerimonies & ſacrifices d'encens, & autres perfuns aromatiques, auec infinité d'inſtrumens, atendans ainſi la venuë du iour, tant d'vn coſté que d'autre.

De la premiere iournée & des ha-

rangues que firent les chefz principaulx à leurs armées.

Chapitre   XVIII.

OR fut le iour enfuyuant cler & beau, & l'ær tendu de nuës vermeilles: au poinct duquel les deux oftz eftoient defia en ordonnance de bataille, qui redoubloit au Soleil fa clarté, par la fplendeur des harnois infinis, dont la campaigne eftoit toute couuerte. Eftant donc les deux oftz en veuë l'vn de l'autre, l'efcarmouche commença trefapre par les auantcoureurs, pendât laquelle les Grecz voltigeoiét peu à peu pour gaigner d'vn plain fault vne montaigne, à fin d'encerrer leurs ennemys entre eulx & la ville: dequoy s'aperceuans les autres leur allerent fermer le pas en diligence. Lors le prince Florifel fe mettât au front du grand bataillon commença à dire en telle forte : Trefpuiffans Empereurs, Roys, Princes, vaillantz Capitaines, & Souldatz, fi le temps paffé ne nous euft delaiffé la memoire des nobles & vertueux faitz de noz predeceffeurs, mefmes de plufieurs qui font encores en vie, & prefens en cefte bataille, i'euffe eftimé affez raifonnable que moy (qui vous a pleu elire chef de cefte armée, combien qu'indigne au pris de plufieurs d'entre vous) vous euffe fait vne harengue, pour exciter les cueurs à magnanimité & prouëffe: mais voftre vertu defia cogneuë entre les Troyens, Romains, & Carthaginois, qui ont fouuent experimenté les forces de voz bras, m'excufe de cefte peine, & tourne mon oraifon enuers noftre Dieu, luy fupliant par fa grace vouloir maintenir hardiffe en ceux d'ou elle ne partit iamais. Si ainfi luy plaift, noftre victoire eft indubitable, laquelle auenât ie vous prie (mes feigneurs & amys) perfifter en voz rengz, moderant l'ardeur de l'execution, de forte que la rapine & butin (qui apres ne nous peult efchaper) ne mette perfonne en defarroy, par lequel on pourroit perdre le certain, & reuolter Fortune. Plus vous auife de ne mefprifer & contemner voftre ennemy, ains l'e-

H   ftimez

ſtimez bien autant que vous meſmes penſez valoir . Comme à la verité les
François à qui auiourd'huy aurez affaire,ſont de la plus belliqueuſe nation
du monde, qui a touſiours deſconfit toutes celles qu'elle a voulu aſſaillir.
Vous ſupliant au ſurplus faire mieux que ne vous pourrois dire : & conſiderer que ceſte victoire ſur les vainqueurs de tous les autres peuples , vous
dreſſe vn trophée de gloire ineſtimable, effaçát ou obſcurciſſant à vn coup
les plus illuſtres de noz anceſtres. Ceſte remonſtrance anima merucilleuſe-
ment les Grecz à bien faire : autant que fit celle du prince Anaxartes à ſes
Payens.Seigneurs (diſt-il) Capitaines & Souldatz on voit ſouuent que les
Dieux monſtrent leur puiſſance au fait des batailles, en ce que pluſieurs
foys le grand nombre de gens eſt rompu par le moindre . Mais combien
doiuent voz courages eſtre aſſeurez de tout tel hazard & danger, cognoiſſans pour certain que le bon droit eſt de voſtre coſté : meſmes vous ont icy
enuoyé leur filz & fille pour executer leur victoire, de laquelle perſonne
ne doit faire aucune doute, voyant la multitude de noz alliez, & cognoiſſant la vaillance nompareille des conducteurs de l'armée . A' tant me tai-
ray , aſſeuré qu'eſtes plus promptz à l'effect des œuures , qu'à eſcouter telz
ſermons.Lucidor ne s'oublia de ſon coſté à faire vne particuliere harengue
aux Chreſtiens, en ces termes. Meſſeigneurs, ie ne vous veux vſer de grand
langage, pour acroiſtre en vous la hardieſſe qui vous eſt naturelle , & tant
experimentée iuſques icy par tous voz ennemys.Seulement vous veulx reduire en memoire que deuez apuyer voſtre aſſeurance en la maieſté diuine,
laquelle cogneuë certainement roydira voz nerfz , & redoublera voz ha-
leines pour executer ſa iuſtice par noz mains, ſur les iniques vſurpateurs de
l'autruy . Si eſt-ce toutesfoys que bon droit à meſtier d'ayde : parquoy regardez ſur toute choſe à maintenir l'ordre militaire , qui vous ſera ordon-
née par voz capitaines & ſergés de bandes. Eſtás certains que ce ſeul poinct
nous peult tollir la victoire que tenons quaſi deſia entre noz mains. Conſiderez auſſi outre le droit commun de ceſte entrepriſe, l'obligation qu'auez
d'afsiſter chacun à ſon prince naturel, pour luy ayder à maintenir l'hóneur
qu'ilz ont de long temps acquis, ioinct le voſtre meſme tant celebré & tim
paniſé, lequel ſeroit du tout aboly & aneanty par la perte de ceſte iournée.
Auiſez encores cóbien moins nous nous hazardons en ceſte bataille que ne
font noz ennemys: car iaçoit (que Dieu ne vueille) que nous fuſsions rompuz par eulx , le dommage ne pourra eſtre ſi grand de noſtre part combatans en ceſte campaigne, noz femmes, enfans, parens , & amys demeurent
en leur entier, ſans perdre vn ſeul pied de terre, & ſi noz ennemys deuiennent à eſtre deffaitz (cóme i'eſpere) nous ſerons tous riches, occupant leurs
terres & ſeigneuries,auec glorieuſe ſatisfaction de noſtre iniure.Les haren-
gues finies, le prince Anaxartes & la princeſſe Alaſtraxerée firent amener
deux Licornes , ſur leſquelles ilz monterent . Si vont conduiſans leur gros
bataillon au petit pas vers leurs ennemys,iuſques à la diſtance du trait,fort
bel à voir eſtoit vn front ſi large qu'il ne pouoit eſtre circuy , à cauſe qu'il

prenoit

prenoit d'vn cofté, depuis la greue de la marine, & de l'autre aboutiffoit à vne æfle des mille elephans, auec leur trait à main, pour deffendre la gau-che: & fi eftoit renforcé d'vn nombre de trefpuiffans Geantz, qui eftoient de la garde de la royne Zahara, laquelle marchoit deuant tous acompa-gnée de dom Frifes de Lufitanie, qui auoit trefgrand defir de s'efprouuer contre Florifel de Niquée, auquel il s'adreffa fuyuant les enfeignes qu'on luy auoit données de fon acouftrement. Apres marchoit larriere garde de Lucidor, qui chargerent la tefte baiffée, leurs ennemys opofites de fi gran-de impetuofité que la terre trembloit fouz eulx : mais premier qu'ilz ioin-gniffent vous euffiez veu l'vne des plus merueilleufes pluyes de flefches que lon vit oncques choir fur les Grecz, tant de celles que tiroient les A-mazones de Zahara, que les autres qui eftoient eftablis fur les elephans: de forte qu'elles cachoient la clarté du Soleil, par leur infinie quantité, dont plufieurs Grecz moururent à l'óbre, & y en demeura beaucoup auant qu'a-border. Mais aufsi toft que les armées furent acouplées, fe fit vn fi merueil-leux chamaillis que les montaignes & vallées de là à l'entour retentiffoient comme forges, fe faifant incótinent par la campagne vn harat de cheuaulx fans maiftres Or fe rencontrerent Florifel & dom Frifes, qui efclatans leurs lances l'vn fur l'autre, oultre-pafferét comme vaillans champions: aufsi ny eut aucun Cheualier de nom & d'eftime qui ne donnaft fon coup de lance brauement, dont il trebucha quafi toufiours quelqu'vn d'vn cofté ou de l'autre: en quoy Amadis de Grece ne faillit pas, qui abatit l'vn de fes gros lourdaux Geans royde mort par terre. La princeffe Alaftraxerée terraça de fon coup le prince de Brádalie, qui (oultre le coup qui eftoit mortel) ne fe peut oncques releuer de deffouz la preffe, qui fe vint ioindre aux efpées & aux maffes, de fi pres qu'on ne voyoit plus l'vn pour l'autre. Et fut la tue-rie fi horrible qu'on ne vous pourroit reprefenter par efcrit: mefmement à larriuée des elephans qui flanquerent de leur trait le cofté droit du batail-lon de Florifel, & luy porterent gros dommage, tellement que malgré leurs capitaines, les Grecz commençoient à perdre de la plaine, fans le roy Amadis, qui les voyant en tel danger, enuoya incontinent le prince Ana-ftarax qu'il fit mettre à pied luy & tous fes gens, pour l'odeur des elephans que les cheuaulx ne peurent endurer, defquelz à fa venü il rembarra d'v-ne merueilleufe hardieffe, auec l'aïde que luy donnoit fon coufin Zahir, monftrant bien à ce coup là, combien on les deuoit eftimer : car en moins que rien ilz rompirent cefte æfle d'elephans, & entrerent pefle mefle par-my eulx, leur coupans les iambes, dont ilz trebufchoient foudain, & fai-foient bon marche des foldatz qui eftoient fur leurs chafteletz, demy vain-cus par la cheute. Qui fut vn grand auantage pour les Grecz, tant à caufe du dommage que telles beftes portoient en ce conflit, que pour la confe-quence de leurs ennemys, qui fe virent defcouuertz d'vn cofté ou leur fai-foit le plus de befoing : les elephans mefmes fe fentans heurtez de telle fu-rie, auec quelques flambeaux de feu gregois, coururét à vau de route, rom-

H ii   pans le

pans le gros bastillon de Lucidor, dont peu s'en fallut qu'il n'en perdist la
bataille. Le tresuaillant Amadis de Gaule voyāt ce desordre fit haster le pas
de son ost pour surprendre les ennemys, mais il ne peut si tost y venir que
les autres ne fussent aucunement reserrez, car Lucidor & Birmartes mirent
grande diligence à les reünir & rallier, voyant le danger si aparent. Adonc
s'escria Lucidor. Auant seigneurs, auant souldatz, auant compagnons serrez vous, & reparez ce mauuais heurt. Et ce disant (iaçoit que tout ne fust
trop bien ordonné) soustindrent si viuement le roy Amadis, acompagné
de deux Empereurs, s'entredonnans les vns vn tel chocq à la rencontre que
la vaillance des soustenans au premier reng dóna loisir de reparer le desordre que les elephans y auoient fait, non toutesfois que la marque du dommage ne fust notable, à cause des grandz armes du roy Amadis, & des Prin
ces de son sang, & de plusieurs Cheualiers nouueaux, dont ceste histoire
fait mention. Lucidor aussi ne dormoit pas, donnant à cognoistre l'effort
de son hault courage, & le desir qu'il auoit de fournir le surnom qu'il portoit. Le champ estoit tant plein de mortz d'vne part & d'autre, que lon
marchoit en quelques endroitz en sang iusques au genou, & que la mer e-
stoit tainte des ruisseaux decoulás de la terre, sans le cruel exploit que Frā-
dalo & le roy de Scithie faisoiét les vns contre les autres, ou lon voyoit plu
sieurs nauz ardre par les feuz artificielz que lon iettoit dedās, tellemét que
c'estoit grand pitié de voir les pauures gens se lancer dedans l'eau pour eui
ter le feu, à la misericorde de l'element qui n'en a point, voire que la grand'
quantité de nageans nuysoient les vns aux autres. Ainsi furent longue piece sans rié gaigner l'vn sur l'autre par mer ny par terre, ains eust on plustost
dit que la mort seule les deuoit tous separer sans autre victoire, que dé demeurer tous pour les gaiges de leur honneur. Bien est vray qu'il y eut quelque peu plus de carnage en l'ost de Lucidor qu'en l'autre, à cause du grand
nombre de tant de vaillans Cheualiers qui estoient en la compagnie des
Grecz solemnisans sanglantemét la pompe de la couche nuptiale de la seconde Helene, laquelle ne s'y espargnoit en pleurs & lamentations, sur le
hault des tours de Constantinople. Finablement l'effusion du sang fut si
grande, & l'execution de la bataille tant cruelle, qu'il n'y auoit cottes d'armes, capparacon, harnois de cheual, enseigne, guidon, ny autre deuise de
qui lon peult recognoistre les couleurs, estans toutes surtaintes de vermeil:
& estoient les souldatz si meslez, les vns auec les autres que lon ne les eust
sceu discerner sans leurs criz. Les vns reclamans Grece, Grece, les autres E-
spagne, France, Perse: mesmes à peine les pouoit on entendre, tant y en a-
uoit de diuerses sortes. Et n'est possible de vous raconter les merueilleux
faitz du prince Anaxartes, & de la princesse Alastraxerée, laquelle esclar-
cissant les rengz, se vint ioindre au roy Amadis de Gaule, qu'elle cogneut
plus qu'a sa deuise, aux armes qu'elle luy voyoit exploiter, & les contempla longuement, puis elle luy dist: Tresexcellent seigneur, la gloire de voz
illustres faitz incite mon courage à experimenter mes forces contre les vostres,

ſtres, m'eſtimant montée au feſte de la renommée bellique, ſi ie puis gaigner le deſſus ſur celuy qui l'a touſiours eu de tous les plus vaillãs du monde. Le roy Amadis l'oyant ainſi parler, la regarda ſi ententiuemẽt qu'il la
recogneut, & luy diſt : Treshaulte Princeſſe ia Dieu ne plaiſe qu'il me fuſt
reproché ſur mes vieilz ans vn ſeul acte de couardie : mais quand à vous ſi
i'ay quelque proueſſe elle ne ſe pourroit monſtrer, à cauſe de l'amytié ſpe-
ciale que ceſte querelle commune ne peult eſtaindre en moy, que pour la
reuerence que ie porte à voſtre vertu, pluſque humaine. Alaſtrax erée fort
contente de ſa reſponce, paſſa oultre ſe fourrant en la pluſgrand' preſſe. A'
l'heure meſme le fort Birmartes, & plus de dix mille hommes à cheual a-
uec luy gaignerent le hault d'vn tertre, tant pour eſtre en lieu plus auantageux, qu'auſsi pour voir la diſpoſition de la bataille, laquelle recognoiſſant quaſi egalle & entre deux fers pour la faire trebucher du party contrai
re, deualla du tertre à bride abatuë, & donna vne charge aux flancz du bataillon des Grecz ſi furieuſe qu'il leur tailla aſſez de beſongne,& leur fit per
dre terre : mais le nombre exquis des bons Cheualiers dont ce flanc fut bien
toſt renforcé r'allia la multitude, & non ſeulement firent reſiſtence à ceſt
effort, ains par leur proueſſe recouurerét trois fois autant de terre ſur leurs
ennemys qu'ilz auoiét perdu. Le Soleil s'alloit coucher à l'heure que vous
euſsiez dit que la bataille proprement recommençoit, auſsi aſpre qu'en la
prime rencontre, à cauſe de Floriſel & Lucidor qui ſe rencontrerent, s'eſtãs
recherchez toute la iournée l'vn l'autre. Lors s'entredonnerent deux telz
coups de lances, que les cheuaulx ne les ſceurent porter, & tomberent tous
deux, mais bien toſt furent remontez, & commencerent le chamaillis des
eſpées plus rude qu'autre qui euſt eſté en toute la bataille, tãt pour la proueſſe extreme des combatans, qu'a cauſe de l'inimytié intrinſeque qui les
faiſoit euertuer iuſques au bout : mais la nuyt ſuruenant les ſepara, qui fit
ſonner la retraite d'vn coſté & d'autre, à laquelle ilz eurent tous deux aſſez
affaire à recueillir leur gent, à la reueuë deſquelz ilz ne ſceurent cognoiſtre
de quel coſté eſtoit tourné l'auantage. Or y mourut de la part des Grecz, le
roy Mamely, le roy de Hongrie, le prince Brunadame, le roy Cildadam,
auec autres Cheualiers d'eſtoffe. Et du coſté de Lucidor y demeura le roy
d'Apolonie, le roy de Boecie, & le roy de Lacedemonie, auec ſix roys
payens de la compagnie de la royne Zahara, & autres grans ſeigneurs &
gentilz-hómes de nom,& bien peu en eſchaperét ſans eſtre bleſſez. Pareillement au combat de mer n'eſtoit le dommage moindre, tant pour le nom
bre de ceux qui auoient eſté tuez du trait, que de la main, que des renuerſez en l'eau, ou eſtaintz & ſufoquez, auecques leurs vaiſſeux bruſlez & mis
à fond. Eſtant la nuyt ſeule cauſe de leur departement,ſans aucune aparence de victoire, retournerent chacun en ſes loges, ou ilz firent depuis ce qui
vous ſera declaré.

H iii

Du grand

Du grand deul qu'on mena pour

les mortz d'vn cofté & d'autre. Et comme la treue fut
acordée pour trente iours.

Chapitre   XIX.

A retraite faite, ceux de la Cité voulurent fçauoir quelle perte il y auoit eu de perfonnes notables occis en la iournée. Et trouuans à dire les Roys que ie vous ay nommez, & quelques autres Cheualiers d'eftime, le commun deul fut grand pour l'infortune de fi grandz feigneurs, & la particuliere lamentation ne fe trouua gueres moindre à l'endroit d'vn chacun, l'vn pour fon amy, l'autre pour feigneur, tel pour fon feruiteur : tellement que lon commença par tout les fons & chantz funebres, & autant en firent ceux du camp de leur cofté. Aufsi fut donné ordre aux naürez & malades, entre lefquelz fe trouua le roy Galaor, le roy Garinter, l'Empereur de Rome, & Florens. Et apres que les Princes eurent fait ce deuoir d'enquefte, & vifité leurs fpeciaulx amys, chacun fe retira en fon logis pour prendre leur repas & repos. Le lendemain aufsi toft que le iour fut veuu ceux de la ville ouirent fonner force trompettes & clairons au camp de leurs ennemys, & ayant demandé la caufe à leurs efpions, fceurent que ceux de l'oft auoient efleu le prince Birmartes roy d'Apolonie, & le prince de Macedonie aufsi Roy, par le decez de leurs peres. Ce que venant aux aureilles d'Helene & Timbrie, redoubla grandement leur douleur,

nature

nature ne pouant mentir en ce qui leur touchoit de fi pres, du trefpas defquelz elles auoient efté caufe. Et combien que Timbrie euft bien voulu celebrer la cerimonie de deul de fon pere le Roy de Boecie: qui eftoit aufsi decedé, toutesfoys contre fa volunté pour obeyr aux feigneurs de Grece el le fut parée, & nommé Royne de Boecie, reprenant aufsi toft que le feftin fut paffé les accouftremens de deul, comme feurent aufsi toutes les Dames & damoifelles qui eftoient lors dedans Conftantinople, d'autant que lon n'en euft pas trouué vne entre toutes qui n'euft receu quelque notable dómage de pere, mary, ou parent: mais fur toutes eftoient dolentes & efpleurées la princeffe Helene, & la nouuelle royne Timbrie, lefquelles la gratieufe Emperiere Abra reconfortoit aux mieulx qu'il luy eftoit pofsible: mes Dames (difoit elle) vous deuez tenir pour vray, que es cas de fortune, ou lon veoit clerement qu'il n'y a point de remede, eft le plus expediét de couurir fon mal tant que lon peult, parce qu'en le publiát on l'accroift touf iours d'auantage, principalemét en tel lieu ou la raifon f'en trouue obligée à caufe de voz eftatz : mais fi me voulez croire vous obeyrez deformais à voftre trifteffe par la feule cerimonie des habitz, fans plus vfer de pleurs ny exclamations par lefquelles vous donnez double deul à ceulx qui font affez dolens d'autres mortz particulieres, rempliffant cefte court de melácolie au temps qu'aurions plus affaire de reconfort, vous feriez cognoiftre voftre difcretion, fans perdre la reputation de la pitié naturelle que chachun peult ymaginer fans la veoir: parquoy faictes honorablemét celebrer les exeques, louant Dieu de ce qu'il les a oftez de cefte vie tranfitoire pour les colloquer en la fienne perdurable. Or donc mes grandes amyes voila mon aduis : premierement de moderer voz cris & complainctes acouftumées:& d'autre part enuoyer au camp requerir les princes de dehors, qu'ilz vous vueillent enuoyer le corps de voftre ayeul, & vous m'a Dame Timbrie celuy de voftre pere, àfin de leur donner fepulture felon leur grádeur. Ce confeil comme bon fut incontinét mis en effect : le duc Guillaume fut commis pour aller en l'oft des ennemys demáder les corps des deux Roys, lefquelz luy furent deliurez próptement. Or pour inhumer tous les mortz, & pour guarir les bleffez, les plus fages & anciens aduiferent de faire treues pour vn moys, en efperance que quelque bon accord pourroit eftre forgé, lefquelles furent accordées au grand contentement des deux partz. Lors có mancerent les payens à brufler les corps de leurs Roys & Princes auec leurs facrifices & immolations de beftes, & les autres qui eftoient Chreftiés à les enterrer à leur mode, comme feirent aufsi ceulx de la ville, ayás efte à croix & bannieres au camp requerir leur Roys & autres des plus notables. Aux funerailles qui furent celebrées la royne Zahara voulut afsifter, accompagnée de fon filz & fa fille tous accouftrez de noir, en faueur de leur ancienne amytié, laquelle fut magnifiquement receuë de tous les Princesde la cité, venant au deuant le roy Amadis, & l'Empereur de Romme qui prin-

H iiii　　　　drent

drent Anaxartes au millieu d'eulx:la Royne Zahara& Alaftraxerée furent
receuës entre les Emperieres Abra,& Leonorine,auec la royne Oriane fem
me du roy Amadis, ca: la pucelle Oriane marchoit derriere auec celles de
fon aage , de deffus laquelle ie vous affeure que Anaxartes ne deftourna
guieres fon oeil tant qu'il eut temps & occafion de ce faire, & elle n'en feit
moins de fon cofté,iaçoit que ce fuft le plus fecrettemét qu'il leur eftoit poffible,de peur d'eftre apperceuz l'vn ou l'autre. Cefte veuë,fans pouuoir venir au parlemét,que deuez eftimer,meit bien le feu aux eftouppes, dequoy
nous deporterons de parler plus auant à cefte heure,pour reuenir à la princeffe Heleine:laquelle ayant le cueur trop ferré de douleur de fe veoir occa
fion de la mort de fon grand pere,ne fe peult tenir de s'efcrier a haulte voix
fur le cercueil:Seignenr Dieu (dift elle) pourquoy m'as tu mis en ce monde
pour ne feruir que de matiere & fubgeét de meurdres & boucheries de tes
creatures? helas tu me paye bien felon m'a defferte des corps de mon ayeul
& de mon oncle. O Seigneurs Grecz n'y a il entre vous vn feul amateur du
bien public qui me facrifie & immole, pour deftourner toutes les miferes
qui pourroient encores auenir . Alors fe laiffa cheoir de foibleffe au giron
de la princeffe Alaftraxerée , ou elle fut toufiours iufques à ce que l'office
fut acheué:lors luy dift pour la confoler:ma grand' amye il vous fault pren
dre autre patience en voz aduerfitez(à caufe du lieu que vous tenez) que ne
faiét le commun populaire: penfez que le monde a tant duré toufiours im-
munde,& la fortune toufiours vne,ne abandonnant iamais la poffefsion de
fa proprieté & inconftance. Confiderez que comme les haultz arbres & les
tours font plus fubieétes aux ventz,fouldre, & tépefte:aufsi font les haultz
eftatz plus expofez à perilz & ruynes:& au contraire,d'autant qu'ilz furpaf
fent les autres en degré de dignité , pareillement doyuent en toute vertu
refifter ou porter plus magnanimement les influences fatales . Sur ces parolles elle veid fa mere faifant fes adieux pour fe retirer au camp: fi print có
gé d'Heleine,& de Timbrie, & s'alla ioindre à fon frere Anaxartes, lequel
fortant de Conftantinople y laiffa fon cueur captif es mains d'Oriane. Or
furent conuoyez par tous les Seigneurs iufques au dehors de la cité, en laquelle par toutes les rues le dueil cótinua lefpace de cinq iours, tát que tous
les corps furent enfepueliz.

Comme le Roy Sizirfan & don

Frifes de Lufitanie auec dixhuit autres Cheualiers de leur oft enuoyerent vn cartel de deffy au prince Amadis de Grece, à Florifel de Niquée & dixhuit Cheualiers de la ville lequel fut accepté par eulx.

Chapit.   XX.   Apres

APres que les treues furét paſſées de ſix iours, tous les Princes ſe trouuans vn iour enſemble dans le logis du Roy, don Galaor (eſtant au lict à cauſe de ſes playes) entra leans vn roy d'armes veſtu de ſa cotte aux deuiſes de Scithie, lequel faiſant la reuerance demanda aux premiers qu'il trouua leſquelz dentré eulx eſtoit Amadis de Grece, & ſon filz Floriſel : auſquelz il preſenta certaines lettres cloſes, diſant que le roy des Scithes les enuoyoit & demandoit reſponce.

Cartel & desfy du Roy des Scithes adreſſant à Amadis de Grece, & à Floriſel de Niquée.

Eſtans venuz en ce camp pour fa-

uoriſer Iuſtice, contre le tort qui par vous deux a eſté faict au ſang Royal de France, ſpecialement par toy Floriſel, vſurpateur du vray lict du prince Lu cidor, nous eſtás à ceſte cauſe trouuez en la bataille paſſée, nous ſemble cho ſe enorme que tant de gens de bien ſoient mortz, & autres encores preſtz à les ſuyure, & tout à cauſe d'vne femme : Ce conſideré iugeons raiſonnable, que vous deux qui eſtes la ſource & origine du faict, deuſsiez auſsi porter le faiz entier de l'entrepriſe. Parquoy don Friſes de Luſitanie & moy auons deliberé de vous combatre vous deux, auec dixhuict Cheualiers des noſtres contre autant des voſtres : eſperans que Dieu nous donnera vengence ſur vous, auec le fruict de toute voſtre gloire redondant par meſme moyen à la noſtre. Et ce à la condition que les vainqueurs pourront ietter hors du cáp

tous

tous les vaincus,& ceulx qui sont dessoubz leur charge tandis que la guerre durera:vous offrant seureté de camp de nostre part, telle que la desirons de la vostre,partissant le soleil par egal aduantage,tant aux assaillans que defendeurs: les iuges de nostre costé sont,le prince Anaxartes & la princesse Alastraxerée:& ceulx de vostre part seront telz que vouldrez nommer dedans le troizesme iour de la datte de ces presentes ausquelles mettons fin, comme esperans la mettre à toute la guerre . Apres que la lettre fut leuë il y eut diuerses opinions si lon receuroit le combat ou non, d'autant que ce seroit chose perilleuse de hazarder telz seigneurs en vn temps si diuers: & qu'à la verité la force des Constantins consistoit toute en leurs chefz, estant leurs ennemys trop meilleure gent de guerre que eulx : Aussi qu'on sçauoit que les parens de ce Roy de Scithie estoientGeans desmesurez:toutesfoys à la fin fut accordé,pour ne leur laisser opinion de couardie , que lõ accepteroit le combat,& furent denõmez pour defendeurs ceulx qui s'enfuyuent c'est à sçauoir, le prince Anastarax , le roy Quedragant, le prince Zahir,Timbre d'Egite,Esperan de Chipres,Hermine de Sicie, Brauart de Comagene , Espes de Fenicie, Astibel de Pentapoli, Belart de Catabadinon,Arnault de la Serre Senicie,Lucior de Numidie,Hermes de Ganamãte , Albior de Bugie , Frisel d'Arcadie , Bastinel d'Anthiochie , Fenix de Cornicie,Lucibel de Mesopotamie. Ces dixhuict Seigneurs furent esleuz auec Amadis de Grece,& Florisel pour entreprédre la bataille,laquelle denoncerent par vn Roy d'armes qui en porta la responce retournant quãt & l'autre.Et trouua le Roy des Scithes,& don Frises dãs le pauillou de la royne Zahara, non sans s'estonner de la forme fiere & hideuse de ce Roy , auquel il bailla la lettre,& la feit lire hault & cler.

Responce d'Amadis de Grece & de Florisel au
deffy du Roy des Scithes.

Le souuerain Dieu a tellement re-

serué sa superintendence en chacune des choses par luy crées , que fortune n'y a autre pouuoir que tant qu'il luy plaist permettre:il est le seul appuy de sa saincte foy,laquelle il soustiendra côtre toutes les inuasions des infidelles,& des faulx Chrestiens prenans leur aliance, sans laisser transporter sa louange à qui elle n'affiert. Et pour respondre à vostre cartel, Amadis de Grece & Florisel de Niquée acceptent le combat,auec dixhuict gentilz·hõmes qu'ilz ont choisiz côtre les dixhuict vostres,auec telle seureté de camp departement de soleil , vent ou pouldre,& autres de conditions qu'auez capitulées:auquel nous denommons pour noz iuges treshaultz & tresexcellens Princes le roy Amadis, & les Empereurs Esplandian & Lisuart de Grece.Surquoy nous faisons fin, remettant en la disposition diuine celle de
noftre

noſtre combat.

La lettre acheuée de lire, le Roy de Scithie, & don Friſe de Luſitanie s'eſ-
iouyrent fort de ce que la bataille eſtoit accordée, & rendant au Roy darmes
vne confirmation du paſſé, il ſe retourna a Conſtantinople, lequel ne
fut plus toſt hors du pauillõ que le Roy diſt à Lucidor: Seigneur vous deuez bien rendre graces aux dieux de ce qu'ilz acheminét voſtre vengeance
a l'apparence d'vne fin honorable, auec les teſtes de voz ennemys. Monſei-
gneurs, diſt Lucidor, ie prie Dieu vous en donner la grace, & a moy ce repos d'eſprit. Peu y en eut en la compagnie qui prinſſent gouſt aux parolles
de ce braue Roy ſe ventant ainſi des teſtes de deux telz Cheualiers qu'A-
madis & ſon filz; meſmement ma Dame Alaſtraxerée qui ne ſe peut tenir
de luy dire: Roy de Scithie croy moy que les deux Princes que tu as deffiez
ſont d'autre eſtoffe que tu n'eſtimes: & que faiſant tel eſtat de leur deffaite,
tu comptes follement ſans ton hoſte: ie le te dy en amy, que doulce parolle
neſcorche gorge: car au cas que tu perdes la iournée ceſte iactance redouble
ra ton vitupere: & ſi tu la gaignes la bobance & fierté la diminuera d'autant
que la modeſtie l'augmenteroit. Ces parolles ne deſpleurét ſeulemét à luy,
ains à Lucidor grandemét, & à tous ceulx de ſa ligue qui eſtoient preſens,
doutans vn peu de la foy d'Alaſtraxere enuers eulx, ioinct l'intelligence
qu'ilz craignoient auecques les Grecz depuis ceſte viſitation nouuelle: parquoy le Roy de Scithie luy diſt: Ma Dame ie vous remercie du cõſeil qu'il
vous plaiſt me donner: toutesfoys ſi autre que vous s'en fuſt ingeré, ie luy
monſtreroys qu'il eſt bien en mon pouuoir de faire ce dont ie me véte, com
me par effect ie le vous feray bien toſt cognoiſtre: & que la force d'Amadis, & de Floriſel, s'eſt monſtrée contre des hommes telz quelz iuſques icy,
mais qu'il ne fut iamais à telles nopces que lon luy prepare.

Comme vne grand' flotte nou-

uelle arriua au port de Conſtantinople, qui fort
eſpouenta ceulx de la ville.

Chapitre   XVIII.

Vn matin

V N matin des l'aube du iour on defcouurit de Conftantinople la mer tant couuerte de bateaux & nauires de toutes fortes qu'il eftoit impofsible de les nombrer, venans
auec vent en pouppe fi à propos fans aucune fortune, que
lon euft dit eftre vne des plus grandes citez du monde
qui flottoit, tant alloient les vaiffeaux ferrez, eftant leur
ordonnance aufsi carrée qu'vn dé, ayant vingt groffes nauz de front, & en
tous coftez, qui font quatre cens : & fur les angles, autres petitz carrez qui
feruoient comme bolleuartz pour flanquer & fecourir les autres côtre ceux
qui vouldroient inueftir aucun d'iceulx , & de trois groffes caraques fur
les pointes & l'entredeux des pointes qui faifoient les courtines des petitz
bolleuartz entrelacez de douze galeres pour chacun, puis aux huit flancz
qui correfpondoiét l'vn a l'autre, fix bónes galeres baftardes, la refte faifant
le nóbre iufques à deux cés galeres que groffes que cómunes. Or cinquante
d'elles marchoient auant, deuant la trouppe comme vne demye ferpentine
pourroit attaindre en deux ordonnances, car les quarante marchoient en
forme triangulaire, vne groffe qui faifoit la pointe, puis deux vn petit apres
puis trois, puis quatre, puis cinq, puis fix , continuant lordre iufques à neuf
fi bien que celà faifoit vn vray triangle . Le furplus de galeres, qui eftoient
dix, marchoient à leur volunté deuant ou derriere, auec quelque nombre de
fuftes & brigantins que lon enuoyoit en courfe, & pour defcouurir les ifles
ou caps qui fe iettent en mer, à fin de n'eftre furprins de quelque embufche,
non pas que telle armée deuft craindre tout le refte du monde, montant
bien en tout de mil à douze cens voyles qui couuroiét la mer de long & de
lez, de

lez , de forte que lon ne voyoit autre chofe que maz & gabies , voelles &
trinquetz, auec vn fon de trompettes & clerons, enfeignes & pennons , re-
prefentans vne couleur tant diuerfifere comme des prez au ioly moys de
may, ou vn parterre de toutes fleurs. Et menoient vn bruit quand les aubades fe donnoiét au poinct du iour que lon n'euft pas ouy Dieu tonner. Cefte armée fe monftra à veuë de Conftantinople de grand matin, donnant
frayeur aux deux autres ancrées , car nulles d'elles ne fçauoit en faueur de
qui elle venoit , fi bien que les vns & les autres tant par mer que par terre fe
meirent en equipage pour fe deffendre, aprofondiffans ceux du camp leurs
trenchées,& renforceans leurs rempars,& ceux de la ville à fortifier, & por
ter fur les murailles,pierres,huille boullant, cendres, eaues chauldes, & autres apreftz pour lauer & eftuuer les affaillás.Quand le iour fut plus grand,
les feigneurs & dames de la ville monterét fur les hault des tours pour voir
la flotte qui aprochoit,aparoiffant en icelle les enfeignes de l'eftédartRoyal
& autre infinité de pennós & banderolles,portant les harpies d'or en cháp
de fynople, auec les chafteaux de pouppe & de prouë painctz de mefmes
deuifes , lefquelles Florifel recogneut incontinent , & treffaillant de ioye:
Sur mon Dieu, dift il,voicy Falanges d'Aftre qui viét à noftre fecours,aufsi
eftoit ce luy.Ce qu'eftát cogneu pour vray,Dieu fçait quel triumphe firent
ceux de la cité. Si toft qu'on les veit aprocher tous les principaulx de la cité
allerent au port,& entrans en galeres,fregates,fuftes & efquifz , ainfi qu'ilz
les trouuerent à leur cómodité pour biéueigner le princeFlanges lequel ilz
trouuerét en fa galere capitainereffe,armé d'vn harnois doré fur azur , graué en ouurage morefque,auec enchaffeures de force diamans de grand pris
autour des bordures de la cuiraffe,de la grand' piece,fur les cuiffotz,auant
bras , & fur les rouëlles mefmes & pardeffus auoit vne robe de drap d'or figuré de verd fourrée de martres fublines longue à la marinefque , & fur fa
tefte vn beau bonnet bordé de perles auec vne harpie d'or pour medalle,
eftant fa perfonne acompagnée de fix Roys comme fes vaffaulx , dont l'vn
portoit fon efcu,& vn autre fon armet, & vn troifiefme fes ganteletz . Il eft
impofsible de vous dire la moytié de la magnificéce en laquelle il fut receu
par tous ces princes , qui luy firent au debarquer amener au port vne coche
triumphale auec douze cheuaulx tous blancz , pour le mener au palais imperial . La coche eftoit couuerte de douze arcz triumphaux de grand pris,
reueftuz de drap d'or , fur le fommet defquelz ou ilz s'entrecroy foient fut
mife à fa requefte vne ymage de la belle princeffe Alaftraxerée furportée
de douze anges d'or qui tenoient chacun vne torche de cire blanche allumée: marchant quant & luy tous fes cheualiers aux deux rengs des rues , a-
couftrez de fort riches harnois auec liurée verde femée de harpies d'or , &
conduitz par fes heraulx qui les faifoient marcher en aufsi bon ordre que fi
ce euft efté vne proceffion , auec vne infinité d'inftrumentz(tant des fiens
comme de ceux de la cité)qui fembloient quafi troubler l'armonie, tant e-
ftoit le fon des fiens trop plus melodieux : aufsi y auoit des encenfoirs d'or

I   en

en grand nombre, auec le grand dont auons parlé qu'il vſoit en ſon temple
de Colcos pleins d'odeurs & parfums & autres choſes ſouëues : vous aſſeurant qu'il ne fut ſi toſt desbarqué, qui ſe ietta à deux genoulx deuant l'y-
mage, faiſant ſes oraiſons & cerimonies pour remercier la deéſſe d'eſtre arriué au port. Ce fait le roy Amadis & l'empereur Eſplandian le receurent,
& montans tous deux ſur le chariot quant & luy, le firent aſſeoir au mylieu:
tous ceux qui le regarderent paſſer en ſi grande maieſté, auec l'hôneur que
luy faiſoit le pere des Princes de ce monde le grand roy Amadis, ne luy
penſoient plus reſter que l'adoration pour eſtre Dieu entre les hommes:
Leſquelz arriuez au palais, ont fait auant toute choſe parer vne grande ſale
en maniere de temple, pour y poſer l'ymage en digne eſtat. Falanges alla
apres faire la reuerence aux princeſſes, deſquelles il fut honorablement recueilly: & les tables dreſſées s'aſſeirent à table pour diſner, auquel ilz furent
fort bien ſeruys de metz & entremetz : ou le prince Falanges ſçeut en deui-
ſant toutes les choſes comme elles eſtoient paſſées depuis que les ennemys
auoient planté le ſiege, ayant grand regret de n'eſtre venu pluſtoſt, pour ſe
trouuer en ceſte grande bataille, parlans au ſurplus du deffy & aſſignation
de la iournée.

Comme la princeſſe Alaſtraxerée

*enuoya deffier le prince Falanges par lettre : & la
reſponſe qu'elle receut de luy.*

Chapit.   XXII.

L'enne-

Ennuy fut grand de ceulx du camp de larriuée de Falanges auec si grand' flotte : & sur tous en fut desplaisante Alastraxerée, luy estant bien auis que Falanges estant de sa loy payenne ne deuoit suyure le party contraire, veu encores qu'il l'adoroit en ses pésées comme publioit par ses cerimonies & sacrifices : Pourtant elle demanda incontinent papier & ancre, & luy escrit vne lettre qu'elle enuoye par la royne d'Hircanie, à l'aueu de tous les princes du camp:Laquelle partât de l'ost fort bien acompagnée vint trouuer les seigneurs Constantins au sortir de table,deuisans auec les dames pour les reconforter de la crainte qu'elles auoient de la bataille prochaine,voire a l'heure qu'elle entra l'emperiere Abra remonstroit à Niquée, Siluie, & Helene de ne plorer tant pour leurs mariz qui s'y trouueroient, d'autant qu'elle n'auoit pas doute d'y mettre le prince Zahir son filz: car, ce dist elle, les princes sont plus tenuz de mourir pour garder leur honneur que de viure en infamye & souffrir vitupere. Il est bien vray (respondit lors Siluie) mais ma Dame vous ne vous deuez esmerueiller ne nous donner le tort, si nous desirons conseruer de peril ceux que sçauons estre desia esseurez de la renommée.Lors Darinel se trouuât là dist à Siluie:Ma dame si le plusgrand dâger de ceux qui se trouuerót au conflit fust celuy de vostre mary, & des deux autres princes, vous auriez grand raison de vous plaindre:mais ou ceux là demeurerót il fault qu'il en demeu re beaucoup d'autres:mais leurs victoires ordinaires vous peuuent asseurer de leur gloire & triumphe : ioinctz qu'estans apuyez & portez de la faueur & bonne grace de trois telles Princesses ilz n'auront pas le bras engourdy : & moy pauuret Darinel auserois bien l'entreprendre contre le plus hardy des ennemis, voire en penserois venir au dessus si i'auoys vostre faueur . Or tenez vous certaines que ces trois seigneurs ont esté vaincuz parvous,pour ne l'estre iamais par autres.Le prince Anastrarax se print fort à rire de ce propos, & dist à Darinel : mon amy les experiences sourdent des dangereux passages:qui a paour des fueilles ne doit aller au boys. Sur ce poinct entra la royne d'Hircanie en la salle,laquelle fut receuë à grâd honneur : & apres que chacun eut prins son lieu, elle commença à parler, s'adressant au prince Falanges: Seigneur,la princesse Alastraxerée ma maistresse m'a icy enuoyée vous aporter ce mot de lettre, & à elle vostre respon ce:Falanges la receut en grande reueréce, & la meist sur sa teste en signe d'obeïssance,puis la baisa & l'ouurit,trouuant telle teneur.

Lettre de deffy de la princesse Alastraxerée,
au prince Falanges d'Astre.

La iustice humaine condemne en

grosse reparation le vassal commettant felonnie contre son seigneur ligés

mais ceux qui encourent le crime de lefe maiefté diuine font punis cruellement eulx & toute leur pofterité. Ce que ie dy pour toy Falanges qui es a-
taint de ces deux vices enormes: car tu ne peux nyer que ne m'ayes prefenté
ton feruice auecques foy & hommage: & pour tout droiɛ̌t & deuoir tu te
rebelles, & prens maintenant les armes contre moy & les miens. A quoy
tend la cerimonie & adoration de mon ymage que tu publies, me faifant
honneur diuin, fi tu tafches à me ruyner& deffaire en guerre ouuerte?Cefte
audace tant oultrecuydée me contraint à te denoncer par ce cartel combat
mortel de ma perfonne à la tienne: pour te faire recognoiftre celle que tu as
trop mefcogneuë. Pour iour ie t'afsigne celuy auquel noz cheualiers combatront côtre les voftres, à fin que la memoire de ta temerité & orgueil foit
celebrée en ce theatre de tant de gens de bien. Ie t'affeure le camp de mon
cofté, ne demandant point de feureté du tien, le Soleil fe partira iuftement,
fi celuy de mes luyfantes armes ne te esblouift la veuë. La lettre acheuée de
lire, ie vous laiffe à penfer combien elle efmeut le cueur à Falanges: toutesfois le difsimulant par grande prudence refpondit d'vn vifage riant: Il y a
vn bien en mon fait, c'eft qu'on dit communément, qui bon l'achete, bon
le boit: aufsi toutes chofes grandes fe trouuét meilleures d'autât plus qu'elles couftent cher: mais vn poinɛ̌t que i'ay peculier garde mon efprit d'eftre
troublé, c'eft que ie ne m'affeuray oncques de fortune, dont fuis toufiours
plus preft à fouftenir fes trauerfes, & fes dardz defia preueuz m'offencent
beaucoup moins. Apres fe tourna vers la Royne d'Hircanie à qui il dift: Ma
Dame, vous vous en pourrez retourner quäd il vous plaira, & dire à ma Da
me ce qu'auez entendu, & que ie luy enuoyray incontinent refponce. Ainfi
defpechée partit de la cité, ou elle laiffa les princes Grecz en confultation
pour refpondre à la princeffe. Et fut d'auis Florifel que Falanges allaft faire
la reuerence à Alaftraxerée, luy portant fa refponce luy mefme: car iaçoit
(dift il) que vous foyez icy venu pour me donner fecours, i'entens les loix
d'amour, qui ne permettroit iamais vne fi cruelle emprife tomber en cueur
de fes fuieɛ̌tz, eft couftumier de reduire les plus forts à telz termes, que tous
preftz de prendre les armes, il les fait dancer au fon de fa Guyterne. A quoy
le princeFalanges luy refpondit: Monfieur l'obligation de l'amour des da-
mes(entre perfonnes d'honneur) a toufiours vne claufe de referue, laquelle
toutes les affeɛ̌tions furuenans à l'homme ne doit aucunement enfraindre:
fi vous fuplie me donner congé de luy efcrire vn mot, tel que mes penfées
diɛ̌teront: Ce qu'il fit à l'heure mefme, & l'enuoya par la damoyfelle Carmelle, qui fe tranfporta foudain au camp de Lucidor, ou elle trouua la princeffe Alaftraxerée, à laquelle elle dift: ma Dame le prince Falanges d'Aftre
fe recommande treshumblement à voftre maiefté, à laquelle il prefente par
moy cefte lettre, qu'il vous plaira lire, & m'en rendre la refponce, à fin qu'il
fe puiffe du tout reigler felon voftre commandement, & faifant vne reuerence iufques en terre, baifa la lettre, & la prefenta à laPrinceffe, qui luy dift:
Damoyfelle mamye ie la verray, & vous defpefcheray fans delay: Si l'ouurit
& la

& la trouua telle.

Refponce de Falanges d'Aftre au deffy
de la princeffe Alaftraxerée.

Ma dame i'ay receu la lettre de
deffy adreffant à moy de voftre part, laquelle ne veulx (par ce que ne puis)
accepter en aucune forte : car l'offence que pretendez en moy en voftre prime colere, irritée par des blafonneurs qui font entour vous, i'efpere en voftre difcretion de l'effacer quand m'aurez receu en ma iuftification . Ie fuis
venu (dient ilz) à Conftantinople fecourir contre eulx le prince Florifel,
vous leur ayant fait l'honneur qu'ilz n'ont merité devous camper pour leur
deffence: en quoy vous n'eftes ignorante de telz cas fouuent auenuz entre
le Roys alliez, prenans aucunefois armes contraires à caufe de quelque o-
bligation precedente, telle qu'eft la mienne enuers le prince Conftantin.
Penfent-ilz ces lourdaux renger contre vous en conflit mortel celuy qui
pour vous meurt tous les iours mille foys ? Cuydent ilz acoupler ainfi le
feruiteur fidelle contre fa treshonorée maiftreffe? A cefte caufe ma trefchere dame ie vous fuplie par l'honneur que m'auez fait de me receuoir pour
voftre cheualier, ne leur vouloir plus prefter l'oreille, & vous contenter de
ma mort ordinaire, fans m'en pourchaffer autre, laquelle ne prend refpit en
fa langueur, que par la contemplation de voftre diuine pourtraicture:vous
fupliant traiter plus humainement deformais celuy qui (vueillez ou non)
ne peult eftre iamais que voftre . Quant la Princeffe eut acheué de lire cefte
lettre : Puis (dift elle) que Falanges ne veult receuoir de ma main le chaftiment qu'il a merité, ie le luy procureray d'autre part, tel qu'il luy fera neceffaire. Quant à l'ymage qu'il honore à ma femblance, ie l'en defauoué, & ne
prendz fa fainte ydolatrie en gré : Parquoy Carmelle mamye retournez
vous en vers luy, & luy portez ces parolles pour refponce : Ce quelle fit . Et
à part foy difoit:O faulx amour, ce font les poyfons que tu braffes toufiours
à tes vaffaulx pour les faire languir aux pourchas de tes biens & les tenir en
aleine . Ha trahiftre tu fçauois bien que ie ne pouuois de moins que de fecourir mon parfait amy au befoing ! Et as trouué le moyen de la faire renger contre luy, de qui elle eftoit plus amye que d'eulx tous, à fin de me reduire en telle perplexité & agonie . Si eft ce qu'elle eft fi prudente & vertu-
eufe, que quand ce premier mouuement d'ire fera paffé, & qu'elle viendra à
recueillir fes efpritz, i'efpere qu'elle me fçaura bon gré d'auoir en ce fait acte
d'homme de bien, mettant en danger fa grace qui eft le comble de tous mes
defirs . Sa magnanimité fut grandement louée par toute l'afiftence. Et le
foir Amadis de Grece, Florifel, & les autres champions qui deuoient combatre le lendemain, firent toute nui&t la veille en la chapelle de l'Empereur, fe mettans en tel eftat que bons Chreftiens doiuent faire en ha-

zard de telle importance.

De la bataille d'Amadis de Grece

Florisel, & dixhuict Cheualiers : contre le Roy de Scithie, & autant d'autres Geans.

Chapitre   **XXIII.**

LE iour ensuyuant, le Soleil se leua bel & cler auec vne attrempance d'air nompareille : auquel les princes Grecz qui deuoient combatre furent armez & montez à iour poignant, cheminans droit au lieu ou la bataille se deuoit faire, qui n'estoit gueres loing de Constantinople, & en tel endroit que les Dames de la ville le pouuoient voir, lesquelles à ceste fin monterent sur le hault d'vne tour, ou elles voyoient leurs hommes d'armes qui marchoient au petit pas, acoustrez tous de verd pour mieulx s'entrecognoistre, excepté leurs escuz esquelz chacun portoit sa deuise differente : car Amadis de Grece auoit au sien le pourtraict du cóbat qu'il eut contre Furio Cornelio : & Florisel portoit le pas qu'il tint deuant la tour de l'vniuers, pour le plus insigne de ses gestes : Anastarax auoit en son escu de gueulles la painture d'vn enfer ou il auoit esté enchâté, auec l'histoire de sa deliurance par sa Siluie : Le roy Quedragant portoit son escu acoustumé, & tous les autres chacun le sien à sa poste, estans tous comme ie vous dy vestuz de draps d'or frizé de verd, tous empennachez de mesmes,

mes,

mes,tant ſur leurs armetz que ſur les cháfrains de leurs cheuaulx, & portoient eulx meſmes leurs lances & eſcuz:acompagnez toutefois de tel nombre
de ſeigneurs & gentilz-hommes que la raiſon requeroit en tel affaire, & de
trompettes marchans deuant eulz reueſtuz de leur liurée, leſquelles auertirent leurs ennemys de leur venuë, qui à cheual armez & equipez de couleur rouge ſemée d'aigles d'or, ayans les caparaçons & autres paremens de
cheuaulx tous de veloux rouge cramoyſi. Don Friſes portoit en ſon eſcu la
pourtraicture de Franciane tirée au naturel:& le Roy, deux Geants figurez
ſur le ſien, auec ſix autres cheualiers qu'il auoit occis tous enſemble en° vn
conflit. Ce roy Scithien cheuauchoit vn grand animal de ſon païs, duquel
nous ne ſçauons le nom: auſsi eſtoit il tant corpulent & membru, qu'on ne
euſt ſçeu fournir rouſsin qui l'euſt peu porter : il eſtoit du lignage de Furio
Cornelio, ce qui plus l'emouuoit à mettre fin à ceſte guerre. Or allerent
luy & don Friſes auec leurs compagnons d'armes au lieu de la campaigne
ou l'on auoit dreſſé les eſchaffaulx pour les Iuges, tous couuers de drap
d'or,deuant leſquelz les champiós comparurent d'un coſté & d'autre:Et les
deux armées ſe rengerent deça & delà en ordre de bataille (ne ſe confiant
qu'au gros de l'arbre) prians Dieu de tous coſtez donner la victoire à leurs
champions.Le Soleil leur fut egalement departy par les iuges(qui commen
çoit à ſe leuer) mettant les combatans les vns le doz contre le mydi, & les
autres contre le Septentrion, tellement que les rayons paſſoient entr'eux
par le mylieu: Ce fut apres quand ilz ſe vindrent ioindre à qui le liureroit à
ſon ennemy en face. Or furent les iuges montez ſur les eſchaffaulx deuant
leſquelz les tenans vindrent faire la reuerence,& les aſſaillans auſsi,& à chacun d'eulx fut ordonné ſon auerſaire contre qui il deuoit combatre : car à
meſure que ceux du camp de Lucidor en preſentoiét vn,les Grecz luy mettoient auſsi toſt ſon homme en barbe. Ainſi fut Floriſel deputé pour tenir
contrecare au Roy, auquel diſt lors Alaſtraxerée: Monſieur faites ſi bien
que confermez le iugement que i'ay fait de vous.Ma dame (diſt il) ie n'entendz pas pourquoy vous le dites,neantmoins mettray peine à ne deſmen-
tir l'opinion que m'auez touſiours monſtré auoir de moy:mais ie vous prie
me faire plus de droit & iuſtice que n'auez au ſeigneur Falanges: laiſſons
celà à vne autre foys,diſt elle:Ce diſant,ayant deſia ſon frere Anaxartes ordonné Amadis de Grece contre ſon homme, & ainſi chacun au ſien : Les
iuges firent publier ſur peine de la hart par vn commun acord,que perſonne ne fuſt ſi hardy de monſtrer faueur à aucun des combatans,n'y en fait,n'y
en dit.Adonc ilz monterent en leurs ſieges, pour faire donner le ſignal aux
champions d'vn coſté & d'autre,leſquelz eſtoient apalliz de naturelle frayeur, chacun eſtimoit ſon ennemy comme il deuoit iuſques à ce que les iuges firent ſonner les trompettes, au ſon deſquelles chacun cheualier ſe cou-
urit de ſon eſcu , & chargea ſon homme ſi dextremét que de prime encontre pas vn ne faillit de coup, qui fut tresbelle iouſte à voir, & au ioindre des
corps mourut treize cheuaulx compris l'animal du Roy de Scithie, qui fut

fi lourdement rencontré par le deftrier de Florifel portant bardes de fer, &
vne poincte acerée fur le chanfrain qu'il fourra fi auant parmy les flancs de
cefte groffe befte qu'il l'aterrace auec les autres, & la iambe de fon maiftre
deffouz, tellement qu'il ne fe pouuoit releuer: demeurant Florifel comme
gentil cheualier fans perdre l'eftrier:dequoy Heleine qui le veoit de loing,
& les autres Dames Grecques furent aufsi refiouyes que ceux du camp fachez. A l'inftant Florifel voyant le coup qu'il auoit fait, & fon pere tombé
& plufieurs autres auec luy eftre defia debout,& commencer la bataille aux
efpées, mefmes que le roy Quedragant defcendoit du cheual pour combatre fon ennemy qu'il auoit abatu , ne voulut pas moins faire que les autres:
ains mettant pied à terre alla droict au Roy qui ne fe pouuoit rauoir de
deffouz la befte :ce que voyant fes gens, commencerent à douter de fa vie,
penfans que Florifel l'alloit occire, mais il en fit bien autrement, car il luy
ayda à releuer, & fi le laiffa là tout derompu & froiffé de la cheute à reprendre aleine : tour de courtoyfie, qu'on ne fçauroit affez hault-louer ce
que fit Florifel, à fin que fa victoire ne fuft plus atribuée à la faulte de ceft
animal, qu'à fa propre vertu : fe voulant bien monftrer es yeulx de telle côpagnie aufsi franc & humain que preux & vaillant . Le Scithien doncques
fe trouuant en tel eftat,& ainfi traité par fon ennemy capital,cefte courtoyfie extreme força tellement fon naturel auant fi fier & fuperbe , que comme fage & bien apris dift à Florifel, qui tenoit fon efpée au poing : Gentil
prince remettez hardiment voftre efpée au fourreau, & ne me penfez pas
vaincre deux foys pour vn iour, fuffife vous vne foys que ie demeure voftre
vaincu pour toute ma vie,car à ce coup cognois-ie bien que voftre vertu eft
fée & inuincible par la finguliere faueur des dieux , & que peu profiterois à
tallonner contre l'efperon:parquoy fecourez voz cópaignons à voftre plai
fir,car quát a moy ie ne me feray plus partie. Et ce difant deflaça fon armet
& le ietta par terre:auquel Florifel, qui n'atendoit de luy fi gracieux retour,
refpondit : Monfieur ce que i'ay fait prefentement en voftre endroit n'eft
que l'ofice de vray cheualier, de n'offencer celuy qui n'eft en eftat de fe pou
uoir deffendre : Pourtant vous eft loyfible d'acheuer voftre effort contre
moy,fans vous imputer autrement ceft accident, qui fouuent auient à preu
d'hommes , car ie me tiendrois vaincu de vous fouz telle maniere de vous
rendre. A quoy le Roy luy fit refponce:Seigneur Florifel,vous auez gaigné
fur moy double victoire à vn coup:l'vne par vaillance, & l'autre par huma-
nité:qui me femble ocafion fufifante pour vous contenter: Quant à moy, ie
me fens tant oultré de voftre main, que ie vous prie prendre mon efpée,(la
luy offrant) comme victorieux , & deformais me commander voftre bon
plaifir,que i'executeray à iamais de toute ma puiffance: Ce que fuis preft de
faire entendre premier à Lucidor. Adonc luy dift Florifel: monfeigneur ie
ne puis refufer l'amitié qu'il vous plaift m'offrir : mais quant à Lucidor ie
ne quiers vous eftre caufe de rompre la foy que luy auez promife en ce fiege,ne voulant que voftre honneur y foit intereffé. Sur-ce s'embrafferent &

caref-

careſſerent grandement : aux grand esbahiſſement des deux camps qui les
regardoient. Ce pendant les autres cheualiers faiſoient leur deuoir en la bataille, entre leſquelz Amadis de Grece monſtra bien (à qui ne l'auoit veu)
que la renommée de luy eſpandue par le monde n'eſtoit pas faulſe, ſi combatit contre don Friſes pres de deux heures, ſans qu'on ſçeuſt à qui adiuger
l'auantage, & ayans mis leurs corps à nud en pluſieurs endroitz, eſcrimoiét
de plus grande adreſſe, pour euiter les viues attaintes l'vn de l'autre. Tous
les autres cheualiers eſtoient ſi couuertz de ſang qu'on n'y cognoiſſoit plus
liurée ne deuiſe, auſsi n'y auoit celuy d'eulx qui ne fuſt digne chef d'vne iuſte armée. Quant au prince Anaſtarax il menoit tellement ſon champion
qu'il le contraignit de ſe rendre, en acordant les conditions de la bataille,
laquelle Floriſel regardoit lors auec le Roy de Scithie, n'eſtans deliberez ſe
metre en la meſlée l'vn ne l'autre, ſi vne extreme neceſſité ne les y rengeoit.
Ie vous laiſſe ce pendant à penſer ſi Siluie deuoit eſtre marrie de veoir à ſon
mary l'honneur de la premiere victoire, qui luy auint à l'heure que tous les
combatans s'eſtoient retirez par acord pour ſe rafreſchir & prendre aleine,
excepté Amadis de Grece & Don Friſes, leſquelz on n'euſt pas iugé auoir
beſoing d'aucun repos, dequoy chacun s'eſbahiſſoit merueilleuſement, &
ſur tous la princeſſe Alaſtraxerée qui diſt lors au roy Amadis : Mõſeigneur
que vous en ſemble du prince don Friſes de Luſitanie? ma Dame (diſt il)
plus que ie ne vouldrois pour ceſte heure. Sur ces entrefaites les cheualiers
repoſez commencerent leur meſlée auſsi aſpre qu'au parauant : adoncques
le roy Quedragant mõſtra ſa valeur telle qu'il fit rendre ſon cheualier qu'il
tira à quartier pour veoir l'iſſue des autres : choſe qui deſcouragea grandement les alliez de Lucidor, & enhardit d'autant ceux de Floriſel, leſquelz
s'efforcerent plus que deuant pour en venir au deſſus, mais ce fut en vain, à
cauſe de la preud'homie incroyable de ceux à qui ilz auoient à faire, qui ſe
maintenoient ſi vaillamment qu'on pouuoit peu gaigner ſur eulx. Or les
deux paragons Amadis de Grece, & Don Friſes, auoient combatu ſans in-
terualle iuſques à ceſte heure là que Don Friſes ſembla vn peu afoibly &
laſſé, dequoy s'aperceuant Amadis ſe tira à quartier, & luy diſt: Cheualier
repoſez vous, car ie croy qu'en auons bon meſtier, vous aſſeurant que ie
vous trouue cheualier tant hardy & vaillant que ne vous vouldrois faire
outraige, ſi prenons aleine, le iour eſt à Dieu & à nous: Don Friſes qui ſage
eſtoit & fort diſcret, à ces parolles iugea que ſon ennemy pretédoit ſur luy,
dont luy reſpondit : Monſieur il ſemble à vous ouyr parler que me tenez
deſia pour vaincu, m'offrant grace de repoſer comme ſi i'en euſſe beſoing
& non vous, dequoy ie vous remercie, vous proteſtant en recompenſe que
tant que l'ame me reſpirera au corps ne vous donneray loyſir ne relaſche.
Ainſi indigné, charge Amadis de nouueau, mais de plus grand cueur que
de force, lequel ne faiſoit gueres que parer aux coups, ſinõ aucunefoys pour
monſtrer qu'il n'eſtoit failly, & quand il veit que leur eſtour tiroit à telle
longueur, vint de vigueur rembarer Friſes tout d'vn trait ſi viuement qu'il

le fit

le fit reculer trois ou quatre pas : Ce qu'il fit toutefois en telle façon de def-
marche qu'enuers ceux qui n'eftoient maiftres de l'art, fon honneur y eftoit
fauué. Si ne peut il fi bien faire qu'à la fin ne fe defcouurift l'auantage qu'A-
madis de Grece auoit fur luy : Lequel voyant la princeffe Alaftraxerée qui
craignoit l'inconuenient de don Frifes, dift au roy Amadis: Monfeigneur,
s'il vous fembloit bon nous departirions ce combat d'Amadis & de don
Frifes, car es termes ou il eft ilz n'y peuuent mettre autre fin que de leurs
vies, qui feroit vn dommage ineftimable, le Roy s'y confentit affez voluntiers, tant pour gratifier à la Princeffe, que d'autant qu'il eftoit euident que
l'honneur en demeuroit à fon filz . A cefte caufe defcendirent enfemble de
l'efchaffault & entrerent au camp, ou ilz dirent aux deux champions: Cheualiers, les iuges ayans veu voftre prouëffe incomparable vous mettét hors
de camp & de combat , auec compenfation de voftre honneur , lors Amadis de Grece fe tira à quartier. Amadis auec la confcience de fon auantaige
dift lors à la princeffe : Ma Dame lon peult facilement cognoiftre combien
voftre excellence defire conferuer l'amytie de Florifel de Niquée m'ayant
par fa faueur en telle recommendation que de m'ofter de ce conflit, mon
honneur fauf, duquel ie n'eftois pas trop affeuré: parquoy ma dame i'accepte
ceft offre , moyennant le confentement de ce cheualier . Don Frifes apres
auoir quelque peu debatu au contraire , en fin il dift , puis qu'ainfi plaift
aux iuges, ie ne veulx contreuenir à leur fentence: Lors fe tirerent à quartier
pour regarder les autres combatans qui fe maintenoient fort vaillamment,
donnans grande admiration de leur prouëffe. Vray eft que les champions
chreftiens auoient toufiours l'efperance meilleure, moyennant les victoires
de leurs compaignons, & la deffaulte de quatre de leurs ennemis qu'ilz oc-
cirent en peu d'heure , fi bien qu'ilz commencerent à gaigner fur eulx vne
bonne piece du camp qui eftoit tant femé de mailles & efcailles de fer que
lon ne veoit herbe n'y verdure : Ce que contemplant le Roy des Scithes, &
craignant de pis à ceux qui tous eftoient fes parés & amys aufquelz il auoit
failly de chef à l'emprife faite fouz fa conduite: hola feigneurs cheualiers
(dift il fe mettant entre deux) ie vous octroye la condition de la bataille,
puis que fortune nous a voulu fi mal dire , vous priant n'executer plus de
cruaulté. Les princes Grecz fe tirans lors à l'efcart luy dirent que fi les iuges
fe contentoient de leur deuoir , eftoient preftz de conuertir leur rigueur en
clemence: Ce que les iuges firent proclamer à l'honneur des Grecz, & deliurer cheuaulx à tous les cheualiers d'vn cofté & d'autre, retournás les vainqueurs en grand triumphe à Conftantinople , ou ilz furent amyablement
receuz des Dames, & follicitez de leurs playes, dont tous en auoient quantité, excepté Florifel qui n'eftoit aucunemét bleffé, non plus que le Roy de
Scithie qui fe retira auec fes gens au cáp de Lucidor, auquel le dueil n'eftoit
pas moindre, que la ioye & lieffe en la ville: Mais la nuict en fes premieres tenebres leur aporta vn foudain recófort, par deux flottes qui arriuerét
en leur faueur: dót l'vne eftoit au roy de Thir, & l'autre à celuy de Sidonie,

deux

deux vaillans preud'hommes, & desirans conquerir honneur : lesquelz furent honorablement recueillis par la royne Zahara & ses enfans, auec leurs cerimonies payennes, desquelles le Roy de Thir n'eust voulu perdre vn seul poinct, comme celuy qui n'estimoit auoir son pareil au monde : Auquel quand on eut fait le raport de la bataille qui auoit esté ce iour mesmes, & du reuers de la fortune tumbé sur le Roy de Scithie. Ne soyez en peine (dist il) mes amys, car i'espere que bien tost on luy fera changer sa robbe : dequoy ilz furent tous grandement consolez celle nuict, laquelle ne fut si fauorable au prince Falanges qui ne reposa oncques, pensant au desdain de sa Dame Alastraxerée declaré par son mandement rigoreux, qu'elle conferma en ce que tout ce iour la qu'il se trouua à veoir le combat, elle ne l'auoit daigné regarder. Or s'il en portoit en son cueur grand' melencolie, moins n'en auoit Anaxartes, attédant la responce de la pucelle Artimire qu'il auoit enuoyée en certain voyage concernant son remede, & la deffaueur d'Oriane, pour laquelle il souffroit beaucoup, dont faisoit mille exclamations à toute heure. Amour tiroit à la mesme cordelle le prince Zahir pour la graue Timbrie, à laquelle se vindrent presenter plus de deux mille cheualiers tant domestiques que vassaux de son pere, pour rendre obeïssance à leur Royne nouuelle, demeurant le surplus des Boeciens au camp de Lucidor, en faueur duquel ilz estoient venuz auec leur Roy : ce qu'ilz firent du consentement du roy Birmartes & de Lucidor, qui veilloient à donner ordre à toutes choses necessaires apres la treue allant expirer dedans cinq iours.

Comme Macartes roy de Thir

despescha vn cartel de deffy au roy Amadis de Gaule.

Chapitre   XXIIII.

E cinqiesme iour apres la bataille, se transporta à Constantinople vn Roy d'armes, lequel vint trouuer les seigneurs à l'heure qu'on vouloit leuer les tables, & s'adressant au hault bout vne lettre au poing demanda qui estoit entr'eux le Roy qui iusques à ce iour auoit monté plus pres du feste de la gloire mortelle, pour-ce(dist il) qu'on voudroit vn peu resueiller ses forces, & veoir s'il est encores aussi vaillant qu'il souloit estre : Mon amy luy dist l'emperiere Abra, vous nous donnez si bonnes marques qu'il est aysé à cognoistre : adonc luy monstra le roy Amadis, auquel il presenta le cartel, disant: Sire vostre magesté pourra entendre par le contenu de ceste lettre la cause de ma venuë, vous supliant m'en donner breue responce . Le Roy la print, & incontinent la fit lire qui se trouua telle.

Cartel de deffy de Macartes Roy de
Thir, au roy Amadis de Gaule.

Macartes Roy de Thir, à Amadis

Roy de la grant Bretaigne salut. La fortune iadis contraire à mes ancestres, en faueur des vostres & des Macedoniens, ayant maintenant tourné sa rouë à ma poste, m'a commandé maintenant venir prendre vengence du sang de mes Syriens passez par le trenchant de voz espées, suyuant l'ocasion de la nouuelle iniustice par vous commise à l'encontre du prince François Lucidor, auquel ie m'aioins pour la restitution de la seconde Helene, en espoir de pareille yssue que vous eustes contre les Troyens pour la premiere. Parquoy ayant entendu que vous roy Amadis estes chef de la race de ceux qui font ceste guerre, vostre nom resonnant par toute l'Asie, m'a incité de venir en ceste armée, pour esprouuer si l'effet de vostre vertu respond à son incroyable renommée : entrant contre vous en camp clos à outrance, dont la victoire me seroit chemin abregé au souuerain pris des armes si ie puis vaincre le vainqueur de tous les autres. La lettre leuë, le Roy dist au Herault qu'il s'en pouuoit retourner, & que tost apres il enuoyroit la responce par le sien expres. La cause fut mise en deliberation, surquoy y eut diuerses opinions, dont la plus part tendoit à ce que le Roy ne deuoit accepter tel deffy de gayeté de cueur pour y hazarder sa personne, desia exempte des armes à raison de l'aage, & qui plus est toute la gloire que fortune luy auoit bastie par si long cours d'années : s'il auoit telle enuie d'en menger, qu'il se trouuast en la bataille auec les autres. Mais le Roy nonobstant leurs remonstrances delibera ne refuser la lutte : disant qu'il estoit ia trop vieil pour faire aprentissage du mestier de couardie . Et au sortir du conseil s'en alla en la chambre de l'emperiere Arbra ou estoit la royne Oriane & les autres Dames toutes faschées de la venuë de ce Roy de Thir, & de son mandement si

indis-

indiſcret. Mais le roy Amadis(qui peu s'en ſoucyoit) leur vint à raconter ſa reſolution d'accepter le combat, moyennant (diſt il) que i'aye quelque faueur nouuelle de Dame qui me regaillardie les eſpritz: & s'adreſſant à l'emperiere Arbra, luy demanda ſi elle le voudroit reçeuoir pour ſon cheualier, dequoy elles ſe prindrent fort à rire. Adonc elle luy reſpondit: Monſieur, ie ne ſçay qui ſeroit la Dame ſi mal gracieuſe devous eſconduire fors que moy, car ie ne le feray iamais que voſtre loyalle Oriane ne le conſente: laquelle luy diſt, trop, trop ma Dame, ie vous tiens ſi iuſte & raiſonnable que ne me voudriez faire aucun tort. Sur ce propos le Roy demanda vn ſecretaire, & contre l'opinion de tous à dit l'acceptation qu'il bailla à ſon nain Ardan luy diſant: mon amy il n'eſt pas raiſon que ie t'oſte la poſſeſſion que as touſiours euë de mes ambaſſades: Parquoy va ten au Roy de Thir & luy porte ce mot de lettre: le nain la print, ſi monte à cheual & picque au camp de Lucidor, lequel il trouua au pauillon de la royne Zahara auec le Roy de Thir, & tous les autres Princes: auſquelz ayant fait la reuerance, demanda lequel d'entr'eux eſtoit le Roy de Thir, qui luy fut monſtré. Le nain apres l'auoir bien contemplé, il luy ſembla de haulte repreſentatió, puis luy diſt: Sire, le roy Amadis mon maiſtre vous enuoye ceſte lettre, par laquelle verrez comme il ſouz-figne voſtre requeſte, ce qui vous tourne à grand honneur, quelque fortune qui vous auienne du reſte: Le Roy la prenant luy diſt en raillant: Nain mon amy ie ne penſoys pas que choſe tant hautaine deuſt eſtre portée par ſi petite perſonne que tu es. Sire (diſt il) lon ne meſure pas les hommes à l'aune, auſſi les vertuz de courage n'ocupent gueres de corſage. Lors le Roy leut la lettre de telle teneur.

Reſponce du roy Amadis de Gaule.
au cartel de Macartes Roy de Thir.

Roy de Thir, Si vous attribuez au

Dieu ſouuerain la gloire que tenez de fortune, & de la force de voz bras, ie vous aurois en trop plus grande eſtime, mais ie cognois que ceſt abuz procede plus de la fauſe creance de voz Dieux, que d'autre imperfection de cerueau & iugement. Pour venir au poinct, i'accepte le combat que me preſentez, auec les códitions ſpecifiées, choiſiſſant iour au troiſieſme apres ceſtuy en vous aſſeurant le camp de ma part. Ie demande pour mes iuges la princeſſe Alaſtraxerée & le prince Falanges d'Aſtre, demeurant à voſtre choix ceux que vouldrez elire pour vous. Le Roy fut ioyeux de ceſte reſponce, auſſi fut Alaſtraxerée, toutefoys que mal content du compaignon qu'on luy donnoit, diſt à Ardan: Mon amy, dites au Roy voſtre ſeigneur, que ie ne ſçay à quelle occaſion il a apariez deux iuges ſi peu acordans que Falanges d'Aſtre & moy, ſi ce n'eſt à fin que les articles des dificultez ſoiét mieux debatuz, Surquoy le Nain partit du camp, ayant obtenu la confirmation

K   des

des conditions precedentes, & des mesmes iuges pour tous deux : Et raporta assez de plaisir aux Dames, quand il leur conta le message de la princesse.

Comme vne damoyselle estran-

gément acoustrée vint deuers les princes Grecz portant vne lettre de la royne Cleofile.

Chapitre.   XXV.

Vr la nuict à l'heure que les seigneurs & Dames estoient en deuis ioyeux apres souper, se presenta en la salle vne tresbelle Damoyselle habillée d'vne façon estráge, à l'entrée de laquelle chacun se tint quoy, pour la regarder, & entendre ce qu'elle voudroit dire. Si tira vn pacquet de son sein escrit en lettres latines, & leur dist: Messeigneurs & mes Dames, tant de Grece que d'autre region que soyez, ie suis enuoyée par deuers vous tous, tant ceux qui estes de ce party comme aux autres tenans le contraire, pour vous faire entendre le vouloir de ma maistresse : adonc se teut, & les princes firent lire la lettre.

Lettre de la royne Cleofile de Lemnos
aux Princes de Grece.

Cleo-

Cléofile Royne de l'iſle de Lem-

nos, ſalut & paix aux princes de Grece: Meſſeigneurs, côbien que ſoys yſſue du noble ſang Troyé, de la ſouche du vaillant roy Gedeon, ie ne vous viés à preſent renouueller l'ancienne querelle de voſtre Grecque Helene, mais ayant eu nouuelles en mon Royaume de la merueilleuſe aſſemblée faite en ceſt Empire à l'occaſion du rauiſſement de la ſeconde Helene, & du grand nombre de princes & gentilz cheualiers qui s'y trouuoient tant du coſté de voz ennemys comme du voſtre, ie ſuis partie de mon Royaume pour la ve-nir veoir, acompaignée ſeulement de Damoyſelles, pour demeurer neutre de tous voz differentz : & arriuée en ce port vous ay enuoyé ceſte embaſſa-de pour vous auertir de la cauſe de ma venuë, qui eſt pour iuger les prouëſ-ſes & haultz faitz qui ſeront exploictez d'vn coſté & d'autre, à fin d'em-ployer mes terres & ſeigneuries, auec le gaige de la beauté dont les dieux m'ont voulu douer en tel Cheualier que ie voirray eſtre acomply d'eſtat, vertu, & perfection de ſa perſonne. Parquoy s'il vous plaiſt me donner ſauf conduict pour moy & ma trouppe de femmes, ie mettray pied à terre, & vous iray viſiter à Conſtantinople pour veoir ce braue tournay que lon ſo-lemniſe aux nopces de Helene d'Apolonie.

Les princes furent esbahis de ceſte lettre, dont la damoyſelle auoit laiſſé la pareille au camp de Lucidor : Et luy eſtant demandé ou elle auoit laiſſé ſa maiſtreſſe, diſt qu'elle auoit ſurgy à trois lieuës de là ou elle attédoit leur reſponce, deliberée de les venir veoir le lendemain auec leur congé, lequel luy fut voluntiers acordé, & qu'elle ſeroit plus que la bien venuë. Toute tel-le reſponce luy auoient faite Lucidor, & la royne Zahara, dont la meſſage-re ſe retira ioyeuſe vers ſa maiſtreſſe: de laquelle, pour mieux vous faire en-tendre l'ocaſion de ſa venuë, deuez ſçauoir, qu'en l'iſle de Lemnos y eut ia-dis vn Roy deſcendu du ſang du roy Priam de Troye en ligne maſculine nommé Gedeon, prince vaillant & de race, & de diſpoſition de corps, qui eſpouſa vne Royne de beauté nompareille, duquel lict fut engédrée Cleo-file ſi belle que nulle de ſon temps n'en aprochoit que de bien loing, enco-res qu'on euſt mis en ieu les princeſſes de Grece. Or deceda ſon pere, demeu rant ceſte pucelle orpheline en l'aage de ſix ans, & lors eſtoit paruenuë à ſeize auec acompliſſement de beauté, bonne grace, & prudence, & vn ſçauoir de la harpe ſi exquis que quand elle y aiouſtoit ſa voix faiſoit voltiger & danſer les cueurs des eſcoutans inuiſiblement en leur ventre: Ce qui la fit (auec ſa grande richeſſe) requerir de pluſieurs grandz princes en mariage: mais elle les deſdaignoit tous, diſant que celuy ſeul ſeroit ſon amy qui ſe pourroit comparer en prouëſſe & vertu à l'excellence de ſa beauté. Tellement qu'en ceſte deliberation ayant ouy reſonner le bruit de la groſ-ſe aſſemblée qui ſe faiſoit deuant Conſtantinople à l'ocaſion de la beauté d'vne Helene, elle eſtoit là venuë pour voir tant la fleur de ceſte cheualerie que la perfection des Dames de Grece . Et par-ce que son intention ne fut donner port, faueur, n'assistance aux vns ne aux autres , n'amena homme quelconque que les pilotes & matelotz , pour conduire ses nauires , contre le conseil de ses vassaux, lesquelz tous elle laissa au port.

Du bon recueil qui fut fait á la
royne Cleofile tant en la ville que dans le camp.

Chapitre.   XXVI.

LA royne Cleofile receut grand' ioye á la venuë de sa pucelle, á laquelle elle s'informa amplement de la beauté & maintien des Princesses Grecques : Si meit pied à terre le iour ensuyuant, acompaignée de deux mille Damoyselles qu'elle fit monter sur vne espece de cheuaux ayans le col hault & droit comme Dromadaires, tous enharnachez de soye blanche semée de boutons d'or, & elles vestues de longues robes de mesmes les cheueux blancs espardz & crespis, qu'on les eust dit porter vne toison d'or sur la teste auecques bagues de grand prix leur pendans aux oreilles:Et quarante d'elles marchoient aupres de la Royne , sonans de diuers instrumentz . Elle auec quelque nombre des principales aussi montées sur vn pareil animal,mais beaucoup plus grád que les autres,toute couuerte de toille d'or semée de perles Orientales , auec les boutons d'or taillez en espargne,& la bordure d'embas de pierrerie. Deuant elle marchoiét

quatre

quatre pucelles en habitz de heraulx aux armoyries de leur Royne, qui e-
ſtoient langouſſes de ſable en champ d'or, & ſa deuiſe vn Phenix & le dictó
(AVEC L'VNIQVE OV SEVLE) En telle magnificence alloit le droit chemin
de Conſtantinople, faiſant mener en ſon bagage deux cens cheuaux chargez de riches tentes, pauillons, litz de camp, tapiſſeries, & autres choſes neceſſaires au ſeruice de telle princeſſe qu'elle eſtoit: leſquelz furent dreſſez en
vn quartier entre la ville & le camp, ſur vn tertre fort eminent, car elle vouloit eſtre à part à ſon priué, & veoir la meſlée quand le temps s'y adonne-
roit. Ceſte troupe arriua à vne lieuë pres de la cité. Adonc fut dreſſé vn petit poiſle de drap d'or ſouſtenu ſur quatre baſtons, de paour du haſle, & au
deſſus d'iceluy vne riche couróne d'or, au mylieu de laquelle eſtoit le Phenix oyſeau vnique, preparát ſon feu de canelle & autres boys aromatiques,
qui s'allumoit par vne flamme comme d'eaue de vie ſans conſumer le boys
n'y l'oyſeau, tenant la deuiſe en ſon bec, & le roulleau entortillé au tour du
col. Marchant donc la Royne en telle magnificence lon veit eſleuer deux
tracz de pouldriere monſtrans aparence de quelques gens de cheual qui venoient en deux troupes, auec grand nombre de trompettes & clerons que
lon oyoit de tous coſtez, les vns du lóg de la marine, les autres plus hault de
l'endroit du camp, qui deuancerent les Conſtantins, entre leſquelz venoit la
royne Zahara auec ſon filz & ſa fille, qui receurent honorablement la royne Cleofile, laquelle leur rendit ſemblable reueréce. Lucidor & les ſeigneurs
de ſa compagnie eſtoient tous treſrichement armez, hor-mis l'habillement
de teſte, ſur laquelle chacun portoit ſa couronne ou chapellet de duc ou de
conte. Qui furent tous merueilleuſement esbahis de ſa beauté, ſpecialement
Alaſtraxerée, de laquelle la royne Cleofile ne demeura auſsi moins eſtonnée, craignant auoir rencontré ſa pareille. Apres les bienuenuës & careſſes
s'acheminerent vers le camp, aupres duquel trouuerent les princes Grecz:
dont le premier venoit Amadis de Grece, & le prince Falanges d'Aſtre, co-
ſtoyers des empereurs Liſuart & Eſplandian, & derriere eulx tous ceux de
leur lignage & leurs principaux amys. A la rencontre la royne Cleofile
s'arreſta, & fit ouurir les rengs de ſes Damoyſelles. Si contempla longuement le prince Floriſel de Niquée, & Falanges d'Aſtre, & ſur tous le grand
roy Amadis, lequel non-obſtant la barbe blanche eſtoit fraiz & vermeil
cóme la roſe, repreſentant meſme vn doulx traict de face, qui gaignoit les
cueurs de tous ceux qui le veoiét. Auquel la royne Cleofile (apres que chacun eut fait ſon deuoir de la ſaluer) Monſeigneur, diſt elle, la mageſté de
voſtre barbe, auec la memoire des nobles faitz d'armes qu'auez executez en
voſtre temps, ne ſemblent pas encores eſtre mortz en vous, à veoir le beau
tainct de viſaige que portez, mais croy qu'en pourriez encores attraire les
Dames auſsi bien que iamais, & auſsi toſt que ces ieunes gentilz-hommes
auec leurs perruques d'orées. Certes ie ne croy pas qu'oncques prince ait eu
tant d'heur à dóter les plus furieux hommes, & enſemble conquerir les tendres Damoyſelles. A ah ciel tu me deuois faire naiſtre y a cinquáte ans pour

K iii   iouyr

iouyr du bien que tient prefentement celle qui fe peult reclamer la plus heu
reufe Dame du monde. Tandis qu'elle parloit le Roy la regardoit ententiuement, & tous les autres feigneurs, qui la iugerent bien la plus belle qu'ilz
euffent oncques veuë. A quoy le Roy luy refpondit: Ma Dame ie vous mer
cie grandement de ce qu'il vous à pleu enrichir mon merite par comparaifon que faites à voftre grand' valeur, mais tel que ie puis eftre ie m'eftimerois heureux d'auoïr moyen de vous faire feruice agreable. En telz propos
vindrent iufques au pres de la ville ou elle ne voulut loger, quelque priere
& inftance qu'on luy en fçeuft faire. Bien leur promift que dans vn iour ou
deux qu'elle fe feroit repofée elle iroit voir les Dames de Grece tant renom
mées en beauté: ainfi fe retira au quartier ou lon auoit dreffé fes pauillós, &
luy conterent en chemin le combat afsigné au iour enfuyuant, dont elle fut
fort ayfe d'eftre arriuée fi à temps. Tant y a tous les princes, tant Grecz que
les autres, prindrent congé d'elle à l'entrée de fa tente, voltigeans & pena-
dans à qui mieux mieux, pour fe monftrer les vns aux autres. En quoy Florifel regardoit à Lucidor, & Falanges auoit tofiours l'œil fur Alaftrax erée
qui ne le daignoit recognoiftre. Mais bien vous veux dire que fi toft qu'A-
madis de Grece vit Lucidor il n'en peut retirer fa veuë, luy eftant auis qu'il
luy reprefentoit la propre figure de la princeffe Lucelle: la memoire de laquelle eut tant de force fur luy qu'elle replanta en fa memoire vn nouueau
foucy d'elle, rallumant le vieil feu couué vn temps fouz les cendres, tellement qu'il demeura comme rauy & immobile, dequoy Lucidor s'aperceut
bien, mais il penfoit que ce fuft vn mauuais regard de la hayne qu'il luy por
toit. Quát au prince Anaxartes il y auoit fa part du plaifir, en ce que la veuë
de la royne Cleofile luy refrefchiffoit le fouuenir de fa dame Oriane. Tous
les autres cheualiers s'entremiroient les vns aux autres, & fe recognoiffoiét
aux armes & deuifes. Or eftoit le roy Birmartes fouuent en penfée s'il par-
leroit aux princes Grecz fe trouuant adonc fi pres d'eulx, mais s'attendans
à qui commenceroit, departirent fans aucun parlement. Si qu'ayans conduict la royne Cleofile iufques à fon pauillon chacun fe retira à fa pofade.
Ce foir là l'emperiere Arbra fit dreffer de grandz efchaffaulx tenduz de riche tapifferie, au lieu ou lon deuoit combatre, difant au roy Amadis, que
puis que fa maiefté entreprenoit le combat pour elle qu'elle fe vouloit mó
ftrer au lieu pour luy donner faueur. Faifans les deux champions veilles &
facrifices toute la nuict. Le roy Amadis des le foir mefmes enuoya le conte
Gandalin vers la royne Cleophile luy dire puis qu'elle eftoit venuë de fi
loingtain païs pour iuger des faitz d'armes des combatans tant des vns que
des autres, qu'il luy prioit bien fort vouloir faire la troifiefme de leurs iuges: Surquoy la Royne refpondit qu'elle eftoit excufée de ce iugemét qu'el
le tenoit pour defia fait, veu la vertu inuincible de fon maiftre, qu'elle fe referuoit au lendemain pour iuger en falle de la beauté des princeffes Grecques, & auec telle refponce le conte s'en retourna en la cité.

Du

Du combat qui fut entre le Roy

Amadis & celuy de Thir.

Chapitre   XXVII.

A V poinct du iour le roy Amadis fut armé par les mains de tous les princes, ie dy d'vne maille qu'il endoſſa par deſ- ſouz la cuiraſſe, laquelle auec ſon gorgeris d'acier, la grãd' piece, les auantbras, cuiſſotz, ganteletz, & armet, luy fu- rent aportez à l'inſtant par l'emperiere Abra, qui luy vint preſenter le harnois cõplet tout blanc à la mode des nou- ueaux cheualiers, & l'eſcu au champ d'or, auec la portraicture des preuues de l'arc d'Apollidon, & de la chambre deffendue, lors elle luy diſt : Mon- ſieur puis que voſtre maieſté me fait ceſt honneur d'entreprendre le com- bat en mon nom, il vous plaira me faire ce bien de vous armer de ce har- nois, vous certifiant que i'ay fait pourtraire ceſte hiſtoire de voſtre l'oyau- té qui acompaigne voſtre prouëſſe: Et vous aporte ces armes blanches, par- ce qu'il ſemble à vray dire que la vertu raieunit en vous. Ma Dame, diſt le Roy, ie vous mercie grandemẽt de la faueur que me preſtez, comme à che- ualier nouueau reuerdi par les penſées qu'il a nouuelles ſur voſtre beauté, qui par amour m'incitera à mon deuoir, ſans qu'Oriane ma femme ſoit marrie de la faueur & affection que i'emprunte de vous, m'aſſeurant que ſa fermeté n'en fera que croiſtre d'auãtage. Ce dit, requiſt les Dames ſoy trou- uer à l'eſpreuue de ſa ieuneſſe, ce qu'elles firent. Le Roy comparut au camp

K iiii   mon

monté fur vn cheual blanc enharnaché & caparaçonné de drap d'or frizé
fur fatin blanc, auec force laz d'amours brodez de perles que l'Emperiere
luy auoit fait faire, & auoit ceinte fa verde efpée, menant les trompettes &
clerons tel bruict qu'on n'euft ouy Dieu tonner. Toft apres vint le Roy de
Thir armé d'vn harnois verd fort riche, femé de treffles d'or, auec fa cotte
d'armes & caparaçon de fon cheual tout de foye verde, l'efcu de mefme
couleur, & en iceluy vne rouë de fortune, au deffus de laquelle au plus hault
lieu eftoit figurée fa perfonne, comme pour dire qu'elle l'auoit colloqué au
plus hault degré: il eftoit de fort belle ftature & proportion, & promettoit
bien quelque grãd effect de fa perfonne. Or ainfi que le roy Amadis venoit
au petit pas, la princeffe Alaftraxerée qui eftoit vne des iuges alla au deuãt
de luy & le rencontra acompagné de l'empereur Efplandian qui portoit fa
lance, l'empereur Lifuart fon heaulme, & l'Empereur de Rome fon efcu : il
auoit alors vne efcharpe blanche, dont la houpe luy pendoit retrouffée fur
le doz, & le taffetas eftoit effargy deuant fa barbe, tellement que lon ne la
veoyt point, auec vn chapeau de velours noir enfoncé en fa tefte qui luy
couuroit fes cheueux blancs, en forte qu'il ne monftroit que le tainct de fon
vifage tant bel & fraiz qu'il n'y aparoiffoit aucune ridure, au moyen de certaine eau qu'Vrgande la defcongneuë luy auoit donnée, dont il vfoit tous
les iours : Parquoy le voyant Alaftraxerée ainfi equippé & armé d'vn harnois blanc, luy dift, faignant le mefcognoiftre : Comment feigneur Amadis, penfez vous ainfi faire paffer Grece pour Gaule ? ha ie ne le fouffreray
pas, puis que ie fuis iuge eftablie: Ma Dame, dift il, nouuelle penfée renouuelle la perfonne : car Amour eft la vraye fontaine de iouuence : ce propos
luy fut declaré, dont elle fe print fort à rire. Et fur ces entre-faites Falanges
alla au camp de Lucidor pour amener le roy de Thir, à telle heure que la
royne Cleofile eftoit montée fur les efchaffaulx, acõpagnée de fes Damoyfelles toutes acouftrées de Satin bleu, femé de Soleil d'or, qui fembloit rendre le propre luftre du col d'vn paon. Le prince Florifel l'auoit efté querir
pour la mener aux efchaffaulx, & rencontrerét Lucidor qui fe ioignit auec
eulx, tellement que la Royne eftoit au mylieu d'eulx, laquelle confiderant
la difpofition de Florifel, iugea n'auoir encores veu fon pareil en fa vie, fi
leur dift : Certes meffeigneurs ie me tiédrois trop heureufe fi les dieux m'a-
uoient fait tant de grace de pouuoir mettre la paix entre vous deux, cõme ie
fers maintenant de barre, & confequemment entre tant de princes & gentilz-hommes que ie vous voy icy affemblez. Ma dame (luy dift Florifel) voftre beauté porte bien tefmoignage du contraire, eftant fi excellente qu'elle
mettroit pluftoft entre tous deux particuliere difcorde. De telle guerre cõme celle là (dift Lucidor) ie penfe que fa cleméce ne la nous voudroit mener
fi cruelle qu'elle n'en procuraft quelque paix, veu la douceur naïue qu'elle reprefente. La Royne fe prenant à rire: Or bien, leur dift, puis que voulez
tenir ma veuë pour occafion de guerre, me femble qu'il fera bon que ie n'en
empefche voz perfonnes, à fin que la paix ne tienne à moy. Ma Dame (dift
Lu-

Lucidor) noſtre guerre eſt d'autre qualité, comme yſſuë d'vne branche de
renommée, tellement que la voſtre nous donneroit plus d'ocaſion de guerroyer que d'apointer : vrayement (diſt elle) ie ſuis donc bien loing de mon
conte, qui penſois que mes allarmes fuſſent ſuffiſantes pour deffaire la guerre que vous auez commencée. Auſsi eſt il vray ma dame (diſt Floriſel) car
les playes qui en viennent ſont tant incurables qu'elles tiennent longuement le patiét au lict. Sur mon Dieu, diſt Lucidor, i'en voudrois bien auoir
trouué la medecine. En bonne foy, diſt la Royne, ie croy que vous en eſtes
tous deux bien bleſſez, ſelon que i'entendz à voz parolles : ce qu'elle leur
diſt de ſi bonne grace, qu'ilz ſe mirent tous deux à rire : choſe qui fit eſmer-
ueiller ceux qui les regardoient, comme la Royne les entretenoit ſi bien
qu'elle les faiſoit deuiſer enſemble comme amys, combien qu'ilz s'entre-
haiſſent mortellement : mais comme ſages & diſcretz ilz eſtimerent imper-
tinent de conteſter de parolles en la preſence d'elle. Or arriuát aux eſchaffaulx elle preuit l'inconueniét qui pourroit ſuruenir à cauſe du ſeruice que
l'vn & l'autre s'ingereroit de luy faire pour la deſcendre de ſon cheual, & la
mener ſur l'eſtaige : Parquoy elle diſt à Floriſel : Monſieur, pour-ce que vous
eſtes le premier venu à mon ſeruice ie me veulx mettre entre voz bras : vne
autre-foys ſi Lucidor vient pluſtoſt que vous ie l'y voudrois employer. Elle à terre, ilz la conduirent par deſſouz les bras iuſques au lieu, ou elle fut
treshonorablement receuë des dames Grecques, fort esbahies de ſa ſinguliere beauté, & elle auſsi de la leur, principalement de Niquée, Siluie, Helene, & de la princeſſe Oriane : elle prenant place entre les emperieres Leonorie & Abra. Quand à Helene qui veit lors Lucidor en ſa preſence, & luy
elle, ie vous laiſſe à penſer les oeillades qu'ilz ſe ietterent, mais celà ne dura
gueres, par-ce que les ſeigneurs ayans çonuoyé les Dames en hault deſcen-
dirent incontinent pour monter à cheual & ſe rendre en leurs bandes. A-
donc entra la royne Cleophile en deuis auec l'emperiere Leonorie : Ie croy
ma Dame, luy diſt, que les ſouuerains dieux ont icy laiſſé leurs femmes &
amyes tant ie voy de beautez pluſque humaines : Qui luy reſpondit : ma dame, la voſtre eſt ſi excellente que ne pouuez rien voir de nouueau à ſa comparaiſon. Les trompettes commencerent à ſonner qui rompirent leur propos : car les deux armées s'eſtoient régées en bataille pour aſſeurer le camp,
d'autant qu'il n'y auoit autre ſeureté fors celle que l'honneur peult donner
de luy meſmes. C'eſtoit belle choſe à voir toute la cápaigne raſe parée d'enſeignes & guidons voletans, auec les deuiſes & couleurs de tát de ſeigneurs
& barons regardans le roy Amadis qui ſe preſenta premier au camp, tournoyant vn tour ou deux par-deuant les Dames, ſi bien à cheual, & tant a-
droit, que ſa contenance donna grand contentement aux aſsiſtens. Gueres
ne tarda apres que le prince Faláges amena le Roy de Thir qu'il miſt à l'autre coſté du camp, opoſite à celuy ou la princeſſe Alaſtraxerée auoit aſsis le
roy Amadis. Ce fait les iuges, laiſſans les champiós, monterent en leurs ſiege : commandans incontinent publier ſur peine de la hart toute ſeureté ne-
cef-

ceſſaire pour le droiĉt des deux parties : mais auant que donner le ſignal
Falanges diſt à la pucelle Alaſtraxerée:Ma diuine Dame ie vous ſuplie treſ-
hũblement prendre garde au iugement des coups des Roys combatans: car
quant à moy i'ay tant à faire à la guerre que me liurez que ie ſuis quaſi hors
de moy, plus diſpoſé à eſtre iugé de vous , qu'à prononcer ſentence contre
perſonne, me ſubmettant entieremét à voſtre celeſte clemence.Prince (diſt
elle) le proces de ceſte matiere pend encores au clou , & n'a garde d'eſtre ſi
toſt iugé , parquoy entendez à vous: & quant à la mercy que demandez , le
temps n'eſt pas encores venu : le party que vous tenez contre moy l'a bien
deſſeruy en mon endroit. Ma dame(diſt il) c'eſt beaucoup plus auoir mon
ame en voſtre pouuoir auec ma volunté , que ne ſeroit de poſſeder mon
corps , duquel ie ſuis obligé par la loy de ſocieté d'armes , à quoy vous prie
auoir egard. Ie ne voy nulle aparence du cueur en gaige , diſt elle , puis que
les œuures n'en donnent aucun teſmoignage,parquoy laiſſons celà iuſques
à vn autre temps . Si fit ſonner les trompettes, au ſon deſquelles les deux
Roys deſlogerent l'vn contre l'autre , de telle roydeur, que s'entredonnans
des lances contre leurs eſcuz en firent eſclatz ſans autre dommage : & tournans bride,celuy du Thir diſt au roy Amadis:Monſieur ie vous prie repre-
nons encores vne lance,& me donnez ocaſion d'honneur en la iouſte,pour
eſprouuer ſi peu que ie vaulx,contre celuy de qui la valeur eſt trop cogneuë.
I'en ſuis content(diſt il)faites en comme il vous plaira,puis que ceſte entrepriſe a eſté voſtre : Ainſi en reprindrent d'autres qu'ilz eſclaterent comme
deuant, mais ilz ſe vindrent ioindre des corps & des cheuaux , de ſi grand'
roydeur que les monſtures tomberent ſouz leurs maiſtres , leſquelz ſe rele-
uerent ſoudain, & embraſſans leurs eſcuz mirent les mains aux eſpées, dont
ilz commencerent enſemble vn dur eſtour , eſtans leurs coups ſi peſans &
lourdz qu'ilz faiſoient ſortir les eſtincelles de feu de leurs harnoys: qui dura
bien l'eſpace d'vne grand' heure,ſans que nul d'eulx fiſt aucun ſemblant de
vouloir prendre aleine n'y repos:dont chacun ſ'eſbahiſſoit, principallemét
du roy Amadis,auquel l'aage ſembloit denyer telle verdeur: mais en luy e-
ſtoit vne vertu heroïque, qui ne tomboit en comparaiſon de nul autre du
monde,& ne ſe pouuoit encores amortir par le cours des ans . L'heure paſſée le Roy de Thir ſe tira vn peu à quartier, & diſt au roy Amadis : Roy de
la grand' Bretaigne, ce ſeroit bien fait de nous repoſer vn peu, atendu que
nous auons du temps aſſez pour finir noſtre bataille . Ie vous ay dit (reſpondit-il) que ie ne feray rien en ce conflit qu'à voſtre vouloir, hor-mis
la concluſion ſeule qui conſiſte en la main de Dieu, de donner la viĉtoire à
qui luy plaira, parquoy repoſons nous puis que le voulez . Ainſi s'eſlon-
gnans vn peu l'vn de l'autre , ſe tindrent aſſez bonne piece, repoſans les
deux maſ ſur les croiſées de leurs eſpées.Ilz auoiét quelques petites playes,
dont le ſang qu'ilz perdirent leur embleſmit le viſaige, qui cauſa vne extreme deſplaiſance à la royne Oriane de voir ſon cher ſeigneur en tel danger,
lequel iettant l'œil vers elle & la voyant toute palle de frayeur , lors eſmeu
com-

comme feroit vn Dogue d'Angleterre quand il s'est eschauffé sur la beste,
& que le veneur le detient au collier, commença à marcher vers son ennemy qui le receut vaillamment, & demenerent long temps leur escrime : en
laquelle toutesfois on cognoissoit euidemment l'auantage du roy Amadis
par dessus luy : dont la princesse Alastraxerée trop esbahie s'escria : O renommée, de combien default ta voix à exprimer la grandeur des vertuz
surnaturelles, telle que la veuë en descouure l'effect. Le Roy de Thir ennuyé de la longueur du combat, y pensa faire vne fin moyennant vn coup
ou il desploya toutes les forces de ses bras, prenât son espée aux deux mains
pour charger sur la teste du roy Amadis, mais il n'ataingnit que son escu
qu'il luy para au deuant, de telle sorte qu'il le coupa en deux pieces. Le Roy
luy voulut bien rendre chaudement, aussi il luy ietta son escu my party en
terre, & l'espée descendit sur la creste de l'armet si auant, qu'elle estourdit
le Roy de Thir, tellement qu'il chancela pour tomber, & l'armet se deslaça
& cheut, dont il demeura le chef nud. Ce que voyant Amadis luy dist, Roy
de Thir, choisissez de deux choses l'vne, ou de vous rendre mon prisonnier
sans autre condition, ou de prendre vostre armet pour dóner fin au cóbat,
à cause de vostre prouësse. Monsieur (respond il comme sage & courtois)
ie cognois que tout Cheualier vous doit foy & hommage au fait des armes:
parquoy ordonnez moy telle rançon que i'en puisse meriter vostre amytié:
il me sufit de la gloire que i'ay euë d'auoir vne foys satisfait à ma volunté,
d'entreprendre vne iournée contre le prime du monde : parquoy disposez
de la prison de celuy qui est prest d'y obeir. Ie vous en mercie dist le Roy,
& puis qu'ainsi va, vous irez rendre à l'emperiere Abra & faites son cóman-
dement. Les iuges voyans ceste fin descédirent de leur eschaffault, & les es-
cuyers des Roys leur amenerent des cheuaulx. Adonc fut remené le roy
Amadis en la ville, & celuy de Thir s'y en alla apres pour acomplir sa condition enuers l'emperiere de Trebisonde, à laquelle il dist : Ma Dame, ie
m'en viens icy presenter à vostre grandeur, de la part du trespreux Roy de
la grand' Bretaigne, pour tenir prison telle qu'il vous plaira, en vous obeïs-
sant en tout & par tout. Monsieur (dist elle) ie la vous donneray telle que
vostre vaillance merite : Et le prenant par la main le mena deuant la royne
Cleofile, disant, ie vous donne à ceste excellente Royne pour serf & escla-
ue: Ma Dame, respondit, ie vous remercie humblement du bien que me faites, en me donnant si doulx emprisonnement, ou ie me soubmettrois voluntiers, encores que ie n'y fusse tenu. Dequoy la royne Cleofile soubriant:
Quant à moy (dist elle) ie vous remetz en pleine liberté, attendu qu'il ne
m'apartient comme à fille de tenir tel prisonnier que vous estes. Certes ma
Dame, repliqua le Roy, la prison m'eust esté plus agreable que ceste clef des
champs, toutesfois ie vous remercie, & l'Emperiere, de l'honneur qu'il vous
a pleu me faire, vous asseurant que iour de ma vie n'espargneray les biens
ne la personne en vostre seruice. Apres ces propos il s'en alla en son pauillon, ou il fit penser ses playes. Prenât d'autre part toutes les Princesses leur

congé

congé de la royne Cleofile, laquelle fut remenée par Florifel & Lucidor, comme elle eſtoit venuë, demeurant fort contente de la preudhommie extreme du roy Amadis.

De la confuſion en laquelle la

royne Cleofile ſe trouua, & de la harengue qu'elle fit
en la preſence des princes Grecz, auant
ſon partement.

Chapit.　　XXVIII.

Luſieurs autres combatz ſinguliers furent faitz pendant le temps des treues, deſquelz les Grecz furent ſouuent vaincueurs, & quelquefois ſuccumberent. Entre autres le roy de Sidonie en eut vn contre le prince Zahir, lequel à cauſe de ſa ieuneſſe emporta l'honneur de ſa victoire, ſe trouuant touſiours la royne Cleofile preſente à tous les conflitz pour iuger la valeur des combatans, laquelle ne luy ſembloit du tout rien au regard de la prouëſſe & d'exterité du bon roy Amadis, demeurant tant ſatisfaite de luy, qu'elle l'ayma ſecrettement en ſon cueur, tant qu'elle en perdit tour plaiſir & repos acouſtumé, & d'autant plus eſtoit vexée qu'elle auoit aſsis ſon amour en perſonne de qui elle ne pouoit eſperer remede, auſsi euſt elle pluſtoſt voulu mourir que de donner lieu à ſes penſées enuers autre que ſon legitime eſpoux: d'autre part elle conſideroit que

la loyaula loyauté du Roy tant cogneuë par le monde l’empeſcheroit, encor qu’elle vouſiſt conſentir à ſes apetitz : tellement qu’elle en fut en grand’ perplexité, & faiſoit mille exclamations apart elle, ne ſçachant que faire pour trouuer allegeance, ne au fort quelle punition elle pourroit prendre de ſoy meſme, d’auoir employé ſon affection en tel lieu contre ſon honneur & grandeur : Concluant neant-moins en ſon eſprit qu’elle iroit vn iour en la cité pour voir les dames, ce qu’elle fit, allant à la propre heure que le Roy ſe leuoit, & les Dames eſtoient venuës à ſon leuer, deſquelles elle fut honorablement recueillie, & aſsiſe au mylieu de toutes. Et apres quelques propos communs, adreſſa ſa parolle au Roy : Monſieur i’ay ouy dire aux ſages que les Dieux ont mis aux mouuemens du ciel & en ſes lumieres vne force par deſſus toute creature, & que les choſes fatales ne peuuét faillir de tomber ou elles ſont deſtinées, ſans qu’il ſoit en la puiſſance des hommes d’y reſiſter; mais il y a des accidens de grand’ violence, leſquelz peuuent eſtre ſurmontez par magnanimité, telz que ceux que vous auez mis à chef, à la grâde admiration de tous les viuans. Auſsi me ſemble qu’vne Dame d’eſtat ne merite pas moins de gloire à ſouſtenir les aſſaulx d’amour : Et que celle en obtiét encores plus que toutes, qui en eſt plus cruellemét affligée par ſacrifi ce irreuocable de ſa foy, ayát plus cher mourir que de l’entacher & ſouiller. Ce que ie dy, pour vous declarer l’inconuenient ou ie ſuis tombée par influence d’amour que ie penſe ineuitable, à l’effect duquel ſuis deliberée reſi ſter pour la conſeruation de mon honneur. Car, monſieur, ie vous prie croi re que des le iour que ie veis voſtre meieſté venuë au deuant de moy, acompagnée des princes de voſtre ſang, il n’y eut perſonne qui me pleuſt tant en toute la troupe, & y imprimé tellement mon affection qu’il ſeroit impoſsible de l’effacer, & ſi tiens à grand danger de demeurer longuement en voſtre preſence, attendu la loyauté tant eſprouuée en vous, & la raiſon de mó eſtat & ſexe, qui m’oblige par tous moyens à m’en deporter : & ayant fait veu de ne me marier iamais qu’a celuy que ie trouuerois Paragon de tous les hommes (tel que ie vous iuge eſtre) pour n’aſſocier autre indigne des dons & graces que nature & fortune m’a largement departis : vous trouuant aparié à autre Dame, ie demeure tormentée de maladie incurable, laquelle reçoit quelque allegemét en vous deſcouurát mon cueur. Ce fait ay propoſé partir de ce païs pour retourner en mon Royaume, conſideré qu’il n’y a deſormais plus que voir digne de memoire, & que les pluſgrandz coups ſont ruez des combatz des vaillantz hómes des deux armées. Ainſi ne pouuant eſtre mon deſir acomply en voſtre endroict, vous ſuplie ne le vouloir prendre en mauuaiſe part, ains attribuez la faute à amour, duquel cognoiſſez la puiſſance, qui eſt telle ſur moy que iamais ma volunté ne ſera rengée en autre que par voſtre conſentement, auquel ie me ſubmetz toute, mon honneur ſauue. Le Roy fort esbahy de tel diſcours, comme auſsi tous les aſsiſtens, luy diſt : Ma Dame, ie vous remercie humblement de la bonne affection qu’il vous plaiſt me monſtrer, & louë Dieu que la vous donnant

L   telle

telle foyez adreffée à celuy qui l'accepte, auec la difcretion & iugement tel
qu'il eft conuenable pour voftre honnefteté, promettant y refpondre de
bon cueur iufques à ce que ie me foys acquitté enuers vous d'aufsi bon cheualier que ie penfe eftre, à fin que voftre foy n'en foit plus longuement en
charge. Monfieur (dift elle) ie me remetz encores à voftre bonne grace &
toutes mes volontez. Ce propos finy, & congé pris à grand regret, la Royne retourna en fa tante, laiffant tous ceux qui eftoient en la chambre du
Roy fort eftonnez de fon deuis, leur eftant bien aduis que celà partoit d'vn
grand cueur de femme. Laquelle apres auoir fait donner ordre à fon equipage pour le partement, s'embarqua à telle pompe & magnificence qu'elle
eftoit premier defcenduë. faifant voyle vers fon Royaume, ou nous la laiffe-
tons iufques à temps oportun.

Comme les princes Grecz arrefte-

rent par deliberation de confeil que Florifel ouuriroit quelque
propofition de de bouche à Lucidor, auant que retour-
ner à l'exploit de leur guerre.

Chapitre   XXIX.

Es tréues faillies les princes Grecz entrerent en confeil
pour fçauoir qu'ilz auroient à faire au bout du terme. Au
quel apres plufieurs opinions fut conclu de fortir vn iour
pour donner la bataille, auant laquelle Florifel iroit parler entre deux camps au prince Lucidor, pour fe iuftifier
d'autant plus vers Dieu, vers luy & tout le monde, luy requerant paix & amytié fi obtenir fe pouuoit. Laquelle refolution faite au

iour

iour de la bataille furent ordonnez trois bataillons du coſté des Grecz,dót
l’vn ſeroit conduit par Floriſel,& Amadis de Grece ſon pere:le ſecond,par
Falanges d’Aſtre auec ſes gens,& les Roys de ſa troupe : Le troiſieſme, par
le roy Amadis auec les Princes de ſon ſang,ſes amys & alliez.Or fit le prince Falanges dreſſer vn ſtratageme contre les Elephans, par le moyen de cét
charrettes que les cheuaulx traynoient chargez de force feu Gregoys qui
rendoit vne flamme eſpouuentable auec deux pointes accerées au bout des
charrettes , & hommes bien expers po ur leur conduite pour les faire partir à poinćt,& fourrer au mylieu des Elephans . Auſsi de l’autre coſté ceulx
du party de Lucidor firent trois bataillons, dont il eſtoit condućteur du
premier auec la royne Zahara & ſes enfans : Le ſecond eſtoit mené par les
Roys de Scithie & de Thir : & le troiſieſme conduiſoit le roy Birmartes a-
uec ſes confederez : ayans ordonné le front de leur auant-garde & arrieregarde tout d’vne meſme largeur, enfermans les Elephans au mylieu d’eulx.
Suyuant laquelle deliberation ilz mirent ordre à leurs preparatifz , faiſans
grandz ſacrifices d’vn coſté & d’autre,ſpeciallement le prince Falanges qui
fit immoler plus de deux mille bœufz auec vne infinité d’oyſeaulx en lieu
ſpacieux & ample deuant la court du palais Royal , ou pluſieurs Princes
chreſtiens ſe trouuerent pour voir la magnificence, ſeruant ſon chariot triumphal pour autel en tous lieux ou il alloit hors ſon païs : En la preſence
deſquelz il fit telle oraiſon: O gloire de mon heur ſouuerain , ie prie ta maieſté par la partie humaine que tu as receuë du ventre de Zahara ta mere,
vouloir comme diuine moyenner les dieux tes parens vne bonne paix entre ces Princes icy,ou pour le moins garder le droit que nous auons par lyſ-
ſuë de la bataille . Quant à moy ie te ſuplie regarder d’œil piteux l’integri-
té de mon cueur que tu martires innocét,comme i’ay fait les cueurs de toutes ces beſtes à ton honneur . Sa priere finie tous ſes vaſſaux firent ſemblab-
ble requeſte à la deuotion de leur ſeigneur, mettans fin au ſacrifice par mille parfums odorans,& force inſtrumétz de muſique.Lequel acheué eſmeut
pluſieurs aſsiſtens à nouuelles penſées, & entre autres Amadis de Grece, en
qui la vieille playe des amours de Lucelle auoit deſia commencé à ſe rou-
urir & entamer,comme ie vous ay dit,au moyen de la veuë de Lucidor ſon
frere : car les exclamations & ceremonies de Falanges luy ſerrerent tant le
cueur en ceſte ſouuenáce renouuellée, qu’il faiſoit de ſon cueur hoſtie quaſi ſemblable.Ainſi paſſerent le ſoir d’vn coſté & d’autre en ceremonies, iuſques au lendemain que la bataille ſe deuoit donner.

L ii   Comme

Comme les amours de Lucelle se

resueillerent au cueur d'Amadis de Grece: & comme Florisel
parla à Lucidor, & de la responce qu'il luy fit.

Chapitre   XXX.

Pres qu'Amadis de Grece eut si long temps que vous sçauez iouy de la beauté de Niquée, engendrant en elle ce
noble prince Florisel (duquel est intitulée ceste histoire)
Amour par son inconstance acoustumée attisa en luy l'e-
stincelle non du tout amortie de la princesse Lucelle, par
le moyen que ie vous ay declaré, & l'empoisonna telle-
ment de ses herbes venimeuses le Dieu malin, que l'amytié de sa treschere
Niquée couchée à ses costez, ny sa vertu & discretion, luy peu seruir de
contrepoison à vomir & ietter hors ceste ymagination fantastique: en laquelle se tournant virant dedãs son lict (comme celuy qui ne pouuoit dormir) s'escrioit: ha à amour! que cauteleuses sont tes traficques, que non content du nouueau feu que tu allumas en moy au commencemét par les yeulx
de Lucelle, tu me vins depuis embraser de l'affection de Niquée non seulement pour m'en faire souffrir le mal present de l'abandonner, ains à fin que
en redoublant ma peine tu me fisses mourir par desespoir de ne pouuoir
paruenir à l'autre à cause de la desloyauté dont i'ay vsé enuers elle. O Dieu
qu'elle punition meriteray-ie faulsant la foy maintenant à si belle & gracieuse Princesse! O trahistre amour que tu te sçays bien faire payer des iniures que lon te cuy de faire? Las ma dame Lucelle! ou prendray-ie la hardiesse de

se de vous presenter vn cueur tant desloyal ? & ou se trouuera langue si prudente qui pour vous expliquer mes passions, peust de vous impetrer audience, sans astre tenuë pour suspecte & double en parlant pour vn trom-
peur infidelle que ie vous ay esté : Et posé le cas que ie m'osasse trouuer en
vostre presence, & vous declarer la force de ma douleur, requerant mercy
de mon offence, les grandes inimitiez engendrées entre vostre lignage &
le mien ne le permettroient pas : mesmement la necessité qu'on a de ma
personne en ce grand besoing ne me donneroient pas le congé . En sem-
blables regretz & plaintes il passa la nuict iusques à ce que le Soleil aparut
fort blesme & descolouré en signifiance de la triste iournée qui deuoit e-
stre pour les vns ou les autres : car ses rayons, detenuz en noires nuées & es-
pesses, causoient vn bruict de tonnerre, auec horrible sifflement de ventz
Les Cheualiers & Soldatz desia en ordonnance estoient chargez de bruïne
noire, & les enseignes toutes amorties de leurs couleurs . A ceste cause les
payens enquirent de leurs augures & deuins l'exposition du prodige, qui
virent vn aigle noir velletant par dessus l'armée des Grecz, lequel iettant
crix espouuentables fondit roy de mort au mylieu des esquadrons : qui fut
estimé à grand augure selon les decretz de leur science . Ce que voyant Falanges, qui en vsoit aucunesfois selon sa loy payenne, vint à Florisel comme
capitaine general du camp, & luy dist: Mösieur, ie seroys d'auis de surseoir
la bataille pour ce iour cy, veu les signes que les dieux nous monstrent de
grand' infortune à venir sur nous par l'accident de cest oyseau . Le mieux
fera (suyuant l'arrest du conseil) requerir Lucidor de parlement, & passer
tous deux entre voz auantgardes le surcez des precedentes iournées, voyãt
ceste cy presente le pourra inspirer à apointement . Au fort vous pourrez si
bien parler & prolonger vostre discours que perdrons pour ce iour l'ocasion de la bataille, cóme fit le sage Caton au senat de Rome . Florisel n'ayãt
egard à loysellerie de Faláges, mais à la deliberation qui auoit esté arrestée
de parler auant la meslée, despescha incontinent vn herault vers Lucidor à
ceste fin. Lequel pensant Florisel auoir plus de la moytié de la paour, & venir aux conditions de la reparation pretenduë, accorda d'y aller, acompagné de la royne Zahara, ses enfans, & du roy Birmartes, lequel il manda de
l'arriere garde: Et Florisel y vint auec son seul compagnon Falanges, lequel
commença ainsi : Lucidor ie vous ay desia par lettres fait entēdre suffisamment le peu de droict qu'auez en ceste querelle, vous offrant au par-sus con
ditions plus liberalles que n'y estois obligé, pour le respect de la tranquilité de noz peuples, lesquelles maintenant ie ne vous viens ores augmenter
ne diminuer, ains entendre seulement si les iournées ia passées (esquelles
auez cogneu vostre desauantage) vous régeroient point à la raison, voylà la
somme de ce qui m'ameine . Lucidor fort irrité de ceste harengue luy respondit sur le champ, sans autre auis de conseil . Florisel, si i'eusse eu le courage si failly que vous m'imposez, i'eusse premier mys en auant le parle-
menter, on n'eusse accepté la iournée : nostre contenance & equipage vous

fait aſſez foy du contraire: Quant à l'auerſité de fortune que nous alleguez auoir eſprouuée en quelques combatz, vous ſçauez biē qu'en auez par foys ſenty bonne part. Et quand il ſeroit ainſi, le hazard de ſa varieté ordinaire me la feroit ores eſperer propice: comme i'ay fait, ioinct le nouueau ſecours que Dieu nous a enuoyé par le vaillant Roy de Thir: Parquoy ne penſez pas me conuertir par tel langage, vous tenant certain, qu'en la confience que i'ay en luy, & en la iuſtice de ma cauſe, i'atendray la fin telle qu'il nous vouldra donner en la bataille, vous laiſſant l'aſſeurance que tenez en fortune qui vous a eſté fauorable par-cy deuant, en vous eſleuant au plus hault de ſa rouë, pour vous ruïner tant plus bas. Puis qu'ainſi eſt, replique Floriſel, que perſiſtez en voſtre obſtination de vengence, nous nous tiendrons ſur noz gardes en noſtre corps defendant, eſtimant bien qu'il ne nous auiédra pis à la conſeruation de noſtre Helene qu'à noz anceſtres au recouurement de la leur: ſinon qu'ilz y furent longuement au ſiege, & nous eſperons de ne vous y laiſſer tant languir. Mais nous (diſt Lucidor en colere) ne ferons autant de moys à mettre voſtre ville à ſac, que furent d'ans voz Grecz à prendre Troye, encore que ce fuſt par fraude & tromperie, indigne de gens magnanimes. Par-tant retirez vous, & ne perdons plus en parolles le temps que voulons employer en iuſte effect.

Des prodiges & preſages qui auin-

drent auant la bataille, & des barengues faites par les Capitaines gen eraulx à leurs gens, auant que la commencer.

Chapitre   XXXI.

Es deux armées se trouuerent fort estonnées de voir qu'il failloit iouer des cousteaux, ne se trouuant aucun moyen d'apointement. Adonc les Capitaines generaux se retirerent à leurs bataillons, mettant force trait sur les æsles, allans deça & delà par les rangz, pour voir si tout estoit bien ordonné: mais sur ces entrefaites, auindrent les plus merueilleux prodiges, dont homme ouyt oncques parler: car à l'instant aparut vne innumerable quantité d'oyseaux blancz, & de l'autre part vne semblable volée de gris, voletans sur les esquadrons de Lucidor, lesquelz se rencontrerent de si grande furie les vns contre les autres, qu'en moins de rien on en vit le païs tout couuert entre les deux bataillons. Apres on aperceut venir de deuers la mer vn autre grand nombre de corneilles, qui se mirent contre les oyseaux blancs en faueur des gris, dont ilz occirét plusieurs mettant le surplus en fuite. Ce fait les gris & noirs commencerent à huer assez longuement, comme en signe de leur commune victoire : combien que peu apres les mesmes corneilles assaillirent les oyseaux gris & les massacrant sans aucune resistance, mais à l'heure les blancz qui estoient à la posade pendant le dernier conflit, reprindrent leur vol tournans si furieusement contre les corneilles, auec vne partie des gris qui leur donnerent ayde qu'il n'en eschapa quasi pas vne. Alors les blancs & noirs se departirent les vns des autres tant estoient las & trauaillez, se tirans vn peu à lescart pour reposer. Chose qui donna grandz signes de prodiges par les deuins d'vn costé & d'autre: tellement que les Capitaines des deux parties se deporterent de leur demáder, craignantz causer effroy à leur gent, & les augures ne s'osoient ingerer d'en parler. Mais fut auisé, tant par ceux de dedans que de dehors que chacun chef feroit en son bataillon vne remóstrance legere pour les animer, & assoupir la crainte qui en pourroit estre conceuë. Ce que Falanges commença le premier de son party. Seigneurs, Princes, & Soldatz les dieux ont donné à vous & à moy par cy deuant de grandes victoires, par lesquelles auons fait en maintz païs trembler la mer & la terre. Ie ne doute pas d'en faire autant ou plus icy auec la fleur de Cheualerie du monde, qui pour nous asseurer & honorer nous ont donné charge de la bataille, voulans soustenir l'auantgarde & arrieregarde pour nostre seureté. Bien que ie pense que plusieurs d'entre vous desireroient plus le premier reng, auquel ilz pourront venir selon la rencótre. I'ay senty qu'aucuns de vous mal instruitz, ont paour des signes de coulons & corneilles qui ont ce iourd'huy combatu en vostre presence. Or ie vous donne qu'il soit ainsi que ce soit mauuais presage. Ie vous dy que les dieux nous ont enuoyé telz signes celestes pour nous donner marque de plus grande victoire, ayantz menacé noz courages pour les couronner de plus haute gloire, d'auoir eu en eulx la magnanimité de resister à si douteuses tentatiós, qu'ilz nous ont voulu monstrer pour nous esprouuer. L'asseurance vraye des armes ne se doit prendre des oyseaux qui ne nous combatront pas pour noz

L iiii   ennemys,

ennemys, mais en la force des bras des Soldatz, & bon art militaire des Capitaines, en laquelle ie vous veux bien auertir, touchant la besongne que ie voy nous estre taillée pour ce iour, que les esquadrons (cóme pouez voir) vont ouuertz larges & estenduz loing l'vn de l'autre, pour representer plus grande multitude, & nous fault au contraire marcher serrez l'vn pres de l'autre comme nous sommes. Ce qu'il faignit à propos, pour leur oster la crainte du nombre de leurs ennemys. Ce fait i'ay esperance que nostre bon ordre (qui est le principal poinct de la guerre) les rompra bien tost estans ainsi ouuers, peult estre par nonchaloir & negligence, leur prouenant de la fiance que leurs Magiciens leur auroient donnée par ceste vaine & friuole vollerie. Or voyez vous desia leur desordre à l'œil, qui est vostre auantage certain si le sçauez prendre. Voilà compagnons ce que ie vous ay voulu dire, en vous recommandant mon honneur & le vostre. Le roy Amadis & Florisel en firent autant en leur endroit, remonstrans que la possession de si longue gloire des armes, ilz deuoient tenir & recognoistre de Dieu seul, lequel n'ayant offencé, ilz ne craignoient auoir contraire, qu'ilz se deuoiét du tout confier en luy: toutesfois que par raison ilz auoient grande occasion de seureté, estans conduitz par Capitaines qui auoient monstré de fresche memoire, combien ilz surpassoient leurs ennemys: ausquelz s'ilz obeissoient (comme tenuz estoient) tant par la discipline des armes, que par l'amytié dont ilz leur estoient redeuables à cause du bon & humain traitement que d'eulx ilz auoient tousiours receu, ne deuoient aucunement douter ce iour de la victoire. A' tant finirent, & les plus prochains leuerent vn cry d'aplaudissement disans tous d'vne voix, Marchons, marchons, à eulx à eulx, qui fut suiuy partout le reste de l'armée, & entendu de celle de Lucidor, dont plusieurs s'esbahirent que ce pouoit estre.

Les chefz ayans chacun encouragé les siens par vne bréue harengue, les batailles commencerent à marcher d'vn costé & d'autre, auec vn tresbon ordre. A' la rompture & froissis des lances es premiers rangs le bruit fut si grand' qu'il en fit retentir les prochaines vallées. Et à la meslée se leua telle pouldriere que la clarté du iour en fut tellement obscurcie qu'il leur sembloit combatre de pleine nuict. Le nombre fut tel de cheuaux qui alloient mourir hors la presse, les vns auec leurs maistres, les autres sans eulx, qu'ilz firét vne droite voirie tout à l'entour du camp. A' la premiere récontre des deux auantgardes la presse fut si grande qu'elle ne laissoit cognoistre les faitz particuliers des Cheualiers de pris: car le prince Falanges voyát branler la bataille que menoient les roys de Scithie, & de Thir, fit mouuoir la sienne, au choc desquelles tomberent par terre plus de quatre mil hommes d'armes. Qui eust veu lors le bras sanglant de Falanges brandir par dessus les autres, & esclairer puis çà, puis là, comme il couroit par les rengs pour donner cueur & ordre ou besoing estoit, l'eust à bon droit iugé vn des plus vertueux Capitaines du monde: Contre lequel remedioient de leur costé les deux Roys payens par grand'valeur & prudence, en sorte qu'ilz s'entre-
soutin-

souſtindrent ſans auantage iuſques au mydi, eſtant la multitude des mortz ſi grande qu’ilz ne marchoient que ſur iceulx. Ceux de dehors voulans rompre à vn coup tout l’effort de leurs ennemys, commanderét faire marcher les Elephans qui eſtoient aux aeſles, auec petitz chaſtelletz garnis darchers: contre leſquelz Falanges miſt au deuant des chariotz armez de faulx de fer trenchantes, tirez par buſles, d’autant que les cheuaux ne pouuoient endurer la ſenteur des Elephans, & en chacun chariot vn Soldat equippé de gros iauelotz, entour deſquelz eſtoit quelque artifice de feu qu’ilz lancerent contre les grandz beſtes, qui leur fut vn grand remede à les repoulſer, car autrement leur auant-garde euſt eſté rompuë. Ce qui auint à leurs ennemis par leurs beſtes meſmes que ces feux chaſſerent à trauers leur armée: en ſorte qu’ilz vindrent iuſques à celle de Birmartés, lequel marcha incontinent au ſecours des deux Roys: Et le roy Amadis à l’encontre, ou fut le chamaillis trop plus fort que deuant, qui par l’eſtincellement & ſplendeur des harnois mieux fourbis, & des eſpées plus luyſantes que ceux des Payens, eſclarcirent les tenebres de la pouldriere precedente. A ce choc l’effuſion du ſang fut ſi grande qu’il couroit par ruiſſeaux iuſques en la mer, donnant tainture au riuage auec le renfort de celuy des deux flottes, qui au meſme temps s’eſtoient ioinctes en trop plus cruel conflict: moyennant qu’outre les armes ilz eſtoient combatuz par les elemens tant de l’eau (ou vne partie ſe n’oyoit) que du feu, ou l’autre eſtoit roſtie miſerablement. En celle de terre la princeſſe Alaſtraxerée faiſoit merueilles, laquelle rencontrant le prince Faláges le deffia, mais deſchayna ſon eſpée pour luy preſenter qu’elle refuſa, puis deſlaça ſon armet, & par le viſage nud (beau ſans per) rompit ſa durté & rigueur. Auſquelz ſuruenant vn prince Payen luy donna ſur la teſte par derriere, ſi elle n’euſt receu le coup ſur ſon eſpée, luy diſant que c’eſtoit ſon priſonnier, lequel rechargeát Falanges ſouſtint ſur ſon eſcu, & elle indignée luy pourfendit le chef iuſques aux dentz. Puis ſe partit de Falanges faiſant armes nompareilles de ſon coſté, & luy du ſien, fort content de ceſte rencontre. Ceſtoit peu que des actes de tous, à comparaiſon de ceux du grand roy Amadis, & cheualiers de ſon lignage qui eſtoient ſa garde de corps: Et auſſi d’Amadis de Grece & de Floriſel contre le vaillant Lucidor, lequel par leffort de tant de preux Cheualiers ſur le veſpre commençoit à perdre terre, quelque deuoir qu’il fiſt de treſſage & hardy Capitaine, quand leur arriua ſecours du coſté de la mer, qui tint les vns & les autres en grand doute, iuſques à l’aprocher qu’ilz ſe rengerent contre les Grecz: qui deſia laz de la longue iournée, eurent beaucoup à ſouffrir contre vne armée freſche, dont enuiron cinquante Geans faiſoient le front, crians Ruſsie, Ruſsie. Lors les princes Grecz ne faiſans plus eſtat de leurs vies, propoſerét de les vendre cher, reprenant de tel cueur & animant leurs gens, de ſorte qu’ilz tindrent vne eſpace de temps contrecare à leurs ennemis: ſemblant pluſtoſt faée que mortelle la force qu’ilz monſtroient encores. Et ſe plantoient tous ces ſeigneurs comme vn rampart deuát leurs pauures

ures Soldatz : mais la multitude ſuruint ſi grande de ces Ruſſiens qu'il ne
fut plus poſſible de les ſouſtenir . Et demeurerent renuerſez par la foulle &
encloz l'empereur Eſplandian, le Roy de Sardaigne Floreſtan , auec l'Empereur de Rome ſon filz, Angriotte d'Eſtrauaux, Guylan duc de Briſtoye,
Sarquiles ſon couſin , & quelques autres cheualiers de la grand' Bretaigne:
leſquelz à leur extremité firent armes non croyables , car tel d'entr'eux occiſt ce iour cent Soldatz de ſa main : mais à la fin furét tous taillez en pieces,
hor-mis les deux Empereurs , & le roy Floreſtan , qui ſe mirent doz à doz
faiſans vne vraye boucherie d'autant de Ruſſiens qui en aprochoient. A' la
fin ne demeura que l'empereur Eſplandian ſur les piedz , les deux autres e-
ſtenduz ſur l'herbe de laſſeté & foibleſſe de leurs playes. Or cherche (diſt il
lors) ma vie l'immortalité par la mort des autres. Et recommença vne fiere
defféce, puis à genoux puis debout. Mais c'eſtoit fait de tous trois, ſans Alaſtraxerée qui les recogneut à leurs riches armes, qui les prenant priſonniers
les fit porter en ſes tentes . La nuiét ſuyruint qui ſauua le reſte de la coronne
Grecque, qui ſe retira en la ville en grand' triſteſſe: Et leurs ennemis en leur
camp auecques les fanfares de victoire , & telles careſſes aux Ruſſiens que
pouuez eſtimer à la grandeur de l'obligation.

Qui eſtoit le roy Breon, & de la

trahiſon qu'il machina. Et la harengue du roy Amadis,
apres la perte de la bataille.

Chapitre.　　　　　XXXII.

AV païs de Ruſſie regnoit vn Roy de race de Geans nommé Breon, homme malheureux & ennemy de toute vertu, lequel combien qu'il fuſt puiſſant & grand terrien, ne
fut apellé par nulz des Princes à leurs ſecours, dont il eut
grand deſpit . Et conuoquát pluſieurs grandz Princes ſes
ſuietz leur tint propos que l'ocaſion ſe preſentoit à luy
pour ſe faire le plus grand ſeigneur du monde : car (diſoit il) vous voyez
toute la puiſſance des Princes d'Orient & Occident aſſemblée deuát Conſtantinople, ne reſte ſinó de fauoriſer à la partie plus foible pour deffaire les
plus fortz qui ſont les Grecz. Ce fait nous aurós apres trop bon marché des
autres, ſi bié qu'il n'y aura perſonne qui en reſchape. Ie pourray auoir à fem
me la pucelle Alaſtraxerée, moyennant laquelle & la force de voz bras , ie
me feray facilement monarque de toute la terre : qui fut conſeil aſſez per-
ſuaſif, qui leur pleut bien à tous . Et mettans en deliberation de l'executer,
vindrent trouuer la royne Cleophile qui s'en retournoit en ſon païs: laquel
le eſtant par eulx priſe priſonniere fuſt tombée en grand danger, ſi ſa beauté ne

té ne l'euſt ſauuée, qui rauit ſoudain le roy Breon: Et à ſon hóneur (qui s'en
alloit confiſqué) elle trouua remede par ſa grande prudence, luy diſant
qu'elle vouldroit eſtre aſſeurée de ſa vaillance premier que luy octroyer ſon
amour: car iaçoit (diſt elle) ſire, que ie ne doute aucunemét de voſtre vertu, ſi
eſt ce que le veu que i'ay fait y repugne & met obſtacle, vous ſupliát ce pendant prédre ma parolle en gage de ma volonté, laquelle pourrez librement
vſurper lors que tout le monde cognoiſtra clerement voſtre prouëſſe. De
telle forbe de parolles bien forgées elle endormit le Roy, en ſorte qu'il fut
cótent de ſa conuenance: ſur ce poinct la fit tenir dedans ſa chábre de poupe
de ſa galere, iuſques à ce qu'ilz vindrent ſurgir au meſme port dont la Royne eſtoit nagueres partie, ou ſa flotte ne fut aperçeuë des autres deux eſtans
deuant Conſtantinople, pour la grande obſcurité qu'il faiſoit ce iour là en
mer, au moyen de laquelle ilz eurent loyſir d'ancrer tout à leur ayſe, & de
mettre en terre à grand' diligence leurs hommes & cheuaulx pour ſe trouuer en la bataille qu'il ſçauoit eſtre ce iour meſme. Tant y a qu'il y arriua
ſans eſtre aperceu, vſant en ſon abordée du ſtratageme qu'auez entendu, à
iouer de faulſe compagnie iuſques à la noire nuyt que les batailles furent
ſeparées par les tenebres: auſſi firent celles de la mer leur retraite, ayans
ſouffert grand' perte de gens & de nauires, principalement ceux de Lucidor, lequel remercia fort le roy Breon du ſecours qu'il luy auoit donné tant
à propos, & s'efforça grandement de luy faire honneur & à tous ſes gens.
Or firent ceux de dehors autant de feſtins & ſignes de lieſſe, comme ceux
de dedans auoient ocaſion de triſteſſe & melencolie, comme ceux qui e-
ſtoient tous perduz, quand on ſçeut la perte des deux Empereurs, & de tát
de cheualiers de nom occis auec le roy Floreſtan, eſtimans plus ſeure leur
mort qu'aucune eſperance de leur vie, choſe qu'on ne voulut pas declarer
aux Dames pour ce ſoir, à fin de ne les contriſter plus qu'elles eſtoient. Et
iaçoit que la douleur fuſt extreme à tous, toutesfoys nulle eſtoit egale à celle du roy Amadis, & de ſon lignage à cauſe de leur deffaite, qui toutesfoys
mirent peine à la couurir & diſſimuler pour n'oſter le courage à leurs gens.
Or ne voulurent ilz oncques repoſer de toute la nuict, iaçoit qu'ilz en euſſent bon meſtier au moyen du trauail de la iournée paſſée: Ains le preux &
vaillant Roy cognoiſſant la foybleſſe de ſes gens, & le bon beſoing que cha
cun auoit d'eſtre animé, fit renforcer le guet de la ville par les habitans &
bourgeois, à fin que les Soldatz ſe repoſaſſent à leur ayſe: auſquelz auant
qu'aller dormir il fit ſçauoir de main à main ſans ſonner trompette ne ta-
bour, que ſa maieſté deſiroit parler à eux, & qu'ilz euſſent à s'aſſembler à la
place, à laquelle comparurent quaſi tous ceux qui n'auoient eſté naurez, &
grand' partie de ceux meſmes qui non-obſtant eſtoient portatifz, là ou le
roy Amadis vint incontinent, acompagné de tous les ſeigneurs principaux
auec force torches & flambeaux: lequel monſtrant par dehors vn ſemblant
plus gay que le cueur ne portoit, leur fit telle harengue conſolatoire. Seigneurs, Cheualiers, & Soldatz, ie vous veulx propoſer icy le fait d'autruy,

pour

pour faire cõparaiſon au noſtre : qui eſt qu'ayant egard à la forte & cruelle bataille de Pharſalie, en laquelle Iules Ceſar deffit Pópée, apres pluſieurs
victoires qu'il eut contre luy, comme péſez vous qu'il euſt eſté poſsible aux
enfans de Pompée ramaſſer le peu de gens qu'ilz auoient de reſte, n'euſt e-
ſté que crainte & laſcheté n'ocupa onques ſon courage ? qui le remit depuis
en eſtat de conquerir l'empire, s'il euſt bien ſçeu ſuyure ſa fortune. Et poſé
que ie ne voye en vous maintenant que douleur & deſplaiſance à cauſe de
ceux qui ſont mortz : ſi eſt ce que ie ne penſeray iamais en vous telle faulte
de cueur, que chacun ne deſire ſe venger de ſon ennemy, & vendre ſa peau
bien chere . Or il nous conuient vn peu diſsimuler noſtre deul, & prendre
patience par force, pour ne deſcourager les autres. Vous pouuez croire que
la plus grand' partie de l'ennuy repoſe en mon cerueau, mais ie l'enferme
pour la manifeſter par force redoublée, quand la ſaiſon & le temps m'en
donneront ocaſion. Pour-ce vous commãde à tous d'aller repoſer vn peu,
pour tout auſsi toſt que la belle Diane ſe leuera vous mettre en train d'aller
aſſaillir noz ennemis, prenant chacun vne chemiſe blãche par deſſus ſon
harnois, pour nous entre-cognoiſtre : vous aſſeurant que la ioye qu'ilz auront euë de noſtre deffaite les pourra auoir aſſoupis en non-challoir : Au
moyen dequoy nous leur pourrons donner vne ſi eſtroite main qu'il leur
en ſouuiendra. Et ce ſera demõſtration que le petit troupeau que nous ſom
mes n'a le cueur failly contre ſi grand oſt, voyant que noſtre execution de
vengeance n'a eſté ſurſiſe pour le trauail & peine recente. Quant à moy mes
amys, combien que i'aye eſté bleſſé au conflit comme les autres, ie ne ſentz
ces playes là, que celle que i'ay au cueur de deſpit & maltalent : en croyant
autant de vous autres, & que pluſieurs d'entre vous qui ne ſont naurez mor
tellement ne laiſſeront à venir en ceſte camiſade, laquelle ie voudroys deux
heures apres mynuict, le plus ſecrettement que faire ſe pourroit, de paour
de reſueiller noz ennemis, ains les berſer ſi bien qu'ilz en dorment à iamais.
Ce que i'eſtime facile veu la grand chere qu'ilz firent hier au ſoir, & le peu
de guet qu'ilz feront en confiance de noſtre infortune. Incontinent que le
Roy eut acheué chacun ſe retira, excepté le Roy & l'empereur Liſuart, leſquelz ayans fait apareillé leurs playes n'en ſentirent aucune douleur, tant
eſtoit extreme celle qu'ilz portoient de la perte de l'empereur Eſplandian.
Sur-ce poinct vn gentil-homme leur vint dire que la Royne d'Hircanie e-
ſtoit deuant la porte de la ville, & demandoit ſeureté d'entrer pour parler
à eux. Parquoy de ce pas ſe rendirét à l'ouuerture de la porte, ou ilz la trouuerent armée de toutes pieces hors-mis l'habillement de teſte, auec vingt
Damoyſelles auſsi armées, & vne lictiere couuerte de drap d'or enuironnée
de douze hõmes de pied portans les torches, laquelle ayant honorablement recueillie, leur diſt . Sire la princeſſe Alaſtraxerée m'enuoye par deuers voſtre maieſté, vous auertiſſant qu'il luy a grandement deſpleu de
l'auerſe fortune qui vous eſt auenuë, & à dire le vray qu'autãt qu'elle pourroit auoir eſté ioyeuſe de la victoire tournée de ſon coſté, au moyen de l'a-
mytié

mytié qu'elle vous porte & à voftre fang:vous renuoyant en gaige & fignifiance d'icelle le trefexcellent empereur Efplandian voftre filz,non toutesfoys en fi bonne difpofition de fa perfonne comme elle voudroit: eftimant
que le bon Prince eft autát preft de fa mort naturelle , comme elle eft loing
de ne mourir iamais , par mortalité de la renommée qu'elle efpere du bon
tour qu'elle vous iouë . Si ne vous enuoye pas à cefte heure l'empereur Floreftan ne fon filz qui font mortz par-ce qu'elle fçait bien que vous ferez cefte nuict plus empefchez à faire folliciter les malades, que d'enterrer les
mortz.Et pour-ce que ces deux feigneurs (que vous ay nommez) font tref-
paffez au lict d'honneur, finiffans leurs iours auec telle gloire que leurs
haultz faitz d'armes leur peuuent auoir acquife, vous fuplie les vouloir tenir plus pourvifz que decedez.Auffi toft que la Royne eut acheué,les Princes s'aprocherét de la lictiere , trouuans l'empereur Efplandian tant blefme
pour la perte de fon fang,qu'il ne fembloit plus tenir de vie . Le roy Amadis outré de douleur ne fit que dire à maiftre Elizabeth (qui eftoit auprés
de luy) maiftre voylà de la befongne pour vous , ou il fault defployer le fecret de voftre fcience : faites l'emporter fans que fa mere ne fa femme le fça-
chent . Adonc fe tournant vers la royne d'Hircanie, luy dift : Ma Dame ie
vous prie me recommander affectueufement à la bonne grace de voftre
maiftreffe : la remerciant bien fort de la compafsion qu'elle à de noftre mifere,efperans en Dieu de voir encores l'heure que nous pourrons recognoiftre cefte courtoyfie. Or luy dites m'amye que ce que noz ennemis ont à ce
coup gaigné fur nous par la main d'autruy qui les réforça au befoing, nous
efperons leur faire rendre bien toft auec groffe vfure, ou nous y mourrons
tous à la pourfuyte.Auec cefte refponce fe retira la meffagere au camp , auquel le roy Breon(qui iufques à l'heure auoit efté en la chambre de la royne
Zahara) s'en alloit en fon quartier, faifant conuoquer en fa tente la plus
grand' part des Seigneurs de fa troupe, aufquelz il parla fecretemét en cefte
maniere : Meffieurs vous voyez l'eftat en-quoy nous auons auiourd'huy
mis les Grecz,donnant faueur à leurs ennemis de France, lefquelz font tant
diminuez de leur victoire que nous les aurons maintenant à bon marché:
vous affeurant que ne pourrions auoir le vent mieux à gré pour auácer noftre entreprife, laquelle pluftoft nous executerons & mieux fe portera, à
caufe du trauail qu'ilz ont fouftenu auiourd'huy:à raifon duquel nous leur
demanderons la charge du guet, à fin qu'auffi toft que la Lune fera leuée
nous en puifsions faire tel maffacre que leur boucherie furmonte encore
celle des Grecz.Suyuant cefte ordonnance vont deuers Lucidor luy requerir la charge du guet, qui leur fut trop volótiers acordée,& fans aucun fou-
fpçon de leur menée : firent foudain auertir leurs Capitaines à ce que chacun fe tint preft à l'heure afsignée . Mais il en auint bien loing de leur con-
te:car Dieu qui ne laiffe iamais ceux qui ont bonne confiance en luy,fit venir vn fecours non attendu aux Grecz fur les dix heures de nuict par vne
groffe flotte,laquelle auoit marqué fa routte fur le feu des nauires qui brul-

M   loient

loient du iour precedant, laquelle vint furgir droictement aupres de celle des Grecz, en laquelle ilz enuoyerent incontinent vn gentil-homme à l'amiral Frandalo pour l'auertir que le Roy de Taprobane & Sabba, le roy Magadan & Fulurtin estoient arriuez à leur secours en iuste armée: dequoy Frandalo receut grand'ioye, & en manda aufsi tost les nouuelles à la cité, qui grandement reconforterent les Princes Constantins, dont leur firent sçauoir la deliberation de la saillie qu'ilz vouloient faire apres mynuict, les requerans de les secourir sur le poinct du iour pour réforcer l'aubade qu'ilz preparoient à leurs ennemis. Ceste ambassade voulut faire Amadis de Grece, pour auoir la premiere veuë & acollade de ses bons amys, auec lesquelz il consulta la maniere de leur conduite en ceste entreprise, puis reprint le chemin de la ville pour s'y trouuer des premiers. De la suruenuë de ceste flotte le camp ne peut rien entendre à cause de la nuict, & qu'elle ancra entre l'armée de mer de Lucidor & la terre, pour leur oster le passage.

Comme les princes Grecz execu-

terent leur dessein nocturne, & qu'elle en fut l'issue.

Chapitre   **XXXIII.**

Es deux parties de la nuict estoient passées, quand la Lune cômença à monstrer ses cornes. Et les Princes de Grece encores couuertz du sang du iour passé sortirent aux champs, ne faisant qu'auangarde & bataille à cause du nombre de leurs gens tant apetissé, lesquelles firent marcher toutes d'vn front comme doit aller camisade, à fin de plus estonner les ennemis à leur reueil de voir si large armée. Or eussiez veu sortir les Soldatz hors de Constantinople en contenance de vaincueurs plus que de vaincus, du desir qu'ilz auoient de venger leur honte & restablir leur honneur, lequel ilz acreurent plus par la seureté qu'ilz donnerent à leurs ennemis propres, que s'ilz les eussent tous occis, comme aperra à la fin de la trahison du roy Breon, lequel commençoit desia à couper les gorges aux gens de Lucidor, quand les Grecz sortirent de la ville: faisant ce trahistre vne telle mortalité que courans desia pesle mesle, ses gens mesmes se mescognoissoiét, s'entretuans les vns les autres. Ce qu'entendât le roy Birmartes & le prince Lucidor furent en grand esmoy en ce sursault, pensans que ce fussent les Grecz, mais tost apres en furent acertenez par deux ou trois prisonniers qui leur declarerent la conspiration, dont ilz furent merueilleusement estonnez: mais comme sages Princes auiserent de gaigner quelque quartier de leurs trenchées, & se fortifier de leur charroy par l'autre costé, à fin de retirer le plus de leurs gens qu'ilz pourroient en sauueté en attendant le iour. Le roy Breon executoit vne extreme cruauté iusques à ce qu'ilz vindrent trouuer la trouppe que Birmartes & Lucidor auoient ramassez sur le plus hault de leur champ. Et voyant que s'ilz eussent voulu faire dommage à ses gens qui couroient espandus sans ordre par la campagne ilz le pouuoient faire facillement, s'arresta sur le cul commençant les ralier pour pousser outre. Mais le prince Anaxartes & Lucidor resolurent de les rompre premier qu'ilz se peussent assembler. Si commencerent à escrier France, France, & chargans dessus furent tresbien soustenuz par les gés du roy Breon crians à haulte voix Russie, Russie, si bien qu'en peu d'heure il y eut plus de six mille Cheualiers par terre. Or estoient les princes Grecz desia sortis de la cité, & se tenans en bataille rangée sans autre chose faire à cause du bruict qu'ilz oyoient, ne sachant que penser, sinon que ce peult estre Perion Roy de la grand'Turquie, de qui ilz attendoient la venuë de iour en iour, dont auiserent que si d'auenture c'estoit luy, on pourroit aussi tost porter dommage à l'amy comme à l'énemy, ne pouuant entre-cognoistre les enseignes. Parquoy se tenans quoys enuoyerent quelques auant-coureurs sçauoir que ce pouuoit estre, lesquelz trouuerent à l'escart trois Soldatz du roy Breon, & les amenant deuant les Princes ilz sçeurent par eulx toute l'entreprise, dont ilz furent bien esbahis. Si consulterent ensemble ce qu'ilz auoient à faire, car quant à souhaiter il n'eussent sçeu mieux, sinon que les vns eussent tous les autres au ventre : dequoy se raporterent du tout à l'opinion du prince Falanges qui leur dist : Messieurs si nous estions

M ii   pos-

poſſeſſeurs de la derniere victoire, mais en eſtant allé autrement ſelon le vouloir des dieux, me ſemble que mieux vaudra vſer d'vn acte vertueux, en faiſant afſiſtence à ceux qui ſouz tiltre d'honneur nous ſont venuz faire la guerre, & repouſſer ceux qui ſans eſtre apellez ne d'vn coſté ne d'autre com mettent vne ſi malheureuſe trahiſon, de laquelle nous chaſtieurs & corre-cteurs, par meſme moyen pourrons tellement gaigner les cueurs des Prin-ces Occidentaux que ce ſeroit cauſe de quelque bon apointement, voyant ceſte grand' iuſtice royalle, laquelle gardant ſi parfaitement auec l'ennemy aſſeure bien l'entretenir enuers ſes ſuiectz & amys. D'auantage ce faiſant nous nous vaincrons nous meſmes forçans noſtre volonté contre la force que nous receuſmes hier de leur main, en quoy cognoiſtrót noſtre clemen-ce de reſeruer que leur ſang ne ſoit eſpandu en vengéce du noſtre de-quoy ilz nous demeureront obligez. Ce conſeil fut treſagreable à tous les Prin-ces comme Zelateurs de la vertu. Et tout ſoudain leur oſt commença à mar-cher la teſte baſſe iuſques à vn traict d'arc des deux armées meſlées enſem-ble, & à leur clere veuë par-ce qu'ilz venoient vers leur flanc, donnant par-ce moyen vne grand' terreur aux vns & aux autres coupables du traitement du iour precedent. Lors marchans les Grecz plus outre, trouuerent la cam-pagne toute couuerte des corps françoys meurdriz par le faulx Breon qui leur augméta le courage par pitie de ſe ioindre à eulx. Parquoy ſonás leurs trompettes ſe fourrerent parmy les gens du trahiſtre Roy, tellement qu'à leur venuë firent terrible breſche à ſon bataillon en laquelle furent execu-tez ſi merueilleux faitz d'armes par tous les ſeigneurs que leur nombre & grandeur ne donna lieu de les particulariſer. Tant ya que voyans ceux du party de Lucidor le ſecours que les Grecz leurs faiſoient eurent tant de ioye qu'ilz donnerent clerement à cognoiſtre la volunté qu'ilz auoient de repa-rer leur dommage, faiſans vn horrible carnage des Ruſſiens. Or n'eſt il poſ-ſible de vous raconter les armes que faiſoit la pucelle Alaſtraxerée, laquelle combatant vn fort Geant ſecondé de trois autres qui de deux traictz auoit nauré ſon cheual ſouz elle pour la terracer, à l'heure ſuruint le prince Fa-langes d'Aſtre à l'endroit, qui voyant la choſe qu'il aymoit le mieux en ce monde en tel danger, fendit la piece & la teſte de l'vn des Geans quant & quant, pour trouuer ſa maiſtreſſe, à laquelle il diſt : Ma dame ie vous ſuplie me faire tant de bien que de vous vouloir ſeruir de mon cheual, à fin que la faueur que me monſtrerez en le prenant me face au-iourd'huy faire tant de prouëſſe que ie me puiſſe à bon droit reclamer voſtre ſeruiteur : A tout le moins vous plaiſe le prendre en conſideration du ſecours que les princes Grecz donnent à voſtre party. Or eſtoit Alaſtraxerée tant eſchauffée à fra-per d'eſtoc & de taille qu'elle n'auoit pas veu ce que le prince Falanges auoit fait, mais l'oyant parler & le cognoiſſant à ſon eſcu verd ſemé d'harpies dor & aux riches armures qu'il portoit touſiours plus excellentes que nul prin-ce du monde. Falanges mon amy (diſt elle) ie reçoy de vous le preſent que vous me faites iuſques au rendre, & auec le cheual i'accepte de bon cueur

voſtre

voſtre ſeruice , puis que ie voy l'vſage du corps maintenant ſuyure de mon
coſté le veu de l'ame: Or pert bien ou repaire honneur quand nous ſommes
au grand beſoing tellement ſecouruz, par noz propres ennemis. Ce diſant
elle ſaiſit l'autre Geant par la courroye de ſon eſcu qu'il auoit pendu au col
ſi ferme qu'elle le fit tomber par terre, & luy dóna ſi terrible coup de maſſe
qu'elle luy aplatit la teſte comme vn pigeon. Et diſt au Prince qui deſia e-
ſtoit à pied : Or prenez donc le cheual & me liurez le voſtre, & montans
eulx deux malgré tous ceux qui frapoient ſur eulx, la pucelle picque priant
le Prince de la ſuyure, ce qu'il fit la ſecondant de telle hardieſſe que ceſte
faueur ne ſe monſtra pas de vain effeĉt, qu'elle augmenta de beaucoup quád
elle luy diſt en partant: Ie m'en voys trouuer le roy Breon pour luy oſter la
fantaſie de l'amour qu'il me porte, & de la hardieſſe de s'ozer nommer mon
ſeruiteur publiquement : car i'ay entendu qu'il a dit hault & cler que ie luy
fais tort de non luy permettre lieu en mon amytié. Lors ſe fourrerent en la
plus grand' preſſe en grand' enuie de monſtrer leur prouëſſe l'vn à l'autre,
mais le tumulte fut tel que bien toſt les conuint departir: trouuant bien peu
apres Alaſtraxerée le roy Breon (qui eſtoit de taille deſmeſurée) à l'inſtant
qu'il auoit prins priſonnier Lucidor, lequel vn de ſes Geans trouſſoit ſur
l'arçon de ſa ſelle & le ſouleuoit d'vn bras. Adonc alla pour le recourre, mais
pluſtoſt y arriua Floriſel qui le voyant priſonnier emmené par meſcroyans
de telle ſorte s'auança premier qu'Alaſtraxerée, dónant tel coup d'eſpée ſur
le bras du Geant qui emportoit Lucidor , que le bras du Geant & le Prince
tomberent tous deux à terre, eſtant le coup ſi horrible que Lucidor meſme
en fut fort bleſſé au bras, tant que le ſang ruiſſela de la playe: dequoy Floriſel fut fort troublé, cuydant l'auoir occis en le penſant ſauuer, ſi ſe ietta ſoudain en terre (comme s'il n'y euſt eu perſonne autour de luy) & embraſſant
Lucidor le meit ſur ſon cheual duquel il eſtoit deſcendu : puis malgré tous
ceux qui l'enuironnoient monta ſur celuy du Geant qui eſtoit tombé d'angoiſſe. Lucidor cognoiſſant lors Floriſel à ſon eſcu, & conſiderant en ſoy-
meſmes la grande humanité dont il auoit vſé en ſon endroiĉ ha Floriſel de
Niquée (diſt il) il pert bien que la fortune vous eſt plus amye & a voſtre lignage qu'à tous les Princes de ce monde , voyant la condition en laquelle
elle vous maintient ſans aucune varieté , tant que ie la tiens pour ſuiette à
voſtre vertu : vous m'auez nauré au bras , mais bien autrement au cueur, y
ayant rompu le dur cal de vengence obſtinée contre vous. O' vertu que tu
as grand' puiſſance de me vaincre ſans me ferir: Pourtant Floriſel faites que
mon honneur ſauf ie demeure voſtre:& prenez ma foy que ie remetz en vo
ſtre main, auec tout le droiĉt de ma querelle. Lucidor (reſpond Floriſel) i'ay
fait peu pour vous au regard de ce que vouldrois : I'accepte voſtre amytié
de bon cueur, & me raporte de ma ſatisfaĉtion enuers vous aux Princes
Anaxartes, & Falanges d'Aſtre. Vrayement diſt Lucidor i'en ſuis treſcon-
tent. Qui fut le moyen de paix entr'eux traiĉtée par eux meſmes, qui par
autres n'euſt iamais eſté faite. Noſtre matiere nous tire allieurs, & ne nous

M iij   don-

donne loifir d'en faire plus long difcours, non plus qu'ilz eurent eulx mefmes. Pour retourner à la pucelle Alaftraxerée qui alloit querant le roy Breon, en fin le trouuant luy dift: roy Breon voicy Alaftraxerée qui t'aprendra
à grandz coups d'efpée de parler plus fobrement de mariages de telles que
moy, & ne conter ainfi fans ton hofte. Ce difant, haulfe fon efpée pour luy
ramener fur la tefte, mais il para de fon efcu fur lequel tomba le coup fi royde qu'apres l'auoir fendu le Roy en fut fi eftourdy qu'il cheut à terre, ou la
pucelle defcendit & luy coupa les lacz de l'armet pour en faire autant de la
gorge, mais elle fut empefchée par fes gens qui ne s'efpargnerent pas pour
fauuer leur maiftre. Lors furuindrent Florifel & Lucidor qui de deux coups
en ietterent deux mortz par terre, donnant loyfir à Alaftraxerée de trencher cefte malheureufe tefte, & la prenant par les par les cheueux monta à
cheual malgré tous fes auerfaires, emportant quāt & quant la cotte d'armes
du Roy. Là rencontra la preffe s'effoiçant plufieurs de le venger, mais ce fut
à leur dommage, par-ce que le roy Amadis y furuint, auec Falanges, Amadis de Grece, & quelques autres cheualiers qui les rembarrerent fi bien que
lon en veit bien toft vne brieue defpefche: Aufsi firent l'empereur Lifuart,
don Frifes de Lufitanie, & les deux Roys de Sidonie, qui chargerent les ennemys par les flancz de telle roydeur qu'ilz leur firent bien perdre vn ar-
pent de la campagne. Lors Alaftraxerée voyant Florifel aupres d'elle print
la tefte de Breon, & luy baillant, Monfieur (dift elle) voylà la tefte du roy
Breon, ie vous prie prefentez la de ma part à voftre grand amy Falanges, en
recompenfe du feruice qu'il ma fait au-iourd'huy. Florifel (combien qu'il
n'entendift pas pourquoy elle difoit cela) neant-moins la remercia grandement de fa part, & la prenant fit tant qu'il trouua Falanges à qui il en fit
prefent en propres termes: Dequoy Falanges fut aufsi ayfe que fi lon l'euft
fait monarque de tout le monde: commandant incontinent qu'on la meift
au bout d'vne Lance auec la fufdite cotte d'armes: & que renforfant vne
bonne charge on criaft hautement Grece, Grece. Ce qui eftonna tant les
Ruffiens que cognoiffant leur chef occis ilz tournerent incontinent le doz,
tirans pour fe fauuer vers leurs nauires, aufsi ne leur euft il fçeu mieux prendre: Par-ce que les Roys de Magadan & Sabba qui leur venoient ferrer la
queuë les reçeurent fi à propos que bien peu en efchapa, demourans en la
place plus de quarāte mile Ruffiés, ou apres la bataille les princes Grecz firent fonner la retraite, & les autres aufsi, fe retirans à quartier les vns des autres. Or faifoit beau veoir les princes Grecz auec leur cauallerie tenans vne
partie de la campagne tous couuers de fang, & de l'autre cofté enuiron vn
trait d'arbalefte celle de Lucidor auec fes confederez fonnans force trompettes d'allegreffe, quand arriuerent les Roys de Magadan & de Taprobane qui furent tres-amyablement receuz par le roy Amadis & les autres Seigneurs. Et apres les careffes declara Florifel tout ce qui auoit efté paffé entre
luy & Lucidor, comme aufsi Lucidor en auertiffoit les fiens. Adonc euffiez
veu les deux armées marcher l'yne vers l'autre au petit pas, Soldatz manier

la

la picque : & iouer des efpées en figne de ioye, & les Princes & Capitaines d'vn cofté & d'autre aller deuant leur efquardon auec bonne troupe de che uaulx confermer & iurer l'amytié defia promife, entre lefquelz Florifel & Lucidor alloient les premiers qui s'embrafferent à cheual. Apres eulx l'vn bailloit la main, les autres oftoient l'armet, ou baiffoient la tefte en figne de reuerence, felon les amytiez qu'ilz auoient euës le temps paffé : Car en cefte affemblée fe trouuerent plufieurs Cheualiers errans qui s'eftoient veuz & cogneuz en diuers lieux. Lucidor donc vint à commencer telz propos : Le fond de noz affaires (trefexcellens Princes & Seigneurs) vous eft affez no-toire : cefte mutation de volontez pourroit eftre eftrange à ceux qui ne co-gnoiftroient comme l'eftat du roy Amadis & de fa lignée icy prefente eft exempt du hazard de fortune : Bien peult on dire que la main de Dieu y a touché, à tourner vne hayne mortelle en amytié fi cordiale : Et ce par occa-fion fi inopinée, laquelle m'a rendu de complaignant debteur quafi non foluable, lors fe teut. Et Florifel print la parolle : Monfieur nous auons bien à le remercier de nous auoir deliurez du peril ou nous eftions enferrez par voftre puiffance. Si le tort a efté noftre en quelque endroit, vous en auez fait iufte chaftiment. Soit donques la paix conformée entre nous : les articles fe-ront differez iufques à vn autre iour, car nous auons maintenant befoing de nous repofer, & faire apareiller noz playes, & vous auffi : Qui nous fait vous prier affectueufement prendre logis en la ville, pour vous mettre vn peu mieux à voftre ayfe, vous & cefte compagnie efleuë. Ilz s'entr'acole-rent de rechef à ce mot, Lucidor le remerciant de cefte offre à caufe de l'or-dre qu'il auoit à donner en fon camp. Ce cas defpefché, le roy Amadis entra en fon palais, & apella Amadis de Grece & luy dift : Mon filz vous voyez que ie fuis nauré & deformais mal portatif : Or ay-ie vne expedition à faire qui m'importe fort que ne puis par raifon adreffer à homme qui viue plu-ftoft qu'à vous qui heritez de mon nom & d'autant de valeur qu'on m'a at-tribuée. Si vous prie me faire ce plaifir de prendre la flotte de voftre pere a-uec celles des Roys venuz n'agueres qui font voz grandz amys, pour mettre peine de recouurer la royne Cleofile, car ie ne voudrois fouffrir pour tout l'or du monde qu'elle euft mal ou ie peuffe remedier. Ie feray cefte reque-fte à ces deux Roys, pource que leurs gens font les moins trauaillez, & a vous qui ne fuftes oncques las de bien faire. Amadis de Grece remercia fon bifayeul de l'honneur qu'il luy faifoit, & pria Fulurtin de faire rembar-quer fes gens : ce qui fut fait à grande diligence, fans qu'Amadis voulfift me-ner aucun de tous les feigneurs auec luy, à caufe d'vn autre voyage qu'il pro-mettoit en fon efprit, dont le difcours vous fera fait cy apres. Ainfi les prin-ces Grecz fe retirent en leurs logis, & Amadis de Grece s'alla rendre à la flotte. Ce iour là on ne vaqua qu'à enterrer les mortz : mefmement les gens du roy Breon, à fin qu'ilz n'infectaffent lær de leur charongne.

M iiii   Com-

Comme les princes Grecz rentre-

rent en la cité, & des lamentations que fit Helene.

Chapitre.   XXXIIII.

ES princes Grecz au retour furent receuz des Dames en grand' ioye, pour le bon accord qu'ilz raportoient. Si allerent vifiter l'empereur Efplandian auant qu'ilz fe fiffét defarmer, & leur donna maiftre Elizabet grand efpoir de fa conualefcence, lequel le roy Amadis enuoya au cáp pour penfer des feigneurs de recommandation. Puis ilz le renuoyerent auec les corps des Empereurs Floreftan & celuy de Rome fon filz, auec quelques autres des Cheualiers principaux mortz en leur cópagnie. Ce qui renouuella les pleurs & lamentations à Conftantinople, principalement à la princeffe Helene, voyant tant de mifere auenuë a caufe d'elle. Las mon Dieu (difoit elle) par le don que tu m'as fait de beauté ie fuis furnommée la feconde Helene, mais en effeçt d'occifion & defolation ie puis bien gaigner le nom de premiere & effacer fa memoire. Ha feigneur que ne m'as tu pluftoft créee la plus laide & desfigurée de tes creatures, voire au reng des pauures & fimples bergeres? Ou m'ayant voulu mettre telle fur terre, que ne m'as tu pluftoft coupé le fil de mes ans, fans me faire feruir de fi deteftable occafion. La fage empericre Abra qui la tenoit aupres d'elle la reconfortoit au mieux qu'il luy eftoit poffible: luy remonftrant que c'eftoit fimpleffe de fe plaindre des chofes ia faites qui ne fe peuent reuoquer: Aufsi qu'elle pourroit irriter d'auantage l'ire diuine côtre elle à conteroller ainfi l'ordre de fes fatales deftinées. Quant à elle, que le fait de la guerre ne luy eftoit aucunemét imputé par fon iugement, mais au Prince qui la amenée, lequel amour excufe affez: & que Dieu a voulu que telz maulx auinfent pour faire de plus grans biens, c'eft à fçauoir de deux belles alliances pour vne, veu le propos defia tenu auec Lucidor de mariage en leur maifon. De plufieurs corps qui furent raportez partie furent embafmez pour les enuoyer en leurs païs, & les exeques retardées iufques à l'entiere guarifon de tous les naurez. Depuis en grand' pompe & folennité n'y faillirét les Princes du camp. Entre lefquelz entamerent le premier propos Falanges, & Anaxartes du traité de la paix entre Florifel & Lucidor, moyennant le mariage de luy auec la pucelle Leonorie fille de l'empereur Lifuart & Abra: A quoy il s'ingererent volontiers pour deftourner le party d'Oriane fille du prince Olorius, laquelle le prince Anaxartes referuoit pour luy mefmes. Ces deux bons traffiqueurs iouérét fi bien leur perfonnage que leur deffain fucceda, y employant Falanges fes cinq fens de nature, pour affouuir le defir d'Anaxartes, duquel il pourchaffoit aufsi l'amytié à fes fins. Le feftin des

noces

noces auecques toutes ses solennitez abolirent quasi le deul vniuersel, & fit
tant la belle Leonorie par sa bonne grace qu'elle alluma vn tel feu au cueur
de Lucidor, qu'il estaignit entierement l'estincelle d'Helene : luy venant à considerer qu'elle ne l'auoit point aymé prenant vn autre en son lieu
& que ce n'estoit plus que le demeurant d'autruy : De s'amye nouuelle il
cueilloit la prime fleur, & elle l'aymoit comme sa grandeur & valeur pouuoient meriter. Peu à peu s'engendra entre luy & Florisel vne aussi grande
amytié que l'inimitié auoit esté au parauant, par le soigneux pourchas d'A-
naxartes & de Falanges, qui d'autre part estoient en grand' peine à la pour-
suyte de leurs amours, n'en receuant autre-auantage que de la seule veuë, &
sinon aucunefoys vne pauure parolle à la desrobée. Enquoy Lucidor monstra bien son franc courageFrançoys, qui ne daigna onques parler à la princesse Helene, fors qu'en termes de salutation comme à la rencontre, tant
pour le tort qu'elle luy auoit fait, que de peur de susciter quelque fantasie à
Florisel de qui il prisoit plus l'amytié que d'elle. L'empereur Esplandian
par le soing de maistre Elizabeth perdit bien tost la fieure, entrant en la disposition moyenne entre sain & malade, & desia se pourmenoit vn peu.
Parquoy les seigneurs Apolloniens de la compagnie de Lucidor vindrent
saluer sa maiesté, & prendre congé pour retourner en leur pais: ce que firent
tous les autres apres, excepté la royne Zahara qui demeura quelque temps
en Constantinople auec ses deux enfans. Mais auant que tous ses departe-
mens se fissent arriua Perion roy de la grand' Turquie, lequel ayant rencontré en sa route quelque reste de fuyartz en auoit mis la plusspart en fond,
& les autres amenez captifz. A tant lairrons ces bons Princes se donner vn
peu de bon temps, en recompence de tant de maux qu'ilz auoiét souffertz,
pour aller rescourre la belle royne Cleofile qui estoit en grand' perplexité.

Du merueilleux acte de Silercie

damoyselle de la royne Cleofile pour sauuer sa maistresse
des mains du neueu de Breon : Et du secours que luy
donna Amadis de Grece.

Chapitre.　　　　XXXV.

A royne Cleofile estant demeurée prisonniere en la galere de Breon, il la laissa en la charge de son neueu Roy
des Gorgones, lequel n'eut tant de vertu en luy de s'en ac-
quiter loyallement : ains si tost qu'il eut perdu son oncle
de veuë descouurit son affection à la Royne, la tentant de
doulces persuasions pour l'attirer à sa volonté : duquel el-
le craignant la force & outrage temporisoit le plus discretement qu'il estoit
possible

possible sans l'esconduire du tout, le tenant comme l'oyseau sur la branche, & pour mieux luy moderer ceste furie, qu'elle cogneut preste à la violence en cas de refus, elle luy dist: Môsieur, encores qu'il vous pleust ainsi me forcer à vostre desir, ie vous prie croire que vous n'en viendriez à bout, pource que ie m'occirois plustost que de le souffrir, comme celle qui aymeroit mieux mourir que viure en deshonneur: Mais puis qu'ainsi est que m'aymez tant que vous dites, dônez moy temps de vous gouster & cognoistre, à fin que l'amytié soit mutuelle: car autrement la pensant obtenir par rigueur, vous la perdriez, & moy quât & quant, qui vous suplie auoir vn peu de patience, en temperant vostre ardeur. Et vous asseure foy de Royne que i'aurois vostre amour trop plus chere que de vostre rude oncle & rebarbatif, qui ne me reuient nullement: ce qu'elle luy disoit pour luy donner vne amorse de faulse esperance. De tel langage si bien le mena (comme les femmes sont sutiles) qu'il se rendit tout à son vouloir. Mais vn iour elle print son luz qu'elle manioit diuinement, & auecq' sa clere voix angelique l'acôpagna de tant de souspirs & œillades lancées sur ce ieune Roy, qui se mettant aupres elle, se coucha en son giron, si transporté de ses espritz qu'il s'y endormit: Ce qu'elle voyant & considerant que la vie se deuoit postposer à l'honneur, ietté le luz & desgaine l'espée que le Roy auoit ceinte, formât en soy mesmes vn tel discours. S'il est ainsi que les Princes vertueux se sacrifient si voluntairement pour occasions à eulx peu importantes, doy-ie craindre moy à m'immoler, pour sauuer mon honneur que lon me veult rauir? O' dieux immortelz acceptez ce sacrifice que ie vous faiz de ceste espée à trauers ma poitrine, pour preuenir l'outrage qui m'est preparé & machiné, & ensemble garder la foy qu'Amour m'a fait vouer au Roy de la grand' Bretaigne le premier du monde: A qui mes armes (parlant à ses damoyselles) vous en porterez tesmoignage. Surce point l'horreur de la mort vint espouuenter son tendre cueur, tant qu'elle sentit la force luy faillir aux nerfz, & l'espée luy cheut du poing. Parquoy dist lors à Silercie sa plus familiere: Ie te commande par puissance absoluë reprendre ceste espée pour executer en moy ce que ie ne puis pas moymesme t'asseurant que ce dernier seruice sera le plus agreable que tu me fis iamais. Ma dame (respond elle en la releuant) si ie vous ay esté iusques icy loyalle seruante, ie ne vous voudrois commencer maintenant à desobeïr: & vous tenez certaine que ie vous voys mettre hors de ce danger que craignez tant. Lors donne de l'espée à la gorge du Roy endormy si droite attainte, qu'elle l'esgorge côme vn mouton. Ma dame (dist elle) ce coup là est pour vous deliurer de peine: Il en reste vn pour m'exempter de la cruaulté de ses gens: & ce disant apuye le pômeau contre vn coing de mur, & se fourre la pointe au dessouz du tetin, ou a esté trouué par les phisiciens vn pas de la mort quasi insensible. La Royne fut si effrayée de ceste double hardiesse qu'elle se pasma: puis estant remise en soy par le secours de ses femmes s'escria, ha Silercie qu'elle magnanimité as tu monstrée estre en cueur de fille pour faire seruice à la maistresse qui

tant

tant t'aymoit! las i'achete trop cherement ceſte deliurance, au pris de ton chaſte ſang : Ie feray à iamais coulpable de ta mort, n'ayant eu la vertu en moy de l'executer par mes mains, comme tu as fait par les tiennes. Maintenant Silercie ie te porte enuye qui as gaigné les deuantz, & m'as apris le chemin que ie doy prendre : Adonc voulut tirer le glaiue hors du corps, quand ſes femmes luy vindrent tenir les bras : & à ce cry ſuruindrét les gens du Roy, eſtonnez de ce ſpectacle comme vous pouuez penſer : leſquelz le manderent incontinent au roy Breon:& quand ilz entendirent l'entrepriſe du treſpaſſé ſur les affections de ſon oncle, ne trouuerent le cas ſi eſtrange, & n'en traiterent la Royne & ſes femmes ſi rigoureuſement qu'ilz euſſent fait. Laquelle leur monſtra courageuſement la deffence que le Roy auoit faite de ne laiſſer entrer perſonne de l'armée en la nau ou elle ſeroit : Et que s'il y auoit aparence de force au contraire, qu'ilz miſſent le feu es premiers qui les aborderoient. Ce qu'ilz firent de rechef publier, craignant d'offen-cer leur maiſtre, ſi autre que luy aprochoit de la Royne. Celuy qui fut en-uoyé vers Breon, fut prins par vn flouin de Fulurtin qui alloit deſcouurir loing deuant l'armée,& amené à Amadis, lequel ſachant du meſſager l'ac-cident à la verité:Or allôs mes amys(diſt il)ſecourir ceſte magnanime Da-me, enſemble chaſtier les trahiſtres comme Dieu nous les a reſeruez. Lors firent diligence de ioindre les Ruſsiens, leſquelz recognoiſſans les bande-rolles imperialles de Grece en trop plus grand nombre qu'ilz n'eſtoient ſe mirent à la fuitte, qui peu leur valut à cauſe de la viſteſſe d'aucuns brigan-tins,ou entrerent Amadis, Fulurtin, & la fleur de leur armée. Et s'adreſſe-rent premier à la nau ou eſtoit la royne Cleofile comme à la plus aparente, penſant que le chef de la flotte y fuſt. Tant vous puis dire que peu de Ruſ-ſiens eſchaperent de leurs mains, par-ce que detenans les ennemis ilz don-nerent loyſir à toute leur puiſſance de les aborder.Et entra Amadis le pre-mier à la grand' nau, ou il trouua la Royne tant combatuë de triſteſſe & de ioye qu'elle eſtoit quaſi tranſie, laquelle miſe en ſauf, alla donner ordre à la bataille, qui fut plus en chaſſe qu'en reſiſtence. Ce pendant Cleofile qui le voyoit trop eſlongner à la pourſuitte voulut demeurer derriere pour attendre ſon retour, mais le patron fut d'auis de gaigner Conſtantinople, pour la rafreſchir de tant de maux qu'elle auoit ſouffertz,penſant qu'Ama-dis ne tardaſt gueres apres eulx. A laquelle y ayât ſeiourné quelques iours, luy fut donné bonne côduite par le roy Amadis pour retourner en ſes païs.

Comme Amadis de Grece deſcon

fit les Ruſſiens auec l'ayde de Fulurtin,ſe departit de luy, & des merueilleuſes auentures qu'il rencontra.

Chapitre   XXXVI.

Or fut

OR fut le roy Amadis de Grece cinq iours & autant de nuiſtz à pourſuyure les gens du roy Breon, au bout deſquelz le vent ſe tourna contraire aux Ruſsiens, & à luy commode, tellement qu'ilz ſe vindrent rendrent au piege, & n'en eſchapa vn ſeul, pour en porter les nouuelles en leurs païs. Apres laquelle victoire Amadis ne deſirât rien tant que d'eſtre ſollitaire pour entretenir & gouuerner à ſon ayſe ſes amoureuſes penſées : vint remercier Fulurtin du plaiſir qu'il auoit fait au Roy & à luy, prenant congé pour retourner en Conſtantinople faire entendre ce qui leur eſtoit auenu. Fulurtin ne le vouloit ſouffrir qu'il ne luy fiſt compagnie à ſon retour, mais il ne le ſceut impetrer. Si le laiſſa embarquer en vn petit Brigantin qui ſingla auec vent en pouppe & à force des rames ſi viſtẽment qu'il faiſoit cinq ou ſix lieuës en vne heure, dont eſlongnerent bien toſt la flotte qui s'eſtoit arreſtée pour partir le butin. Allant donc Amadis de Grece en ce petit vaiſſeau comme meilleur pour faire diligence, combié qu'il ne valuſt gueres contre la tourmente : tant ya fortune ſe leua de telle ſorte que peu à peu l'eau commença à gaigner ſur la prouë mouillant les hommes de bonne voille qui vogoient, & apres paſſa ſur la corſie : finablement s'enfla tant que force eſtoit nager entre deux eaues, car les vagues don noient de prouë en poupe de telle ſorte qu'il n'y auoit perſonne qui euſt vn ſeul fil de ſec, & le pauure Patron qu'Amadis auoit prins auec luy ne taſchoit touſiours que gaigner le droit fil contre les vndes, à fin qu'vne qui pouuoit venir de trauerſe ne les gettaſt tout à bande, & fiſt culbuter le brigantin deſſus deſſouz : mais il ne ſe ſçeut ſi bien garder pour la laſſeté des vogueurs que le vaiſſeau ne renuerſaſt d'vn coſté. Ce qu'Amadis de Grece preuoyant s'eſtoit touſiours tenu en poupe, comme au lieu plus eminent,

tout

tout difpofé au peril auant le coup. Si ietta foudain fon gabban qui l'auoit
longuement garanty de l'eaue,& empoignant vn aiz large fe recommande
aux vndes, tellement qu'eftant fort & robufte tant dura en aleine qu'il gaigna la prochaine rade, ou fes mariniers tendoient à nage, mais recreuz &
rompuz par le trauail paffé,fe noyerent affez pres de luy. Amadis fe voyant
feul fauué,remercia Dieu du bon du cueur, mais regardant la cofte fi droite
que quafi eftoit inacceffible, fut de rechef grandement troublé : toutesfoys
comme vertueux & magnanime grauit des ongles & grimpa à quatre pates
contremont le rocher iufques au fommet auquel il paruint ainfi que le Soleil fe leuoit, qui luy defcouurit le païs, c'eft à fçauoir vne affez belle plaine
bornée de montagnes, d'vne defquelles aperceut vne belle fonteine, ou e-
ftoit vn damoyfel afsis, de l'age d'enuiró huiɗ à neuf ans, qui dormoit deffus la verdure, le plus beau & mieux formé qu'il euft onques veu en fa vie,
autour duquel eftoient douze Lyons & vne Lyonne,qui fe leuerét à grand'
furie fi toft qu'ilz aperceurent Amadis, tellement que le ieune damoyfel
s'en efueilla:Et voyant deuant luy le cheualier qui auoit defia fon efpée nuë
pour attendre les beftes,fe leua,& d'vn bafton qu'il auoit menaça les Lyons
de forte qu'ilz obeïrent à fon commandement,comme feroient chiens do-
mefticques,fe couchans tout plat à terre deuant fes piedz.Lors fort esbahy
de voir en ce lieu perfonne viuante,& encores plus de la belle taille du cheualier,alla droit vers luy & le falua aufsi courtoifement qu'euft peu faire vn
de plus grand aage, difant: Sire Cheualier qu'elle fortune vous amene cefte
part?car il y a vn an que i'y fuis fans auoir veu creature humaine, ains feulles
beftes bruttes,fieres & terribles qui repairent en ce lieu . A-quoy Amadis
de Grece luy refpondit : Beau mignon encores fuis-ie plus esbahy de m̃e
trouuer icy, que vous n'eftes de m'y voir : parquoy ie vous prie de me dire
en quel païs ie fuis,& la caufe qui vous y tient ainfi feullet. Monfieur,dift le
ieune damoyfel,il vous plaira donc affeoir aupres de cefte fonteine, car ie
voy bien que deuez eftre las d'auoir efchellé cefte roche aux griffes, puis ie
vous donneray à máger de la viande que i'ay, & vous diray partie de ce que
me demãdez . Ie vous en remercie(dift Amadis)car i'en ay bon befoing: &
fe mettant bas fur l'herbe,l'enfant print vn pannier que l'vn des Lions eftoit
couftumier de porter,& luy bailla vne piece de venaifon, non-pas cuytte,
mais quafi autant valloit, car les Lions eftoient duiɗz & inftruiɗz par cel-
luy qui les auoit là commis,à chacune foys qu'ilz prenoient quelque proye
d'exprimer le fang de leur pattes, puis le damoyfel la lauoit, & la laiffoit
feicher au Soleil, & fe nourriffoit ainfi . Or croyez qu'Amadis trouua tref-
bonne cefte viande,& en ayant mangé quelque peu, le damoyfel print vne
couppe d'or,& l'empliffant de l'eau de la fonteine luy prefenta. Lors Amadis regarda ententiuement fa phifionomie, & principallement les deux
yeulx qu'il auoit, tous faitz comme ceux de Niquée, qui luy caufa vne telle
alteration qu'il laiffa quafi tomber la couppe,recognoiffant en foy-mefmes
la faulte qu'il faifoit à fa loyalle Dame, fi bien qu'il en pleura amerement,

N   difant

difant entre fes dentz, ha ha amye Niquée comme m'auez vous voulu mõ-
ftrer cefte auenture, pour me manifefter l'erreur que i'ay commis contre
vous?helas amour, pour le moins m'eufsiez vous laifsé auec la premiere faute que ie fis enuers Lucelle, fans me mettre en ce torment d'vne feconde,
pour vous venger plus de moy. Ha braue cueur tu t'abufes bien d'ofer entreprendre vn tel cas, auquel la plus grande hardiefse que ie pourroys employer fera reputée vne trefgrande couardie, cognoiffant le peu de raifon
que i'ay de mon efperãce, oftant ma defloyauté, laquelle à bien merité que
fortune la loge icy entre les beftes, ou ie fais prefentement eftat de ma demeure, puis que ma deftinée le veult ainfi, attendu que ie ne m'oferois trouuer deuant ma dame Lucelle, & moins retourner deuers Niquée: ains con-
uiédra que ie pleure mes pechez entre ces Rochers, iufques à ce que la mort
me deliure de toute angoifse. Or pour couurir fa pafsion il print la couppe
& beut, auec refolution de feiourner en ces montaignes pour la necefsité
qu'il y reduifoit à caufe du peu d'aparéce qu'il veoit en fon affaire. Ce pendant l'enfant, qui auoit contemplé cefte lafcheté qu'il auoit monftrée auant
que boire, luy dift: Monfieur vous deuez eftre bien las à vous voir faire fi
maigre chere. Beau filz (refpondit Amadis) vous dites vray: mais ie vous
prie puis que i'ay defia difné (dequoy ie vous remercie) dites moy le furplus de ce que vous ay requis. Monfieur (dift il) ie vous en diray tout ce que
ie fçay. Premier, le fait de ma naiffance m'eft incogneu: on m'apelle Florarlan, qui ne cognois pere ne mere, car ie fus porté en cefte montaigne fort
petit par vn fage qui me dift que quãd ie feray Cheualier il fault que ie m'en
aille trouuer le plus grand Prince & le plus vaillant qui portaft onques efpée, à fin de procurer vengeance fur luy d'vn autre qui fut occis par fes
mains. Or la caufe qu'il me dit pourquoy il me fait icy viure en ce defert,
c'eft pour deuenir plus robufte & endurcy à toute peine, m'ayãt laiffé acõ-
pagné de ces Lions à fin que ie perde toute crainte. Ainfi ie vis entre Lions
appriuoyfez par fa fcience, auec lefquelz ie voys à la chaffe, & me retire le
plus fouuent à cefte fonteine pour la frefcheur. Vrayement dift Amadis de
Grece vous me contez merueille: voire mais dites moy qui eft le Prince cõ-
tre qui vous deuez combatre. Certes monfieur, refpond il, ie ne le vous fçaurois bonnement nommer, finon que i'ay bien ouy dire au fage felon l'eftime qu'il fait de luy, que ce ne peult eftre finon de deux l'vn, Amadis de Grece, ou Florifel fon filz. Trop bien vous fçauray dire que la mort qu'on veult
venger eft celle du prince Balart frere de la princeffe Arlande fille du Roy
de Trace noftre fouuerain feigneur. Lors entendit Amadis de Grece affez
clerement que c'eftoit luy mefme à qui tout s'adreffoit, & dift: En bonne
foy mon mignon fi vous parlez d'Amadis de Grece vous vous pouuez quafi tenir feur de voftre vengeance, car vous refemblez merueilleufement bié
à celle qui l'a defia fçeu prendre de luy plus cruelle que vous ne pourriez iamais faire, & par plus dangereufe mort. Comment donc (dift le damoyfel)
Amadis de Grece eft il mort? helas me voylà donc debouté de toute l'efperance

rance de gloire que ie pretendois auoir contre luy . Amadis de Grece le regarda en ce difant , & ne fe peut tenir de rire . Ce m'aift dieux mon enfant
(dift il) Amadis de Grece eft defia mort , & au moyen de ce a defia obtenu
la gloire que merite la peine qu'il endura en mourãt: toutesfoys vous veux
bien dire que le fage fait peu pour voftre beauté de vous nourrir à telle fin.
Ie ne fçay comme il en auiendra, dift le ieune filz:lors Amadis de Grece luy
demanda à qui apartenoit le païs,& il luy dift:au philofophe eftant auprés
du Royaume de Calidonie . Or bien donc (dift Amadis) puis que ma deftinée m'a voulu conduire en ce lieu propre à mes penfées i'y voudrois bien
demeurer à feruir Dieu pour le refte de ma vie, defirant aufi que perfonne
du monde ne fçeuft rien de moy. Parquoy ie vous prie monftrez moy quel
que lieu entre ces Rochers ou ie me puiffe retirer de nuict . Sire Cheualier
(dift le damoyfel) vous pouuez eftre feur que nul ne vous defcouurira icy:
Et fur celle pointe de roche qui regarde la mer ya vn beau creux entaillé
dans la pierre auec vne belle fonteine,qui fera voftre logis s'il vous plaift:&
quant à moy ie vous feray tout le feruice qu'il me fera pofsible, folicitant
voftre prouifion neceffaire en mon deduit de la chaffe , à fin que foyez du
tout plus fecrettement . Dequoy Amadis le remercia grandement , luy difant qu'il eftimoit beaucoup telle adreffe , & prioit Dieu de luy donner la
grace de le pouuoir fatisfaire en luy aydant à prendre plus grande vengence d'Amadis de Grece qu'il ne l'efperoit.Dieu le vueille dift l'enfant,qui le
conuoya iufques à la cauerne, en laquelle Amadis fut trefcontent de paffer
fa folitude, priant le damoyfel de le laiffer là , & le vouloir vifiter chacun
iour vne foys,ce qu'il luy promift.Puis partit pour aller à la chaffe, laiffant
Amadis trop efmerueillé de fa difcretion,qui le meut à vne finguliere affection , auec autre caufe occulte , de laquelle il eftoit ignorant, mais ie ne la
vous veux declarer . Ceft enfant cy eftoit filz de Florifel de Niquée, duquel Arlande eftoit demourée enceinte (comme auez entendu au neufief-
me liure) laquelle luy auoit impofé tel nom , compofé de celuy du pere &
du fien propre.Celuy qui le nourriffoit eftoit le fçauant Aftibel, à telle fin
que luy mefme auoit recité , lequel deuint extremement beau & aufsi bien
apris.Et fuyuant fa promeffe ne declaira iamais à Aftibel ce qui eftoit paffé entre luy & Amadis:lequel s'endormit fi toft qu'il fut en la cauerne, tant
eftoit las & derompu de la tormente.

De la folitude d'Amadis de Grece

& de ce qu'il fit auec le damoyfel.

Chapitre   **XXX.**

Es tenebres de la nuict commençoient desia à embrunir
les campagnes, amenans vne naturelle tristesse apres la
gayeté du iour, & la frescheur du vét renforçoit ses effetz,
faisant murmurer les vndes de la mer, quand le gentil
prince Amadis s'esueillant se trouua au lieu ou le beau da
moysel Florarlan l'auoit laissé, qui se voyant en telle solitude sans autre compagnie que de ses pensées, dont la memoire de Lucelle auoit allumé son ancien desir, plorant & gemissant commença à dire : O
force qui me forces contre ma propre volonté à rompre la foy que ie deuois plus garder, combien me l'as tu fait changer, en me changeant moy-
mesme ? certes ma peine en est grandement redoublée par le bien qui me
fait tant de mal. O gente Lucelle qu'est-ce à dire, que lors que vostre beauté souloit tormenter mon cueur par vn mortel desir ie le portois patiemment alaicté de bonne esperance, mais maintenant que ie n'en ay plus, helas ie seuffre vn mal insuportable! Las espoir qui me soulois entretenir la vie
en ton absence, qui me la soustient maintenant? fault bien que ce soit quelque espoir contre espoir pour me liurer plus grieue punitió de ma desloyauté qui me bannnit de la presence de celle de qui la vertu inestimable me
promettroit quelque pitie, mais ie suis moy-mesme contraire à moy, ne
pouuant auoir repentance pour vous requerir pardon de ma foy faulcée,
quand me souuient de ma treschere Niquée, de qui i'ay tant reçeu de gloire
& de contentement. O mort! acheue ia ma vie pour finir mon trauail: & toy
vie ne m'entretiens plus pour faire durer ma langueur. O flotz marins, que
ne m'auez vous englouty n'agueres en voz abismes, pour m'exempter de
ceste trop plus horrible tormente? O fonteine (regardant celle de sa cauerne) tu es heureuse en faisant ton cours ordinaire, & mes yeulx infortunez à
distiller incessamment par contrainte non naturelle. Ta liqueur fresche
m'oste bien la chaleur venuë du Soleil commun : mais le feu que cause Lucelle (mon vray Soleil) nulle eau ne peult estaindre, qu'vne piteuse larme
d'elle espáduë sur moy. Niquée, Niquéc! tu me dois bien le pardon de ceste
offence, dont tu as oublié l'obligation de mes premieres amours! Lucelle,
Lucelle! resiouyssez vous maintenant que le temps est venu que vous aurez
vengeance de vostre desloyal Cheualier de l'ardente espée, auec satiffactió
de la faulte que son filz à peu faire contre vostre frere. En telz discours il
passa la nuict, iusques à l'heure que Florarlan le vint visiter, acoustré d'vn
casaquin de drap d'or, la trompe penduë en escharpe, acópagné des Lyons,
dont l'vn luy portoit le pannier à la viande, de laquelle il bailla part au prin
ce Amadis qui en gousta quelque peu, s'arrestant à contempler en cest enfant l'image de Niquée : lequel luy demanda comme il s'estoit porté toute
la nuict: Bié (dist il) depuis que i'ay trouué lieu ou ie desire seruir Dieu mon
createur, & compagnie si bonne que la vostre. Monsieur, dist le damoysel,
faites bonne chere, n'espargnez rien, car nous auons de la prouision assez:
ie viens maintenant de courre vn cerf que i'ay eslancé bien pres d'icy, nous
n'au-

n'auṛons pas faulte de viures . Dieu soit loué (dist Amadis) qui n'oublie iamais ses seruiteurs, m'ayant amené en ce desert , ou ie suis si bien secouru de
vous: car ie croy fermement que le soucy me feroit mourir de male mort a-
ṇant que i'eusse le soing pour soustenir ma vie. Monsieur(dist Florarlan) ie
vous prie ne prenez tant de fantasie, mais resiouyssez vous:& quand il vous
plaira venir à la chasse ie vous ameneray icy monture : car quant à moy ie
suis desia si acoustumé d'aller à pied que ie n'ay besoing de cheual . Ie vous
en remercie (respond Amadis) vous asseurant que quand i'y voudrois aller
ie le ferois beaucoup plus pour vous faire plaisir qu'à moy-mesmes , sinon
pour celuy que i'ay de vostre compagnie, par le sçauoir qui est en vous , tel
que l'aage vous deuroit denier par nature. Le damoysel ne faillit à le prendre au mot, & lendemain vint à la cauerne à cheual, & mettant pied à terre
dist au Cheualier solitaire : Monsieur montez sur ce cheual s'il vous plaist
pour voir ma chasse & le païs d'l'entour qui n'est pas tout ainsi que le voyez icy : ce qu'il fit pour luy complaire, & alloit apres l'enfant qui marchoit
deuất luy allaygre comme vn basque. Parquoy pensoit Amadis que lon ne
deuroit pas autrement nourrir les filz des princes pour les rendre robustes
& moins delicatz . Or le mena-il en telle part ou ilz trouuerent venaison,
& eurent le passetemps des grandz Ours que ces Lions prindrent à force.
Amadis retourna au soir en sa loge, & fut enuiron deux moys menant ceste
vie, & couchoit sur vn petit lict qu'il auoit fait de mousse d'arbres.

Comme le damoysel Florarlan

mena Amadis de Grece veoir les naurez d'Armide.

Chapitre.   XXXVIII.

Ntre les chaſſes qu'Amadis de Grece continua auec Florarlan, il le mena vn iour à quartier des montaignes, ou ilz trouuerent vn parc circuit de murailles qui ſembloiét bien eſtre de trois lieuës de tour ou enuiron, ioignant lequel eſtoit vn beau boys planté de grãdz ormes & vieilz cheſnes, aboutiſſant au bout d'vne belle riuiere, qui redoubloit toute l'afsiette & l'edifice au rebat de ſa perſpectiue, lequel pleut grandement à Amadis de Grece, & demanda au damoyſel quel logis c'eſtoit. Monſieur (diſt il) s'il vous plaiſt nous y pourrons aller & voir les plus eſtranges choſes de ce monde. Voire mais, diſt Amadis, ie ne voudrois eſtre cognu. Ne craignons diſt Florarlan vous n'auez garde, car ceux qui ſont dedans ne cognoiſſent pas eulx meſmes. Amadis en eut d'autant plus d'enuie: Si alla quant & Florarlan pour voir les ſecretz de ceſte maiſon, ou à l'arriuée ilz n'oyrent dedans que pleurs & lamentations de gens grieuement naurez: puis entrans en vne grand' ſalle virent vne geolle de fer, & là dedans plus de deux cens Cheualiers qui iettoient force crix piteux: & auoiét tous la main ſeneſtre perſée contre l'endroit du cueur, comme s'ilz y euſſét eſté bleſſez cruellemét, ſans auoir aucun interuale de douleur, tant bleſmes & attenuëz que c'eſtoit horreur de les voir: Entre leſquelz Amadis de Grece cogneut Garinter, dont il fut trop eſmerueillé, & l'euſt volontiers tiré hors de là s'il luy euſt eſté poſsible. Pourtant diſt au damoyſel: Certes mon enfant c'eſt grand' pitie de voir ces pauures gens qui ont tant de peine, mais n'y a il nulle fin a leur tormét? Si à monſieur (diſt il) ilz ont quelque relaſche, mais ſi courte qu'ilz ne l'eſtiment rien. Comme ilz parloient ainſi l'vn à l'autre veirent ſortir d'vne chambre qui reſpondoit à la ſalle vne fort belle damoyſelle, qui eſtoit veſtuë de drap d'or, ayant ſes cheueulx eſpars, & ſur iceulx vne guirlande de riche pierrerie, portant en ſa main vne harpe qui ſembloit eſtre de fin or, & derriere elle marchoient autres damoyſelles richement veſtuës dont l'vne portoit la queuë de la Princeſſe, & l'autre deux coiſsins de drap d'or qui furent mis à l'entrée de la geolle. La pucelle fut fort eſbahie de voir vn ſi beau Cheualier qu'Amadis, n'ayant iamais veu ſon pareil, combien qu'il fuſt bien maigre & palle: parquoy demanda à Florarlan qui eſtoit ce cheualier: le damoyſel, baiſſant la veuë en terre auec vne grand' reuerence, reſpondit, ma Dame ie ne le cognois non plus que vous, ſinon que ie l'ay trouué entre ces montaignes, & m'a prié que ie vinſe auec luy pour veoir ceſte auenture. A'quoy la Damoyſelle ne ſonna mot encor que le cheualier luy pleuſt tant qu'elle n'én pouuoit retirer ſa veuë, pour la ſemblance qu'elle y trouuoit de celuy qu'elle y maginoit le plus, cóme ſi s'euſt eſté luy meſme: qui fut cauſe qu'elle alla faire ſon office auec grá de ſolennité, c'eſt à ſçauoir que ſe mettant bas ſur les coiſſins commença à toucher ſa harpe, & chanter doulcement quelques chanſonnettes en complainte d'amours auec ſi profondz ſouſpirs yſſans de ſes entrailles qu'ilz en gendroient en hault les larmes decoulans le long de ſa belle face. A la contempla-

templation defquelles elle ramena à la memoire d'Amadis de Grece celle
qui eftoit fi fort grauée en fon cueur, tellement qu'elle le fit plorer de compagnie . Ce qui augmenta grandement l'affection de la pucelle de le veoir
ainfi larmoyer . Or entendez que des que la princeffe commença à chanter
& fonner, tous les cheualiers patiens tumberent à terre comme gens endor-
mis, demeurans tous coiz iufques à ce qu'elle eut finy la muficque. A quoy
le Prince print bien garde , & difoit apar-foy : helas ma dame Lucelle,
combien eft plus grand le mal que ie feufre pour la faute commife contre
vous, que n'eft celuy de ceux qui font icy tormentez, car le fon de la pucelle leur ofte la pafsion pour quelque temps , & la mienne n'a point de ceffe,
& fi rengrege à ce fon melodieux . Adonc elle bailla fa harpe à vne des autres, qui en commença à iouer , y aiouftant la gorge comme elle auoit fait,
mais non pas fi bien . Ce pendant elle s'adreffe à Amadis de Grece , & luy
dift : En bonne foy Cheualier ie penfe que foyez amoureux par le tefmoignage que ie voy de voz larmes. Ma Dame(refpondit il)la doulce armonie
de l'inftrument auec voftre voix ont tant de vertu, moyennant les parolles qu'auez prononcées, qu'elles fuffifent à engendrer pafsion à quiconques en feroit vuide, parquoy ne vous esbahiffez fi elles ont effect en moy,
ou elles ont trouué matiere difpofée : Car fi amour m'a voulu faire fentir
fes effortz, qu'elle raifon peult il auoir maintenant de m'en monftrer de
tous contraires ? helas Cheualier (dift elle) ie ne m'esbahy plus fi voz larmes ont efté contraires aux miennes fur ma muficque : puis que ie trouue
conformité de pafsion en noz cueurs . Ma Dame le tort que ie voy eftre
fait à vous (belle par excellence) chaffe mon defefpoir , me feruant de reconfort en pareille infortune , & receurois grande allegence fi ie me pouuois trouuer icy toutesfoys que vous ferez la mufique aux patiens: parquoy
vous fuplie me vouloir dire l'heure ordinaire , à fin que ie n'y faille point.
Cheualier (dift elle) fi vous auez plaifir en ce miftere , d'autant que voftre
mal eft femblable au mien, i'ay autant de meftier de voftre compagnie, que
vous de la mienne : Parquoy ne faites difficulté d'y venir toutes & quantes
foys que bon vous femblera . Ma Dame (dift il) ie vous remercie humblement, vous fupliant d'auantage me dire la caufe de cefte auenture, pour laquelle ces Cheualiers font fi mal traitez . La caufe eft (refpond elle) qu'il y a
en ce parc vne trefexcelléte pucelle nommée Armide qui iadis fut enchantée par fa mere à raifon de fa parfaite beaulté, à fin que Princes & Roys ne
vinfent en contention à qui l'auroit par force: Et quiconque y vient en telle
intention demeure icy traité côme vous voyez : & moy qui ay compafsion
de leur peine à caufe de la mienne femblable , viens fouuent icy d'vn chafteau que i'ay affez pres, pour parler à vn Philofophe , & conferer auec luy
mes affaires, & par mefme moyen leur faitz le bien que vous auez veu, ou fi
ie n'y puis venir i'y enuoye la Damoyfelle qui iouë prefentement. Vous me
contez merueilles(dift Amadis de Grece)mais ou fe tient cefte pucelle que
vous dites? n'eft il pofsible que Dame ou damoyfelle y entre, combien qu'il

N iiii   ne

ne soit permis aux gentilz-hommes? Non, dist elle, pour-ce qu'aussitost
qu'elles y aprochent de vingt piedz il se fait vn bruit si espouentable qu'elles en sortent incontinent: & si elles y viennét en compagnie de Cheualiers
elles les perdent en entrant. Or est-il tard, si vous donneray le bon soir: partant enseignez ce Damoysel l'endroit ou il vous pourra tousiours trouuer,
& ie vous feray sçauoir par luy le iour que ie seray icy. Amadis la remercia
grandement, & dist qu'il le feroit. Ainsi la Princesse auec ses Damoyselles
& les Cheualiers recommencerent leur piteuse armonie: lesquelz Amadis
laissa, s'en allant auec le Damoysel, auquel il s'enquist en chemin s'il cognoissoit la Dame qui auoit parlé à luy si courtoysement. Ouy monsieur
respond: c'est la princesse Arlande, ma Dame & maistresse, à laquelle le
Royaume de Trace apartient de droict apres le deces du Roy son pere, elle
passe souuent par-cy pour parler à l'astrologue qui me nourrit: & la Damoyselle que vous voyez plus priuée d'elle est sa cousine apellée Arlinde
fille du duc de Crette, & l'autre grande ouuriere de pourtraiture est nommée Grise, & pour vous en dire la verité elle est fort amoureuse mais nous
ne sçauons de qui. Il me le semble bien, dist le Prince, vrayement elle est
douée de grand' beauté. Voire, dist Florarlan, & plus la frequenterez plus
vous louerez de son acointance, parquoy ie vous auertiray tousiours de sa
venuë. Lors luy demanda Amadis s'il n'y auoit nul remede au monde pour
deliurer ces pauures affligez, si a (respond) selon que vous pourrez veoir es
escriteaux des parrons qui sont icy deuant. Adonc delibera en faueur d'a-
mour entreprendre l'auenture, & pria Florarlan de le mener aux perrons,
lequel comme se doutant de la resolution du Cheualier luy dist qu'il ne
voudroit pas qu'il l'esprouuast à cause du peu de profit que les autres en a-
uoient raporté. Sur-quoy Amadis de Grece iettant vn grand souspir: helas
mon mignon, dist il, que ie gaignerois beaucoup s'il me pouuoit auenir de
perdre mon entendement à fin de ne sentir mon martire, auquel tous autres maulx seruent d'allegeance. L'enfant voyant sa conclusion, l'alla conduire au circuit de l'espreuue d'Armide ou il ne sçeut lire vn seul mot, & le
pria de se retirer, & que si l'auenture luy disoit bien il luy feroit sçauoir, sinon il ne sera besoing de l'attendre iusques à ce que les autres sortiront. Ie
vous iray, dist Florarlan, rechercher en la maison des naurez d'amour, ainsi
estoit nommée. Amadis le baisant en la face se departit de luy, n'ayant autres armes que son espée, monté sur le cheual qu'il luy auoit amené: & va
entrer par la poterne ou pourpris, si nauré de sa premiere playe qu'il ne
craignoit danger d'autre plus grande.

Comme Amadis de Grece esprou

ua l'auenture de la queste d'Armide, & de ce qui luy auint.

Chapitre.   XXXIX.

Es nues de L'occident monſtroiét deſia par leur rougeur
la retraitte du Soleil vers elles, quand l'excellent prince
Amadis de Grece ſe print à cheminer dans la baſſe court,
ou il ne paſſa gueres auant ſans trouuer grand nombre de
harnois de Cheualiers qui y eſtoient eſpanduz en l'entrepriſe de l'eſpreuue: & combien qu'il y en euſt pluſieurs
qui luy euſſent bien peu ſeruir ſelon ſa corpulence, & qui eſtoient de grande valleur, ſi eſt ce qu'il n'en voulut endoſſer pas vn, eſtimant qu'armures
peuuent bien peu valloir contre les enchantemens: Et de la mort n'auoit
tant de ſoucy que du danger de ſon eſperance eſperduë. A l'inſtant luy ſem
bla veoir deuant luy vne nue eſpeſſe comme fumée d'vne tuillerie auec terribles eſclairs comme de tónerre. Et ceſte nue s'eſtendoit depuis le ciel iuſques en la terre, dequoy il fut fort esbahy, encor que couſtumier de veoir
choſes eſpouuentables, neant-moins paſſa il dedans la nue, ce que nul n'a-
uoit

uoit oncques fait si auant, de laquelle se trouuant enueloppé, le cueur luy creut contre la paour: si picque son cheual lequel restiue & soufle de frayeur, mais il le broche siuifuement qu'à bride auallée luy fait trauerser la nuë iusques à la clarté, tenant l'espée nuë à la main, la ou il aperceut vne grand' trouppe de Damoyselles richement acoustrées s'entretenans par les mains. Qu'est ce cy sire Cheualier (dirent elles) voulez vous employer voz forces contre les tendres pucelles? remettez hardiment vostre glaiue au fourreau, car vous estes en lieu pour receuoir plustost playe que la liurer: à quoy il obeit, disant: Mes Dames, vous vous pourrez bien mesconter parlant à celuy qui est tant nauré qu'il n'y a place en luy pour nouuelle blessure. S'il y a quelque hônesteté en vous (respondirent) mettez pied à terre & venez quát & nous: Ce qu'il fit, mais il ne l'eut si tost fait qu'il perdit & Damoyselles & cheual, & veit vn esquadron de Cheualiers venás à course de destriers la lance baissée contre luy, disans: Cheualier vous payerez maintenant la maletoste des volontez qu'auez portées contraires à celles de noz Damoyselles. Lors il desgaina son espée & se meit en deffence sans aucune crainte, deliberé pour le moins de cherement leur vendre sa peau, & qu'il y en demeureroit pour les gaiges, mais le nombre d'eulx estoit si grand qu'ilz l'enuironnerent de tous costez, le naurant deuant & derriere, dont sortit tant de sang de son corps que luy-mesmes s'esbahissoit comme il pouuoit viure, iusques a ce que la nuict suruint, & se pensant retirer à quartier, se trouua pres d'vne porte du Chasteau ou il entra iusques en la court quarrée, & y trouua autre grand nombre de Cheualiers sortans par les quatre coings, lesquelz le vindrent assaillir leurs espées au poing, disans: Cheualier il n'y a maintenant personne qui vous peust deliurer de noz mains: Lors le rechargerent de rechef, luy estant auis que leurs espées ne trenchoient pas, trop bien en sentoit il les coups orbes sans se pouuoir reuenger, d'autát que les siens ne portoiét point. Estant Amadis de Grece en cest estour, suruient vn Cheualier hault outre mesure qui dist: Retirez vous mes gentilz hommes, car ie le vous iettray par terre, puis luy trencherez la teste à vostre ayse. Adonc embrassa Amadis & luterent longuement pour s'aterrasser l'vn l'autre, n'ayant Amadis rencontré homme de plus grand force: toutesfoys à la fin il luy fit ployer vn genou, & escrier. Helas! les vaincueurs châgeront presentement leurs forces pour les vaincuz. Lors Amadis se trouue estre aux prises auec vne fort belle Damoyselle parée precieusemét, & veid tous les autres Cheualiers ainsi transmuez, & vn grand nombre de torches allumées à lencontre de luy, & force pucelles tenans harpes, lutz, & guiternes, dont il fut grandement esbahy, & sur tout de l'excellente beauté de celle qu'il tenoit lyée entre ses bras à la lutte, luy estant bien auis qu'il n'en auoit oncques veu de plus, & y fust Niquée en comparaison, laquelle luy dist: Monsieur vous soyez le bien venu, & plaise à Dieu que ce soit pour meilleur remede à celle qui l'a osté à tous iusques au-iourd'huy: mais ie crains que le donnez aux autres & non à moy. Ceste parolle Amadis ne sçeut bóne-

ne-

neme̅nt ente̅dre, toutesfoys luy refpondit: Ma Dame ie me reputerois trop heureux de vous poüuoir faire feruice, vous affeurant qu'il ne tie̅dra à moy de tout ce qu'il me.fera poffible. Vrayement (dift elle) ie vous en remercie, auffi ne deuroit on moins efperer de fi bon Cheualier, vous certifiant qu'il eft bien en voftre puiffance. I'en ferois bien ayfe (dift il) qui fuis couftumier expofer la vie pour les Dames. Or doncques, dift elle, venez vous repofer, & fçaurez apres tout l'eftat de mes affaires. Allons ma Dame (refpond) ou il vous plaira, laquelle le prenant par la main le mena en vne falle tapiffée de drap d'or, ou les tables eftoient defia dreffées, aufquelles ilz fe feirent pour foupper, & furent feruis de viandes exquifes: mais durant le feftin la pucelle ne retira iamais l'œil de deffus le prince, qui la regarda auffi ententiuement, pour la fouuenance qu'elle luy renouuelloit de fa Lucelle, tellement que les larmes luy pendoient aux yeulx groffes comme poix, dont elle fe refiouit fort en fon cueur les apliquant à fon profit, à tort & fans caufe, mais les haulx-boys commencerent à fonner à la defferte, qui les diuertirent de leurs œillades.

Des propos que la princeffe Armi-

de tint à Amadis de Grece, & comme elle demeura enchantée.

Chapitre   XL.

Es tables leuées, la princeſſe print Amadis de Grece par la main, entrant auec luy en vne belle chambre ou ilz s'aſſirent ſur vn lict verd : & elle demanda à vne de ſes Damoyſelles ſa harpe, dont elle cómença à iouer fort doucement & à chanter quant & quant, demeurant elle & le prince ſeulletz en la chambre auec vne torche allumée: laquelle ainſi belle & de bonne grace luy reduit en memoire l'eſtat auquel il eſtoit quand il faiſoit la court à ſa Niquée en tel habit, ſouz le nom de Nereïde dont il ſe print à larmoyer diſant. Helas Niquée quelle offence ie commetz contre vous, en meſlongnant ainſi de voſtre compagnie. Et vous Lucelle à qui i'ay fait la premiere faulte. Or en feray-ie penitence ſi auſtere que quand vous l'entendrez la prédrez en iuſte ſatisfaction. Elle penſa que l'effort de ſa beauté cauſaſt en Amadis ceſte paſsion : auſsi certes n'y euſt il eu cueur ſi dur au monde qui ne ſe fuſt attendry à la douceur de ſa voix & armonye de l'inſtrument. Or ayant acheué ſa chançon luy commença ce langage: S'il eſt ainſi monſieur que ma beauté ayt eu pouuoir de vaincre les forces de tant de Cheualiers qui eſtoient icy auant voſtre venuë, par laquelle vous ayez donné liberté à tous : Pourquoy me laiſſez vous ſeule captiue me voyant telle & de maiſon que pouuez cognoiſtte par renommée. I'ay refuſé tant de Roys, Ducz & Princes deſirans ma compagnie & la communauté de mes terres & ſeigneuries. Or vous fais-ie preſent de moy & de tous mes biens ſi me le voulez faire de voſtre perſonne: Et ſaçhez qu'en voſtre ouy ou nenny giſt la fin & conſummation des enchantemés de feu ma mere, ou vn nouueau commencement de charme ſur vous, auquel trouuerez auſsi peu de grace & mercy que prendrez de pitié de moy. Tel propos rendit Amadis de Grece fort perplex voyant le peu de remede qu'il y pouuoit mettre eſtant deſia marié, & dauátage ſon amour tant engaigé en lieu d'ou il n'eſperoit nul remede, mais apres y auoir vn peu penſé determina luy reſpondre ſelon la verité de ſon fait: Ma Dame, il n'a pas pleu à fortune me permettre tant de liberté, que ie peuſſe accepter la grace que me voulez faire m'ayant lyé en autre lieu qui me rend incapable de voſtre faueur. O Dieu à quelle fin m'auez vous monſtré l'occaſion de tant de bien ſans aucun moyen d'en auoir iouyſſance ? adonc ſe teut & getta vn profond ſouſpir, auquel la Princeſſe tomba de ſon hault & toutes ſes Damoyſelles en vn meſme inſtant, mettant les mains contre leurs poitrines & commençans à gemir & ſe plaindre comme faiſoient les Cheualiers de la maiſon des naurez voire ſi douloureuſement que le Prince en fut eſmeu à grand' compaſsion : Et ſaiſit lors Armide entre ſes bras luy diſant pluſieurs parolles de reconfort, mais elle n'en ceſſa ſes pleurs & lamentations. Ce que voyant Amadis diſt en ſoy meſme: Las que ie ſuis né ſouz cóſtellation infortunée. A a belle Armide ſi vous auiez compris l'eſtat de mes malheurs vous ne vous plaindriez du peu de ſecours que trouuez en moy, qui n'en ay aucun pour moy meſmes. O Lucelle que ne voyez vous la peine que i'endure du mal de

ceſte

ceſte Princeſſe dont ie ſuis cauſe pour le prendre en payement du bien qui ne me peult proceder que de vous. Apres ceſte exclamation ne ſaçhant bon nement que faire pour le mieux, s'auiſa de prendre la harpe de la Princeſſe pour voir ſi c'eſtoit enchantement qui ſe peult apaiſer par la muſicque, ou adoulcir pour le moins comme il auoit veu par celle d'Arlande : Si commença à ſonner, & la Princeſſe auec toutes ſes Damoyſelles demeurerent auſsi coyes que ſi elles euſſent eſté roydes mortes : parquoy il cogneut que elle payoit la debte en telle monnoye que lon auoit fait ſa deſpence : helas que telle experience fuſt tombée ſur Lucelle (diſt il) de ſouffrir à ſon tour pour moy comme ie fais pour elle. A' Armide ne cherchez le medecin qui ne peult pas guarir ſa maladie : & renforſant ſes regretz puis laiſſant la harpe, la Princeſſe & ſes Damoyſelles retournerent à leurs premiers gemiſſemens, ſanglotz & cris pitoyables, & ſortirent hors du chaſteau, & Amadis apres elles : mais ſachez qu'elles ne firent que courir iuſques à vn grand trait d'arbaleſte là ou ſembloit qu'elles ſe fourraſſent dedans vne obſcurité eſpeſſe, en laquelle le Prince ne pouuoit entrer quelque peine qu'il y meiſt non plus que s'il y euſt eu vne forte muraille, dót contraint fut demeurer là, les oyant crier iuſques à ce qu'elles s'eſlongnerent tant que l'ouye ne receuoit plus leur bruit : Et y paſſa toute la nuict en complaintes vers ſa Lucelle. Le iour venu voyant la beauté du chaſteau tout enuironné à vn trait d'arc à l'entour d'vn gros brouillas qui montoit iuſques au ciel, il eſſaya de rechef à paſſer, recherchât de tous coſtez s'il y auoit ouuerture, ou lieu plus penetrable l'vn que l'autre. Parquoy s'en retourna au chaſteau ou il ne trouua perſonne à qui parler, & le veid fort bien en ordre & richement tapiſſé & emmeublé, dont auec ſa faſcherie ſe reſiouyt aucunement de ce qu'il luy ſembloit eſtre enchanté en ce lieu ou il pourroit confier ſa vie ſolitaire iuſques à la mort en penitence de ſa deſloyauté enuers Lucelle, à laquelle il ne ceſſoit tous les iours de parleméter, puis à Niquée, & viuoit du fruict du iardin, & de l'eau des froides fonteines, eſquelles mirant ſouuent ſa figure diſoit : O image de celuy qui n'eſt deſia plus, puis qu'il eſt hors de ſon ſens, dy moy es tu la figure du Cheualier de l'ardente eſpée, lequel vainquit les gardes du chaſteau d'Argines, pour eſtre vaincu de la beauté de Lucelle à qui il a faulſé ſa foy ? Es tu Amadis de Grece qui a tant acquis de gloire au monde, & puis l'as toute perduë par vne ſeule faulte ? ſi tu l'es ie te combatray pour effacer vne pourtraicture tant enlaydie. O clere ſource que plus tu auroys de raiſon à me ſuffoquer en tes vndes, que tu n'euz au beau Narciſſus : venymeux baſilic qui imprimes en moy ta proprieté au danger de la belle Armide, retourne tout ton venin vers ma propre repreſentation, à fin que ie meure en me voyant moy-meſmes : las tu ſçays bien que me donneroys la vie en mourant, dont refuſeras ma requeſte. En telz regretz paſſoit ſon temps en perdant grand' part de ſa beauté, à cauſe qu'il deuenoit foyble de ceſte nourriture de fruictages & d'eau ſimple, mais ſur tout l'amaigriſſoient les ennuytz, meſmement de veoir la princeſſe Armide tous les iours trois

O   foys

foys paſſant deuant luy auec ſes Damoyſelles qui apres ſe fourroient parmy la bruïne, le laiſſant là fort dolent de leur continuël martire . Or deuez
entendre qu'à l'inſtant qu'Amadis de Grece luttant auec la Princeſſe la faiſant agenouiller, les Cheualiers qui eſtoient au ſeiour des naürez, reuindrét
tous en leurs bons ſens, ſans auoir ſouuenance aucune de ce qui leur eſtoit
auenu : Ce qui fut auſsi toſt raporté à la princeſſe Arlande, laquelle y vint
incontinent acompagnée de ſon petit filz qui luy diſt que le Cheualier ſolitaire auoit eſprouué l'auenture, dequoy tous les Cheualiers furent fort eſmerueillez : deliberans tous enſemble l'aller voir au iour enſuyuant, mais à
l'heure qu'ilz en deuiſoient veirent venir Armide de là ou elle auoit laiſſé
Amadis de Grece, & paſſa deuant eulx accompagnée de ſes Damoyſelles a-
uec leurs criz & plaintes acouſtumées : Parquoy dolens de veoir vne ſi belle
Dame & ſi mal traictée vouërent l'vn à l'autre de s'employer à ſa deliurance, laquelle conſiſtoit en ce qu'entendrez cy apres . Lors Arlande demanda
ſa Harpe pour monſtrer aux Cheualiers ce qu'elle auoit fait pour eulx durant leur enchantement . Si attendirent le lendemain pour aller veoir les
eſcriteaulx des perrons qui eſtoient depuis l'entrée d'Amadis tous nouueaux : car ilz diſoient. Celle qui vouldra deliurer Armide pourra entrer
ſeurement, mais pas ne ſortira quand bon luy ſemblera , iuſques à ce qu'elle
reçoyue telle force qu'elle à liurée pour le renfort de l'enchantement. Ayãt
leu le dicton, cogneurent que l'eſpreuue de ceſte auenture n'eſtoit permiſe
qu'aux Dames, toutesfois les Cheualiers ne laiſſerent à eſprouuer l'auenture . Armide donc manda en ce lieu toutes ſes Damoyſelles à l'eſpreuue vne
à vne, leſquelles y entrerent librement, iuſques à veoir Amadis de Grece &
les plus belles le plus ſeurement, mais nulle d'elles la peult acheuer. A raiſon
dequoy fut auiſé que tous les Seigneurs qui eſtoient preſens yroient chercher les plus belles Dames du monde pour les y amener acheuer le ſort. En
laquelle deliberation chacun partit prenant congé de la princeſſe Arlande
qui leur donna cheuaux & armes : Et ne demeura que Garinter derriere, qui
eſtoit fort dolent de ne s'eſtre trouué en la bataille deuant Conſtantinople, de laquelle il eſtoit party pour l'amour de Timbrie : & ayant ouy parler de ceſte auenture en paſſant l'auoit voulu experimenter , dont il luy en
print comme auez entendu . Or les laiſſerons nous aller iuſques à ce que
l'hiſtoire les ramene en ieu.

De la grieue paſsion d'Anaxartes

et des propos qu'il eut auec la princeſſe Oriane.

Chapitre   XLI.

Lc

LE prince Anaxartes fouffrit grand' peine pour l'amour
de fon Oriane, laquelle de fon cofté moins ne l'aymoit
en fon cueur, & acroiffoit leur martire de iour en iour à
caufe de leur conuerfation ordinaire, en laquelle ilz cachoient leur affection fecrette le plus qu'ilz pouuoient,
dont elle augmentoit d'auantage, comme le feu couuert
rend la chaleur plus forte. Puis quant au Prince il fe trouuoit quafi forclos
d'efperance, veu qu'il eftoit payen, & elle chreftiéne, ce qu'il craignoit pouuoir donner empefchemét au mariage: dequoy elle aufsi ne portoit moindre ennuy. Toutesfoys auint vn iour entre autres que toutes les Dames s'alloient pourmener au iardin de l'Empereur, que le Prince eut quelque peu
de commodité de parler à elle plufgrande qu'il n'auoit encor euë, de laquelle voulant faire fon profit, luy fit vne brieue harengue, mais d'vne voix
tremblante auec changement de couleur d'vne part & d'autre, qui fut telle.
Ie vous fuplie ma Dame excufer la hardieffe que ie prens à vous defcouurir
le martire que ie fouffre par voftre excellence, d'autant plus grief que ie le
tiens clos & couuert: car quelque reuerence que ie porte à voftre grandeur,
la force d'amour eft fi vehemente que ma raifon n'y peult plus refifter: &
pour bien le vous donner à entendre, il eft tel que dire ne le puis pour l'extremité de fa violence: finon que par luy ie fentz en moy comme en vn petit monde felon le dit des anciens fages toutes les pafsions diuerfes des elementz: las mes pauures yeulx monftrent bien les courantes de la mer en
mes larmes continuëlles: & mes profondz foufpirs vollét comme les ventz
en l'aer: le tout efmeu par l'ardeur du feu caché en mon cueur, qui fans voftre pitie conuertira tout voftre corps en terre feche & cendres. Anaxartes
ne pouuant plus parler, de douleur qu'il fentoit, ellé pour l'alleger vn peu

luy refpondit. Monfieur le lieu que tenez, tel que nous cognoiffons, vous donne loy de parler à moy priuément : mais de l'affection que me voulez declairer, vous me pardonnerez fi ie fuis deliberée d'en croire ce que i'en pourray iuger par effect plus que par lágage qui eft ayfé à defguifer : Combien que i'eftimerois la Princeffe heureufe à qui Dieu donneroit vn Cheualier auquel tant de vertu abonde, laquelle i'eftime & honore en vous felon fon merite. Sur ce poinct furuindrét tous les Princes & Princeffes au lieu ou Anaxartes eftoit à dire le mot à fa Dame, dont il fut grandement indigné. Or s'en vont tous affeoir aupres d'vn eftang defmeflans maintz gracieux propos, entre lefquelz Darinel s'adreffa au feigneur Falanges : Monfieur il n'y a icy perfonne entre tant de Seigneurs & gentilz-hommes qui foit demeuré auec fi peu d'efperáce d'amour que vous & moy : car à vray dire c'eft tout vn maintenant de nous deux, comme fi c'eftoit auant la guerre, dont amour nous tient grand tort, ayant efté ocafion de plufieurs accordz & amytiez de guerroyer nous deux feulement. Falanges fe print fort à rire, & luy refpondit : voylà donc Darinel vne grand' ocafion de gloire apareillée pour nous qui faifons facrifice de noz corps fans efperance, mais feulement par vn inftinct de paruenir à la victoire de noz penfées. Môfieur dift Darinel vous riez : penfez vous que voftre grandeur vous face plus fentir les angoiffes amoureufes? non non : toutesfois ie remercie les dieux du reconfort qu'ilz me donnent, me faifans compagnon d'vn fi grand feigneur en mefme dance. Siluie à qui le ieu touchoit oyant ce propos luy dift de fort bonne grace : Certes Darinel aufsi n'eftime ie moins voz feruices que ma dame Alaftraxerée peult faire ceux du prince Falanges : voire ie m'y fens plus tenuë, d'autant que vous n'auez caufe de tant vous y affuiettir, & que ne vous en puis faire meilleure recompenfe que de vous en eftimer beaucoup. Ma Dame (dift Darinel) ie baife voftre blanche main pour la faueur qu'il vous plaift me prefter, que i'acompte à plus que fi m'euffiez auiourd'huy fait feigneur de tout le monde. Ce difant print fa cornemufe & commença à iouer, chanter & dancer plaifamment, donnant grande recreation à toute la compagnie fors qu'a la princeffe Niquée qui trop eftoit penfiue fur la longue demeure d'Amadis de Grece, ne pouuant imaginer quelle peult eftre la caufe, & plus le fut quand le prince Fulurtin retourna vers eulx fans luy : car lors luy commença le cueur à liurer les affaulx de foufpeçon fur la princeffe Lucelle qui luy croiffoient de iour en iour. Et confiderans les feigneurs fa continuëlle trifteffe delibererent plufieurs d'aller à la quefte d'Amadis, principalement Florifel ayant obtenu congé de fon Helene, auquel Falanges voulut faire compagnie, ne menans que chacun vn efcuyer. Le prince Anaxartes aufsi & fa fœur Alaftraxerée conclurent d'y aller à part eulx, & maintz autres gentilz Cheualiers bien deliberez d'efprouuer les nouuelles auentures, defquelles lors le bruict couroit par le monde. Et iurerent tous fe rendre à Conftantinople dedans vn an, pour celebrer les noçes de Florifel & celles de Lucidor remifes à ce temps là, mefmes celles de

Zahir

Zahir & de la gracieuse Timbrie, pour qui Florisel fut intercesseur enuers l'Empereur son pere qui s'y accorda voyant leur affection indissoluble. Ayans donc tous prins congé de leurs Dames, les vns se mirent sur mer, les autres allerent par terre, tellement qu'il ne demeura ieune Cheualier en la cité qui ne fust retenu par affaire trop vrgent: Dont fut la court en vne solitude pleine de certaine tristesse, de laquelle la princesse Oriane portoit sa part à cause du partement de Zahir qu'elle aymoit affectueusement, mais elle dissimuloit acortement qu'elle en eust beaucoup à souffrir, comme la grand'cronique de ce Prince le declaire tresamplement.

Comme les princes Florisel & Fa

langes furent gettez par tempeste en l'isle de Guindaye, & de l'estrange auenture qu'ilz y trouuerent.

Chapit. XLII.

Rentrerent les Princes Florisel & Falanges en vn petit Flouin le plus leger qu'ilz peurent choisir pour aller à la voelle, & singlans en haulte mer commanderét aux mariniers ne tenir autre routte que celle que Dieu & fortune les guideroit, puis qu'ilz ne sçauoient en qu'elle part prendre adresse: & cueillirent vent en pouppe pour faire diligence. Au bout de six iours se leua vne tormente qui leur en dura plus de huict, errans & vagans par la mer, à chef desquelz ilz surgirent pres d'v-

ne

ne belle grand’ ifle par vn matin que le Soleil commença à defcouurir de
fes rayons dorez force villes & chafteaux, laquelle leur pleut grandement.
A pres cefte fortune commanderent aux mariniers prendre terre, difpofans
leur vie à tout le hazart qui leur pourroit auenir pluftoft que de s’aller en-
feuelir es vndes: ce qu’ilz firent contre l’opinion de leur pillote, à qui la cofte fembloit quafi inaccefsible . Or y defcendirent armez de harnois peu
enrichiz à fin de n’eftre cogneuz: & eftans desbarquez s’envont par vn petit
fentier qui les conduit en peu de temps pres d’vn beau temple bafty au
mylieu de la campagne à vn quart de lieuë d’vne groffe ville , de laquelle
ilz virent fortir vn nombre de Cheualiers tirans vers ce temple, accompa-
gnez de Dames pour le conuoy d’vn chariot triumphal qui alloit au mylieu d’eulx attelé de fix licornes, & comme ilz aprocherent plus pres virent
que le chariot eftoit d’yuoire auec feullages d’azur à la morefque, & les felles & garnitures des Licornes de veloux cramoyfi: le chariot fut couuert de
quatre arceaux d’vn mefme ouurage, fur lefquelz eftoient pofées douze teftes enchaffées en fin or comme reliquaires , dont la plus haulte eftoit mar-
quée des armes Royalles de Clarence: deffouz eftoit afsife vne pucelle autant belle qu’on euft fçeu choyfir veftuë d’vn Satin violet decouppé fur vn
fond de drap d’or, & les taillades reprinfes auec boutons d’or fubtillement
faitz en façon de trouffes de fleches, liez de gros tortiz de foye bleuë: fa rob
be eftoit fort longue & ceinte , & les mâches eftroites pres des efpaulles venoient à s’eflargir en bas : fes chéueulx efpars, fur lefquelz vne couronne
Royalle eftoit afsife auec infinité de perles , portant en la gauche vn arc
Turquoys, & en l’autre trois flefches mignonnemét empennées. Aux deux
coftez d’elle eftoient deux pucelles richement parées, garnies aufsi d’arcs &
de flefches : & enuiron trois marches plus bas fur le chariot eftoient afsiz
trois Cheualiers veftuz de robbes longues de toelle d’or, attachez au chariot à groffes chaines & colliers d’or , & les mains liées par deuant de groffes cordes de foye: & tous les Cheualiers du conuoy auoient chacun vne efpée lógue d’vne aulne & d’vne palme de large . Et en telle ceremonie marcherent iufques au temple, ou la Royne fut defcenduë & menée, marchans
les trois Cheualiers captifz deuant elle: & ceux de fa fuitte régez aux deux
coftez pour faire paffage. Florifel & Falanges eftoient fort esbahis de telle
pompe, ne fachans imaginer que ce peult eftre : Et defirans veoir defcendirent & entrerent au lieu fainct , ou ilz virent vn throfne efleué de vingt degrez , fur lequel eftoit vn autel , & deffus l’image de la déeffe Venus & du
Dieu Cupido fon filz de fin or , ainfi que les anciens auoient acouftumé de
les paindre , & autour de l’autel grand nombre de chandeliers d’argent, a-
uec torches de cire blanche, eftant tout le tour du temple richement tapif-
fé. La Royne acompagnée de fes deux archeres & de fes trois pucelles por-
tás fa queuë, alla iufques au premier degré de l’efcallier du throfne, ou elles
s’arrefterent toutes trois enfemble, tenans chacune fa flefche encochée: fi firent paffer les trois Cheualiers iufques à l’autel, ou ilz s’apuyerent du doz,

ayans

ayans les visages tournez vers la Royne, laquelle se faisant oster la couronne de dessus le chef comméça à parler aux Idoles : Souuerain Dieu & dées-
se Cupido & Venus qui auez voulu monstrer par moy vostre puissance, ie
vous offre ce present sacrifice, vous supliant ne l'adresser contre moy mesme
au preiudice de mon honneur : Pour lequel i'ameine ces trois hosties en vostre temple, qui par leur temerité ont attenté à le violer & corrumpre en
nous trois filles : En payement dequoy ainsi qu'ilz se sont vantez leurs ames
estre naurées de nostre veuë, leurs cueurs allons ferir de noz flesches, à fin
qu'ilz reçoyuent l'apareil de la main dont leur a esté faite la playe, comme
ceux qui sont frapez par les scorpions trouuent le remede en eulx mesmes.
Parquoy receuez (o dieux) les ames de voz martirs, desquelz la loy fait
passer les corps par son glaiue. Si tost qu'elle eut finy sa priere, descocha la
flesche, & tira si droit au cueur de celuy des Cheualiers qui estoit au mylieu
des autres qu'elle luy perça de part en part, dont il tomba mort deuant elle.
Apres ce coup les deux Damoyselles tenans chacune vn arc en leur main
en firent autant aux deux autres, auec protestation que telle cruauté se faisoit suyuant les loix de leur maistresse, lesquelz ne furét si tost à terre qu'on
leur arracha les cueurs du ventre, qui furent mis dans vn grand rechaufoir
& bruslez sur l'autel, auec perfums de diuerses odeurs. Pendant lequel sacrifice la Royne demáda vne harpe pour elle, & deux autres pour ses deux
archeres, desquelles toutes trois ensemble commencerent à sonner & chanter doulcement chansons conformes à leur sacrifice, en offrant aux Dieux
les cueurs des pauures martirs, & recommandás leurs ames : Les cueurs ainsi
consommez, lon coupa les testes des corps pour les mettre en chasses, faisant porter celle de l'occis par la Royne aux arcz de son char, & les deux
autres furent pendus au parement de l'autel, aupres de plusieurs autres. A-
pres que la ceremonie fut ainsi passée, la Royne alla monter sur son chariot
en habit de deul, dont elle s'accoustra au reuestoir, & marcha en tel ordre
qu'elle estoit venuë droit vers la cité, laissant les deux Princes bien esbahis
de si estrange cas, & fort desireux d'en sçauoir les raisons : qui leur furent de-
clairées par vn vieil homme demeuré au temple pour enterrer les corps,
leur disant : Que la beauté de la royne Sidonye Dame de l'isle auec sa grandeur, auoient engendré tant de presumption en elle, qu'vn an y auoit ou
enuiron que le Prince de Clarence vint en ce lieu, incité seulement de la renommée de sa beauté excellente pour luy faire la court, lequel fut magnifiquement receu & traité comme son estat requeroit, iusques à vn certain
iour qu'il se trouuant outré de l'amour de la Royne luy osa declarer sa pure & honneste affection tendant à fin de mariage, dont elle fut si esmeuë
contre luy que pour monstrer vne exemple de chasteté extreme, & pour
chastier la hardiesse dont le Prince auoit vsé vers elle, le fit sacrifier en telle
façon qu'auez veu despescher ces trois icy. Et incontinent en repentance de
son fait porta le deul de luy : ordonnant deslors certaines loix & consti-
tutions, qui s'apellent communément les gloires de Sidonye, contenans que

O iiii   de

de là en auant perfonne ne fuft fi hardy de demander fille en mariage finõ
en public & en prefence de gens, fur peine de paffer en facrifice, par la main
de celle à qui il aura fait la requefte: & au cas que les requerans foient parés
de la Royne, leurs teftes font mifes fur le chariot, toutes les autres penduës
pres des ydolles. Aufsi porte la loy que fi quelque pucelle eftoit vaincuë de
l'amour d'vn gentil-homme, & elle luy en fift requefte, laquelle il efcon-
duift, qu'il fuft perpetuellemét banny du Royaume, pourueu qu'on puiffe
prouuer qu'ilz foient egaulx en eftat & maifon, & s'il eft eftranger fera fa-
crifié en punition de fon defdaing, exceptez les ia mariez. Et que des filles
requifes par les Cheualiers on en doit faire pareillement execution felon
les conditions deffus declarées, mais fi quelque Damoyfelle eftoit fecrete-
ment pourfuyuie qui ne le declaraft, elle pafferoit par le mefme facrifice.
A cefte caufe eft cefte Ifle apellée l'ifle des facrifices d'amours, par les loix
de Sidonye. Et n'y en a eu beaucoup d'immolez au commencemét, car chacun fe gardoit d'enfraindre la loy, finon puis n'agueres que le duc Alfayres
vaincu de fon amour péfa que cefte cruaulté feroit ceffée, dont luy & deux
Cheualiers fes coufins, amoureux de deux pucelles de la Royne oferent entreprendre les requeftes, aymans trop mieux eftre facrifiez que de durer en
langueur. La Royne declara qu'elle aymoit le Duc, toutesfoys beaucoup
plus tenoit chere l'obferuation de fa loy. Voylà pourquoy fe fait toute la
ceremonie qu'auez veuë: Certes, dift lors Florifel, vous nous comptez merueilles, & fe tournant vers Falanges luy dift: Monfieur il fera bon de vous
retirer d'icy, à fin que voftre beauté ne foit caufe de vous faire demander en
mariage, car les Damoyfelles choififfent volontiers ceux qui vous refem-
blent. Ie n'ay garde de ce danger en voftre compagnie, refpond Falanges,
mais ie m'esbahy fort de la grand' cruauté de cefte Royne. Mefsieurs, dift
le vieillart, ne vous eftonnez tant de celà, ne de la raifon pourquoy elle le
fait: car ç'a efté à iufte caufe, par ce qu'elle ne veult eftre abufée, comme lon
dit que quelque Prince a fait à l'endroit de la fille du Roy de France nommée Lucelle: aufsi n'y a il feigneur qui viue auiourd'huy à qui noftre Royne fe daignaft marier, fi ce n'eft auec Falanges d'Aftre, des vertuz duquel
elle a ouy grand tefmoignage, & aufsi de fa beauté. Lors ne fe peut Florifel
tenir de rire, difant: Ie croy que ce n'eft pas pour elle que le four chauffe. Le
vieillart iugeant que Florifel fe moquaft de la prefumption de fa Royne:
Cheualiers (dift il) ne vous gabbez pas d'elle, car elle eft affez belle & riche
pour faire tel fouhait. Ouy vrayement refpond Falanges. Lors remercians
le bon homme prindrent conge de luy, & remonterent à cheual pour s'en
retourner en leur vaiffeau, craignans que quelque defaftre ne leur auint,
fuyuant les propos que le vieillart leur auoit tenuz: mais ainfi qu'ilz tour-
noient bride, voicy venir vers eulx dix Cheualiers armez, lefquelz leur firét
à fçauoir que la Royne les mandoit. Surquoy Florifel leur fit refponce que
volontiers feroient fon commandement, mais que quelque fortune leur e-
ftoit furuenuë, qui les forçoit de tirer ailleurs. A'quoy les autres replique-

rent

rent que voulſiſſent ou non il leur y conuenoit aller. Il pourroit eſtre que
non,diſt Floriſel.Et comme ilz ſuyuoient leur voye les dix Cheualiers vindrent à pleine courſe contre eulx, qui ſoy retournans auec trois ou quatre
pas de leurs cheuaulx,les choquerent ſi viuement qu'ilz abatirent les deux
premiers qui les aborderent roides à terre: Puis mettans la main aux eſpées
eurent l'eſtour auec les huict autres, deſquelz l'vn eut incontinent la main
droicte tréchée,qui ſe retira à la ville, & auertit ſes compagnons de la meſlée, & de la rude rencontre du prime choc: qui fit beaucoup penſer de la
bonté des deux Cheualiers,dont pluſieurs couroient à la file au ſecours des
autres,mais ce fut trop tard pour ceux là qui n'auoient plus beſoing de mi-
re. Les deux ſeigneurs en deſpeſcherent autant qu'il en pouuoit venir, tant
que l'oſt creut iuſques à trente Cheualiers en vne trouppe : leſquelz char-
geans les Princes d'vne grande furie,leur tuerent les cheuaux deſſouz eulx:
A raiſon dequoy les Princes n'eſtans gueres loing du cymetiere,ſe voyans
à pied,franchirent iuſques à la muraille pour gaigner le portail du temple
ou ilz s'aculerent attendans les ennemys qui ſe mirét tous a pied à la pour-
ſuyte, qui fut ſi mal commencée par les deux premiers, qu'ilz y laiſſerent
bras & iambes pour hoſtages, & partie des autres apres, ainſi qu'ilz s'auan-
çoient de trop pres.Toutesfois la multitude y vint ſi grande qui lanceoient
dardz & pierres, que force fut aux Princes gaigner vne chapelle dont l'entrée eſtoit deffenſable eſtát eſtroite de trois ou quatre degrez, auſsi que lon
n'y pouuoit venir que de front, ou le conflit recommença plusfort qu'au
parauant. Mais Floriſel & Falanges firét vn rampart deuant eulx des corps
qui tomberent l'vn ſur l'autre à l'entrée de la chapelle: & fut le maſſacre ſi
grand que la Royne en fut auertie, qui monta incontinent ſur ſa haquenée
auec douze Damoyſelles:Et voyant ceſte boucherie de ſes gens fut grandement troublée & irritée.

Comme la Royne vint au lieu ou

les Cheualiers combatoient, leſquelz ſe ren-
dirent à elle.

Chapitre   XLIII.

Les

A Royne fut fort esbahie des grandz faitz d'armes qu'ilz executoient deuant ses yeulx , & des merueilleux coups qu'ilz donnoient: Et cognoissant que ses gens se mettoiét en danger à cause qu'il failloit passer par là ou par la fene stre, sans esperance de pouoir venger les autres, s'aprocha bié pres, & les fit tous retirer, disant aux deux princes: Sei gneurs Cheualiersvous pouez bien cognoistre qu'a la lógue vous ne pour-riez maintenir le conflit , car au fort aller ie ferois venir tant de gens que ne pourriez durer en haleine, ou afsieger ceás pour vous faire mourir de faim, dequoy ie serois marrie veu vostre prouësse:Parquoy choisissez le meilleur party,qui est de vous rédre à moy sans riés reseruer, & peult estre vous feray iegrace,selon la confiance que ie vous voirray auoir en ma cleméce, rendez moy donc voz espées & venez auec moy la part que vous meneray.Ma da-me(dist Florisel) si le cas estoit que n'eufsions autre crainte que de la prison en laquelle vostre excellence nous pourroit mettre au moyen de sa beauté, nous ne deurions auoir peur de tomber en voz mains: toutesfois ayans veu que voz loix sont icy trescruelles contre ceux qui pourroient estre engagez de cucur en autre lieu,nous en sommes en quelque doute,pour ne violer no stre foy obligée enuers d'autres. La Royne entendit tresbien leurs raisons, toutesfois elle leur dist:Cheualiers ie pose le cas qu'il fust ainsi que vous di-tes , si croy ie que n'auriez à grand regret de mourir par mes mains , ou par la main de mes Cheualiers, pour vous garentir de la mienne. Et pendant qu'elle parloit les deux Princes la regardoient ententiuement , qui la iuge-rent l'vne des plus belles dames qu'ilz eussent iamais veuë.A` la royne (son propos finy) Falanges fit ceste responce: Ma dame si vous nous asseurez de

tout ce

tout ce danger qui nous pourra auenir , hors mis celuy de voſtre perſonne,
nous nous rendrons à voſtre mercy, vrayement diſt elle ie vous en aſſeure.
Parquoy les deux Cheualiers prenans leurs eſpées par la pointe les rendirent à la Royne qui les bailla à deux de ſes Damoyſelles, & diſt: C eſt honneur cy apartient aux filles puis que ie l'ay peu acquerir , eſtant telle à quoy
tant de Cheualiers ont failly . Lors ſe tournant vers les Princes les pria d'o-
ſter les armetz, ce qu'ilz firent, & tous eſchauffez qu'ilz eſtoient furent trouuez tant beaux que la Royne & les aſsiſtans en furent grandement esbahis , leur eſtant bien auis que telz Cheualiers valoient bien la peine pour
enfraindre ſes loix, parquoy elle ne ſe peut tenir de dire : Vrayement Cheualiers ſelon que ie voy vous auez eu raiſon d'auoir crainte de mes loix, &
les prenant par la main d'vn coſté & d'autre tout à pied comme elle eſtoit,
les mena en ſon palais en la ville, bien ioyeuſe d'emmener ſi bon butin:ima-
ginant en ſoymeſme que ceſte grande beauté ne pouuoit eſtre ſans Falanges d'Aſtre que tãt elle deſiroit . Au deſarmer on leur bailla de riches acouſtremens , puis allerent vers la Royne, qui leur demanda qui ilz eſtoient:
Ma Dame, dirét ilz, nous ſommes encores ſi peu cogneuz, & auons tant peu
exercé le fait des armes pour aquerir renom , que vous ſuplions nous excuſer de ceſte demande, ſeulement vous plaiſe croire que ſommes Cheualiers
de ſang royal, & au reſte aſſez pourueuz des biens de fortune . Cela me ſuf-
fit(diſt elle)puis qu'ainſi le voulez.Ce pendant les tables furent miſes,ou la
Royne s'aſſeid au mylieu des deux Princes qu'elle eſtimoit tant que durant
le diſner elle ne fit autre choſe que les contempler , principalement Falanges qu'elle penſoit recognoiſtte aux enſeignes qu'on luy auoit racontées:
dequoy ilz s'aperceurent, dont ilz ne furent gueres contens.Parquoy ſi toſt
que les tables furent oſtées, Floriſel diſt à Falanges le plus ſecretement qu'il
peut : penſez maintenant à voſtre conſcience, car quant à moy il me ſemble
que i'en ſuis eſchapé par voſtre beauté . Vrayement (diſt Falanges) ie n'ay
encores garde de ce coup, d'autant que la voſtre m'aſſeure . Sur ce propos
la Royne les apella, & les fit ſeoir aupres d'elle ſur vn petit lict verd , leur
demandant quelle auenture les pouuoit auoir amenez en ſon païs . Ilz luy
firent reſponce que ce auoit eſté deſir d'acquerir bruit & honneur, & qu'allant par la mer, la fortune les auoit gettez en ſon Iſle, dont ilz mercyoiét les
Dieux de leur auoir donné occaſion de cognoiſtre ſon excellence.La Royne fort contente de leur reſponce auoit l'œil fiché ſur Falanges qui la rendoit fort gracieuſe enuers eulx , dont ilz prindrent la hardieſſe de luy demander congé , pour aller en quelque affaire qui leur touchoit grandemét.
Surquoy la Royne leur diſt qu'ilz ſe repoſaſſent quelques iournées , pour
ſe refraichir du trauail de la marine, & qu'ilz auroient encores du temps aſſez pour aller à leur entreprinſe: Si commanda auſsi que lon fit desbarquer
leurs gens, & qu'on leur fourniſt tout ce qui leur ſeroit neceſſaire:leur donnant la Royne liberté de prendre le deduit de la chaſſe en telle part qu'ilz
voudroient de ſon Royaume , ſur leur foy & parolle de n'en partir ſans ſon

con-

confentement : & leur fit faire tout l’honneur & courtoyfie dont elle fe peut auifer. Pendant ce temps, la Royne fe trouua tant efprife de l’amour de Falanges, qu’elle tenoit fermement pour celuy qui deuoit eftre fon mary, autrement ne s’y fuft elle iamais rengée, qu’elle ne pouoit plus repofer, ne faifant toutes les nuiɗz que penfer en luy, & comme elle en pourroit cheuir lequel de fon cofté auoit toute fa penfée logée en fa dame Alaftraxerée : pour la femblance de laquelle il arreftoit quelque foys fa veuë fur la Royne qui prefumoit que ce fuft pour l’amour d’elle, & qu’il ne l’ofoit defcouurir par crainte de la rigueur de fes loix, dont elle fe complaignoit en elle mefme. O' royne Sydonie qu’il eft bien employé que vous payez main tenant la cruauté de laquelle vous auez vfé enuers le Prince de Clarence & le duc Alfayres par l’arrogance de voftre chafteté ! Or eftes vous amoureufe pour cognoiftre le tort qu’auez fait aux autres par voz ediɗz inhumains. O' Dieux fi i’auois la puiffance de rompre mes conftitutiós ie le ferois pour ceftuy feul, lequel fi ie perdz ie ne quiers viure vne feule heure : mais que dy ie, plus toft vous deurois remercier du bien qui m’en peult auenir : car fi ce Cheualier auoit liberté de me requerir d’amour peult eftre que ma pureté en feroit corrompuë au moyé de fa conuerfation fi familiere : Parquoy puis que mes loix m’affeurent de ce poinɗ, ie m’y veulx fubmettre entierement forçant ma volonté, de paour de tomber en ceft inconuenient ou mon defir me tire : Et endureray cefte angoiffe en fatisfaction de ceux que i’ay facrifiez fi cruellement, pour recompenfe de leur amytié cordiale. Elle paffa plus de trois fepmaines en cefte opinion fe confermant toufiours de plus en plus. Dequoy les Princes furent trop fafchez, d’autant qu’ilz ne pouuoient impetrer leur congé qu’elle leur prolongoit de iour à autre, tant que Florifel fut contraint de dire à Falanges : Mon compagnon ie crains que la Royne vous demande pour mary, veu le vifage qu’elle vous monftre, dont ie ferois marry, à caufe de la gentile Alaftraxerée : Pource me femble que deuons penfer à ce que nous auons à faire. Monfieur, refpond Falanges, ie ne croy pas qu’il y ait en moy caufe de fi grande affection, laquelle ie tiendrois à grand heur pour tout Prince tant grand peult il eftre. Mais pluftoft que d’y condefcendre foyez feur que ie me lairrois facrifier : pluftoft dy ie, que de faulfer la foy à ma trefchere Dame : tant y a monfieur quand elle viendroit en ces termes, àlors nous prendrions confeil du remede. La paffion gaigna tant à la fin fur la virginité obftinée que, mis arriere tout refpeɗ, la Royne delibera defcouurir fa playe à celuy de qui elle efperoit guarifon : feulemét craignoit qu’il s’excufaft d’eftre voué à autre fainɗe : car bien luy eftoit auis que le Prince luy refpondoit en amour, veu fes geftes & contenances, ioinɗ l’opinion qu’elle auoit de fa beauté, l’eftimant digne d’eftre adorée par le plufgrand feigneur du monde. Ainfi refolut le prier de mariage auec vne folennité merueilleufe. A cefte fin manda tous les Ducz, Marquis, & Barons de fes païs, & fit dreffer vn efchaffault en la grand’ place deuant fon palais tout couuert de drap d’or pour y celebrer fon intétion.

Du

Du grand danger auquel les deux

Princes se trouuerent auec la royne Sidonie à
cause de ses loix.

Chapitre   XLIIII.

L E theatre prest & tapissé au iour assigné, on mist dessus
vn autel vne partie des Idoles plus reuerez en ce lieu, & à
l'entour grand nombre de chandéliers d'argét, auec cier-
ges blancs flamboyans comme brandons, & toutes les testes tant du Prince, du Duc, que des autres Cheualiers fichées sur longues pointes acerées : enuiron deux degrez
plus bas que l'autel furent assises trois chaires de grand pris. Alors la Royne enuoya prier les deux Princes de la venir conduire au lieu ou elle vouloit faire quelque festiuité, à quoy ilz obeïrent, & leur furent aportez acoustremens de veloux verd decoupé sur fond de toelle d'or, & les allerét querir les Ducz & plus grandz seigneurs qui les conuoyerent iusques au palays
ou la Royne les attendoit toute preste vestuë de mesme, elle & cinquante
Damoyselles : ilz luy firent la reuerence, & elle les receut fort courtoysement. Puis la menerent par dessouz les bras comme vne espousée iusques
au lieu du sacrifice, ou elle se mist en la chaire du mylieu priant les deux
Princes de se seoir aux deux costez es deux sieges parez ioignans au sien:
tous les Ducz, Contes & Barons sur les escalliers du theatre selon leur degré d'auctorité, chacun vne Dame aupres de luy de sa qualité & grandeur:

P   quatre

quatre heraulx aux piedz de fon fiege , portans cottes à fes blafons , & vne
pucelle deuant elle tenant vn fin eftoc nud en fa main: laquelle apres auoir
donné figne de filence au peuple, la Royne parla en cefte maniere . Si les
excellentes dames Romaines & Grecques ont par cy deuant fait facrifices
d'elles mefmes pour conferuer leur pureté, à fin d'aquerir par telle mort la
gloire d'immortalité, moindre raifon n'y a es loix par moy conftituées &
eftablies en cefte Ifle, pour la conferuation de la chafteté de moy & de mes
filles, les preferuant de plufieurs abuz que les hommes leur machinét, pour
les attraire à leurs affections impudiques , par promeffes & perfuafions efi-
caces, au moyen du mefme feu d'amour par nature femblable embrafé es
cueurs d'elles mefmes. Parquoy ay feulement referué liberté aux filles de
choyfir maris,& aux Cheualiers d'elire femmes : m'ayant moymefme fou-
mife à la loy pour en vfer ainfi felon mon defir , & le bien de mon Royaume, lequel eft en ma puiffance pour donner à qui me plaira comme à mary
& efpoux . Ce que ie fais à vous Cheualier (prenant la main de Falanges)
vous requerant par amytié me vouloir prendre en mariage & ie vous fais
feigneur de ma perfonne,& de tous mes païs,à caufe de la grace , force, valeur , & beauté que ie cognois en vous : lefquelles ie n'eftime moindres que
celles qu'on m'a raportées de l'excellent prince Falanges d'Aftre . Parquoy
choififfez maintenant, ou de paffer par le contentement que ie vous prefente,ou par la rigueur de mes loix en punitió du refuz. Car d'anuller mes
ordonnances ie ne puis , moy qui les ay faites, mais le mary dont ie feray
pourueuë aura pouuoir les abolir . A tant elle fe teut, demeurant Falanges
(à qui le cas touchoit)fort eftonné entre deux telles extremitez : c'eft à fçauoir de mourir pour conferuer fa loyauté,ou prendre en mariage autre que
celle qui eftoit fi viuement engrauée en fon cueur . Parquoy luy fit telle
refponce: Ma dame i'entendz tresbien la fomme de voz conftitutions, tendans à la conferuation de l'hóneur mortel: mais de ma part ie fuis aftrainct
à garder inuiolablement les diuines penfées infufes en moy de la celefte
princeffe Alaftraxerée , fille du Dieu Mars , & de la royne Zahara , mais fi
on me veult forcer du côtraire, i'ayme mieux mourir en la foy de ma déeffe,& plus par fi belles mains que les voftres . Parquoy ma Dame ie metz ma
vie entre voz mains,car l'ame & la volonté demeure à celle à qui elle eft de-
diée de long temps.Au furplus, ie remercie les Dieux & vous de l'honneur
que m'auez offert,que ne puis accepter.Si fe teut,& la Royne fe voyant ainfi efconduite changea incontinent de couleur , demeurant palle comme fi
elle fuft trefpaffée,diffimulant toutesfoys fon courroux en la meilleure cótenance qu'elle pouuoit.Lors dift,Ie prononçe donc contre vous la fentence de la loy,vous affeurant que le facrifice ne fera pas fi toft acheué de vous,
que ie ne le face aufsi de moymefmes par l'efpée que tient cefte fille . Si fais
commandemét à tous mes vaffaux fouz peine de mort de ne me tenir propos au contraire pour deftourner mon intention qui eft immuable: car l'e-
dict liure à mort ce Cheualier qui me refufe , & fa mort caufera la mienne

par

par regret incurable. Tout le peuple à ce mot fe meit à crier & plorer, mais Falanges n'en monftra en riens plus trifte femblant. Affez en monftroit Florifel pour tous deux, qui eftoit prefque forcené de cefte condemnation, dont fe tournant vers Falanges, luy dift : Mon grand amy que puis-ie faire pour vous deliurer de ce danger, Dieu y vueille mettre la main, car ie ne voy lieu à puiffance d'homme. Monfieur (refpond il) ne vueillez contreuenir à ce que les Dieux ont ordonné de moy, lefquelz ie remercie du bien qu'ilz me font de me faire immoler pour la foy que ie doy à ma diuine Dame: Eftimant qu'ilz m'apellent en leur compagnie, pour rédre mes penfées en pure diuinité, dont elles ne font capables, logées en ce corps terreftre : ce qu'il difoit d'vne telle conftance que Florifel en fut fi eftonné, que fon efprit tranfporté le laiffa fans nul fentiment comme endormy à la veuë de tous: mais au refueil luy va tomber en fantafie vne fubtilité: dont il dift à la Royne : Ma dame voz loix me fembleroient iniques à vouloir rompre la parolle d'vn gentil-homme, defia obligée en autre lieu, pluftoft deuroit guerdonner telle loyauté, qui mieux ayme receuoir la mort que nouuelles penfées. Que trouuez vous plus vertueux que cefte conftance & fermeté fi rare entre les viuans ? mais fi eftes refoluë d'obferuer voz loix fi rigoureufement, vous y eftes la premiere fuiette. Parquoy ie Moraizel prince de Trapelonne nauré du traict empenné de voftre beauté exquife (fe leuant & oftant le bonnet) vous demande en mariage, infiftant à ce que ma requefte me foit acomplie, ou la cruauté de voftre ordonnance contre vous mefmes. La Royne oyant ce propos le regarda, & ne luy fembla de moindre beauté que Falanges, ioinct la memoire des faitz d'armes qu'elle auoit veuz tant admirables, l'ennuy du reffuz prefent de Falanges poulfa fort à la rouë, en forte que voyant en ce cas fon honneur recouuré, & fa vie fauue, luy refpondit. Prince Moraizel, ayant cogneu voftre force, vaillâce, & lignage, ne voulant plus feur tefmoignage que de la haute reprefentation que ie voy en vous, ie rendz graces aux Dieux du bien qu'ilz me font, de me donner tel amy & efpoux, auquel prefentemët ie me liure toute. Lors vint vn euefque de leur loy qui les maria à leur mode : & à l'inftant fut Moraizel couronné Roy de Guindaye. Quel plaifir penfez vous que receuoit Florifel de telz honneurs ? mais tout il oublia lors, pour preferuer fon loyal amy de cefte violence. Or luy (eftans renduz les hommages) auant que partir du theatre parla au peuple en cefte maniere : Chers & bien amez fuiectz, vous fçauez que les Roys ont puiffance d'eftablir loix & abolir: Parquoy ie (comme voftre Prince) reuocque & adnulle pour cefte fois feulement, l'arreft que ma trefchere femme & efpoufe auoit prononcé contre ce gentil-homme, fans preiudice de fes loix en tout le refte qu'elle & vous confentirez deformais eftre obferué. La commune fut grandement refiouye de ce moyen de leur fauuer leur Royne, & auffi le prince Falanges, qu'ilz ne trouuoient bon de veoir ainfi mourir à credit, lequel eftoit rauy d'ayfe du bon tour de fon cópagnon : fe tenant bien recompenfé à vn coup de tous les plaifirs qu'il luy

P ii   auoit

auoit iamais faitz, & luy deuoir aſſez de retour. Ce fait la Royne deſcendit
de ſon eſchaffault, commençans les trompettes & clairons à ſonner, qui ne
ceſſerent iuſques au palais, ou lon auoit couuert pour le diſner, combien
qu'il fuſt apreſté en faueur du prince Falanges. La Royne s'aſſeid au mylieu
du roy Moraizel & de luy, & furent fort magnifiquement ſeruis. Apres elle
entra en pluſieurs deuis gracieux auec Floriſel, à ſon treſgrand contentement: leur propos finy alla vers ſon compagnon qui luy diſt. A ha Floriſel
que grande eſt l'amytié que me monſtrez à ce coup, vous faiſant oublier
toutes les autres obligations & deuoirs. Ie n'ay regret (reſpond il) qu'en ce
que ie me forfais enuers Dieu, d'autant que la Royne eſt payenne: car le tort
que ie fais à ma chere Helene me ſemble eſtre compenſé par l'important
ſecours que ie donne à mon amy & le ſien, lequel a tant fait pour elle. Monſieur (diſt lors Falanges vn peu reſiouy) ce peché nous tiendrons ſi ſecret
qu'il ſera à demy pardóné. A l'heure vint la Royne vers eulx qui print ſon
mary par la main, les haulboys ſonnerent, & il la mena vn bal de fort douce
grauité: es pauſes duquel, elle trop embraſée de ſa bonne grace, s'excuſa enuers luy dequoy elle auoit ainſi choyſi ſon compagnon, & que c'eſtoit par
malheur, ayant ietté ſa premiere veuë ſur luy, qui luy toucha ſoudain au
cueur, deſia esbranlé par la renommée du prince Falanges, à qui il luy ſembloit eſtre du tout conforme ſelon le commun raport: mais depuis qu'elle
auoit contemplé Moraizel, & remis deuant les yeulx ſa prouëſſe extreme
qu'elle veit dedans le temple, ſe repentoit de ſa faulte, & ſuplioit luy pardonner. Ma dame (reſpondit Floriſel) de la beauté ie quitte le los à mon
compagnon, des armes l'effort venoit de voſtre regard, qui peult imprimer
hardieſſe es plus couardz. Au fort vous deuez aſſeurer de plus d'amytié en
moy que n'auez trouué en luy. Les haubois recommançans leur rompirent
ce propos: mais à la pauſe du ſecond bal, elle plus gaillarde par ceſt exerci-
ce, luy declara eſtre tant eſpriſe de ſa beauté qu'elle le prioit ne la laiſſer en
lágueur toute celle iournée, qui luy ſembleroit durer plus d'vn an. A quoy
Floriſel, qui n'euſt peu ne s'eſchaufer ſi pres de tant beau feu, s'acorda aſſez
volontiers. Las Helene, ce n'eſt à tort maintenant que tu doutes de l'eſtat
de ton amy: le cueur ne te iuge il point par naturelle ſympatie la trahiſon
qu'on te machine? voylà la force que peult auoir vn obiect preſent, encores
que moindre contre l'abſent de plus grande excellence. Apres ce bal & vn
bien court deuis, la Royne ſe deſroba la premiere, acompagnée ſeulement
de deux de ſes plus familieres Damoyſelles. Et gueres ne tarda Floriſel à la
ſuyure, luy proteſtant Falanges de faire telle entrepriſe à l'honneur diuin,
qui leur tourneroit à remiſſion de ceſte offence. Il n'eſt beſoing de vous exprimer d'auantage comme elle le receut amoureuſement: ſinon que ſes damoyſelles eſtans retirées en la garderobbe, il comméça par vn baiſer qu'elle redoubla, puis mettant la main au ſein poly, en maniant les deux blanches pómettes, fut ſaiſi d'vn deſir ſi ardent que quelque priere qu'elle luy
fiſt d'apeller ſes femmes pour ſe coucher nudz à leur ayſe, il en print les ar-
res ſur

res sur le bord du lict, non-obstant vne demye resistence qui l'enflamba d'a
uantage, iusques à la tierce accollée. Et remettant le surplus à la nuict, retournerent en la salle se tenans par les mains, au grand plaisir de tous les seigneurs & Dames. La nuict il se monstra si vertueux, & tant rompit de lances, qu'elle l'estima beaucoup plus qu'elle n'auoit fait au temple.

Comme vn herault se vint presen

ter deuant la royne Sidonie, la sommant de certain tribut, & de ce que Moraizel luy respondit.

Chapitre   XLV.

Insi le sainct Moraizel & la Royne Sidonie se donnerent
du bon temps iusques à certain iour, qu'il vint vn herault
troubler la feste, lequel entra en salle à l'issuë du repas, &
sans reuerence ne demye parla ainsi: Ma dame le roy A-
stradolfe des Isles Astrades m'enuoye deuers vous pour
receuoir de sa part le tribut que luy deuez tous les ans,
pour la protection en quoy il vous tient. Plus m'a commandé vous dire
qu'il en veult d'oresenauant estre payé au double : & si vous y faillez qu'il
vous ostera la couronne. Moraizel qui n'eut la patience d'attendre que la
Royne respondist, dist au herault: Dy à ton maistre que le temps est chágé,
auquel il fault qu'il paye à l'Isle de Guindaye le tribut qu'il exige de la Roy
ne, laquelle vault tant que tout le monde luy deuroit par raison estre tribu-

taire. Et s’il eſt reffuſant de le faire, qu’il ne preigne la peine de venir icy, & que nous l’irons trouuer en ſon Royaume. Ceſte reſponce pleut fort à la Royne, & l’employa pour ſiéne. Auec laquelle le roy d’armes partit. Lors s’enquirent les Princes à la Royne qui eſtoit ce Roy, & la cauſe de ſa demã‑ de: qui leur diſt qu’Aſtradolfe eſtoit vn Geant auſsi grand & puiſſant qu’il y en euſt es parties Orientales, ayant vn frere pareil, auec lequel il auoit oc‑ cupé pluſieurs Iſles, & compoſé à aucunes pour certain tribut, du nombre deſquelles ceſte Iſle eſtoit taxée à mille beſans dor par an, & maintenant en demande deux, pour auoir couleur de ſayſir ma terre & s’en emparer, Ie ne m’en esbahy point diſt Falanges, car ces monſtres cy ſont couſtumiers d’v‑ ſer de telles braueries & iniuſtices: mais leur oultrecuydance leur pourroit faire perdre le leur & l’autruy. Or Falanges qui tenoit ce propos n’eſtoit gueres content de couuer ſi long temps les cendres, ſachant que leurs per‑ ſonnes eſtoient requiſes en autre lieu. Mais la Royne eſtoit ſi affriandée de ce Moraizel, lequel elle traitoit auec tous les plaiſirs dont ſe pouuoit aui‑ ſer, ſans le perdre vne heure de veuë, fuſt il à la chaſſe ou autre part à ſou‑ las incontinent la veoyoit aupres luy. En ſorte que luy ne voulant attendre la reſponce du geant, ains dreſſer vne armée de mer pour l’aller viſiter, elle pour ne l’eſlongner ſi toſt, le pria differer iuſques au retour du herault qui gueres tarder ne pouuoit, d’autant qu’en l’iſle du geant par bonace on pou‑ uoit paſſer en deux iours : Parquoy eut pacience ceſte foys. Neantmoins mãda tous les ſeigneurs du païs, leur expoſant le motif de la guerre, & que ce pendant chacun ſe tint preſt : auſsi commanda d’adouber & calfeutrer les galeres & nauires, & munir de toutes choſes neceſſaires, dequoy ilz eu‑ rent bon beſoing, au moyen que le geant Aſtradolfe & ſon frere ne tarde‑ rent gueres a aborder en l’Iſle de Guindare en ſi grand flotte qu’il ne fut poſsible de leur deffendre la deſcente, acompagnez de pluſieurs Roys & ſeigneurs leurs vaſſaux, bien deliberez de deſtruire l’iſle. A laquelle ilz ne furent ſi toſt abordez, qu’Aſtradolfe manda à la Royne qu’elle luy enuoy‑ aſt incontinent la teſte du Cheualier qui auoit blaſphemé contre ſa maie‑ ſté, quant à elle & ſes ſuieſtz il les prendroit à mercy, moyennant qu’elle miſt entre ſes mains la ſouueraineté du Royaume: ſinon qu’il mettroit tous ſes païs à feu & à ſang. Floriſel cuyda yſſir du ſens oyant ceſt outrageux mã‑ dement, & diſt au meſſager : dy à ton maiſtre qu’il ait patience de deux ou trois iours, au bout deſquelz ie luy porteray la teſte qu’il demande pour raporter la ſienne. Le lendemain Floriſel fit aſſembler le peuple en la mai‑ ſtreſſe place de la ville, auquel il remonſtra les menaces du tiran, & que le tribut qu’il exigeoit n’eſtoit iuſte ne raiſonnable. Parquoy s’ilz eſtoiét diſ‑ poſez à le refuſer & ſe bien deffendre, il les aſſeuroit en peu de temps de chaſſer leurs ennemys hors du païs à leur grande confuſion & dommage. La commune s’eſcria toute d’vne voix, viue noſtre bon roy Moraizel, que les Dieux nous ont donné par leur grace miraculeuſe. Ce voyant Floriſel ordonna deux batailles de ſes gens, dont il conduit l’vne, & bailla l’autre

à Fa-

à Falanges : ſi ſortirent aux champs l'enſeigne deſployée. Et la Royne l'a-
compagna iuſques à la porte de la cité, puis monta ſur le hault de la tour
pour le conduire tant que l'œil pourroit porter, duquel luy decouloient les
chaudes larmes. Marchans doncques ainſi pour trouuer leur ennemy ne firent deux lieuës qu'ilz le virent venir en ſi grand nombre que toute la campagne en eſtoit couuerte, & les deux geans aparoiſſoient par deſſus les autres, comme deux bailliueaux en vn taillis, ou deux taureaux en vn tropeau
de brebis. Adonc Floriſel tira vers vn lieu aſſez auantageux, s'adoſſant d'vn
boys pour n'eſtre aſſailly que de front à cauſe de ceſte grande multitude
qui les euſt peu enuironner, laquelle marchoit à grād pas iuſques à ce qu'ilz
aprocherent d'vn traiɛ̆t d'arc. Lors Floriſel fit eſlargir les premiers rengs
pour deux raiſons, l'vne à fin d'auoir place pour la picque, l'autre pour ſe
garentir des archers qui tirerent en telle quantité à l'abordée que lon euſt
dit proprement qu'il pleuuoit boys. La bataille fut fort cruelle & le carnage
grand des deux parties iuſques à la nuiɛ̆t qui les ſepara. Mais Floriſel ayant
cogneu la crainte que ſes gens auoient des geans à cauſe de leurs corps horribles, le diſt à Falanges, & s'il le trouuoit bon qu'il ſeroit d'auis de les deſ-
fier eux deux de combat ſingulier. Ce que la Royne ne pouuoit gouſter,
pour le peril qu'elle craignoit de ſon amy, mais tant la perſuaderent qu'elle
s'y accorda, & enuoya ſon herault aux deux geãs, qui en furent fort esbau-
dis, comme tenans la victoire ſeure en leur main. Et la Royne pria Moraiſel qu'il luy permiſt d'y aſſiſter. Ce pendant lon ne fit toute la nuit que ſup-
plier les Dieux des deux coſtez pour l'auantage des combatans.

Comme Moraizel & Falanges

combatirent contre le roy Aſtradolfe, & ſon frere, &
de ce qui en auint.

Chapitre   XLVI.

P iiii   Le

LE iour venu Florifel & Falanges furent armez, & monterent à cheual auec tout leur oft pour la feureté du camp.
La Royne fe para trefrichement & y alla fur vn char triumphal acompagnée de fes Damoyfelles, fi bien en ordre que le Soleil qui ne fe faifoit que leuer leur fembloit
rire & donner luftre à leurs beautez. Ilz trouuerent Aftra
dolfe & fon frere defia fur les rengs : & fut la Royne fort efpouuentée de
veoir ces deux geans fi gros & membrus, dont elle fe print à reclamer fes
Dieux pour eftre en ayde à Moraizel & fon compagnon, lefquelz fe pre-
fenterent & conuindrent de condition de la victoire, que les vaincueurs
demeureroient feigneurs des vaincus, & de tous leurs biens & poffefsions.
A quoy Aftradolfe confentit volontiers, tenant l'iffuë comme certaine à
fon defir. Or eftoit il armé de groffes lames de fer par deffus vn iacque de
maille cloué à double, & vn collet de Buffle au deffouz, & fon frere de mefmes, tellement qu'il falloit quafi vn grand pied de lance pour les attaindre
à la chair, ioinct l'efcu qu'ilz auoient au deuant, fur lefquelz rompirét tous
quatre, & du rude heurt de leur cheuaux vuiderent tous les arçons. Mais
noz deux Princes fe monftrerent les plus difpoftz, & attenidrent que les
geans fuffent releuez, dequoy la Royne n'eftoit gueres contente en fon
cueur, eftimant que telles courtoyfies n'eftoient deuës ne bien employées
à telz animaux. L'efcrime des efpées fut afpre & cruëlle contre les maffues
des geans, defquelles ilz tirerent bien toft le fang vermeil entre les ioinctu-
res des harnois, puis prindrent garde à fe tenir feulement en deffence, & e-
uiter les coups enormes de ces monftres, en fe defrobant de viftefle, autrement c'eftoit fait d'eulx du premier coup qui euft porté. Le conflit dura ló-
guement, iufques à ce que le geant defchargeant fur Florifel de toute fa
puif-

puiſſance à deux mains perdit ſon coup par l'adreſſe de ſon ennemy, lequel
donna en terre ſi lourdement que la maſſuë luy vola hors des poings. A
l'inſtant entra Floriſel ſur luy d'vn eſtoc qui luy iette entre les lames & les
cuiſſotz, ſi auant qu'il y laiſſa ſon eſpée, & ſe tire d'vn ſault en arriere. Lors
tombe ceſte groſſe tour iettant vn horrible cry & vne fumée eſpeſſe par la
veuë de l'armet comme d'vne fournaiſe eſtouffée, vous l'euſsiez veu de rage ſe veautrer ſur le ſable, & tant ſe demena que l'eſpée & apres les tripailles
luy ſortirent du ventre: laquelle Moraizel ſaiſit incontinent, & luy en vint
trencher la teſte, laquelle il bailla à ſon eſcuyer qui la porta à la Royne, qui
en receut autant de plaiſir qu'elle en auoit eu de crainte. Si toſt que ſes gens
le virent ſans teſte, n'ayans eſgard à la ſeureté du camp iurée d'vne part &
d'autre, ſe mirent en effort pour venger leur ſeigneur, & de fait le firent
ſi chaudement qu'a peine peut Floriſel à temps monter ſur ſon cheual. Ce
que voyant Falanges reprint cueur, & au coup que le geant luy deſcharge
fait vne deſmarche à coſté enſemble luy faulce le iarret, dont il tomba par
terre. Et Falanges, ſans s'arreſter à luy, móte à cheual s'allant ioindre à Moraizel, pour ſouſtenir les ennemis qui venoient la teſte baiſſée contre leurs
gens. La rencontre fut dure, & la boucherie grande, qui tourna à la fin ſur
les Aſtradolfins perdans courage par faute de leur chef. Or allerent à vau
de route par la prouëſſe des deux Princes, & bien heureux ſe tint celuy qui
peut gaigner la mer à la courſe, ou il y eut telle foulle que pluſieurs ſe noyerent à l'embarquer. Mais deux Roys ſe rendirent au chariot de la Royne
pour ſauuer leurs vies qui leur vallut beaucoup, car autrement ilz eſtoient
deſpeſchez en l'executió de la victoire. Apres laquelle les Princes vindrent
trouuer la Royne qui eſtoit preſque rauye de ioye. Si s'en retournerent en
la ville ou lon fit les feux de lieſſe & actions de grace publicques à leurs
Dieux. Apres on donna ordre à faire enterrer les mortz, & péſer les naurez:
entre leſquelz eſtoient les deux Princes qui demeurerent pres de trête iours
entre les mains des medecins & chirurgiens. Au bout deſquelz conclurent
d'aller au païs du Roy mort, pour le conqueſter & rendre à l'obeiſſance de
la Royne. Ce qu'ilz firent à ſon grand regret (les aymant trop mieux aupres d'elle) & beaucoup plus en euſt eu ſi elle euſt ſçeu ce que depuis luy en
auint. Car apres qu'ilz eurent mis quelque temps au recouurement des Iſles
des deux Roys, & receu les hommages au nom de Moraizel & de la royne
Sidonie, Floriſel ramenteuant l'offence qu'il auoit commiſe enuers Dieu &
ſa femme Helene, penſa qu'il luy ſeroit impoſsible ſe deffaire de la Royne
s'il retournoit à Guindaye, veu l'amour extreme qu'elle luy portoit. Ce
qu'il declara à Falanges, qui fut de ceſt auis, & qu'ilz deuoient partir de là
& renuoyer leurs gens, auec charge de dire à la Royne qu'ilz alloient à vn
affaire auquel ilz ne pouuoient faillir ſans preiudice de leur honneur: luy
ſupliant excuſer leur abſence pour peu de temps, autant aſſeurée de leur retour qu'elle eſtoit de la volonté affectionnée du roy Moraizel. Ceſte concluſion fut miſe en effect, Si monterét au meſme vaiſſeau auquel ilz eſtoiét
venuz

venuz,& firét voelle par autre routte que n'alloient leurs gens.Lefquelz ra-
portans à la Royne leur partemét,la douleur eft incroyable qu'elle en conceut,en forte que peu s'en fallut qu'elle n'yfsit hors du fens . Et commanda
incontinent que tous les principaulx eftans retournez fans le roy Moraizel
fuffent ferrez en eftroicte prifon iufques à fa venuë, lequel fi trop tardif e-
ftoit il y pourroit aller de leurs teftes.Ha Moraizel(difoit elle)comme auez
vous le cueur d'ainfi laiffer celle à qui vn iour de voftre abfence eft vn an de
martire ? O Dieux pourquoy m'auez vous donné vn tel efpoux pour me
l'ofter fi foudain ? comme pourray-ie porter vie fans celuy qui m'emporte
le cueur ? Beaucoup mieux m'euft vallu de ne cognoiftre vn fi grand bien,
que d'en fentir fi toft la perte . En cefte trifteffe elle ne paffoit iour fans facrifices folennelz pour fon retour , & fe reueftit de deul, & fouuent alloit
fur les rochers ou la mer battoit, pour voir fi rien ne viendroit de la part ou
lon luy auoit dit qu'ilz auoient finglé : tellement qu'vn feul oyfeau ne vol-
loit fur la mer qui ne la mift en furfault de la chofe tant defirée . Or peu de
temps apres elle fe fentit enceinte: parquoy fit baftir vne maifon fur les rochers pour ne fe trauailler tant du chemin, en laquelle elle fe tint long téps
en folitude , fans permettre à nulle de fes Damoyfelles de la venir feruir,ne
voulant autre compagnie que de celuy qui peu s'en dónoit defmoy.Là parloit fouuent à luy,comme s'il euft efté prefent: & en contemplant le riuage
& les vndes qui menoient bruit contre la racine des rochs . O profondes
eaux, difoit elle , il femble qu'ayez enuye d'affourdir l'oïe de celle qui ne
demande autre chofe que d'entendre lavoix de fon amy.Ventz impetueux
faites moy ce bien fi Moraizel eft en voftre puiffance de me le ramener bié
toft pardeça vueille ou non . A'ha belle Diane pleuft ores aux Dieux que
ie fuffe en voftre cercle pour voir celuy que vous defcouurez fouuent . La
Royne fe tint toufiours en ce lieu iufques au temps de fes couches qu'elle
enfanta vne fille d'excellente beauté,laquelle voulut eftre nommée Diane,
pour la frequentation qu'elle auoit auec la Lune en fes contemplations nocturnes , de laquelle l'hiftoire fait aufsi ample recit au liure fubfequent que
de Dame qui fuft iamais celebrée par le monde . Elle fut fort confolée de
ceft enfant, pour la reprefentation de fon pere, & la fit nourrir en grande
magnificence: laquelle nous laifferons maintenant, pour retourner aux
autres feigneurs allans en quefte d'Amadis de Grece.

De ce qui auint au prince Zahir,

auec vn Cheualier infencé.

Chapitre   XLVII.

Entre

Ntre pluſieurs Cheualiers d’eſtime qui partirent de Conſtantinople pour trouuer Amadis de Grece fut le prince Zahir, acompagné de domp Felix, & d’Aſtibel de Meſopotamie qui allerét enſemble auec leurs eſcuyers iuſques à vn chemin fourché en trois voyes, ou le prince Zahir prít la main dextre par lequel il cheuaucha enuiró trois iours ſans rencontrer auenture digne de recit, mais au quatrieſme ſe trouua au pied d’vne montaigne ou il y auoit vn grand lac aboutiſſant d’vn coſté à vne belle foreſt, à lorée de laquelle eſtoit vn chaſteau de grand’ montre ſur le bord de ceſte eau, auquel ſe tenoit vn Cheualier de belle taille, qui ve noit armé de toutes pieces, ſon eſpée en la main, battre l’eau auſſi furieuſement que s’il euſt eſté ſon ennemy mortel, puis d’eſtoc, puis de taille pour la troubler inceſſammét, car auſſi toſt qu’elle l’eſtoit ceſſoit ſa frenaiſie, iuſques à ce qu’eſtant repoſée elle luy remettoit quelque choſe deuant les yeulx, qui luy faiſoit recommancer ce ſeruice. Or y auoit lors au riuage de ce lac ſix Damoyſelles plorans ameremét, dont l’vne ſe relioit la teſte qu’elle auoit toute ſanglante & ſe plaignoit grieuement, tant que le Prince s’en eſmerueilla, & voulut ſçauoir que ce pouuoit eſtre, dont s’aprochant pres du Cheualier luy diſt. Que faites vous là Cheualier à battre l’eau ? il haulſe la teſte & reſpond. Quoy ? me veux tu encores icy rompre la teſte pour deſtourner la vengeance de celuy qui m’a nauré le cueur ? va t’en ſi tu ne veux que ie t’en face tout autát, & ſans plus recómance à battre l’eau. Vrayemét diſt le prince, ie croy que ceſt hóme eſt fol & inſenſé, qui voyát l’eau bouillonner par ces coups ne ceſſe de fraper, & quand elle eſt quoye, recharge cóme deuant, car lors il veoyt ſa propre figure à laquelle il diſoit : ne te ſuffiſoit-il pas hóme peruers de m’auoir priué de la choſe que i’aymois le plus

en

en ce monde, sans me quereller & mouuoir proces. Le Prince oyant ce propos ne se peut tenir de rire. L'autre voyant qu'il se moquoit de luy, vint ferir son cheual entre deux oreilles qui tomba plat souz son maistre, tellement qu'auát que Zahir peust retirer la iambe de dessouz le cheual, le chargea de plusieurs coups, mais si tost qu'il fut à deliure le repoulsa asprement,
& luy dist: Maistre fol i'espere te donner si bonne recepte de chastimét que
te feray perdre ta folie: si le manie si dru, que l'autre ne pouuant soustenir se
fourra en l'eau & le Prince apres: mais le Cheualier y estát entré quatre ou
cinq pas, commença à fraper sur son image de nouueau comme s'il n'eust
autre affaire. Comment, luy dist le Prince, penses tu folastre dissimuler ainsi le tort que tu m'as fait de tuer mon cheual, & m'assaillir si outrageuse-
ment: garde toy de moy, ou tu es mort. Laisse moy (dist le Cheualier) acheuer mon combat contre mon ennemy que i'ay deuant moy, & il y aura a-
pres du temps assez pour le faire contre toy. Adonc les Damoyselles du riuage commancerent à s'escrier au prince Zahir qu'il le laissast par ce qu'il
estoit fol. Ce qu'il fit, & s'en va au deuant des Damoyselles qui venoient
vers luy toutes esplorées, & apres les auoir saluées leur demanda la source
de ce beau ieu. Sachez dirent elles Cheualier que c'est la pire auenture qui
fut onques veuë: car ce gentil-homme est seigneur du chasteau du lac que
vous voyez. Or estoit il marié à vne fort excellente damoyselle, Dame d'vn
autre chasteau assez prochain: mais hier au soir bien tard passa par cy vn
mauuais Cheualier comme nous estions seules auec nostre maistresse pres
d'vne fonteine, lequel la voyant si belle la requist d'amour, & elle qui le
veit beau à merueilles s'accorda soudain d'aller auec luy, car à vray dire elle
n'aymoit pas son mary: de sorte que le Cheualier la print deuát luy sur son
cheual, & l'emmena au grand galop, nous ne peusmes mieux que de crier
qu'il la laissast: lors son mary y acourut, & sachant le fait, s'arme podr la recouurer & va apres sur son cheual, & nous quant & luy sur noz haquenées
& le suyuismes iusques à vn chasteau auquel nous vismes entrer le voleur &
nostre maistresse fermans la porte apres eulx, à laquelle il comméça à heurter du pommeau de son espée pour entrer dedans, & se venger de l'outrage
defsiant ceux de leans, & leur disant mil iniures, mais ilz vindrent se mettre aux fenestres & carneaux sans mot luy respondre ains se moquoient de
luy, & sa femme mesmes: dont le gentil-homme fut tant irrité que toute la
nuict gemissant ne faisoit qu'aller & venir parmy ceste forest, & nous le
suyure, & cogneusmes à ces propos nouueaux qu'il estoit hors de son bon
sens, & fumes toutes certaines quand arriua à ce lac, dans lequel voyant son
ymage parla à elle & luy dist. Attendz moy trahistre malheureux car voicy
le temps que tu seras payé de ta desserte, & rompit sa lance contre le fond
de l'eau en deux tronçons, & continuant poindre le choc du gros bout qui
luy estoit demeuré le desarçonna par dessus la croupe emmy le lac ou re-
uoyant sa representation commença à refraper d'estoc & de taille tant que
l'eau fut esmeuë & sa figure perduë, & l'eau rassise il recommença comme

deuant:

deuant:nous allafmes luy demander pourquoy il le faifoit, mais il nous ramena fi bien à grandz coups d'efpée, qu'il acouftra cefte damoyfelle en tel
eftat que la voyez. Le Prince fut fort eftonné de la fortune & leur dift : en
bonne foy mes damoyfelles voylà le plus eftrange cas dont i'ouyffe iamais
parler, & plaindz bien le Cheualier de perdre ainfi le fens pour vne telle
Dame:mais ie vous iure que i'emploiray mon pouuoir à le venger du faulx
rauiffeur qui la detient,car amour m'a mis au nombre de fes vaffaulx:dont
ie fuis tenu à luy faire feruice au befoing de mes côpagnons. Parquoy nous
fault conduire premier ce Cheualier en fa maifon, fi faites venir fes gens &
nous effayerons de l'emporter à force de bras: adonc l'vne d'elles y courut,
& amena fix valetz. Comme penfez vous,dift le Prince,qu'il acouftreroit
fon galant s'il le tenoit icy : mais ie vouë à Dieu, & à celle que i'ayme le
mieux,de faire tant qu'il tombera entre fes mains : Les damoyfelles le re-
mercierent grandement. Arriuans fur ce poinct les feruiteurs du chafteau
lefquelz s'eftoient couuers de quelques vieilles brigandines pour fe garan-
tir de fes coups comme ilz auoient bon meftier, car vn d'eulx s'aprochant
vn peu plus pres qu'il ne deuoit,receut de luy vn tel horion fur fon cabaffet
qu'il fut trenché par la moytié & partie de fa tefte, dont il tomba mort dás
le lac:ce qui garda les autres de l'aborder,iufques à ce que le prince Zahir le
vint fayfir au corps & luy ta auec luy tellement qu'ilz cheurent tous deux en
l'eau deffus deffouz : Dont les damoyfelles les voyans ainfi culbuter ne fe
peurent tenir de rire, mais fur ces entrefaites vindrent les cinq valetz auec
l'efcuyer de Zahir lefquelz le prindrent & emporterent, & le defarmant il
crioit comme d'efperé qu'on luy donnaft fecours & ayde contre les mef-
châs qui le vouloient tuer. A fon cry acoururent deux Cheualiers paffans,
lefquelz voyans cefte meflée cuyderent qu'on l'outrageaft, tellement que
l'vn d'eulx chargea fur Zahir, & l'autre abatit vn des feruiteurs d'vn coup
de lance qui n'en releua onques puis.Le prince tira d'vn reuers telles iartie-
res au cheual de celuy qui l'auoit feru qu'il tomba luy & fon maiftre,lequel
faultant legerement debout vint l'efpée au poing contre luy : vous m'auez
occis mon cheual,dift il, mais i'efpere auoir le voftre en change : Nous ver-
rons, dift Zahir, lors commencerent à chamailler l'vn fur l'autre pendant
que le compagnon pourfuyuoit les valetz lefquelz auoient laiffé le fol courir les champs qui fe voyant en liberté print efcu & efpée & gaigna l'eau à
la courfe & y batit fon ymage comme il fouloit, dont les Cheualiers furent
efmerueillez,toutesfoys vint l'autre au fecours qui penfa choquer Zahir de
fon cheual pour le terraffer,mais il fe deftourna,& le Cheualier paffa outre
puis defcendit à pied, & fe vint ioindre à fon compagnon, mais ilz furent
traictez de fi bonne main que l'vn fut renuerfé par terre d'vn coup d'efpée
qui luy fut donné fur l'armet ou il entra & bien auant en la tefte. Ce que
voyant l'autre fe ietta à genoux deuant Zahir luy prefentant fon efpée, laquelle Zahir luy rendit moyennant qu'il iureroit de iamais n'affaillir hom
me fans fçauoir entendre l'occafion:ce qu'il promift, & aprint des damoy-
Q   felles

ſelles tout le fait du Cheualier forcené . Si alla oſter l'armet à ſon compagnon luy bandant ſa playe . Lon rapella ceux du chaſteau pour reprendre
leur maiſtre fol qu'ilz emporterent au chaſteau , mais leur donna du paſſe
temps aſſez auant que ſe laiſſer empoigner : ſi le mirent en vne chambre a-
uec les manicles aux mains , & fers aux piedz , & logerent aupres de luy les
deux Cheualiers naurez faiſans bonne chere au chaſteau iuſques au lendemain que Zahir leur declara qu'il vouloit aller trouuer le Cheualier rauiſſeur,à quoy les autres dirent qu'ilz luy feroient compagnie.Ilz auoient grã
de eſperance en ſa prouëſſe veu les armes qu'il auoit executées à l'encontre d'eulx.

Comme Zahir alla au chaſteau

*ou eſtoit la deſloyalle femme , ou luy ſuruindrent
auentures diuerſes.*

Chapitre   **XLVIII.**

R alla Zahir auec ſa compagnie drôit au chaſteau ou le
voleur auoit emporté la femme de ſon voyſin . Auquel
arriuez oyrent grand bruyt de meneſtriers comme pour
bal & dance,& aprochans de plus pres luy meſme heurta
au marteau du guychet & eſcriant à haute voix qu'on luy
fiſt ouuerture:dõt vindrét aux carneaux pluſieurs Cheua
liers & Dames , & entres autres le rauiſſeur & la rauie qui furent monſtrez
à Zahir par les damoyſelles de ſa bande : ſi luy diſt. Voleur outrageux des
femmes

femmes d'autruy, si tu sens en toy autant de hardiesse qu'il y a de peruersi-
té sors de là pour le faire cognoistre. Surquoy le Cheualier luy respondit
petarrades, & baisa la Dame deux ou trois fois, puis les instrumentz commancerent à sonner, & la compagnie à dancer, dont le Prince fut fort fas-
ché, ne voyant aucun moyen d'executer sa vengeance. Vrayement dist l'vn
des Cheualiers, il semble que ceux de leans font peu de cas de vostre venuë,
mais beaucoup dirent les autres veu qu'ilz n'osent saillir. Par ma foy dist
Zahir s'il plaist à Dieu ie les feray tantost chanter autre notte, & ce disant
descendit de cheual, & apuya sa lance contre la muraille du chasteau qui e-
stoit assez basse, deliberé de monter auec encor vne, moyennant l'ayde des
autres qui toutesfoys luy desconseillerent ceste entreprise comme trop ha-
zardeuse, mais onques l'en sceurent destourner qu'il n'y grimpast son escu
pendu au col. Les Damoyselles voyans sa hardiesse se prindrent à plorer, &
luy dirent. Bon Cheualier Dieu vous vueille donner ayde selon le droit de
vostre querelle. Bien tost gaigna Zahir le hault de la muraille, ou il fut soudain aperceu par ceux de dedans qui commancerent à crier trahy, trahy,
parquoy le Prince se hasta de descendre pour se trouuer en temps en la salle auec les danceurs, & qu'on ne luy serrast le passage, mais il ne peut faire si
bonne diligence qu'ilz ne se sauuassent, excepté la Dame qu'il cherchoit
laquelle ne peut entrer en la foulle si tost que les autres, laquelle combien
que belle, pource qu'elle estoit meschante le prince ne salua, & la laissoit là,
mais elle se print à crier au meurdre, à l'ayde mon amy Magazan, ie suis
morte. Le Prince voyant que personne ne sortoit à son cry, l'empoigne &
emporte sur le mur, & l'aualla en bas la baillant en garde à sa compagnie,
lesquelz furent fort esbahis de sa prouësse: si est ce que les deux autres Cheualiers luy dirent qu'il en auoit assez fait, & qu'il deuoit descendre car on
oyoit vne grand' esmeutte d'alarme dedans le chasteau: mais luy qui auoit
intention de mettre à fin son entreprise demeura là, & veit sortir quinze
Cheualiers armez de pied en cap qui l'assaillirent tous ensemble, disans. A
ceste heure maistre fol on t'aprendra à escheller les maisons, il ne leur respondit que du bras & de l'espée, les soustenans si vertueusemét que nul n'en
aprocha pres qu'il n'emportast sa marque, tant que le voleur y vint qui luy
dist, attend, attéd moy grimpemur, c'est pour moy qu'as prins ceste, raison
veult que ie t'en paye aufsi, lors tira vn rude coup à Zahir lequel pare l'escu dont il emporta vne grand' piece, mais le Prince luy en ramene sur le
morion vn si pesant qu'il luy en fend si bonne part que le chef luy demeura nud : sur lequel Zahir oubliant en la fureur sa promesse de le rendre au
Cheualier forcené, redouble & luy trêche net : dequoy les autres irritez outre mesure enuahirent Zahir plus animez que parauant, mais le premier en
receut le loyer sur l'espaule, que le bras sembloit vne manche pendant. A-
lors voyans qu'il ne faisoit pas bon si pres de luy, se reculerent & luy lancerent dardz & pierres. Lors prend la teste du Magazan & la gette dehors ou
sa compagnie estoit . Les damoyselles la voyant, & que les deux autres ne

Q ii   mon-

montoient pour fecourir le Prince, leur reprochoient leur couardie : mais la defloyalle la recognoiffant s'efcria comme defefperée fi hault que deux Cheualiers cheuauchans par la foreft l'ouyrent & acoururent au fecours, lefquelz cogneurent l'efcuyer du Prince, l'vn eftoit Fenix, & l'autre Aftribel de Mefopotamie, qui ayans acheué deux auentures de grande importance s'eftoient rencontrez fur ce chemin. Si toft qu'ilz entendirent le danger ou eftoit Zahir, remercians Dieu qui les auoit amenez fi à propos, mirent pied à terre & monterent fur la muraille entre deux lances plus vifte qu'on ne feroit en vn efcallier, & à telle heure y arriuerent que Zahir ne pouuoit efchaper de mort fans leurvenuë, car ilz le trouuerent acculé en vn coing, & toute cefte canaille autour de luy auec feu paille & boys pour le brufler : Zahir voyant les deux Cheualiers defcendre cuyda que ce fuffent ceux qu'il auoit laiffez dehors, mais de plus preft recognoiffant fes compagnons aux armoyries de leurs efcuz, penfez qu'elle ioye luy fut en telle extremité. Or ne mirent gueres à maffacrer ceux qui eftoient entre luy & eulx pour aller embraffer le gentil Prince tant las qu'a peine leur pouuoit tendre les bras. Ainfi qu'ilz eftoient enfemble, toutes les femmes du chafteau fortirent en grand' troupe d'vne chambre, & voyás leurs maris & amys en tel arroy chacune choyfit l'efpée du fien & s'en donna en la poictrine pour les fuyure comme loyalles. Lors Zahir fit ouurir la porte à toute fa compagnie, fors qu'a la faulce femme qui menoit fon deul fur la tefte de Magazan. Zahir monftra aux Damoyfelles le carnage leur demandant s'il reftoit rien encores à l'acompliffement de leur vengence. Cheualier, dirent elles, Dieux le vous vueille rendre. Or eftant, comme ie vous ay dit, la defloyalle demeurée deuant la porte auec la tefte de Magazan laquelle elle bagnoit en fes larmes, paffa par là d'auenture vn Cheualier de fort belle aparence, lequel voyant cefte Dame fi efplorée s'aproche d'elle luy demandant la caufe de fa douleur. Helas Cheualier, dift elle, c'eft pour la tefte que voyez icy coupée par vn trahiftre qui eft en ce chafteau, & elle eftoit d'vn perfonnage que i'aymois le plus en ce monde : Parquoy monfieur s'il y a en vous quelque prouëffe, ie vous fuplie m'en vouloir venger : pendant qu'elle parloit il la regardoit ententiuement: voire mais ma Dame (dift il) fi ie vous en venge qu'elle recompenfe en auray-ie : Monfieur refpondit elle, telle qu'il la vous plaira de moy. I'ay donc voftre amour (dift il) par la vengeance : fuyuez moy donc, & me móftrez le meurdrier de voftre amy. Elle marche deuant, & luy apres, qui entrát au chafteau eut grád' pitie des mortz qu'il trouua en la court: puis veit les trois princes la tefte nuë, parquoy les recogneut incontinent, bien ioyeux de les auoir rencontrez, pour l'occafion que vous entendrez cy apres: toutesfois diffimulant la cognoiffance dift à la damoyfelle, mamye lequel eft ce de tous qui vous à fait ce tort, elle luy monftra Zahir, difant, voylà le mefchant qui ma tollu tout mon bien, parquoy faites m'en la raifon feló voftre promeffe, & ie fuis toute voftre. Le Cheualier fort content dift lors à Zahir. Cheualier fi vous eftes homme de bié prenez voz

armes

armes m'affeurât de voftre compagnie:car le temps eft venu qu'ilvous fault
fatisfaire du dommage qu'auez fait en ce lieu.Cheualier,refpond Zahir , ie
croy qu'eftes ignorant du fait,& que l'ayant entendu ne me blafmerez ain-
fi:Cefte femme qui vous irrite eft peruerfe & malheureufe.De cela ne vous
chaille (dift l'autre) vous n'eftes pas fon confeffeur: Or la veux ie venger,fi
vous deffendez,fans que ces gentilz-hommes s'en meflét,montez à cheual
à fin qu'on voye que vous fçauez faire. Zahir fut fort irrité de ces parolles.
Par Dieu cheualier(luy dift)tu dois aufsi peu valoir que la Dame, puis que
tu entreprendz fi iniufte querelle : mais puis que tu as fi grand' enuie d'en
manger , ie mettray peine à t'en donner ton faoul . Lors fortit du chafteau
au grád regret de fa compagnie, confiderant que l'autre le furprenoit ainfi
las, trauaillé, & nauré . Leur combat fut fort tant aux lances qu'aux efpées:
Et tant dura qu'il leur conuint repofer , tournant toutesfois l'auantage du
cofté de Zahir : lequel dift à fon auerfaire : Cheualier le peu de droit que
vous auez vous denye la victoire qui vous pourroit auenir par voftre
prouëffe:ce que l'autre efcouta, & iaçoit qu'il fuft mál content de fe retirer
fur fa perte luy dift qu'il luy racontaft le fait comme il alloit, d'autant que
fes parolles ne s'acordoient à celles de la Dame. Quand Zahir luy eut recité,le Cheualier cogneut fa faute , dont le pria luy pardonner l'outrage qu'il
luy auoit fait eftant fi mal informé , & qu'il le quittoit du combat . C'eft la
raifon refpond Zahir,mais ie ne vous quitte pas ainfi, fi ne me declarez voftre nom,à fin que ie cognoiffe vn tel preud'homme: ce que l'autre ne voulut faire, ains s'en alla de hôte d'auoir fouftenu fi mauuaife caufe . Parquoy
la femme du forcené voyát que fon cas fe portoit fi mal,va prendre vn tró-
çon de lance à fer efmolu fur la pointe duquel fe gettant de grand'roydeur
fe fauça le pis de part en part,dont elle mourut fur le champ , difant qu'elle
aymoit mieux paffer le pas que retourner à fon mary , & finit ainfi aupres
du corps de fon amy.Ce fait le prince Zahir fe retira en la falle ou il fit apareiller fes playes : puis monte & s'en retourna au chafteau du Cheualier
forcené : ou il le trouua defchayné par vn Cheualier lequel entrant leans
l'auoit trouué fans garde & l'auoit deftaché, penfant que fes ennemis l'euffent ainfi lyé & garrotté : toutesfois ne l'eut fi toft deliuré qu'il ne donnaft
fi grand coup à fon homme qu'il le coucha mort par terre , & alla droiét au
lac recommancer fa baterie , ou Zahir le trouua en eftat qu'il perdoit fa figure à caufe que les vndes boullonnoient , ça ça maiftre gallant,difoit-il, ie
vous aprendray à vous cacher , & lafchant fon efpée fe laiffa cheoir à bras
ouuerts pour l'embraffer faifant le plongeon en l'eau,dont ilz fe mirét tous
à rire, mais tant dura le ieu qu'il fe fourra en vn bourbier ou il fut fuffoqué,
de forte que quand on le voulut fecourir il n'eftoit plus temps : dequoy ilz
eurent tous grand douleur,fi le firent honorablement enterrer & feiournerent là les Princes quinze iours pour fe rafrefchir,pendant lefquelz les voy-
fins d'alentour le vindrent remercier du bien qu'il auoit fait au país en le
purgeant de ce faux Cheualier qui auoit commis mile cas execrables . Les
Q iii   Prin-

Princes affez repofez acorderent tous trois enfemble d'aller en quefte du Cheualier qui auoit combatu contre Zahir defirans fçauoir qui il eftoit. Si fen allerent apres Garinter qui eftoit celuy qui auoit pris cefte occafion de meflée auec Zahir, à caufe de l'inimitié qu'il luy portoit fecretemét pour l'amour de Timbrie : lequel au partir de là s'alla fourrer en vn chafteau à l'efcart ou il fit guerir fes playes, tellement que les Princes ne fçeurent iamais qui ce auoit efté.

De ce qui auint au Duc de Mola-

fie par mer en la conduite de la belle Oriane.

Chapitre   XLIX.

'Ennuy procedant de l'abfence d'Amadis de Grece fe rengregeoit de iour en iour à raifon des pertes nouuelles que la court fouffroit de l'vn , puis de l'autre en diuerfes auentures : mais les douleurs de toutes les Dames n'eftoient riens au pris de celles de la princeffe Niquée , laquelle voyoit tant de Cheualiers partir & n'en reuenir vn feul aportant aucunes nouuelles. Pendant ce temps le prince Onolorius qui fe tenoit en Babilone ayant entendu les differendz de la guerre paffée, auoit enuoyé en Conftantinople pour auoir fa fille Oriane , requerant fes ayeulx ne prendre en mauuaife part qu'il la demandoit pour tenir compagnie à fa femme : à quoy ilz s'acorderét tres-volontiers, & l'enuoyerent in-
conti-

continent apres la guerre finie, parce que pluſtoſt ilz n'euſſent peu ſeurement, eſtans les paſſages deſia cloz, & tous les iours armées flottans de ça &
de là, tellement que la Princeſſe euſt peu tomber en quelque inconuenient,
dequoy on auoit plus de paour apres la paix publiée, moyennant le bon
ordre qu'on donna à rendre la mer libre de pirates & eſcumeurs. Parquoy
Oriane fut baillée en charge au Duc de Molaſie, perſonnage fort prudent
& venerable, & allerent quant & elle pluſieurs damoyſelles, entre leſquélles
les dames Polandre & Caſtibelle. Pendant l'apreſt de ce voyage arriua en
la court la pucelle Artimire laquelle requiſt les ſeigneurs luy acorder heure aſſignée pour leur declarer la cauſe de ſa venuë, choſe qui luy fut facilement conſentie, eſperans tous qu'elle aportaſt nouuelles d'Amadis de Grece, ſeulemët Oriane ſe douta (quoy qu'il en fuſt) qu'elle luy en diroit de celuy qu'elle aymoit ſi ſecrettement & d'autant plus parfaitement. La princeſſe Artimire fut honorablement receuë, & au iour ordonné leur tint tel
propos. Sachez mes ſeigneurs & mes Dames que partant d'icy pour aller
trouuer la royne Zirfée & luy conferer quelque mien affaire d'importance, ie fus conduite par fortune en l'Iſle des vengeances & ſatisfaction d'a-
mours ou lon me laiſſa entrer moyennant le ſerment que ie fiz de n'amener aucun Cheualier qui entreprint combat pour moy, ſi bien que ie fuz
ſerue de l'Idole, & demeuray auec telles conditions que la damoyſelle ouuriere de la magie, & que les autres qui eſtoient auec elle, de la ſorte que le
prince Falanges vous peult auoir declaré comme il l'a veu lors qu'il ſi trouua auec la princeſſe Arlande de Trace. Tant y a que fortune, qui ſemble reſeruer toutes les meilleures portions d'honneur à l'excellent prince Anaxartes, & à ſa ſœur Alaſtraxerée, les y amena tous deux peu apres qu'ilz furent partis de ceſte court. En l'Iſle le vaillant prince Anaxartes paſſa les
trois perrons vainquant en moins d'vne heure trois geans grãdz outre meſure qui gardoient l'entrée: Parquoy la princeſſe Alaſtraxerée le voyant
deſia entré dedans la court du chaſteau alla apres, penſant que l'enchantement n'auroit aucune force ſur luy: mais elle ne fut pas ſi toſt en la chambre
de l'Idole qu'il ne la frapaſt d'vne fleche ſi bien que nous la viſmes aller a-
pres le prince Falanges, tout ainſi que s'il euſt eſté en vie, lequel marchant
deuãt elle auoit le geſte aſſez allaigre, & elle toute embraſée de feu luy diſoit, mon parfait amy ie vous prie auoir cõpaſſion de moy en ce que ie ſeuf-
fre pour vous, car ie vous aſſeure que ie ſentz vne ardeur me bruſlât iuſques
aux os, vous ſupliant auoir ſouuenance du temps que vous l'eſtiez autant
pour moy. Voyez le cueur ſi cruellement nauré par voſtre image me donnant telle gloire en mon trauail comme vous m'auez ſouuent declaré auoir
euë pour l'amour de moy. A quoy le Prince luy reſpondoit deſdaigneuſe-
ment qu'il n'en auroit pas plus de pitie qu'elle auoit eu de luy. Comme
nous la voyós Anaxartes & moy, vne autre image comme de luy vint apres
moy plorant & lamentãt tant qne i'entray en la chambre enchantée ou ie
n'euz pas ſi toſt mis le pied auec l'image qui me ſuyuoit que l'idole ne fuſt

Q iiii   incon

incontinent deffaite,& tous les autres perſonnages enchãtez, comme Alaſtraxerée moy & les autres remis en leur eſtat : & celle meſme qui auoit ordonné l'auenture . Laquelle acheuée le prince Anaxartes vint trouuer ſa
ſœur, & tout en riant l'embraſſa & luy diſt . Vrayement ma Dame il n'y a
gueres que ie vous veis ſi amoureuſe que poſtpoſant voſtre grãdeur reque-
riez miſericorde à celuy à qui ne l'auiez voulu faire:mais ſur mon Dieu i'en
ſuz bien ayſe,à fin que vous ſceuſsiez que c'eſt que d'amour.Mon frere (reſpondit elle)ne penſez pas que ce que i'en ay fait fuſt à autre fin que vous me
voyant enchantée vous employſiez à la deliurance de tous ceux qui l'e-
ſtoient ainſi,pour vous donner ocaſion de gaigner reputation d'vn tel fait
enuers voſtre mieux aymée . Sur ce propos y eut longue riſée , iuſques à ce
que la pucelle vint deuers luy la receuoir en grand' magnificence , & encores plus en fit quand elle ſceut qui il eſtoit , car elle luy monſtra particulierement tous les ſecretz de leans , & maintes choſes de plaiſir durãt le temps
qu'il fut là , ou il ne ſeiourna gueres pour aller en la queſte d'Amadis de
Grece, m'ayant icy r'enuoyé pour vous rendre conte de ſon auenture laquelle il prend à grand contentement pour l'amour de celle qu'il ayme
parfaitement, & de qui il ſe tient auſſi tout aſſeuré . Pendant ce diſcours ſi
quelqu'vn euſt pris garde à la contenance de la princeſſe Oriane il euſt facilement cogneu à ſon geſte que ce recit ne luy deſplaiſoit pas : auſſi n'y a-
uoit il perſonne en toute la court qui ne fuſt treſayſe , ſpecialement la royne Zahara: aupres de laquelle ſe trouua lors Darinel , & iura le grand Dieu
des Bergers s'il ſcauoit ou trouuer le prince Falanges qu'il ne failliroit pas
de luy en porter les nouuelles,comme les plus agreables qui luy ſçauroient
venir:puis ſe retournãt vers Siluie luy diſt:Pleuſt à Dieu ma dame quevous
y fuſsiez trouuée pour voir cóme ie vous euſſe fait courir apres moy.Apres
s'adreſſa au roy Amadis : Sire ſi l'auenture n'eſtoit acheuée il y feroit beau
veoir voſtre maieſté , & la royne Oriane , la royne Cleofile , & moy apres:
Mais las les Dieux ne m'ont iamais voulu tãt de bien: ſi eſt ce que ſuis auſſi ayſe de celuy du ſeigneur Falanges le bon amy du prince Floriſel quaſi
que s'il me fuſt auenu : & ce diſant commença à faire gambades viſtes vira-
des , & donner du paſſe temps beaucoup à la compagnie . Le lendemain la
princeſſe Oriane s'embarqua prenant congé des Princes & Princeſſes non
ſans piteuſes larmes , promettant retourner aux noces de Floriſel s'il eſtoit
en ſa puiſſance . Lors Artimire faignant auoir à trouuer le prince Anaxartes en Babilone partit quant & elle , à fin que ſouz vmbre du voyage elle
luy peuſt dire en chemin la principale cauſe de ſa venuë,treſioyeuſe de l'o-
portunité qu'elle en auoit.

Comme

Comme le prince Lucidor, auec fa

fœur la princeſſe Lucelle, ſe meiſt ſur mer pour aller en
Conſtantinople conſommer ſon mariage, & des e-
ſtranges rencontres qu'il eut en chemin.

Chapitre   L.

L'Yuer eſtant deſia paſſé, & le temps aprochoit auquel on
deuoit celebrer les noces du prince Lucidor. A ceſte cauſe auoit equippé vne grand' flotte pour y aller en magnificence telle que ſa grandeur requeroit, menant auec luy
pluſieurs Ducz, Comtes & Seigneurs de ſon Royaume.
Sa fœur Lucelle ſachant deſia le bruit commun qu'A-
madis de Grece eſtoit perdu, fit requeſte à ſes pere & mere que leur plaiſir
fuſt de luy donner congé d'aller en la compagnie de ſon frere pour veoir
les ſingularitez de la Grece & pour leur ramener ſa femme:ce qu'elle impe-
tra facilement.Si luy fit Lucidor apreſter vne chambre en ſon nauire, & alla auec elle ſa plus chere Damoyſelle nommée Anaſtaziane fille du Duc
de Sarne,à qui ſeule ouuroit l'eſcrain de ſes plus importans ſecretz . Or furent elles acouſtrées de drap noir comme nonnes, portant ſur leur teſte vn
voyle blanc de fine toelle de Hollande, ſans bagues d'or ne ioyaux quelz-
conques. Car la Princeſſe ne voulut laiſſer ceſt habit pour quelque pompe
ou elle allaſt. Ceſte compagnie alla par terre iuſques au port ou eſt maintenant Marceille,ou ilz embarquerent tenans la routte de Grece , & rencontrerent en leur voyage l'Empereur de Rome Arquiſil nouuellement eleu
depuis

depuis le deces de son pere qui mourut deuant Constantinople. Or y alloit il alors pour receuoir l'acollée de cheualerie par la main du roy Amadis, mesmement en intention de luy demander en mariage la belle Oriane fille d'Onolorius. Il fut fort ayse d'auoir trouué si bonne compagnie, & pour passer le temps auec eulx entra en la nef de Lucidor ou ilz menerent ioyeuse vie iusques à ce qu'ilz arriuerent à veuë de Constantinople, ou la fortune (coustumiere de se reuolter plus lourdement au temps de la plus grande esperance) ioua vn tour de queuë, esmouuant les ventz de Nort en furie extraordinaire de sorte qu'il ne demeura vaisseau l'vn aupres de l'autre, ains furét tous espartz çà & là: Et celuy mesme des Princes courut six iours sans gouuernal, boussol, ny autre conduite quelconque : Au bout desquelz se trouuerent gettez en vn port peu cogneu & frequenté : Parquoy estimans que le païs deust estre hazardeux selon l'aparence, delibererent saillir en terre tous armez, & mener les Dames quant & eulx comme ilz firent : mais gueres n'eurent cheminé quand ilz trouuerent vne belle fonteine à laquelle ilz descendirent pour boire & se rafreschir du trauail de la mer, mandás à leurs gens qu'ilz leur aportassent là ce qu'ilz auoient de viures es naux & du biscuit pour tréper en l'eau. Et bien leur sembloit qu'ilz recouureroient plustost venaison en lieu si sauuage que pain fraiz ny autre prouision. Et n'eurent à peine acheué de disner qu'ilz virent venir celle part vn faon de Biche fort recreu, & incontinent aperceurent trois fiers Lyons à sa queuë qui le desmembrerét sur le champ, & s'en firent curée, rugissans treshorriblement : dequoy les pauures femmelettes estoient toutes trásies de paour : au deuant desquelles le Prince se mit auec ses gens en deffence si d'auenture besoing en estoit. Mais soudain virent arriuer là vn damoysel en guise de veneur, vestu d'vne Iuppe de satin broché, sonnant vne trompe d'yuoire, garnie d'or, penduë en escharpe : c'estoit le gentil Florarlan qui venoit tant enyuré de sa chasse qu'il n'aperceut oncques les princes lesquelz contemplerent fort la grace qu'il auoit à traiter ces furieuses bestes. Peu apres luy suruint en ce lieu mesme la princesse Arláde auec deux damoyselles & trois Cheualiers, qui alloit à la chasse, & voyát ceste compagnie tourne vers eulx, qui considerans son riche atour auec sa beauté la saluërent courtoysement, & elle leur rendit leur salut, s'esbahissant fort aussi de la beauté de la Princesse qu'elle iugeoit la plus excellente qu'elle eust veuë apres Alastrax erée : & considerant la tristesse de sa contenance estima qu'elle eust fait quelque perte sur la mer, si leur dist : Mes bons seigneurs qu'elle fortune vous à tirez en ce païs : Celle mesme ma Dame (respond Lucidor) qui sur cest element maintient plus la possession de sa proprieté inconstante. Mais vous requerons de grace nous aprendre vostre estat à fin de ne mesprendre ne vous faisant l'honneur qui vous est deu. I'en suis contente (dist elle) moyennant que me rendez la pareille, ce que luy ayát promis leur declara qu'elle estoit Arlande Princesse de Trace, qui me tiens en ce lieu bocageux pour le deduit de la chasse, & comme propre à la vie solitaire que i'ayme. Le Prince

fut

fut fort efiouy d'entendre qui elle eftoit, ayant autresfois d'elle receu beaucoup de fecours en fes affaires : parquoy luy fit de rechef la reuerence luy
difant de chere lye . Ma Dame fachez qu'auez icy deuant vous vn de voz
meilleurs feruiteurs & amys Lucidor de Frâce, qui par tempefte a efté porté en cefte rade auec fa fœur que voyez icy & l'Empereur de Rome. A ce
nom elle faulte du palefroy en terre remerciant Dieu de la bonne rencontre , & de l'amytié qu'il auoit mife entre les princes Grecz & luy , auant ennemis mortelz , dont fon cher frere auoit payé la folle enchere , duquel la
fouuenance luy fit monter quelques larmes aux yeulx, qui furent acompagnées de celles de Lucelle , pour la memoire qu'elle luy renouuella de celuy que fon cueur ne pouuoit oublier . Or fe vindrent elles careffer d'vne
grande humilité. Puis Arlande la reconforta de l'ennuy qu'elle auoit de fes
gens efcartez aux perilz par la tormente , & que quant à eulx auec le plaifir
de Dieu ilz eftoient mieux adreffez qu'ilz ne penfoient . Adonc s'aprocha
Florarlan & va baifer les mains à Lucelle , laquelle pour le traiĉt qui rapor-
toit à Amadis de Grece treffaillit toute & perdit la couleur . Ce qu'aperceuant Arlande luy demanda dont luy procedoit ce tremblement, fi elle fentoit quelque douleur . Aufsi grieue (refpond) que la mort par la beauté de
ceft enfant , qui me ramentoit par femblâce celle d'vn feigneur qui m'a rauy le cueur par la fienne fouz couleur devraye amytié. Arlâde fut fort troublée de ce propos, dequoy Lucelle s'aperceuant luy dift: Ma dame il femble
que mes parolles ne vous ayent moins efmeuë que m'auoit la veuë de ce
Damoyfel . Ie vous prie me dire qui il eft , par ce que ne puís croire que fa
prefence m'ait peu donner tant d'ayfe fans caufe. Mamye (refpond Arlande) ie ne vous puis dire de luy finon qu'vn fage le nourrit & inftruiĉt en vn
chafteau pres d'icy , à fin que quand il fera en aage il pregne vengence fur
Amadis de Grece à laquelle vous & moy pretendons part . Lucelle ne luy
fceut pas trop bon gré de ce dernier mot, ne pouuant hayr en fon cueur celuy de qui elle auoit receu tant de feruices. Si dift à Florarlan, beau filz Dieu
vous foit en ayde, car vous auez entrepris grand' befongne . Ma dame, refpond l'enfant, le bon droit de ma Dame la Princeffe fupliera le default de
ma valeur enuers celuy qui eft tant renommé. L'empereur à qui ce parlement ne plaifoit gueres , luy dift qu'il en auoit bon marché attendu qu'il e-
ftoit mort , veu que tant de gens qui l'auoient recherché n'en raportoient
aucunes nouüelles . A ce propos les deux Princes ietterent profondz foufpirs, combien qu'en intentió fort differente. Apres long deuis Arlande les
pria que, pendant que la mer deuiendroit nauigable , & qu'elle enuoyroit
enquerir es prochains portz fi quelqu'vn de leur flotte y feroit arriué , luy
fiffent ceft honneur de foy venir refraichir auec elle au chafteau d'Aftibel
le fauant, la ou Florifel & Falanges auoient eu le combat . Or tandis que le
fouper s'apreftoit leur dift qu'elle leur vouloit monftrer quelque chofe de
ce qui eftoit leans. Si print Lucelle par la main (les Princes marchâs deuât)
& les mena en la grand' fale ou les trofnes de Florifel & de Helene eftoient
efleuez

esleuez au naturel par ce grand philosophe, à l'entour desquelz estoit graué tout ce que Florisel auoit fait en ce chasteau, dequoy ilz furent fort esmerueillez. Lors qui eust contemplé la contenance de Lucidor il eust aysément descouuert, par les couleurs qu'il prenoit & perdoit en regardant la
remembrance si viue de ces deux personnes, la hayne extreme qu'il leur
portoit: en-quoy Arlande luy faisoit bonne compagnie: mais Lucelle qui
ne pensoit qu'en la perfection de la beauté des images se tourna vers son
frere disant. Môsieur, en ce que ie veoy de la statuë d'Helene ie vous trouue & Florisel aussi excusables de ce qu'auez fait pour elle, & que s'il auoit
bon droit vous n'auiez pas tort. Le tout gisoit (respód Lucidor) en ce qu'elle estoit obligée à moy, non à luy: mais laissons le passé ou plus n'y a de remede, car ie me tiens pour bien satisfait de celle que i'ay conquise en pour-
chassant vne autre, ce qu'il disoit toutesfois au plus loing de sa pensée. A-
donc suruint le sage Astibel leur faire la reuerence, lequel ilz louerent grâ-
dement de ce bel ouurage, puis allerent souper, ou ilz furent seruis tresplâ-
tureusement selon la saison: auquel la princesse Lucelle, & le damoysel Florarlan ne se repeurent gueres que d'œillades fort enflambez de la beauté
l'vn de l'autre, discourât le Damoysel en son petit cerueau que s'il fust cheualier iamais à autre saincte ne vouëroit son cueur. Les tables leuées Arlande pour entretenir ses hostes, print sa harpe dont elle leur sonna & chanta
vn strambot tel à propos de Lucelle.

CHANSON.

Apres chanta plusieurs autres lays & virelays d'amour si piteux qu'il n'y
eut celuy à qui elle ne tirast la larme de l'œil si ce ne fut à l'Empereur qui
estoit libre de passion, & se ryoit de leurs pleurs. La musique finie, Florarlan se leue & se va agenouiller deuant Lucelle la supliant luy octroyer vn
don pour le premier qu'il eust oncques requis à Seigneur ne Dame. Elle
l'embrassa & luy dist, mon mignon demandez hardiment ce que voulez,
car si c'est chose qui soit en mon pouuoir ie la feray tresvolontiers. Ma Dame (respond l'enfant) ie vous remercie humblement, & sachez que ce que
m'auez promis est que demain au matin esprouuerez l'auenture ou la deliurance de la duchesse Armide, d'autât que ie m'asseure que si vostre beauté

té fault à la mettre en liberté elle & ſes damoyſelles, eſtans comme priſon-
nieres auec vn Cheualier que i'ayme bien qui eſt leãs, & par lequel ont eſté
mis à deliure ceux qui y eſtoient auant luy, ie croy que l'auenture ne ſera
iamais acheuée: car la choſe que plus ie deſire en ce móde c'eſt la deliurance de ce Cheualier, pour laquelle ie vous fais ceſte requeſte. La princeſſe
s'enquiſt à l'heure quelle eſtoit ceſte auenture, de laquelle Arlande luy fit
le diſcours entier, dont ilz furent tous esbahis & couuoiteux de veoir le
lendemain le miſtere. Alors ſe tourne Lucelle vers Florarlan luy reſpon-
dant: Damoyſel c'eſtoit à ma dame Arlande non pas à moy, que vous deuiez adreſſer de qui le plus comble mon moins, toutesfois ie ſuis preſte de
vous acomplir ma parolle. Grand mercy ma Dame (reſpond Florarlan)ie
vous prometz en recompenſe,ſi Dieu me donne iamais cheualerie & victoi
re d'Amadis de Grece, de vous enuoyer ſa teſte en payement du tort que
dites qu'il vous a fait.Elle ne prenant grand gouſt à ce propos,luy diſt toutesfois en riant qu'elle le quittoit de ceſte promeſſe du combat de paour
qu'elle auoit de ſa perſonne : à quoy il reſpondit qu'il ne ſe vouloit diſpen-
ſer de ſa part,dequoy il reſiouyt fort la compagnie de leveoir tant affectió-
ne enuers la Princeſſe, & deſia ſi bien emparlé pour ſon aage.L'heure vint
de repoſer, ſi ſe retirerent chacun en la chambre qui leur fut apreſtée. Et les
princeſſes coucherent enſemble, ou elles entrerét en deuis familier de leurs
menuës penſées, ſi auant qu'Arlande deſcouurit à Lucelle ſa maladie, luy
prouenant du peu d'amour de Floriſel, laquelle print de là ſouſpçon que
l'enfant Florarlan fuſt yſſu de luy & d'elle, & luy rendit la pareille en ra-
contant l'amour qu'elle auoit porté à Amadis de Grece qui luy eſtoit tourné en hayne. Nous ſommes, diſt lors Arlande,mal adreſſées pour receuoir
conſolation l'vne de l'autre, ſinon qu'il me ſemble qu'vn ſi mauuais Cheualier ne meritoit pas vne ſi belle & gracieuſe Dame.A quoy luy reſpondit
Lucelle que ſans la faulte qu'il luy auoit faite elle ne péſoit en bonté,beau-
té & valeur ſon pareil au monde,ſi ce n'eſtoit ſon filz duquel elle luy auoit
monſtré l'image. De là tomberent en propos de l'excellence de la ducheſſe
Armide de qui elle deuoit le lendemain eſprouuer l'auenture,puis le ſom-
meil les ſurprint iuſques à la pointe du iour.

Comme la princeſſe Lucelle eſ-

prouua l'auenture de la queſte d'Armide à la requeſte
du damoyſel Florarlan.

Chapitre.   LI.

E iour venu les Princes & Princeſſes ſe leuerent, & veſtuz de riches acouſtremens monterent à cheual pour aller au logis de la ducheſſe Armide. Laquelle quand ilz l'eurent veuë, & ſes damoyſelles auſsi, furent tous eſmeuz à grand' compaſsion, meſmement l'Empereur Arquiſil qui du premier regard deuint ſi enflambé de ſon amour que des l'heure il la fit Dame & maiſtreſſe de ſon cueur. Arlande ſe fit aporter ſa harpe de laquelle tandis qu'elle ſonna & chanta Armide ſe tint quoye cóme morte, mais la muſique acheuée elle retourna à ſon office comme deuant: dequoy prenant pitie l'enfant Florarlan ſomma Lucelle de promeſſe, qui luy reſpondit: Beau damoyſel, voſtre volonté ſera faite puis que ma parolle m'y oblige, toutesfoys vous auertiſſant de vous tenir preſt d'vne autre qui vienne rachepter celle qu'enuoyez à la deliurance de la ducheſſe. Ce dit marcherent vers les perrons, ou la princeſſe voyant la nuë eſpeſſe perdit quelque peu de ſa viue couleur. Neantmoins s'euertuant, print par la main ſa damoyſelle Anaſtaſiane pour compagne, & paſſant à trauers de la nuë bien toſt auiſa le beau chaſteau ou Amadis eſtoit demeuré, ſoy trouuant en vn aer pur & ſerain, parmy les vergers plantez de toutes ſortes d'arbres, ſur leſquelz mile ſorte d'oyſeaux degoyſoient leurs plaiſans ramages. Ce lieu luy remeit en memoire le palais de l'iſle d'Argines, ou Axiane luy auoit fait ſi bon traitement en la compagnie de celuy qu'elle auoit ſi cordialement aymé, dont ne luy fut poſsible d'empeſcher les larmes de diſtiller le long de ſes iouës vermeilles, & les gros ſouſpirs de ſortir quant & quant. Dequoy Anaſtaſiane luy demandant la cauſe, elle luy diſt: ma chere amye ce que voyez ſont teſmoignages manifeſtes du ſecret tourment que

mon

mon cueur souffre, lequel ne sera iamais descouuert par moy à autre qu'a
vous, sinon par les habitz & vie solitaire que i'ay vouée, telle que meine la
loyale tourterelle ayãt perdu son pareil. A quoy luy respondant sa bonne
damoyselle, que les choses qui sont hors de nostre puissance n'auoient meil
leur remede que l'oubly. Mamye (repliqua) cest oubly n'a pas pouuoir d'ef
facer ce qu'amour a graué de son ciseau tant aceré. Mais la faulte d'Amadis
de Grece ne trouuera iamais excuse deuant tout iuste iuge, & enuers moy
ausi peu de pitie, ie dy si fortune luy adressoit, que ie n'espere: la mort donques seule y donnera telle fin qu'a ma vie. Sa compagne faisant son deuoir
de la consoler, entrerent au chasteau lequel elles reuisiterent hault & bas, &
le trouuerent bien garny de tapisserie, & tous autres meubles precieux,
voire ouyrent des voix & instrumens melodieux, sans toutesfois y veoir
personne quelconque: dequoy fort estonnées, vont au iardin delicieux, qui
leur sembla comparty de merueilleuse inuention, & fourny de toutes les
plantes rares & singulieres dont on fait cas par le monde: au mylieu duquel
trouuerent la belle fonteine, cu Amadis desolé venoit d'heure à autre faire
ses piteux regretz. Et à leur arriuée gisoit là estendu sur l'herbe, foible &
deffiguré, auec sa barbe longue, & les cheueux pendans iusques au col: qui
garda la princesse de le recoignoistre, par ce qu'en la saison de ses premieres amours il n'auoit poil au méton, ioinct le long temps qu'elle ne l'auoit
veu. Mais oyant qu'il parloit à luy mesmes, s'aprocha vn peu pour mieux
entendre ses complaintes qui estoient telles: Las de moy, sans moy, d'autãt
que suis tout en elle! Amour, Amour! combien tu prédz de qui tu veux ven
geance, plus cruelle que Mars ne fait par ses armes trenchantes, qui ne tuent
qu'vne foys, & tu me fais mourir cent par iour, pour souffrir plus long mar
tire. Las amye quelque tort que ie te tienne, ie pense que si me veois en cest
estat, ie croy que tu en prendrois quelque pitie. He Dieu si quelque vent
pouuoit porter iusques à ses oreilles mes cris & gemissemens continuëlz,
elle se tiendroit à bien vengée de celuy qui a tant mespris, & le sachãt mon
cueur receuroit quelque confort: Comme dy-ie confort, de l'esperer d'ou
ne le puis auoir: voire quelle esperance, ou ie ne voy occasion ny moyen
que de desespoir? Ha vie deplorée en desir perpetuel, sans aparéce de iouïr!
Apres ces plaintes iettoit les gros sanglotz, & roulloit sur l'herbe, puis demeuroit sans mouuement d'aucun sens, par l'extremité de sa douleur laquelle fit la Princesse fondre en larmes, par la souuenance de celuy qu'elle
estimoit en pareil estat enuers elle, de lamenter & requerir pardon. Parquoy dist à Anastasiane que ce Cheualier luy sembloit bien feru d'amour:
qui luy respondit qu'elle en auoit grand' pitie, veu sa beauté & grace, que
son piteux estat ne pouuoit du tout cacher & effacer. Telle penitence seroit plus conuenable (dist Lucelle) à celuy qui s'est si mal aquité du deuoir
d'amytié en mon endroit, qu'a nul autre. Si vous le voyiez tel ma Dame
(replique Anastasiane) n'vseriez vous point de misericorde? Sa desloyauté
est trop grande, dist Lucelle: Si est-ce (dist elle) que cestuy paye beaucoup,

R ii   ie ne

ie ne sçay pas combien il doit. Plus ie souffre(respond la princesse) sans l'a-
uoir merité. Il est vray (respond la damoyselle) si est-ce que seroit grand'
cruauté de laisser ainsi mourir vne personne qui tant ayme. A ce mot Lucelle ietta vn profond souspir, la priant de ne parler plus de celuy qui est
tant loing d'elles, lequel aussi elle ne pense auoir telle repentance de sa faute, veu le peu d'affection qu'il luy a monstrée. Adonc le Prince s'entât nouueaux assaulx de son torment, ses bras croisez sur sa poitrine, se print à rou-
ler de rechef comme tout transporté: dequoy elles eurent grand' frayeur, &
le coururent tenir de paour qu'il ne tombast en la fonteine. Incontinent
monta au cueur de Lucelle vn souspçon qui il estoit, sans toutesfois asseurance certaine. Mais luy se tourmentant sans cesse baignoit tout en sueur, &
trauailloit à destacher ses acoustremens pardeuant pour soy donner aer. Si
luy ayda elle à ce faire, & luy ouurant sa chemise aperceut le signal de l'ardente espée, qu'il auoit en la poitrine, dont aussi tost elle perdit couleur, &
cheut euanouye aupres d'Anastasiane, laquelle fort estonnée, ne sachant la
cause de tel & si soudain accez, luy ietta de l'eau de la fonteine au visage,
qui la fit reuenir à soy. Lors luy print les mains, & sans dire vn seul mot di-
stille les grosses larmes, apuyant en la fin sa teste en son giron. Anastasiane
la supliant de plus en plus luy declarer son mal, comme à celle qui y voudroit pourchasser le remede. Ha mamye(luy dist)en souspirant, c'est Amadis de Grece sans point de faute. Ce disant se pasma de rechef, & secouruë
par sa bonne damoyselle (comme parauant) quand elle se resentit se leua
en sursault pour s'enfuyr de là, auant que le Prince reuint à luy, tant la poi-
gnoit & chassoit le vray amour, qui n'est iamais sans ceste crainte. Mais elle
estoit si abatuë de fine angoisse auec vn certain remors de conscience,
qu'elle ne sçeut faire quatre pas en auant, tellement que contrainte fut se
laisser cheoir sur Anastasiane. Adonc s'estoit Amadis comme resueillé au
cry d'Anastasiane, qui auisant les Dames, recogneut incontinent celle de
qui il portoit l'image si bien esprainte en son cueur, dont tout rauy s'escria:
Ay seigneur Dieu, ou suys-ie, que veoy-ie, est ce songe ou verité, que ie tié-
ne ma Dame si pres de moy: lors luy empoigne les mains, qu'elle ne sçeut
retirer de lascheté, & les baisant mile foys, se leue sur les genoux deuant elle, sans parler de long temps, comme personne transie, sinon par pleurs &
souspirs. Elle tenoit les yeulx fichez sur luy sans mot sonner. A la fin il ex-
clama: O vif suget de l'effigie que ie porte grauée en mon ame tant au naturel, te veux tu deguiser & cacher à moy, qui sens de toy les effetz si vrays
& certains, s'entant mon cueur enflambé par les rays de ta veuë rebatuz en
luy de ma memoire, comme fait le boys de morce ceux du Soleil, par le miroer ardent? O Lucelle quel astre vous transporte icy, me seroit il gracieux
& bening? ie ne le puis croire, veu l'ire vniuersel du ciel, que i'ay esprouuée
en ma longue misere: plustost seroit pour rafreschir & animer mes playes
en augmentation de ma douleur mortelle. Las ma Dame ie confesse vous
auoir offencée si grieuement que ne merite pardon: mais c'est le lieu pro-

pre ou

pre ou la clemence eſt le plus glorieuſement employée. Hélas voyez celuy
qui tenoit ſi honorable reng entre les plus grandz ! Ores pour vous eſt re-
duiƈt en la compagnie ordinaire des beſtes bruttes, s'eſtimant indigne dé
l'humaine conuerſation tant qu'il viura hors de voſtre bonne grace : faites
moy(ma Dame)au·moins ceſte derniere faueur de parler à moy:non pour
alleger mes douleurs(que ie n'ay deſeruy)mais pour les acroiſtre par rigou
reuſe reſponce, ſi elles peuuent receuoir acroiſſement en plus tourmentant
celuy à qui par couſtume elles ſeruent de nourriture. La princeſſe l'oyant ſi
piteuſement complaindre, iette ſes bras au col d'Anaſtaſiane, la requerant
toute eſplorée luy donner conſeil en ce grand effroy, comme elle pourra
eſchaper de ce lieu,ſi troublée qu'elle n'en peult cognoiſtre le moyé. Mon
Dieu(diſt elle)qu'eſt ce cy, que celuy que tout le monde quiert & ne peult
trouuer?ie le trouue ainſi ſans l'auoir cherché?N'eſt ce pas pour augmenter
ma peine en me repreſentant l'obget de ſa cauſe. Alors elle print courage,
& s'eſlongna de luy quinze ou ſeize pas,lequel tout eſperdu ſe leue, & à la
courſe la deuance,& s'agenouillant luy diſt: Ma dame ie vous ſuplie ne de-
daigner de parler à moy,ou au-moins de m'eſcouter encores: vous ſouuien
ne de l'eſpée que tiraſtes de mon cueur, & ne luy refourrez pas au double
par rigueur ſi cruëlle:Que dy-ie mon cueur,mais le voſtre,car tel il viura &
mourra:parquoy plaiſe vous le traiter humainemét, non pas comme mien,
mais voſtre. Las ma Dame parlez à moy, à fin que i'entende ſi vous eſtes la
princeſſe Lucelle, au nom de qui eſtant ſon Cheualier ie deffeis les freres
Geans de l'Iſle de Silancie pour la deliurer de priſon, en m'enferrát eſtroi-
tement en la ſienne. Dites moy s'il vous plaiſt ſi c'eſt vous qui vainquiſtes
en moy les ſept gardes de l'Iſle d'Argines. Ramenteuez vous les ſeruices
que ie vous ay fais autresfois, en compenſation du tort dont me voulez
charger. Receuez le Cheualier de l'ardéte eſpée vaincueur des autres pour
voſtre vaincu ou priſonnier,vſant de mercy qui eſt trop plus louable, meſmement à voſtre ſexe,que la rudeſſe. Sera il poſſible que ſa dame Lucelle
ne l'ayant veu de ſi long temps,luy denie ſi eſtrágément ſa parolle. A tout
le moins prononcez moy la ſentence finale de ma vie ou ma mort. La Princeſſe ne monſtroit aucun geſte de s'y conſentir, quand Anaſtaſiane conſi-
derát la grand' beauté d'Amadis auec l'angoiſſe extreme qu'il ſouffroit en
parlant à elle (de façon qu'il ſembloit qu'a chacun mot le cueur luy deuſt
ſortir par la bouche, veu les gros battemens d'aleine aparens deſſus l'eſto-
mach,comme les vagues de la mer eſleuées par les ventz) eſmeuë de grand'
pitie ſe proſterne en terre deuant ſa maiſtreſſe, la ſupliant ne vouloir eſtre
à tel perſonnage ingrate de ſa ſeule parolle.Adonc Lucelle poulſée de plus
grand' force latente qu'elle diſsimuloit (toutesfois) comme gaignée par
importunité luy reſpondit. Si ie tenois ce Cheualier pour Amadis de Grece ie parlerois volontiers à luy, mais ſelon les nouuelles que i'ay entenduës
de ceſtuy ie croy qu'il eſt damoyſelle,non pas Cheualier, ains eſclaue du
Soldan de Niquée nommée Nereïde. Car s'il fuſt autre il ne m'euſt pas ain-
R iii   ſi fauſé

ſi fauſé ſa foy, & violé l'obligation en laquelle il eſtoit aſtraint à mon a-
mour & au ſien dont par tout il ſe vantoit. Parquoy s'il veult que ie parle à
luy comme à Nereïde, ie l'acorde, combien que ſans raiſon, veu qu'elle a
occis mon loyal amy Amadis de Grece, de qui i'auois tant receu de ſeruice & d'honneur. Le bon ſeigneur alors reprenant cueur par ce dernier mot,
luy reſpondit: Ma Dame, eſt-ce à vous (ſi tant auez aymé) de chercher raiſon en amour, qui eſt en poſſeſsion de n'en tenir que tant qu'il luy en plaiſt?
S'il m'a voulu faire vn coup Amazone, vous ſçauez quantesfois les ſages eſ-
criuent qu'il a transformé les Dieux meſmes, pour nous faire entédre qu'il
n'eſt au pouoir des hommes de luy reſiſter. Ie ſuis voſtre Amadis, qui confeſſe ma faulte, dont ay fait longue penitéce, & ores vous clame mercy: Ma
Dame, ma Dame, mirez vous à la diuinité qui eſtend ſa clemence comme
exemplaire ſur les plus enormes pecheurs, tel que i'ay eſté en voſtre endroit: Et ne laiſſez mon ame ainſi deſeſperée partir de ce foible corps, qui
ne ſe ſouſtient plus depuis long temps que de voſtre ſeule contemplation.
Lucelle de contenance vn peu adoulcie, luy diſt alors en riant. Or puis que
me donnez tant de puiſſance ſur vous Nereïde, ie vous commande deſlo-
ger incontinant de ce lieu, de paour de tomber es mains de celle qui en eſt
Dame, c'eſt à ſçauoir Arlande, qui iamais ne vous pardonneroit non plus
que moy la mort d'Amadis de Grece: Et tant y a ceás de Cheualiers captifz,
venuz de diuerſes contrées, que ne pourriez faillir à eſtre cogneu. Car ie ne
veux tant de mal à Niquée que de luy vouloir faire payer ce que vous me
deuez. Or eſt il tard dont ſuis contrainte me retirer vers ceux qui m'atten-
dent. Amadis quaſi reſuſcité, la remercie de tant de faueur, la ſupliant auant
que partir vouloir encores entendre en vn mot l'eſtat de ſa penitence: Ce
qu'elle luy faignit accorder, plus pour cognoiſtre la forme de l'auenture
d'Armide. Sur quoy luy reſpondit, que depuis ſavenuë la cháce auoit tourné, elle eſtant renduë captiue, & les Cheualiers deliurez: & que toutes celles
qui entroient leans ſe rendoient à l'ofice ſolemnel auec la Ducheſſe. Qui
luy faiſoit eſtimer ſa deliurance par ſon arriuée ſi libre: Sur ce propos ouyrent grand bruit de meneſtriers & de chantres, diſans.

Adonc iugerent certainement que c'eſtoient chantz de lieſſe, pour le deſ-
enchantement de la ducheſſe Armide. Parquoy mirent fin à leur deuis,
pour le dáger qu'Amadis euſt encouru de ſa vie, & elle de ſon honneur s'ilz
euſſent eſté trouuez en ce lieu. Si luy commande pour congé de partir de
là: & pour l'amour de Niquée de retourner à Conſtantinople, pluſtoſt qu'il

luy

luy feroit poſsible.Il la remercia de ſes bons commandemens. Ainſi s'en va
fort content d'auoir rencontré ſa tant aymée Lucelle, laquelle s'en alla la
part ou elle entendoit l'armonie. Et luy prenant ſon eſpée ſe coule couuertement d'autre coſté ſouz la montaigne du boys, tant qu'il vint au riuage
de la mer:ou nous le lairrons iuſques à ce que vous ayons recité ce qui auint
depuis que la princeſſe Lucelle eſprouua l'auenture. Or vous dy-ie qu'a
l'heure propre qu'elle parla à Amadis, Armide & ſes Damoyſelles furent
deſenchantées,ſans aucune ſouuenance de tout le paſſé. Dont ſonnerent les
inſtrumens de ioye, au ſon deſquelz ſuruindrent les Princes & Dames : &
entre tous Lucidor bien le plus content pour l'honneur que ſa ſœur auoit
conquis à acheuer l'auenture, laquelle fut receuë par la Ducheſſe en grand'
pompe & magnificence ſe reclamant ſa captiue. Mais l'empereur Arquiſil,
la contemplant de nouueau en ceſte gayeté,la trouua plus belle qu'au parauant, & s'enferra en ſes priſons, par autre partie que les piedz : ou il euſt
ſouffert d'auantage, ſans l'aſſeurance qu'il ſe donnoit de n'eſtre refuſé pour
ſa grandeur, quand il la voudroit prendre à femme. En ce chaſteau paſſa
ceſte compagnie quinze iours en plaiſirs & delices, durant leſquelz Lucelle
deuiſa maintesfoys auec Anaſtaſiane de ſon Amadis,faiſant reſolution puis
qu'vne y auoit telle part,de ne luy preſenter iamais ſon tout, reſiſtant vertueuſement aux effortz de l'affection qui la tiroit au contraire.

Comme Amadis de Grece arriua
en vne Iſle, ou il fut en treſgrand danger.

Chapitre   LII.

Eu apres que le prince Amadis eut laiſſé ſa chere Lucelle,
il ſe trouua au riuage de la mer, tout penſif ſur ſon commandement qu'il deuoit acomplir. Eſtant par ce poinct
reculé del'eſperance qu'il auoit euë de iouyr de ſa veuë à
ſon ayſe à Conſtantinople es noces de Lucidor.Si ſe pour
mene tant qu'il trouue vne naſſelle de peſcheur en laquel
le il entre, aymant mieux repoſer ſon pied ſouz le trauail des bras, à l'aui-
ron duquel il ioua le long de la coſte tout ce iour, iuſques au ſoir qu'il ſe leua de terre vn tourbillon de vent ſi terrible que les vagues combloient
par fois, partie du petit vaiſſeau qu'il eſpuiſoit en diligence : de ſorte que
le bon Prince ne s'eſtoit iamais veu en tel peril. Auquel ne trouua autre
remede que de recommander ſon ame au Seigneur des elementz: à qui
en tant de dangers il auoit preſenté le ſacrifice de ſon corps. Le iour venu
il ſe veit en plaine mer, ſans aparéce d'aucune rade,dont delibera laiſſer al-
R iiii   ler ſa

ler fa barque à l'auéture fouz la guide de Dieu, qui la luy gouuerna ce iour,
& la nuiĉt enfuyuant iufques à l'aube, qu'il aperceut vne Ifle laquelle il luy
fembloit recognoiftre : dequoy graces renduës à Dieu il auifa vne nef ancrée à l'abry, ou il conduyt fon bateau. Et quand il fut à bord, efcria plufieurs foys ho de la nef, mais perfonne ne luy refpondant, entra dedans, ou
il trouue planté de viandes, dont il print fa fuffifance : puis reuifitant les
chambres trouua vn riche harnois verd, tout femé d'aigles d'or, l'efcu de
mefme, dequoy il fe reuetit tresbien, car il luy eftoit fait comme de cire &
penfant que ceux de la nef feroient en l'ifle pour leurs affaires, defcendit
en terre pour les aller chercher, à fin de leur requerir le don de ces armes.
Et que pour n'eftre cogneu qu'ou bon luy fembleroit, meit l'armet en tefte, & attacha fa barque entre en vn petit fentier peu hanté, lequel il fuyuit à
grand' malaife, pour la foibleffe de fon corps, procedant de la vie auftere,
qu'il auoit fi long temps menée pour l'amour de la princeffe Lucelle. Or
gueres n'eut cheminé qu'il rencontra fix hommes de pied, la Halbarde au
poing, & le cabacet en la tefte : qui recognoiffans les armes du duc Rufian
leur maiftre, luy demanderent fierement, de qu'elle hardieffe il les auoit
prifes. Mes amys (refpondit) ce n'a efté par larrecin, pour-ce vous prie m'en
feigner voftre feigneur à fin que ie parle à luy. Vrayement nous le ferons
(dirent ilz) à voftre dam. Lors le meinent vers vn gué entre deux haultz
rochers, ou eftoient vingt Cheualiers à table, tous armez hor-mis la refte,
excepté vn afsis au hault bout. Auquel les vilains dirent : Monfieur nous
venons de trouuer ce fol Cheualier veftu de voftre harnois, lequel vous a-
menôs à fa requefte, pour fe purger de les auoir defrobées. Mais c'eft à vous
autres (dift il) coquins à vous iuftifier de ce que ne l'auez chaftié felon fon
merite. Or me le depefchez fi ne voulez vous mefmes perdre les teftes. A
ce mot les vilains luy courent fus de tous coftez, defquelz le premier trop
hafté s'efchauda, receuant la menace de fon maiftre. Et aux autres, à l'vn il
aualla vn bras, à l'autre coupa les iarretz : bref il les meit en peu d'heure en
tel eftat, que les Cheualiers difnans veirent qu'ilz auoient affez regardé l'efcrime, & qu'il leur en faloit eftre. Si prenent tous leur armet pour fecourir
leurs gents, venans vers Amadis, qui les voyant gaigna le pas entre les deux
rochz, lequel il leur deffendit fi vertueufement, non-obftant la debilité de
fes membres, qu'il en fit vn rampart de quatre abbatuz à fes piedz : Parquoy
les autres efpouuétez luy tirerent de loing coups de flefches, voire tant que
fon efcu en eftoit tout heriffonné. Alors le Duc trop esbahy de fa prouëffe,
les fit ceffer, & luy dift : Cheualier vous auez tant monftré icy de valeur &
bonté, que la mienne feroit intereffée fi ne vous prenois à mercy, moyennant que vous y mettiez : Car fi voulez eftre à moy ie vous donne la vie, a-
uec mon harnois que i'eftime beaucoup : autrement vous payerez celle de
mes gents par la voftre, fans que ceux cy vous laiffent iamais en repos. Le
Prince luy refpondit : Cheualier comme penfez vous que ie me fie en vous
de ma vie, qui a commandé ma mort pour des armes feules ? la compofition

que

que ie feray , fera que ie vous rende le harnois, veu qu'il n'eſt mien , & que
me laiſſez aller en paix. Adonc euſsiez veu rouiller au duc Ruſsian les yeux
en la teſte , tempeſter des poings ſur la table , laquelle il renuerſa furieuſement,& s'eſcria à ſes gens: Sus,ſus compagnons, qu'il me ſoit mis en pieces
le fier pautonnier. Alors Cheualiers,Eſcuyers , & varletz recommancerent
l'aſſault ſi chault,que c'eſtoit fait du bon prince, ſi Dieu n'y euſt pourueu.
Car l'alarme alors fut ſi forte auec le retentiſſement des rochers , que trois
Cheualiers paſſans y acoururét à bride abatuë : leſquelz voyans la vaillance nompareille du ſeul contre tant , vn qui paſſoit les autres quaſi de toute
la teſte,cria au Duc qu'il eſtoit bien laſche de partir ſi mal le combat:Et que
par droit deCheualerie il donneroit ayde à ce Cheualier,s'il ne luy rendoit
raiſon de ſon fait . Raiſon (reſpond le Duc tout forcené) ſera de te traiter
encores mieux que luy. A l'inſtant commande à ſes gens qu'on luy print ce
Cheualier mort ou vif.Parquoy laiſſans lePrince vôt côbatre l'autre,qui les
paya tellement à la bordée auec l'ayde des deux autres qui eſtoient venuz
auec luy,qu'ilz n'y eurent pas grand acqueſt . Car le premier qui s'adreſſa à
luy ne s'en meſla onques puis , & gueres mieux n'eurent les deux autres.
Lors voyans leurs ennemis comme ilz les repoulſoient delibererent tuer
ſon cheual ſouz luy,ce qu'ilz firent,dont il tomba l'vn de ſes piedz acroché
en l'eſtrief qu'il n'en pouuoit rauoir . Adonc le chargerent ſi dru & menu,
que non-obſtant la deffence que les deux autres faiſoient pour le ſecourir,
tout euſt bien peu valu,ſans Amadis de Grece qui eſtant abandonné pour
plus mal traité qu'il n'eſtoit,leur vint ſi rudement ſerrer la queuë, que force
fut aux gens du Duc ſe retirer d'entour.Le grãd Cheualier ſe releua incótinent pour les contenter de leurs peines . Lors eulx quatre enſemble menerent tellement leurs ennemis, qu'il ſe ſauua qui peut, & leur ſeigneur gaigna le hault du roch auecq' peu des ſiens,le reſte demeurant en la place, auquel n'y auoit qu'vn ſeul chemin droit & eſtroit, qu'vn homme ſeul pouuoit deffendre contre pluſieurs, d'autant qu'il ne failloit que rouller des
pierres contre val,ou il ſe tint tout ce iour en deffence.Or le grand Cheualier voyant l'autre au ſecours duquel il eſtoit venu,& de qui il auoit veu tãt
de vaillãce,eut grand' enuye de ſçauoir qui il eſtoit, ſi luy diſt:Sire Cheualier s'il ne vous deſplaiſoit, ie vous prierois m'aprendre voſtre nom,à fin
que ie vous ſache gré du bon tour que m'auez fait . Treſvolontiers (diſt A-
madis) & deſlaça ſon armet, le grand Cheualier le recogneut incontinent,
& le vint embraſſer diſant, ha monſeigneur Amadis! que les Dieux nous
ont fait d'honneur d'auoir trouué celuy qui a eſté quis par tant de gens de
bien , & ſont encores en queſte par le monde . Au nom d'Amadis, le Duc
qui eſtoit ſur le roch, oyant qui eſtoit celuy que ſes gens auoient failly, cuyda creuer de deul,d'autant qu'il le hayoit mortellement,comme il le mon
ſtra tout à l'heure : Car auſsi toſt euſsiez veu greſler pierres du hault en bas
pour les aſſommer : mais les gentilz Cheualiers parerent ſi bien de leurs eſcuz, qu'ilz ne receurent aucun dommage , ains eſſayerent tous moyens de
gai-

gaigner la montagne, qui leur fut impoſsible . Toutesfois ne voulans ainſi laiſſer le Roy impugny , le grand Cheualier qui ſe deſcouurit (& eſtoit la royne Zahara de Caucaſe) manda ſes gents de ſa nau qui eſtoit pres pour aſsieger la montagne, leſquelz l'enuironnerent par deux iours , tant que le Duc ſe rendit par famine . Mais pour belles parolles ne menaces ne voulut oncques declarer la raiſon de la hayne qu'il portoit ſi grande à Amadis de Grece , combien qu'il fuſt ſon priſonnier de iuſte guerre . La Royne enten-dit d'Amadis tout ce qui luy eſtoit auenu auec Lucelle, paſſans en celà & autres propos leur chemin iuſques à ſa nef, en laquelle ilz entrerent, ou re-ceut Amadis tant de plaiſir en ſa compagnie, qu'il fut allegé de grand' par-tie de ſes ennemis. Car la Royne eſtoit pleine d'vne mageſté nõ commune es autres Dames du monde. Dont il luy diſt & rediſt ſouuét, que ce n'eſtoit à tort que les Dieux l'auoient honorée par leur conuerſation, plus que nul-le autre, pour les graces & vertuz pluſque humaines reluyſans en elle . Au-quel propos elle ſouz-rioit , comme luy chatouillant l'oreille bien douce-ment. Mais l'hiſtoire ſe taira d'eulx, iuſques à leur lieu oportun.

Des propos que la pucelle Artimi-

re tint à la princeſſe Oriane allant ſur la mer: & du
danger ou elles ſe virent.

Chapitre   LII.

R alloit Artimire bien ayfe auec le train de la princeffe Oriane : efperant auoir oportunité de luy declarer fon meffage en temps & lieu, côme elle fit: Car vn iour trouuant la Princeffe retirée à part, elle s'aproche, & apres autres propos communs luy dift. Ma Dame iaçoit que l'auenture de l'idole des vengences d'amours ait affez clerement defcouuert la grande amytié que le prince Anaxartes vous porte: aufsi qu'il fcait par ce moyen la bone volonté dont vous luy refpondez: Si eft-ce qu'il ne fe tiendra iamais affez feur, fi ceft arreft ne luy eft prononcé de voftre propre bouche, vous fupliant par moy qu'il vous plaife me le faire entendre, & ie vous affeure pour luy, que vous eftes l'vnique en ce monde à qui il a voué & deftiné fon cueur, fa vie, & fon feruice. La Princeffe ayant ouy Artimire, voulut vn peu difsimuler ce qu'elle en penfoit, & luy dift: Certes ma grand' amye ie cognois bien la grand' vertu du prince Anaxartes, & le lieu & reputation qu'il tient au-iourd'huy entre les premiers Cheualiers d'elite, ce qui me fait l'aymer, comme tous ceux de fon qualibre: mais d'en rendre autre conte felon ce que vous fondez en l'efpreuue d'Armide, ie vous refpondz par l'exemple d'Alaftraxerée de qui lon cognoift l'affection contraire à l'enchantement. Ainfi luy vfa d'vne gracieufe deffaite pour ce coup. Cinq iours apres ilz firent toufiours bon voyage, au bout defquelz arriuerent vn matin à veuë d'vn gros nauire, qui venoit contre eulx à demy voile, & d'vn autre encores qui venoit la volte, mefmes leur aparoiffant les chafteaux de pouppe & de prouë reluyfans de harnois, & plufieurs Cheualiers dedans, qui cognoiffans les bannieres imperialles de Grece, furent fort ioyeux d'auoir rencontré fi bon butin, dont commâcent à crier qu'ilz fe rendiffent, & allaffent fouz vent, en figne d'obeiffance, les menaffant de mettre à fond s'ilz refiftoiét. Le Duc de Molofie conducteur de la princeffe fe meift fur le tillac, & comme vaillant capitaine s'aprefta auec fes gents, les animant de garder leur honneur, & des Dames qu'ilz conduyfoient. Ce qu'ilz firent, & luy premier inueftiffant de telle fureur de traict, que les voilles & gabies en eftoient toutes herifonnées, iufques à ce qu'eftant leurs vaiffeaux acrochez à mains de fer lesvns aux autres, vn grâd Cheualier s'attacha au Duc, qui le repoulfa vne bonne heure, mais à la fin le bon feigneur tomba demy mort, & l'autre luy paffa fur le ventre. Ce que voyans les gents du Duc furent tant effrayez qu'ilz fe retirerét vn peu, fouftenans le mieux qu'il leur eftoit pofsible, mais peu dura leur refiftence: car le grand Cheualier & fa bande eftans defia dedans levaiffeau, occirent tous ceux qui fe mirent en deffence. Lors la princeffe Oriane effrayée (comme pouuez ymaginer) fe monftra toutesfoys vertueufe, en ce qu'oyant le Chevalier plus aparent de tous demander qui eftoit le chef de la nef: mais qui eftes vous (dift elle) qui me faites tel outrage en mes gens? Ie fuis celuy (refpond) qui pour voftre grand' beauté vous feray tout honneur & feruice, & à voz parens & amys. Tout le contraire àlors repliqua Oriane, qu'elle le

qui-

quitoit volõtiers de l'vn à cauſe de l'autre, & qu'il ſe retiraſt en ſon nauire, laiſſant le ſien en paix , & que le temps pourroit venir qu'il cognoiſtroit à ſon dam à qui il auroit fait ce tort . On dit bien vray (reſpõd le Cheualier) que grãd' beauté eſt ſouuent logée en grand' ſimpleſſe, elle voit que puis faire d'elle ma volonté, & ſi m'oze bien menaſſer. Ie vous prie la belle contentez vous, ſans me dõner ocaſion de me monſtrer plus mal aprins en voſtre endroit. Ainſi qu'elle luy vouloit reſpõdre, ceux de l'autre nau (dont ie vous ay parlé) aprocherent ſi pres qu'ilz virent quelque mal contentement de la Princeſſe, & entendirent partie de leurs propos, & puis aperceurent les mortz giſans ſur le tillac. Si la recogneurent incontinent, & commanderent à leurs mariniers de les acrocher à ſa nef, ce qu'ilz firent . Et auſsi toſt deux vaillãs hommes & diſpoſtz franchirent le bord, & ſaillirent dans, non-obſtant la reſiſtence du Cheualier, lequel ilz firent bondir en mer, & ſes Satrapes apres, pour donner le plaiſir du plongeon à Oriane, qu'elle eut fort agreable. Adonc luy vindrent faire la reuerence le genou en terre, ſans ſoy donner autrement à cognoiſtre : & elle eſtoit fort deſireuſe de ſçauoir qui ilz eſtoient, pour les mercier du bon ſecours qu'ilz luy auoient donné à ſon grand beſoing. Ma dame (diſt l'vn d'eulx) ce ne ſera pas le dernier que i'eſpere vous faire . Dequoy le cueur luy iugea que ce deuoit eſtre celuy qu'elle ſouſpçonnoit, & d'autant plus que incontinent apres il luy vint dire qu'il eſtoit heure de ſe ſauuer, & paſſer en leur barque, à cauſe que ſa nau s'en alloit à fondz : Dont la prenant entre ſes bras la porta en ſon vaiſſeau, luy diſant bas en l'aureille : heureuſe charge, ie te priſe autant que celle du ciel que ſouſtenoit Athlas . Qui conferma encores plus l'opinion qu'elle auoit de ſon cher amy. Si luy reſpond, ſeigneur ie ne doute que ne vouſiſsiez faire beaucoup pour moy veu ce qu'en venez de monſtrer : Pour-ce vous prie en continuant, commander que mes Damoyſelles ſoient ſecouruës, qu'elles ne periſſent . Lors à grand' diligence les Cheualiers, Eſcuyers, & Matelotz s'y employerent de ſorte que la Princeſſe perdit bien peu de ſes bagues . Sur-quoy arriua tout auſsi toſt vn autre nauire equippé en guerre, chargé de Cheualiers armez à couuert deſſouz leurs gabbays, & de harnois teintz de ſinoples, ſemez de trouſſes & fleſches d'or, leſquelz voyãs ce grãd vaiſſeau aux armes de Grece qui enfondroit, penſans que ceux qui auoient fait la recouſſe fiſſent la violence, haſterent tellement leurs aproches que deux Cheualiers d'entr'eulx ſe vindrent ioindre bort à bort aux deux premiers, de telle furie que les coups gliſſans entamerent le bord & les cordages. Diſans les ſuruenans aux autres : vrayement corſaires vous eſtes venuz à poinct de payer tous les outrages qu'auez iamais faitz en ceſte coſte : Et de fait les chargerent de grande hardieſſe : mais ſi bien eſtoit aſſailly mieux eſtoit deffendu, faiſans eulx quatre vne bataille fort cruëlle, qui dura plus de deux heures, ſans qu'on cogneuſt l'auantage d'vn coſté ou d'autre : ſouuent donnoient du nez contre bord, ſouuent s'enclauoient en danger de tomber en l'eau . A la fin voyans qu'ilz ne ſe pouuoient autrement endommager,

ger,

ger, vn des premiers faulta dedans la nef des autres, defquelz l'vn le harpa,
& s'entrebraffans cheurent fur le tillac, roullans deffus deffouz longuemét,
iufques à ce que le Cheualier aux armes verdes, & l'autre par le choc contre
le boys defclauerent leurs heaumes. Si furent cogneuz Falanges d'Aftre &
Alaftraxerée: lequel fe voyát entre les bras de celle qu'il aymoit mieux que
foy-mefme, pour l'outrage qu'il luy auoit fait fe getta à deux genoux, difant: ma Dame ie vous fuplie me pardonner cefte offence : vous affeurant
que mes playes ie tiens bien heureufes m'eftans venuës de voftre main. La
Pucelle fort contétée de l'auoir efprouué fi vaillant & adroit, le tenant ainfi entre fes bras, luy fit refpóce: Ie ne trouue autre fatisfaction, finon de vous
auoir captif: mais remettons ce chaftimét à vne autre fois, & allons defmel-
ler ces deux Cheualiers : car ie doute que celuy qui meine mon frere de cefte façon, foit le feul qui fait la part à tous. C'eft luy certes ma Dame (dift il)
Florifel de Niquée qui a efté abufé comme moy. Adóc elle efcrie aux deux
Cheualiers qui fe combatoient aux bras, hola, hola, Cheualiers ceffez ces
acollades fi rudes, & les changez en embraffemés amyables. A ces parolles
ilz ietterent l'œil fur les deux autres, lefquelz fe recognoiffans leuerent incontinent leurs veuës, prefentans les efpées l'vn à l'autre en confefsion de
victoire. Sur-quoy Alaftraxerée vint careffer Florifel, puis luy dift : monfieur deportez vous de ce fecond combat de ceremonie, car vous deuez e-
ftre vaincu comme vaincueur au premier. Ma dame (refpond Florifel) ie
penfe que Dieu a voulu paragóner vous & voftre frere, pour vne paire extreme en toute perfection. Laiffons celà (dift elle) c'eft le plus fort que fommes efchapez à fi bon marché. Alors furuint la princeffe Oriane, & la pucelle Artimire, tant ioyeufe que plus ne pouuoit : Et apres quelques petitz
motz de recreation, firent apareiller leurs playes. Ce fait Florifel, ayant fceu
de la princeffe fon auenture, ie fais bon veu à Dieu (dift il) de ne charger
iamais Cheualier que ie ne fache comment, & à qui i'auray affaire: car à qui
lon voudroit faire plaifir, on porte fouuent grand' nuyfance. Le bon vouloir (dift Alaftraxerée) excufe tout: toutesfois ie trouuerois cefte difcretion
fort louable. Ie ne veis onques chofe mieux à propos (dift Anaxartes à Falanges) que vous qui auez eu tant de foing de folemnifer facrifices à ma
fœur, & l'auez à cefte fois voulu immoler elle mefme par effufion de fon
propre fang. En bonne foy c'eft tresbelle recópenfe de la peine qu'elle à eu
pour courir apres vous au temple de l'idole des végences. A quoy Alaftraxerée luy fit refponce: ne vous en moquez mon frere: peult eftre que celle
qui vous ayme en fecret n'en monftre pas grand femblant: dequoy Oriane
rougift. Quant à Falanges (dift Florifel) il deuft eftre content d'auoir efté
fi doucement embraffé de fa Dame, qu'elle luy a cuydé creuer le cueur au
ventre. En telz propos mirent en oubly la trifteffe paffée: entre lefquelz eurent grand plaifir d'entendre le difcours des amours de la royne Sidonie:
mais le bon feigneur oublia bien à leur dire le meilleur du conte pour fon
honneur. Mais vous croyez bien qu'Alaftraxerée trouua bon ce qu'auoit

S   fait

fait la Royne à l'endroit de Falanges pour luy laisser sa part saine & entiere. Or commanderent ilz à leurs pilotes de tenir la route de Babilone, &
peu apres le duc de Molossie reuint à soy demy rauy d'ayse du bon secours
qu'il cogneut, & s'enquerant dont estoit procedé le dommage, fut declaré
par vn des prisonniers que c'estoit du cousin du roy Breon, qui ayant veu
son Roy occis, s'estoit mis en course luy troisiesme pour courir ceste mer, &
piller & desrober, & faire le plus de tort aux Grecz que possible luy seroit.

Comme la princesse Lucelle, Ar-

lande, & la duchesse Armide furent volées, & de ce qui leur auint.

Chapitre   LIII.

LE prince Lucidor, ma dame Lucelle sa seur, & la princesse
Arlande firent grand' chere en la maison de la duchesse
Armide, deuenant l'Empereur de iour en iour plus espris
de son amour, comme il luy donnoit à cognoistre par sa
contenance. Or quelques iours apres que l'auenture fut
acheuée, la princesse Lucelle dist à Arlande de Trace que
le Cheualier enchanté estoit Amadis de Grece, dequoy elle fut fort cour-
roucée, & pleurant tendremét disoit: Helas fortune qui te meut de me met
tre à chascune foys entre les mains de mes mortelz ennemys, pour faire tes
ieux de

ieux de moy? A' ha Amadis de Grece, meurdrier de mon trefcher frere, ne
te contentes tu de fa mort, fans me la renouueller par ta prefence, pour me
tirer au cueur fi dur eftoc? Ce n'eftoit pas fans caufe, que tu me feis celer ton
nom: n'ay-ie pas caufe de me plaindre de vous, qui m'auez teu voftre ennemy & le mien? Ma bonne amye (refpond Lucelle) vous ne le deuez prendre
de moy en fi mauuaife part: car combien que foye indignée contre luy,
pour la foy qu'il m'a faulfée, fi eft-ce que les bons tours qu'il à fait aux
miens, & l'allience nouuelle auecques les fiens, ne me laiffent tirer à vengence fi fanglante que la defirez: Car quant à la mienne ie ne la pourchaffe fur luy que par fa propre main. Arlande s'apaifa vn peu, par la fage remonftrance de Lucelle, & eftoiét tous fort esbahis de la vie folitaire qu'A-
madis auoit mené en ce lieu. Lucidor defpefcha incontinent vn courrier à
Conftantinople, pour auertir les princes de Grece comme ilz l'auoiét trouué, eftimant qu'il ne pouuoit enuoyer meilleures nouuelles à fa fiancée, à
laquelle efcriuoit qu'il efperoit de bref eftre là, n'attendant que la raffem-
blée de fa flotte pour partir. Et ainfi le meift en effect au pluftoft qu'il luy
fut pofsible: mais auant fon partement la ducheffe Armide luy fit vne che
re extreme par tout fon païs, en faueur de l'Empereur de Rome, auquel elle eftoit affectionnée cordialement, comme elle luy monftra par quelque
peu de faueur familiere. Dont elle & Arlande conclurent enfemble qu'a-
pres eulx elles partiroient aufsi acompagnées de fix Damoyfelles feulemét
pour aller veoir la magnificence de Conftantinople, & la pompe des nopces de Florifel, & de Lucidor, fans fe donner à cognoiftre. Mais elles pro-
pofoient, & Dieu en difpofa bien autrement: car vn iour que la Ducheffe
auoit ordonné à fes veneurs de tendre les toelles pour courre le cerf, en vn
lieu non loing de la marine, elle ordonna que lon dreffaft quelques tentes
& pauillons, au plus pres de la greue, en vn endroit fort plaifant couuert de
verdure, ou la mer regorgeoit fouuent en la bouche d'vn fleuue fur la riue
duquel eftant venuz auec les princes & princeffes que vous ay nommées,
faifoient eftat de tout deduict. Or commença la courfe fort chaulde, à laquelle Lucidor & les autres gentilz-hommes auec Florarlan ne faillirent,
& fe trouuerent à la pourfuyte & mort du cerf, qui les tira fort à quartier
du lieu ou eftoiét les Dames, ioinct qu'on leur fit raport d'vne grand'laye
que les veneurs auoient desbuiffonnée de fon fort. Or auint durant cefte
chaffe, que les deux autres Geans coufins du roy Breon, lefquelz auoient
entrepris l'efcumage de la mer contre les Grecz, & leurs alliez, vindrent par
cas fortuit defcendre en cefte cofte, pour rafraichir d'eau leurs galeres: Et
ayans ouy hannir les Haquenées des Princeffes, & fonner la mort au Cerf,
tirerent celle part, pour veoir s'il y auroit butin. Parquoy voyans les tentes
& pauillons ou les Princeffes eftoient, aprocherent fi couuertement, qu'on
ne les aperceut aucunement, iufques à ce qu'ilz fuffent dedans. Les Princeffes les voyans fi grandz & demefurez, Dieu fçait qu'elle frayeur elles eurét,
quand ilz les vindrent empoigner: trefioyeux d'auoir prins fi belle proye,

S ii   fi ne

fi ne tarderent gueres en ce lieu , ains trouffans bagage en diligence , rem-
barquerent,faifans voile , & vogans en haulte mer, ou les trois Princeffes fe
trouuans es Galeres en pouuoir de ces corfaires , demenerent vn deul fi extreme, que c'eftoit vne pitie de les veoir tordre leurs mains , leuer les yeulx
efplorez vers le ciel, requerans à Dieu fecours . Ce qui n'efmeut les fiers
Geans à aucune compafsion,ains leur impofoient filence: & difoient que fi
elles eftoient fages elles defpouilleroient toutes leurs affections precedentes : & que chacun d'eulx en choifiroit vne pour amye, qui leur engregea
leur douleur, aymant mieux que la nef perift , & elles quant & quant, que
telle infortune leur auint . Dont difoit Lucelle à Arlande : helas ma Dame
de combien nous ferions mieux es mains de voftre cruel ennemy Amadis
de Grece,que de ces maftins fans vertu,ny honneur quelconque.Las(difoit
Arláde) Florifel fi maintenát nous venois fecourir, ie te pardonnerois toutes les offéces de ton lignage.O' Amadis!iamais ne me defiray oncq' en ton
pouuoir qu'a cefte heure:Et me tiendrois trop fatisfaite de la mort de mon
frere, fi à ce coup par toy, ou par les tiens, mon honneur eftoit racheté . A'
ha difoit Armide à Lucelle, de quel mal vous m'eftes caufe, m'ayant penfé
faire plaifir , veu l'inconuenient prefent , auquel ie voys perdre tout le loz
de ma beauté fi bien gardée, pour eftre employée en tel endroit ? Pendant
qu'elles l'amentoient ainfi, eflongnans le lieu ou eftoient leurs bons amys,
aucunes de leurs Damoyfelles qui eftoient efchapées par la fuyte, firét tant
qu'elles trouuerent les Seigneurs à la chaffe , aufquelz elles raconterent la
fortune : qui leur fit aufsi toft tourner bride vers la cofte, ou ilz cuyderent
forcener,quand ilz aperceurent les brigandz pirates, fi loing que leur veuë
pouuoit porter.Alors l'Empereur outré iufques au cueur, requift au prince
Lucidor l'ordre de cheualerie, lequel luy donna, fouz veu de l'employer
fuyuant la trace de fes anceftres, ce qu'il luy iura . Incontinent enuoyerent
gens en diligence au prochain port,pour auoir vaiffeau à fuyure les larrons
geans . Bien reuindrét ceux qui eftoient allez querre les armes,& au mefme
inftant les autres amenerent vn flouin armé à la legere , & le meilleur voel-
lier qui fuft en celle mer , dans lequel Lucidor entra luy cinquantiefme &
l'Empereur: demeurant Florarlan, efgaré à la pourfuyte d'vn grand' fan-
glier,qui ne fçauoit rien de tout cecy . Pour retourner aux deux Seigneurs,
leur flouin fingla bonne routte, en efperance de rataindre les galeres des
corfaires,fi le temps leur euft voulu durer,mais il fe mift du tout à calme, &
les ventz cheurent de tous coftez,dont les Galeres allans à rames eurent l'a-
uantage,& leur petit vaiffeau demeura tout court . Si Lucidor en fut courroucé,le prince Romain ne l'eftoit moins: lequel requeroit aux ventz leurs
aelles pour voler apres s'amye, puis qu'ilz ne les en vouloient feruir . D'autre cofté Lucidor fe plaignoit de fortune, fi elle feroit iamais faóulle des
tourmens & trauaux de luy & de fon lignage.Seigneur Dieu(difoit)vueil-
lez fauuer l'honneur de la gente Lucelle , ou me permettez aborder ceux
qui l'ont ainfi rauye, pour la racheter aux defpés de mon fang.L'obfcurité

de la

de la nuict les ſurprint ſur ces doleances, durant laquelle ilz ne prindrét nul
repos, iuſques à l'aube du iour, qui commança à deſcouurir la plaine mer,
en laquelle ilz aperceurent de loing deux nauz faiſans teſte l'vne à l'autre,
auec ſi terribles aubades d'artillerie, qu'à peine les veoit on s'inueſtir, qui
fut fait de telle d'exterité, qu'en vn moment on les veit attachées : vers leſquelles firent dreſſer leur vaiſſeau, eſtimant que l'vne d'elles pourroit eſtre
à ceux qui auoiét volé les Princeſſes, comme elle eſtoit: Car quelques Cheualiers qui venoient en l'autre ayans entendu les cris des Dames, demanderent aux corſaires à quel tiltre ilz les emmenoient : leſquelz leur firent
reſponce, qu'à eulx ilz n'en rendroient conte, mais leurs manderent declarer s'ilz eſtoient Chreſtiens, amys ou alliez de la maiſon de Grece, à fin de
les coffrer quant & quant. Les Cheualiers ne ſouffrirent pas telle brauerie
fort patiemment, ains ſans autre langage commancerent à les feſtoyer de
trait, & feuz d'artifice. Puis aprocherent de plus pres, tant qu'ilz ſaillirent
dedans le vaiſſeau, auec telle hardieſſe que celuy qui auoit à faire au principal Geant luy aualla vne main, dont ſoudain s'enfuyt en la chambre ou e-
ſtoient les Princeſſes, & le Cheualier les ſuyuit de ſi pres, que le fuyart heur
tant de la teſte contre l'huis qui eſtoit bas, ſon armet ſe delaça & cheut, &
le Cheualier à l'inſtant luy trencha la teſte, qui alla tomber es piedz d'Arlande qui ploroit tendrement, non pas la mort du Geant, mais le danger
ou elles penſoient eſtre. Ce que voyant le victorieux & la recognoiſſant,
& ſes compagnes auſsi (pourtant ne ſe deſcouurit à l'heure) fleſchit vn genou deuant la princeſſe Lucelle, diſant: Ma dame ie ne dy pas que ce ſoit
moy qui vous face ce preſent, c'eſt la royne Zahara qui eſt au fait preſente.
Elle cognoiſſant ſa voix tant à cauſe du temps paſſé, comme par ce que nagueres elle auoit parlé à luy: Amadis de Grece (reſpond elle) ie remercie la
Royne, du bien qu'il luy à pleu me faire, & voſtre ſeruice, quant au trauail
du corps, ie l'adreſſe à ces deux Dames, pour le prendre de leur part en recompenſe & abolition des tortz qu'elles pretendent auoir receuz de vous.
Il la remercia du bon partage qu'elle faiſoit de ſa perſonne, comme s'ayant
reſerué ſecretement le cueur pour ſa portion. Et ſe tournant vers Arlande
s'encline à genoux deuất elle, diſant: Ma dame ſi la bonne intention iuge
les œuures, ie vous ſuplie humblement pardonner à celuy qui a touſiours
eu plus de deſir de faire ſeruice qu'iniure à telles perſonnes que vous. Pendant qu'il parloit Arlande contemploit ſa grace, qui luy repreſentoit celle
de ſon tant aymé Floriſel : qui fit fort ployer ſa rigueur enuers luy par telle
reſponce: Monſieur, ſi ſans autre conſideration vous, & tous ceux qui vous
reſſemblent, ſe mettoient à ma mercy, mon eſtat ne commanderoit la cleméce, mais l'obligation preſente, de l'honneur qu'auez ſauué à ces Dames,
& moy (que tenons plus cher que noz vies) vous aquitte plus que ſuffiſamment enuers moy de la mort que vous querellois. Apres l'auoir remerciée,
s'adreſſa à Armide ſur le propos de ce qu'ilz auoient enduré l'vn pour l'autre en l'auenture, qui ne fut ſans faire à Lucelle monter la couleur au viſage.

S iii   Sur

Sur ces deuis furuint la royne Zahara à qui elles firét grand accueil, & voulans conter l'vn à l'autre de leurs fortunes oyrent vn grand bruyt au cha-
ftellet de la nef, qui fit foudain reprendre l'armet à elle & Amadis, & monter en hault en diligence, ou ilz virent la nef de Lucidor bord à bord, lequel demandoit s'il y auoit en la leur aucunes damoyfelles, qu'ilz euffent
incontinent à leur liurer. Amadis qui ne les cognoiffoit ainfi couuertz de
leurs armes, leur refpondit: Certes Cheualiers, ce feroit à nous grande libe-
ralité, de vous donner ainfi promptement, ce qui nous a tant coufté à con-
querre. Si les aurons nous (dift l'Empereur) par amour ou par force. De ce
nous garderons nous, refpond Amadis: Et foudain vindrét acrocher leurs
nauz à grandz pattes de fer. Et Lucidor s'attache à Amadis, & l'Empereur
à Zahara, qui donna à fon aprentiffage de cheualerie grande efperance à l'a
uenir, de ne defmentir en rien fa bonne race. Lucidor aufsi fit vn merueilleux deuoir de fon cofté, ayant à faire à fi forte partie. Tous leurs gens fe
meflerent pareillement les vns aux autres. Mais pendant ce conflit pafferent ceux du duc Brabron qui entrerent en la nef de la Royne & d'Amadis la voyant vuide de toute deffence. Aufsi ne trouuerent homme que le
duc Rufsian, qui eftoit vn des trois qu'auez entendu. Si luy defclouërét les
gros fers qu'il auoit aux piedz, & luy denoncerent la mort de fon coufin,
dont il conceut grand'trifteffe. Toutesfois comme bien auifé, voyant la
forte meflée des deux nauz, commanda leuer les ancres de celle ou il eftoit
pour fingler à plein voile, dequoy perfonne ne s'aperceut qu'Amadis de
Grece, qui laiffa aufsi Lucidor, & faillit en fa nau, mais elle eftoit defia def-
ancrée, & l'emporta quát & eulx ainfi armé, dequoy le Duc eut ioye nompareille de tenir fon ennemy tant en fon pouuoir, penfant bien que l'heure
de fa vengéce fuft venuë. Si efcria à haulte voix: Or à luy mes amys, deffus,
deffus celuy qui eft caufe de toute ma perte, lequel defpefché nous n'auons
plus que craindre. A fon commandement allerét tous charger le bon Cheualier, qui les fouftint courageufement, & en abatit deux au premier choc,
qui onques puis ne ceignirent efpée. Toutesfois force luy fut pour le nombre qu'ilz eftoient contre luy feul, foy retraire au chaftel de pouppe, ou
ayant le doz en fauf, leur fit barbe longuement, & en meit quatre à fes
piedz: dequoy le duc Rufsian forcené, s'arma du harnois d'vn des occis, &
vint vers luy, criant, retirez vous canaille, pour me laiffer la vengence qui
m'eft deuë: Si haulfe l'efpée & luy en rameine vn fi pefant coup fur l'armet,
qu'il le fendit iufques à luy entamer la chair, dont il fut tellement efmeu,
que de toute fa force luy en defcharge vn, pour luy trécher la tefte en deux:
Ce qu'il euft fait, fans l'efcu que le Duc luy meit au deuant, lequel alla en
pieces, & le bras quant & quant qui le portoit. Adonc le Duc de rage de la
douleur qu'il fentit, luy ietta vn eftoc fi violét, qu'il entra fort auant en l'efcu d'Amadis, tant que Rufsian ne le peut fi toft retirer, que fon ennemy
n'euft loyfir de luy donner vne taillade fur le bras droit, qui luy coupa net,
& demeura tenant l'efpée qui pendoit en l'efcu d'Amadis. Le miferable

man-

manchot à ce coup se retira, inuocant tous ses Dieux ou diables à son ayde. Et voyant qu'il ne pouuoit auoir la raison du preux Amadis se iette dedans l'esquif de suitte, commandant à ses gens de mettre le feu en la nef, & se lancer auec luy. Ce qu'ilz firent, dont estoit fait d'Amadis, si Dieu ne luy eust enuoyé prompt secours, par ceux qu'il auoit laissez combatans, qui cesserent leur conflit, par la recognoissance que Lucelle eut de son frere à son escu, & sachans le danger en-quoy il pouuoit estre seul, le suyuirent si à propos qu'ilz arriuerent comme à poinct nommé de son extremité. Adonc il se sauua, non en leurs grandz vaisseaux, mais en vn petit le plus viste qu'il peut choisir, auquel il alla gaigner le saulx Russian, qu'il getta en mer, disant : Tu m'as voulu tuer par feu, or reçoy la punition par eau, de laquelle gueres ne tarda à sonder le fond, par la pesanteur de ses armes . Ie ne vous sçaurois assez exprimer la chere qu'ilz luy firent au retour, & les louanges qu'ilz desgorgerent de luy en sa presence, ne l'aise que les Seigneurs eurent de recouurer leurs Dames : mesmement l'Empereur qui se tenoit fort heureux de l'auenture, qui luy auoit donné tel commancement de cheualerie, en s'esprouuant contre la vaillante Royne, puis que tout estoit à la fin ramené à bon port . Ce qui le meit plus auant en la grace d'Armide, enuers laquelle il ne pouuoit dissimuler sa bonne volonté, par maintes caresses honestes , dont il estoit gaudy par les autres, luy rendans ainsi ce qu'il leur auoit presté de raillerie auant sa passion semblable . Or firent tous regarder à leurs playes, qui n'estoient grandes ne dangereuses, ordonnans que tout fust prest, pour le lendemain conduire Arlande & Armide en leurs terres: & quant à eulx pour tenir la route de Constantinople . Mais il en auint bien au contraire de leur dessein, comme vous entendrez.

Comme les Princes furent por-

tez par tempeste en l'Isle de la Couche enchantée, ou ilz eurent vne merueilleuse rencontre.

Chapitre   LIIII.

S iiii   Fortu

Ortune guydée par les mouuemens du ciel, souuentes-fois tire ses fins à toute autre yssuë que ses commancemés ne promettent. Comme elle monstra à ceste noble charge de Seigneurs & Dames, allans ensemble mesme route. Entre lesquelz Amadis de Grece portoit vn grand contentement du bon secours qu'il auoit donné à sa chere Lucelle. Or eurent ilz vent fauorable iusques à la mynuit, que Diane leur monstra ses cornes rouges comme feu, & les Daulphins commancerent leurs carrieres par les vndes, aussi viste que traitz d'arbaleste: Et deuers Occident aparoissoient certains rayons de flambes par l'emotion des ventz. Ces signes auertirent les mariniers d'incontinent caler voile, pour euiter la furie de l'orage, mais force leur fut d'abaisser mast & antennes, & d'auantage ietter en mer le laittage dont ilz estoiét chargez : Au reste se recommanderent à la misericorde diuine, ne voyans esperance aucune en leur art & pilotage. Les Princes à qui leur prouësse seruoit peu en tel endroit, monstroient neant-moins vne magnanimité de courage en leur contenance, pour asseurer leurs Dames, & ne troubler leurs nautonniers, par leurs cryz & lamentations. Elles se mirent toutes en oraisons qu'elles arrosoient de chaudes larmes, vous asseurant que le pire de la trouppe estoit lors fort bon Chrestien. Le mieux qui leur auint en ce peril fut que la tempeste les porta en plaine mer hors du danger des rochz & escueilz, Et telle fortune coururent deux iours auec leurs nuitz : au bout desquelz sur le tard comme à iour faillant, relascherent en la rade d'vne Isle, en laquelle ilz prindrent terre sans trop consulter, combien qu'ilz ne la cogneussent, ayant plus cher tout autre danger nouueau, que de continuer en celuy dont ilz sortoient. Chacun s'arma & tirerent les Dames dehors de la nef, tant effrayées qu'elles ne

les ne

les ne fe foucyoient d'inconuenient qui leur peuft auenir. Si firent tendre
pres du riuage deux pauillons, dedans lefquelz ilz s'afsirent fur l'herbe,
l'Empereur & Lucidor auec Arlande & Armide, & Amadis de Grece aupres de fa tant aymée Lucelle. Et lors que le Soleil leur failloit de lumiere,
ilz la recouuroiët de la lueur des clers vifages de ces belles Princeffes. Auffi cefte demye obfcurité leur donnoit ie ne fçay qu'elle priuauté quafi couuerte pour dire & faire vn peu plus hardimét enfemble. De laquelle Amadis voulant vfer apres auoir efté longuement l'vn & l'autre fichez en regard fans aucun propos, le commança tel la larme à l'œil. Ma dame, ie cognois certainement qu'outre le defir ardent que la beauté telle que la voftre caufe en toute perfonne bien née, il y a encores vn naturel plus femblable entre aucunes qui les tire à vne affection mutuëlle (que les fages apellent fimpathie) qui engendre vne amytié entiere, feruente & inuiolable, de
laquelle entre vous & moy noz premieres amours nous donnerent feur tefmoignage, combien que ma longue abfence vous puiffe fembler y auoir
mis quelque refroidiffement, tandis que i'ay efté allié à vn autre par quelque effort des fecrettes deftinées. Mais vous voyez que cefte conionction
n'eft durable, & que voftre aftre rapelle le mien à fa prime influence : qui
vous doit faire eftimer que mon defir ayt dormy feulement comme le feu
couuert fouz la cendre qui fe refueille maintenant, plus fort & vehement
que iamais. Et ne penfez, ma Dame, qu'il y en ait au monde plus d'vn aparié à vne en telle extremité de volontez, ne qui puiffe auoir autre per que
moy fur la terre. Nous fommes comme les deux lutz accordez en mefmes
tons, tellement qu'en fonnant l'vn, les cordes non touchées de l'autre (qui
eft mis vis à vis) s'efmeuuent & branlent la paille fi luy mettez deffus. Ma
Dame, fi ces raifons n'auoient lieu en voftre entendement, aumoins confiderez la cigoigne, dont les petitz nourriffent leur mere à leur tour, ainfi recognoiffant les plaifirs & feruices que vous ay premier auancez : finon, cefte rigoureufe penitence acheura mes miferables iours. Tenant Amadis ce
propos, il aperceut quelques gouttes pitoyables decouler des yeulx de fa
Dame : qui toutesfois luy rendit fort froide refponce, luy difant qu'ilz ne
deuoient plus longuement deuifer enfemble, pour ne mettre les autres en
penfée. Adonc s'allerent ioindre à eulx, & fouperent de ce qu'ilz auoient.
Mais pour mufique furuint vne volée de chauueforis, chatz huans, & autres
oyfeaux de nuict fi efpeffe qu'elle couuroit l'Ifle comme vne nuë, iettans
criz & chantz fi hideux que c'eftoit horreur de les ouyr. Puis foudain aperceurent d'vn cofté de l'Ifle vne fi grand' flambe qu'elle leur donnoit clarté,
telle qu'euft fait la plaine lune. Adonc ouyrent comme d'affez pres vn cry
de femme fi douloureux qu'ilz en eurent grand' pitié. Parquoy Amadis de
Grece print vn cheual pour aller au fecours, ce que fit pareillement la royne
Zahara, difant qu'elle ne l'abandonneroit puis qu'elle l'auoit trouué la premiere. Si monterent & s'en allerent enfemble à courfe de cheuaulx du cofté du cry, mais ilz n'eurent gueres eflongné leurs compagnons, quand il
leur

leur fut auis qu'ilz entendoient vn grand cliquetis & chamaillis d'armes.
Dont l'Empereur Arquifil & Lucidor ne feiournerent trop à aller apres
pour leur donner ayde, laiſſans les Dames en la garde de leurs gés, fort triſtes ainſi delaiſſées pour les accidens qui leur pourroient ſuruenir en leur
abſence. Or Amadis & la Royne n'eurent cheuauché gueres loing enſemble ſuyuant le ton du cry, quand ilz ſe trouuerent pres d'vn chaſteau, ou ilz
virent vn Cheualier traynant vne Damoyſelle par les cheueulx qui lamen-
toit fort piteuſement, auquel ilz eſcrierent qu'il la laiſſaſt, mais il n'en fit
conte, & la tira iuſques au dedans du chaſteau, ſi courent apres à bride abat-
tuë pour la ſauuer, ne craignans ſinon qu'on leur fermaſt la porte au nez,
laquelle ilz trouuerent ouuerte. Si mirent pied à terre, & menans leurs cheuaulx en main entrerent dedans la court, ou ilz ne virent que toute ruïne,
ſans rencontrer perſonne de qui ilz peuſſent ſçauoir que le Cheualier eſtoit
deuenu. Parquoy furent contraintz d'aller à tatons par les tenebres, iuſques
à ce qu'ilz gaignerent vn huis d'vn iardin, auquel ilz remonterent à cheual
& ſuyuirent aſſez longuement vn chemin tirant vers vne riuiere, tant qu'ilz
vindrent à vn perron, ſur lequel eſtoit vne image tenant vn rolleau en la
main qu'ilz ne ſceurent lire à cauſe de l'obſcurité: mais ſi toſt qu'ilz l'eurent
outre-paſſé ſentirent vn mouuement extreme d'affection mutuëlle l'vn enuers l'autre, tel qu'ilz auoiét eu l'autre foys qu'ilz y furent conduitz au trac
du ſang à la vengence cruëlle de Mirabelle, dequoy le temps leur auoit oſté
la ſouuenance. Tout en la ſorte allerent en la fontaine des perrons, là ou le
ſerain eſtoit vn peu morne, auec vn doux bruict de vent iouant parmy les
arbres, qui les conuia à ſe coucher au riche lict autresfois par eulx foullé
(combien que non recogneu) ſi ſe deſarment l'vn l'autre, & en grand plaiſir & iouyſſance de leurs amours y paſſerent grand' partie de la nuict. Adóc
leur reuint en memoire le deduyt qu'ilz y auoient auant pris, dont eſtoient
ſortis les deux excellens princes Anaxartes & Alaſtraxerée. Dequoy Zahara premiere parla à Amadis, bien eſbahis comme ilz l'auoient ainſi oublié au ſortir de ce lieu, le beneiſſant du precieux fruict qu'il auoit porté,
non ſans requerir à Dieu de leur conſeruer la ſouuenance de ceſte gloire.
Sur ces entrefaites paſſe par là vn Cheualier monté & armé de toutes pieces qui les aperceuant tant à leur ayſe, leur diſt de grand' fureur: En mau-
lieu ſoyez vous logez qui tant m'auez donné de peine ceſte nuict pour voſtre plaiſir: Sus, ſus, debout dam Cheualier ſi ne voulez que vous tranche la
teſte ſur ce cheuet. Amadis de Grece peu couſtumier de porter patiemment
telles brauades, ioinct le tort qu'il luy faiſoit de luy entrerompre ſes delices, luy reſpond: Ie croy par ta fiere parolle que ſerois bien celuy qui nous
auroit ſi bien pourmené à la recouſſe d'vne damoyſelle que tu outrageois
laſchement: dont tu eſchappas au ſoir le chaſtiment par ta fuitte, lequel
(comme Dieu veult ieu) es reuenu chercher à la mal'heure. Le Cheualier
lors ſans replique ſe reculla vn peu, pour luy donner loyſir de s'armer. Ce
qu'il fit a l'ayde de la Royne qui fort deſiroit la vengence de l'iniure qui

leur

paradis.Et elle fe recouche pour voir du lict tout l'esbat . Aux rayons de la lune Amadis s'en va vers celuy qui luy dift incontinent:Monfieur du braue liurez cefte Dame entre mes mains, à fin que fache fi luy auez fait force; finon gardez vous de moy. A' quoy Amadis trop irrité, ne fit autre refponce que de s'eflongner & retourner la lance baiflée, & l'autre pareillement. Si fe rencontrerent de telle verdeur que leurs lances volerent en efclatz , & les hommes & cheuaulx roullerent tout en vn mont, ou ilz furent vne efpace eftourdis: puis fe releuans cómencerent le plus dur eftour qu'on euft iamais veu de deux Cheualiers : car il fembloit qu'ilz ardiffent pour le feu qu'ilz faifoient faillir de leurs armes, lefquelles tant ilz dehacherent qu'ilz vindrent à tirer le cler fang de leurs corps: qui mit Amadis en grand' doute de l'iffue de fon combat,affeuré de n'auoir onc rencontré fon pareil: moins ne difcouroit l'autre de fon cofté,toutesfois s'efuertuoient de tout leur pou uoir pour ne monftrer aparence de crainte l'vn à l'autre : tellement que de la charge de leurs coups s'entrefaifoient agenouiller , puis mettre les mains en terre . Dequoy Amadis trop eftonné , difoit entre fes dentz : Seigneur Dieu preferuez moy de ce diable cy: car fi ce n'eftoit perfonne faée il n'euft tant duré contre mon fer de fi bóne trempe . Seigneur ie croy que tu me l'as enuoyé pour me chaftier des offences que ie cómetz contre ma bonne Ni- quée.O' Lucelle puis que tu en es caufe, departz moy quelque faueur, & rié plus ne me pourra refifter : c'eft par faulte d'elle qu'vn feul Cheualier me peult faire telle honte. L'autre eftoit en grand' doute dé fa perfonne fi leur combat duroit plus gueres, qu'ilz auoient continué pres d'vne heure,com- bien qu'il n'en monftraft aucun femblant.Et à l'inftant ouirét vn aufsi hor- rible bruit affez pres d'eulx, cóme fi vn roch fuft tombé, auquel tous deux allerent par terre, fe tenans embraffez à la lutte, & y furent vne grand' pie- ce pafmez, ne remuans bras ne iambes non plus que mortz . Et fachez qu'à l'heure mefme qu'ilz tomberent à ce tintamarre, la chambre & les perrons de la Royne furent totallement deffaitz & aneantiz, elle fe trouuát en che- mife fur la verdure, bien memoratiue de la fortune qui luy eftoit là auenuë (comme il nous fouuiédroit d'vn fonge)dequoy elle fort honteufe & cour roucée en fon cueur , fe print à dire : O' faulx dieux qui m'auez fi longue- ment abufée en voftre creance, contentez vous à ce coup d'auoir ainfi viole ma chafteté, fouz le mafque du dieu Mars, de qui ie penfois auoir conceu mes deux enfans. Deformais prendz congé de voftre malheu- reufe idolatrie, me rengeant à la foy que tient celuy que i'eftime plus que vous autres,comme le prime de tous les mortelz,duquel la vertu couurira ma faulte d'vn precieux manteau , auecques l'excellence du fruict qui en eft yffu. Ie vous renonce à iamais, & m'en voys fecouris celuy à qui ie fuis tant tenuë & obligée. Alors elle s'arme , & monte à che- ual pour aller vers luy : le Soleil eftoit leué , & eulx aufsi pour recommen- cer leur meflée . Si apperceut vn Cheualier tirant la mefme part qui (l'e- ftimant venir au fecours de l'autre contre fon compagnon) la deffia de

loing.

loing. Contre qui (pour le vous faire court) elle eut vn trefapre conflit, tant des lances que des efpées, qu'ilz maintindrent longuement fans auantage, non plus que les deux premiers qui chamailloient fans relafche. Adonc fur uindrent en ce lieu l'empereur Arquifil & Lucidor qui toute la nuict s'e-ftoient fouruoyez, voulans fuyure Amadis & la Royne : Et à la pointe du iour auoient trouué la porte du iardin qui les auoit renduz là au trac des cheuaulx. Ilz cogneurent incontinent leurs compagnons à leurs armes. Mais au deuant leur vindrét d'autre cofté deux Cheualiers qui leur trécherent le paffage : contre lefquelz ilz eurent leur ieu party comme les autres quatre. Ainfi combatirent huict Cheualiers en ce lieu, menans plus grand bruyt que ne feroient vingt cerfz en rut s'entrechoquans dans le boys. Cóme les derniers tous frais batailloient enfemble, Amadis & fon auerfaire tant las, tant vuides de leurs fang, que plus ne fe pouuoient tenir en piedz, cheurent tous deux comme mortz pres l'vn de l'autre. Ce que voyant la Royne & celuy contre qui elle combatoit renforcerét leur conflit de furie, deliberez de ne partir fans la vie de leur ennemy, en vengence chacun de celuy qu'ilz iugeoiét auoir rendu l'ame. Autát en firent les quatre derniers. Mais peu dura la Royne (tant fut troublée de la cheute de fon Amadis) qu'elle tomba royde en la place. Lors fon ennemy fe ietta fur elle, & luy arrache l'armet, en volonté de luy trancher la tefte, laquelle recognoiffant, tout pafmé s'eftendit aupres d'elle. Alors les deux Cheualiers qui comba-toient contre Lucidor & Arquifil furent tellement efmeuz, penfans leur compagnon occis, qu'ilz rechargerent les deux fi rudement, que malgré eulx leur conuint perdre quelque peu de terre, combien qu'ilz teinffent toufiours bon. Et plus leur fuft mefauenu, fi la partie de la Royne ne fuft reuenuë à foy, qui fe defcouuroit le chef pour prendre aer. Et commança à gemir : Las moy chetiue qui de mes propres mains ay meurdry ce que plus i'aymois en ce monde. Lucidor la recogneut aufsi toft (& fachez que c'e-ftoit Alaftraxerée) fi fe tira vn peu arriere : dequoy fon ennemy luy dift re-proches de couardie : mais il luy refpondit qu'il le faifoit voyant la Dame à qui il eftoit tant redeuable, qu'il deuoit prédre les armes pour elle, & non contre. Tant pis pour vous (replique l'autre) car à moy feul apartient le til-tre de fon Cheualier. Et qui eftes vous fi hardy de l'vfurper ? Quand il fe fut nommé, ceftuy le courut accoller, qui eftoit Falanges d'Aftre. Puis luy de-manda qui eftoit le premier qui combatoit contre le Cheualier fans per. C'eft le prince Amadis de Grece (dift Lucidor) O dieux immortelz (s'efcrie adonc Falanges) comme auez vous permis que le pere & le filz fe foient ain fi entrepriuez de cefte lumiere, defquelz le monde la receuoit plufgrande que du foleil mefme. Lors s'en va Florifel, auquel il ofte l'armet, & luy po-fe le chef en fon giron, que voyant tant pale & refrigeré, arrofe de fes chau-des larmes. Arquifil lors & fon auerfaire (qui eftoit Anaxartes) laifferent leur combat, qui s'en alla à fa mere : & Arquifil à Amadis, les plorans tous pour vrayement mortz. Si vous raconteray maintenant qu'elle fortune les

auoit

auoit ainfi affemblez en ce lieu auentureux.

Comme les Dames qui eftoient

demeurées au riuage vindrent trouuer les Cheualiers,
fur lefquelz elles firent piteufes complaintes.

Chapitre LV.

LES Princeffes qui eftoient demeurées au riuage de la mer pafferent la nuict en grande crainte, qui leur diminua vn peu à la pointe du iour. Puis l'affection qu'elles portoiét aux Cheualiers, leur donna hardieffe de fe mettre en leur quefte. Si allerent au chafteau qu'elles trauerferent, & de là entrerent au grand verger ou elles aperceurét de loing reluyre leurs harnois, y arriuans à l'heure qu'ilz eftoient en l'eftat que vous ay raconté. Arlande qui y arriue la premiere, fi toft qu'elle auifa Florifel tel lement atourné, gifant au giron du prince Falanges qui luy baignoit toute la face de fes larmes, elle perdit fi bien fa vertu qu'elle tomba ius de fon pal-lefroy, par l'extremité d'amour qui la furmonta. Moins n'en auint à la princeffe Lucelle, voyant Amadis de Grece en fi piteux arroy. Car fa gran-deur ne l'indignation qu'elle auoit contre luy, ne le refpect de Lucidor fon frere qui le tenoit entre fes bras, ne la fçeurent côtenir de mettre en euiden-ce la vraye amour qu'elle luy portoit fecrettement en fon cueur. Oriane fut aufsi faifie de grande douleur de veoir en telle ordre le pere & le filz: tellement que toutes trois donnerent peine aux autres de les fecourir par re-

T   muë-

muëment & eau fresche qu'ilz leur ietterent au visage, tant qu'elles reuindrent en leurs sens, d'autant plus tormentées que quand elles ne sentoient
leur afliction. Lors commencerent à faire si grieues lamentations qu'elles
faisoient les afsistens fondre en larmes: en descouurant clerement en ceste
extremité ce qu'elles auoient long temps celé par la loy cruelle d'honneur.
La royne Zahara fit sa harégue apres les autres, pleine de grand' prudence,
declarant la cognoissance qu'elle auoit du long abus, auquel elle auoit ves-
cu auec action de graces au grand Dieu qui luy auoit daigné enluminer
l'entendement, laquelle faisant fin, au grand esbahissement de tous, mesmement de ses deux enfans, lors qu'ilz luy cuydoient respondre furent a-
cablez d'vne nuë, auec vn horrible tintamarre, qui les priua tous de leur sen
timent. Et apres se trouuerent en vne salle carrée de richesse inestimable,
dont le lambris estoit d'Or & d'Azur, & les verrieres cleres comme Cristal,
paintes d'images excellens, & au mylieu estoit toute l'histoire de Mirabelle en pleine bosse, de la sorte qu'Amadis de Grece & la royne l'auoient trou
uée, aufsi estoient les voultes de la salle soustenuës de belles statuës de bron
ze, taillées de main exquise, qui representoient tous ceux qui auoient loy-
aument aymé, desquelles le pis estoit ouuert à l'endroit du cueur, qui se
monstroit comme de fin acier, graué des effigies de celles qu'ilz aymoient,
embrasé de viues flambes. Et en deux coings de la salle virent deux litz de
cam, aufquelz gisoient Amadis de Grece & Florisel de Niquée retournez
de pasmoison, combien que foibles & debilitez. Et entre les litz estoient
afsis d'vn costé la royne Zirphée, auec le sage Alquif & Vrgande, & de l'au
tre, le bon vieillart maistre Elizabeth. Au dehors tout au circuit de la salle
y auoit cinquante pucelles toutes richement vestuës, sonnans de diuers instrumentz, qui donnoient grand plaisir à la compagnie, principalement à
Anaxartes & Alastraxerée, quasi rauiz de ioye, voyans leur pere en telle
gloire, apres l'extremité ou ilz le cuydoient tenir. Alors le sage Zirphée cómença à dire: Auant toute œuure, que les peres, enfans, & freres, parlent
ensemble. Adóc la royne Zahara prenát son filz & sa fille à ses deux mains,
s'en va au lit d'Amadis, & luy dist: receuez desormais la possession de ce
qu'auez peu prendre de moy, contre la proprieté de mon honneur. A' ce
mot luy voulurét baiser les mains, ce qu'il ne souffrit, ains les embrasse l'vn
apres l'autre, demeurans longuement ainsi sans mot sonner, quasi transiz
de contentement. Et de là allerent vers Florisel, qui leur donna pareilles
acollades, & Oriane à son tour, ayant la larme à l'œil de lyesse extreme. Or
est raison que ie vous deuise plusaplain la vraye forme de ceste auenture, &
comme tous ces Seigneurs & Dames se peurent ainsi rencontrer en ce lieu,

Des

Des grandz merueilles de la salle

de Mirabelle & de Moſtruofuron.

Chapitre. LVI.

Ous auez cy deuant entendu, comme les princes Floriſel
& Falanges ſe rencontrerent auec Anaxartes & Alaſtraxerée, à la reſcouſſe de la princeſſe Oriane: & depuis côme tirant la route du port, furent portez par tempeſte en
l'Iſle de Rhodes: non toutesfois du coſté ou eſtoit Amadis de Grece, mais en la rade vers le grand chemin qui al-
loit au chaſteau principal de l'entrée du boys, ou ilz furent tresbien recueil
liz & traitez par le duc Hordan, gouuerneur du païs. Là ilz aprindrent les
nouuelles des auentures du chaſteau de Mirabelle: qui tomberent incontinent es cueurs du prince Anaxartes & de ſa ſeur, comme leur apartenans, &
non à autre, à cauſe de la partie diuine qu'ilz s'eſtimoient tenir. Si reſolurét
ſur le champ de l'aller eſprouuer. Dont prenans congé des autres ſeigneurs
monterent ſur leurs cheuaulx, arriuans le iour meſme que les miſteres auin
drét, & à l'heure de la nuict, que toute l'Iſle leur ſembla peuplée de ces oyſeaux nocturnes de chát ſi eſpouétable: & en ceſte ceremonie virent maintes choſes môſtrueuſes& hideuſes, que lon n'y auoit veuës depuisMoſtruo-
furon, ainſi qu'il vous a eſté diſcouru en la ſeconde partie d'Amadis de
Grece: entre leſquelles leur aparut la pucelle que le Cheualier ſembloit trai
ner apres luy criant & gemiſſant: laquelle auſsi Floriſel & Falanges rencon
trerent (ayans laiſſé la princeſſe Oriane au chaſteau)& furent toute la nuyt
àſa pourſuite iuſques à l'heure que Floriſel trouua ſon pere au lict de la
fonteine auec la Royne : lequel il print pour le Cheualier oultrageux , iugeant qu'il forçoit lors la pucelle : Amadis pareillement iugea que ce fuſt
celuy qui luy auoit tant donné de peine à queſter , qui fut cauſe de la dure meſlée qu'ilz eurent enſemble. D'autre coſté Anaxartes & Alaſtraxerée
eſtans au chaſteau, ou ilz ne trouuerent autre entrée que par les portes.
d'Ambre, y virent l'eſcriteau qu'ilz voulurent prendre, mais incontinent
s'embraſa de flambes ardentes, qui ſemblerent monter iuſques au ciel : qui
lors donnerent ceſte grand' clarté aux Princes qui eſtoient au riuage de la
mer. Et tandis que les portes bruſloient , les gemeaux ouyrent dedans des
crys merueilleux. Puis les portes du tout arſes , aperceurent en la ſalle vne
grand' lumiere, & y cuydans entrer, furent longuement repoulſez par vn
grand nombre de Cheualiers. A'la fin entrerent, & virent les ſtatuës en-
flâbées du feu de leurs cueurs, & Mirabelle enuirónée de ſes Damoyſelles,
ſonnans piteuſe melodie, qui les retint là vn grand' eſpace, iuſques à ce
qu'ilz aperceurent vne porte faite en arc, painct de toutes les couleurs que

T ii   fait le

fait le Soleil es nuës chargées de pluye. Par laquelle ilz entrerent en vne au
tre falle toute murée de belles verrieres, efquelles eftoient pourtraites les
hiftoires de tous ceux qui bien aymans auoient donné fin glorieufe à leurs
vies,eftant au centre de la place le combat d'Amadis de Grece contre Moftruofuron,efleué en boffe fur vn plan de Iafpe,que fix lyons fouftenoient.
Et à cofté y auoit vne ftatuë de Geát à phifionomie d'vn fage, couuert d'e-
criteaux, difans en lettres Grecques.

PROPHETIE.

Au temps que les artz d'Aftrabon le magicien feront acheuez par les
deux baftardz Lion & Serpente, les peres celeftes perdrót la gloire de leurs
enfans terreftres, eftant tournée à celuy qui l'a furtiuement conquife de fa
belle efpoufe, fon honneur fauf. Et recouurera en terre la poffefsion de ce
dont le ciel auec fes citoyens a iouy. En ce temps le legitime lyon rencon-
trera fon pere en la quefte du Lyon & de la Serpente,fans s'entrecognoiftre
iufques au poinct de la mort.Puis à leur cognoiftre fera entenduë la fuftance de la Prophetie de Moftruofuron & de Mirabelle.

Ces efcriteaux les gemeaux leurent & releurent, fans les pouuoir com-
prendre.Et lors auint le grád bruit,qui rua ius tous les Cheualiers de la falle:
hors mis Amadis de Grece qui eftoit planté au mylieu & les enchantemens
furent deffaitz, dont il fouuint à Amadis & la Royne de ce qui leur eftoit
auenu par le paffé : Parquoy le frere & la feur fort contentz, de l'honneur
qu'ilz auoient gaigné à l'acompliffement de cefte auenture, fortirent du
chafteau. Et elle monta à cheual pour aller auertir fa cópagne de cefte belle
rencontre. Mais en chemin auifa le conflit du pere & du filz , ou elle print
part,en s'adreffant à fa mere, comme vous a efté declaré. Puis y furuenans
Lucidor, & l'Empereur, Falanges, & Anaxartes, ilz eurent l'efcarmouche
enfemble. En ce temps les fages deffufnommez fe firent porter en vn char
en l'air par deux dragons iufques à Conftantinople, ou long temps auoit
que le roy Amadis feiournoit. Si luy dirent qu'ilz auoient neceffairement
affaire de maiftre Elizabeth, lequel ilz emmenerent au lieu de la bataille,
ou ilz donnerent tel fecours que lon auoit meftier , rendans les pere & filz
combatans fans fentiment, iufques à ce qu'ilz furent portez en la falle carrée à part,& les autres en diuerfes chambres du chafteau, ou ilz reuindrent
les premiers de leur euanouiffement:puis allerent en la falle celebrer le refueil des deux principaux, auec deuë ceremonie. Ie laiffe içy à vous defchif-
frer par le menu, les longs propos qui furent tenuz entr'eulx,apres cefte recognoiffance : & la grand' lieffe qu'ilz demenerét au fortir de telle angoiffe, tandis que les deux Princes acheuoient de guarir . Si feiournerent en ce
lieu enuiron vn moys. Puis delibererét d'aller tous en vne trouppe au royaume de Trace, & de là à Conftantinople, pour porter eulx mefmes leurs
ioyeufes nouuelles. Or conclud la roÿne Zahara qu'elle & fes deux enfans

iroient

iroient pour eftre baptifez: & autant en delibera Falanges, combien qu'il
ne s'en vétoit pas: Parquoy s'ebarquerét tous enfemble en trefgrand' ioye,
& regaignerent le royaume de Trace, dont nagueres ilz eftoient partiz, ou
ilz trouuerent les flottes de l'Empereur & de Lucidor ralliées. Ainfi acompagnez prindrent congé d'Arlande & d'Armide, auec promeffe d'afsifter
à leurs nopces. Puis finglerent la route de Conftantinople, ou ilz furent
receuz en la plus grand' pompe & lieffe qui fuft au monde pofsible, comme pourrez entendre.

Comme les Princes arriuerent à

Conftantinople, & comme Lucidor alla porter les pre-
mieres nouuelles de toutes leurs
auentures.

Chapitre   LVII.

E Soleil fembloit d'vne clarté non acouftumée egayer
la verdure, que la faifon tenoit druë & entrepeinte de
couleurs infinies, par le pinceau du plaifant moys de
May, quand les deux flottes arriuerent à telle diftance de
la grand' cité que lon les pouoit defcouurir en mer, fans
toutesfoys pouoir dechifrer ne fpecifier leurs banieres &
pennons, qui effraya grandement les roys Amadis & Galaor, & les deux

empereurs Efplandian & Lifuart, & maintz autres Princes & Seigneurs, arriuez de diuerfes contrées au iour afsigné des nopces de la belle Helene, lefquelz tenoiét toute la prairie à l'entour, couuerte de tentes & pauillons, vn peu plus ioyeux que ceux de lan pafsé. Les princefses Grecques à ces nou uelles eftoient montées es haultes tours du palais, qui eurent leurs tendres cueurs tous tranfis de telle veuë : Mais à cefte furprinfe les Roys & Empereurs ne furent tardifz à prendre les armes, & aller atédre les eftrangers fur la greue, lefquelz venoient en la plufgrand' pompe & brauerie qu'on fçauroit ymaginer, les vaifseaux rebatans le Soleil de la lueur des harnois polis, & des couleurs des eftandartz & pannonceaulx fichez es chafteletz & ram bades. Mais à l'aborder fut le plaifir, par-ce que tous leurs engins à trait & artifices de feux ilz tirerét au hault & au loing à coups perduz par defsus le peuple Grec rengé en bataille: qui leur ofta la moytie de la paour, laquelle pafsa toute quand ilz furent plus pres, & commencerent à fonner trompettes & clairons de falut. Aufsi ceux de terre recogneurent au certain les armes & blafons des galeres & nauires, puis ouyrent les criz ioyeux, Rome, Rome, France, France. Qui les afseurerent entierement du furfault qu'ilz auoient eu de prime face. Les Princefses à l'heure feicherent leurs chauldes larmes, & commencerent à trefsaillir de ioye d'eftre abufées tant à propos dequoy les mains ioinctes rendirent graces à Dieu. Eftans les nauigans à vn vn trait d'arc du riuage, le prince Lucidor leur requift luy faire cefte grace d'eftre lange annunciateur de bonnes nouuelles de leur venuë, en recópenfe de celles qu'il auoit aportées l'année precedente· ce qui luy fut acordé trefvoluntiers. Si defcendit en vn efquif tout veftu de drap d'or, acompagné de douze, tant Ducz que Contes François, en fembloble parure, bors mis l'enrichifsement de pierrerie qui efclatoit merueilleufemét fur luy. Si fut bien venu & carefsé de bon cueur: ne le vous conuient declarer, veu les occafiós fi grandes. Toutesfois luy demáderent pourquoy il defembarquoit feul de cefte flotte, eftimant bien qu'il y euft encores autres chefz. Mefsieurs (refpondit-il) allons s'il vous plaift en la ville, là ou ie vous rendray conte deuant les Dames, de ce que requerez, payans les vfurés de ma premiere trifte venuë en voftre port, par les plus ioyeufes nouuelles qu'eufsiez peu iamais efperer à vn coup. A' quoy luy dift le roy Amadis: Mon bon feigneur, vous ne les fçauriez aporter meilleures que de vous mefmes. Or allons, & foit voftre volunté faite, à laquelle la noftre ne fera iamais differente. Lors le mettent au mylieu d'eulx, fe deduifans auec luy de la bonne bafque qu'il leur auoit baillée, arriuant en tel equipage, fans auertifsement prealable. Si le menerent droit en la grand' falle du palais, ou les Dames s'eftoient afsem blées pour les atendre, fachans defia par quelque auant-coureur que c'eftoit le prince Lucidor, lequel elles receurent en grand' folemnité & liefse, mefmement fa chere fiancée, à qui apres auoir dit le petit mot, il vient vers les princes Grecz, aufquelz il dift, eftant efcouté de tous: Mes feigneurs, le Dieu fouuerain architecte de ce monde, nous y fait iouer les tragedies triftes &

fanglan-

ſanglantes quand il luy plaiſt, puis les comedies & farces ioyeuſes, quand
ſon diuin vouloir le porte. A'quoy nous fault réger noz voluntez ſuiettes,
faiſans de neceſsité vertu, ſans regimber contre l'eſperon, en ſe plaignant
de ſes ordónances fatalles. Les grádes aduerſitez il nous enuoye, pour nous
faire cognoiſtre ſa grandeur, & noſtre imbecilité: & apres la pluye le beau
temps, en teſmoignage de ſa bonté, qui ne nous veult abiſmer & deſtruire,
ſelon ſa puiſſance, & noſtre demerite. Ie ne vous ramenteüray les miſeres
paſſées, mais vous annonceray telles nouuelles, dót ie croy que nul de vous
ne me plaindra les gantz: car en telles choſes Dieu a vſé de moy pour moy-
en, comme du Scorpion qui a fait la playe ſe tire apres le remede. Ie m'a-
dreſſeray à vous premiere, ma dame Niquée, vous declarant que voſtre A-
madis de Grece eſtant enchanté en la queſte de la princeſſe Arlande, à cauſe
de ſon frere qu'il auoit occis pour l'amour de vous, non ſeulement fut deſ-
enchanté par ma chere ſeur Lucelle, mais auerty du dáger dont il ſe ſauua,
voire depuis luy preſta telle occaſió, qu'il rendit à vn coup à ma ſeur le plaiſir qu'elle luy auoit fait: & conuertit la hayne mortelle d'Arlande en vraye
& cordiale amytié, les deliurant des mains d'vn duc Payen, qui les emme-
noit en vengeance de ſon couſin le roy Breon. O' quelz ieux de fortune!
nous apres arriuans au ſecours de ces Dames, nous attachons à luy ſans le
cognoiſtre, ou euſmes tel affaire que ſa vertu vous peult iuger. Ce pendant
luy eſchapoit le faulx Duc s'il ne ſe fuſt lancé dedans ſa nef, qui l'emporta
ſeul entre tous ſes ennemys. Ou c'eſtoit fait de luy ſans l'heur que Dieu
nous donna de l'aller tirer de peril ſi certain. De là, fortune de temps nous
porta en l'Iſle de Rhodes, ou par rencontres eſträges ce vaillant Prince eut
tel conflit contre le preux Floriſel de Niquée ſon filz, qu'ilz demeurerent
en la place tous deux pour moitz. En la faueur du pere la braue royne Zahara ſouſtint contre la princeſſe Alaſtraxerée. Et l'Empereur de Rome cótre le fort Anaxartes. Et moy eontre le hardy prince Falanges. Mais l'incon
uenient auenu du pere & du filz, la Royne fut recogneuë, qui mit fin à tous
noz combatz: laquelle nous declarant (apres les larmes ſolemnelles eſpan-
duës ſur les deux Princes roides giſans) comme par force de ſort & enchantement, que ie vous certifie (regardant Niquée) ilz s'eſtoient aſſemblez v-
ne autre fois, dont eſtoient yſſus les gemeaux Anaxartes & Alaſtraxcrée:
dequoy elle n'auoit eu cognoiſſance ne ſouuenance, ſinon à la ſeconde fois
retrouuez enſemble en ce meſme lieu, qui leur remit la premiere en memoi
re par le definement du charme. Ainſi que nous eſtions en ce deſconfort
fuſmes tous enchantez, iuſques à la venuë de la royne d'Argines, du ſage
Alquif, Vrgande, & maiſtre Elizabeth, leſquelz nous remirent en noſtre
eſtat, ioinct l'auertiſſement du ſage de Mirabelle, par lequel tous les ſecretz
du chaſteau furét deſcouuertz: le pere & le filz guaris de leurs playes, & les
gentilz baſtardz cherez par le pere ſi long temps incogneu. Or viennent
tous ces Seigneurs & Dames en noſtre flotte, meſmemét la princeſſe Oriane qui fut rencontrée ſur mer, & deliurée par eſtrange auenture. Ilz m'ont

T iiii

fait hon-

fait honneur de la presente embassade, reste à moy de retourner vers eulx pour les liurer entre voz mains en verification de ma parole. La ioye fut si grande de ces nouuelles, qu'il n'y eut celuy ne celle à qui la larme n'en vint à l'œil de plaisir extréme. Si escrierent tous d'vne voix, les cheuaulx, les cheuaulx. Les Dames n'eurent la patience de les atendre de pied quoy, ains monterent quant & les Princes qui les mencrét de bride iusques au riuage: ou la troupe tant desirée vint à forces de rames. Desquelz vous pouez esti-mer les bien venuës & caresses, selon les grandes affections reciproques, mesmemét d'Amadis de Grece & de Niquée, & de Florisel & Helene: qui furent long temps aux bras, sans pouuoir parler les vns aux autres, tant e-stoit la langue saisie de l'emotion du cueur. Les gemeaux recogneuz vin-drent faire la reuerence aux Roys & Empereurs, les genoux en terre, reque rans les mains à ceux qui les baiserent & rebaiserent plusieurs foys en la fa-ce. En ceste lyesse s'en vont, chascun seigneur costoyát sa dame, en la grád' cité, auecques tant d'instrumens de Musique qu'ilz ne s'entendoient pas parler: qui furent encores renforcez en la ville, ou ilz trouuerent les ruës si peuplées de gens, qu'a peine pouuoient ilz passer: lesquelz à haulte voix cryoient: Bien viennent les excellens Princes, qui tant honorent la region de Grece. Benoist soit le iour que le cheualier de la verde Espée y mist le pied, duquel nous est venu le tresnoble sang, parlans du vieil roy Amadis. En la salle du palais furent encores les acollades renouuellées: & chascune voulut entendre de chacun tout le discours de leurs auentures, plus par le menu, mesmement Niquée qui tira la belle Lucelle à part, de qui elle trou-ua la beauté merueilleuse, & l'autre se miroit en la sienne, excusant fort en son cueur só Amadis, de l'effort que sa volúté auoit peu souffrir. La ioye fut pareillement grande de Siluie, se voyant de nouuel si bien aparentée de la royne Zahara, & de ses enfans. Mais toutes les aises de ceste compagnie ne recoyuent recit special, non plus que les faitz d'vne pleine bataille. Tant vous puis dire que la feste publique de ce ioyeux retour dura l'espace de quinze iours: au bout desquelz la royne Zahara, son filz, & sa fille furent baptisez, puis le prince Falanges à l'enuy: lequel le soir apres le festin seuint presenter deuant les Princes, auec telle harágue. Treshaultz & trespuissans Seigneurs, la hardiesse de mes pensées, qui s'estoient par cy deuant adres-sées à vne diuinité presumptiue, ne baisse auiourd'huy les ælles, la cognois-sant tournée en lignage humain exaucé par vertu heroïque, par dessus la fragilité mortelle: aulsi ne perdz-ie le cueur de l'atenter comme parauant, moyennát lay de que ie trouue nouuelle en voz maiestez, par la recognois-sance de la parenté de celle à qui de long temps i'ay voué mon cueur, mon honneur, & mes biens. Laquelle (si vous iugez que i'aye iamais rien merité de vous, & si ne m'estimez trop indigne d'elle) ie vous requiers, c'est la gé-tile princesse Alastraxerée, à vraye & loyalle espouse: sommant en ce cas premier le prince Florisel, de s'aquiter enuers moy du deuoir mutuel d'a-mours, en me rendant pareil confort & secours qu'il sçait auoir receu de

moy

moy en fon affaire. Mon grand amy (refpond Florifel) ie ne me puis excufer que ne vous fois trop redeuable:C'eft à vous d'auifer en quoy me voulez employer. De voftre parole feule,replique Falanges.Lors s'adreffe à A-
laftraxerée difant : Ma dame, en cefte affemblée ou la valeur,bonté & excellence du monde eft vnie, ie vous fuplie m'otroyer ce don pour le premier que ie requis iamais. Monfieur (refpond elle) vous vous pouez affeurer de tout ce qui eft en ma puiffance. Adonc voulant Falanges redoubler
à Florifel fa fommation, de declarer prefentement la refponce que la Princeffe luy auoit faite vn iour , fur la feruitude affectionnée de Falanges : elle
comme fage pour rompre ce coup luy dift: Monfieur,voftre vertu & grandeur m'eft fi bien cognieuë (comme à tous elle eft notoire) que de ma part
ie la tiens en telle reputation que ie doy:feulement vous auife que toute ma
volunté eft remife es mains de monfeigneur & pere: auquel,& non à moy,
deuez adreffer voftre requefte. Amadis de Grece fort ioyeux , la remet à la
royne Zahara : Et apres leurs honneftetez reciproques leur firent ioindre
les mains enfemble en promeffe folemnelle. Mais elle en s'acordant auec
vne doulce honte & rougeur virginale , fuplia que la ceremonie & pompe
nuptiale fuft differée iufques à la venuë de tous les feigneuts qui fe deuoiét
trouuer à Conftantinople: pourpenfant de requerir au prince Olorius,qui
y viendroit, la belle Oriane, pour Anaxartes fon frere,à quoy confentirent
voluntiers. Puis fut acordé que Florifel & Lucidor fe voueroient pour le
iour faint Iean, en atendant la venuë des autres Princes.

Comme le beau Damoyfel Flor-

arlan entra en la grand' falle du palais auec vne lettre
qui troubla grandement la cour.

Chapitre. LVIII.

Es circonſtances des mariages ainſi arreſtées, entra en la ſalle du palais vn ieune mignon veſtu de deul, portant vne trompe d'or pendue en eſcharpe, qui de ſa beauté & grace ſinguliere rauit les yeulx des aſſiſtens : & les euſt remplis d'vn grand contétement, ſans la façon de ſa contenance, qui ſembloit fort preſſée & affairée. Il fut incótinent recogneu par aucuns de la compagnie : & à ſon arriuée chaſcun fit ſilence, pour entendre ſon embaſſade. Et il iette ſon œil de tous coſtez, tant qu'il aperceut la princeſſe Lucelle, deuát laquelle (mettant vn genoil à terre) luy requiſt les mains. Et elle l'embraſſant luy diſt : Beau Damoyſel qui a il, qui vous haſte ainſi d'aller ? Ma dame (reſpnd il) Dieu m'a enuoyé icy en autre habit que ie ne deſiroys venir. Si vous prie m'enſeigner en ceſte troupe le prince Floriſel de Niquée, à qui mon meſſage s'adreſſe. Elle luy monſtra, & il s'en va mettre à genoux deuant luy, tirant de ſon ſeing vn pacquet qu'il luy preſente, luy ſupliant le vouloir lire oyant tous. Floriſel le prenant le fait leuer, conſiderant fort ſa beauté & bien-ſeance, auec vne emotion de cueur, par le ſang naturel qu'il ſentoit occultement ſon ſemblable. La lettre ouuerte, il aperçoit eſtre eſcrite de ſang, qui le fit treſſaillir de frayeur, craignant quelque deſaſtre auenu à celle de qui il cognoiſſoit la main : c'eſt à ſçauoir la princeſſe Arlande. Toutesfois il s'efforça de couurir ſa paſſion au mieux qu'il luy fut poſſible, mais non tant que l'aſſiſtance n'en cogneuſt partie, qui les eſtonna par compaſſion de volunté.

Lettre de creance de la princeſſe Arlande.

Arlande de Trace, desheritée de

ſes terres, pour auoir fait heritier de ſon cueur, celuy qui auoit la proprieté de ſa liberté tant alienée, qu'il ne pouoit plus accepter part en la ſienne. A' Floriſel de Niquée, prince de Gaule, de la grand' Bretaigne, Apolonie, & Rhodes, ſalut.

Fortune a tellement conſpiré con-

tre moy, qu'elle ne m'a ſeulement donné autre ancre que ſang pour eſcrire, ny autre porteur qu'vn enfant, ny adreſſe de ſecours, qu'en vers le filz de mon ennemy mortel, à cauſe de mon frere, luy plus mortel encores ennemy, pour ne pouoir eſtre amy à moy meſme. Mirez vous Dames en moy, qui vous plaignez des tours legers de ſon inconſtance acouſtumée : & prenez exemple à eſperer en deſeſpoir. Elle ne ma laiſſé ſeulement mon ſurnom, lequel i'ay emprunté pour ne vous eſtonner trop en la prime veuë de la ſurſcription de ma miſſiue : Auſſi bien que le ſalut que mal peult enuoyer

celle

celle qui de long temps a le cueur captif & afligé cóme bien fçauez, & puis n'agueres le corps emprifonné. Ie n'ay plus grand loyfir d'enuoyer mes plaintes de la main, là ou la bouche ne les peult faire entendre. Vous fupliát vouloir du furplus croire ce Damoyfel de ma part, cóme la raifon le veult en voftre endroit.

Voftre qui na peu eftre à iufte tiltre
ARLANDE la prifonniere desheritée.

La lettre leuë, & peu entendu le

fuiet de fa doleance, Florifel dift au Damoyfel qu'il s'aquitaft de fa charge, en luy expofant la fpecialité de l'affaire qui l'amenoit. Monfieur, refpond l'enfant, le cas eft: qu'au temps que la Princeffe, ma Dame, vous eut laiffé en l'Ifle de Rhodes, & fut de retour en la court du Roy mon feigneur : elle y trouua le duc Madafanil, tyran des Ifles prochaines, fier Geant, grand & puiffant à merueilles, acompagné de quatre fiens coufins femblables à luy, tous yffus du lignage de Furio Cornelio, foy reclamans les vengeurs de fon fang. Ce Duc la requift au Roy à femme fouz condition de la vengeance qu'il entreprenoit fur le prince Amadis de Grece: pour laquelle i'auois efté nourry & inftruit, fi l'obligation depuis furuenuë n'euft effacé cefte inimi- tié cruelle, au moyen du fecours que le Prince luy donna en fon befoing extréme, lequel i'aymois & honorois fans le cognoiftre, & defirois feruir de tout mon cueur. Mais le Roy ayant entendu cefte reconciliation nou- uelle de ma Dame, auec celuy qui auoit occis fon frere, la liura aufsi toft es mains de ce Duc, luy commandant de l'efpoufer. A l'heure eftoit prefte a- uec la ducheffe Armide qu'elle auoit retenuë, pour venir à voz noces. Donc fe oyant renuoyer en telles autres, refpondit au Roy: Ne croyez (Monfieur) que la faulte que i'ay faite à ma grandeur, de ne pouoir refifter à l'effort de l'amour du filz, ie la face maintenant de ma parole enuers le pere : vous af- feurant que ie n'auray iamais autre mary que le filz, ny plus grand ennemy que celuy qui mal pourchaffera au pere à qui i'ay iuré la foy de paix & a- cord. Le Roy fut tant irrité de fa refponce, que fur le champ il la desherita: & fit faire le ferment à Madafanil le prince de Trace, remettant ma Dame en fon pouuoir, pour la loger incontinent en la forterefse du lac des quatre chaucées : qui eft l'vne des plus fortes places que lon eftime au monde. Si luy en donna la garde, & des quatre chaucées aux Geans fes coufins : leur commandant la tenir en cefte prifon vn an entier, fi pluftoft elle ne régeoit fa volunté vers luy. Ce que ne faifant dedans ce terme, vouloit qu'elle euft la tefte trenchée, pour l'apointement qu'elle auoit fait de celle de fon frere. Le fier pautonnier ne faillit à acomplir cefte ordonnance diligément, me- nant ma Dame pleurant & gemiffant au chafteau, ou il l'enferra feule, auec fa coufine Arlinde, baillant les clefz de la prifon à vn grand maftin geolier,

foy re-

foy referuāt l'entrée du chafteau mefme, fes coufins eftablis es quatre chaū-
cées, lefquelz font iurer tous ceux qui viennent là, de fe trouuer à la vengeance de la mort de Furio, finon les enferrét en baffes & cruelles poifons.
La nuiĉt ilz ferment les portes de leurs chaucées,& par des caues fouz terre
fe rendent au chafteau, diftant du lac de deux traitz d'arbalefte, duquel le
Duc mefme leur ouure & cloft les portes.Or l'auois-ie fuyuie dedās la for-
tereffe, ou ilz me laiffoiét pourmener à mon aife, mais ie forcenois de deul
de la veoir en tel eftat, fans y fçauoir remede. Vn iour qu'elle mift la tefte
en vne petite feneftre treilliffée m'auifa en bas : Si me dift, Florarlan infor-
me toy du moyen par lequel tu puiffes parler à moy. A' l'inftant ie monte
droit en hault, laiffant le Duc en bas, auec fes gens :& prie Bocarel le Geolier me faire cefte gracieufeté,de me laiffer vn peu parler à ma Dame la prin
ceffe : qui me refpondit que fi plus len prefcheois il me lanceroit du hault
du mur.Dam ribault, luy dis-ie, fi i'auois armes comme toy ie te rengour-
merois bien le groin. Lors iettāt ma veuë de toutes partz aperceu vne efpée
penduë,que foudain i'empoigne,& levilain s'en vient à moy vne guifarme
en la main, dont il me tire vn coup, que i'euitay d'vn fault à cofté, tellemēt
qu'il ne me perfa que la cazaque de veloux de part en part:autrement il me
fauçoit le corps à iour. Lors ie luy donnay vne iartiere au iarret, fi droit à la
iointure qu'il tomba incontinent en la place, & me ietta les bras pour me
harper, mais ie couche l'efpée entre luy &moy,qu'il fe fourra parmy le ven
tre, iufques à la croyfée. Adonc s'eftédit de douleur, & moy craignant que
ceux d'embas le fentiffent, prins vne hachette dont ie l'efgorgeay,cóme vn
gros beuf. Si prendz les clefz, & vois ouurir la porte de la prifon, ou ie trou
ue ma Dame toute tremblant de la paour qu'elle auoit du debat qu'elle
ouyt entre Bocarel & moy : qui m'embraffe & baife cent foys, difant : Las
Florarlan que fera de ta vie, fi le Duc entend ton fait ? mon mignon Dieu
te vueille preferuer & garder à plus grand chofes. Ma dame (dis-ie) ce qui
eft fait ne fe peult deffaire : mais ie voy le remede, d'aller au Duc luy dire
que m'auez mandé par Bocarel de le prier m'enuoyer vers le Roy luy faire
vne requefte, apres laquelle vous rengerez à fa volunté: Ainfi ie fortiray &
efchaperay.Elle m'acolle de rechef en fouzriant de mon inuention.Lors ie
luy dis qu'il n'y auoit que tarder, & qu'elle regardaft que i'aurois à faire
pour fa deliurance eftāt hors de là. Il fauldra (refpond elle) que vous alliez
à Cóftantinople porter vne lettre de ma part au prince Florifel de Niquée,
mais nous n'auons icy dequoy la faire. A' celà (dis-ie) ne tiendra : & voys
prendre vn rofeau en la chambre de Bocarel, que ie pare, & le trempe au
fang de ce brigand, duquel elle vous efcrit la prefente. Incontinent ie luy
baife les mains, elle me faifant la benediĉtion, me recommanda à Dieu. Ie
ferme fa porte, & remetz les clefz en la ceinture du Geolier, à fin qu'on ne
s'aperceuft que i'euffe parlé à elle. Ie vois au Duc qui m'acorde trefvoluntiers ma demande, & me fait ouurir la porte,& deliurer vn rouffin, fur lequel ie exploiĉte iufques icy, fans tenir aucun chemin, iufques à ce que ie

fuffe

fuſſe eſlongné de Trace.Et ay employé vn cheſnon de ma trompe pour ma
deſpence, & pour ceſt habit que i'ay pris conforme à l'eſtat de ma Dame.
Voylà monſieur ce que i'auois charge de vous dire.La compagnie reſta fort
contente du gentil diſcours de ceſt enfant, qui promettoit beaucoup à l'a-
uenir, autant qu'elle fut troublée des piteuſes nouuelles qu'il aportoit. A-
quoy Floriſel qui auoit touſiours l'œil fiché ſur luy durant ſon propos, ſe
ſentant tout eſmeu de ſa preſence fit telle reſponce. Mon mignon, ie ſuis
tant redeuable à la Princeſſe qui vous enuoye, que ne me puis excuſer de
faire pour elle, ce qui ſera auiſé pour le mieux. Monſieur (diſt Florarlan)
ie ne doute pas de voſtre bon ſecours en ſon endroit, lequel iamais ne refu-
ſaſtes aux plus ſimples Damoyſelles. Lors Floriſel ſe tournant vers ſa chere
Helene luy diſt: Ma dame vous plaiſe me donner congé d'aller payer à ceſte Princeſſe (au hazard de ma vie)la recompence de ſa parfaite amour que
n'ay peu ſatisfaire de ma liberté qui vous eſtoit toute engagée. Monſieur
(reſpond Helene) le deſir que i'ay de voſtre honneur (qui eſt le mien) me
deſnuë d'autát de pouuoir ſur vous en ceſt endroit,comme vous m'en auez
donné en l'autre. Parquoy ſuis deliberée ſouffrir de mon coſté le dáger de
voſtre perſonne pour elle, cóme auez repoulſé les aſſaux de ſa beauté pour
la mienne. Or iray-ie donc ma Dame (replique Floriſel) à voſtre congé,
deliurer la gentile Princeſſe, ou il me couſtera la vie. La court fut fort faſ-
chée de ce troublement de feſte. Toutesfois conſiderans que l'entreprinſe
eſtoit neceſſaire ſelon le deuoir de Cheualier (ſans le ſurcroiſt d'autre obligation) Alaſtraxerée parla premiere : Meſſieurs, il eſt temps que les armes
que i'ay portées au ſeruice de noz faulx dieux, ie les tourne contre eulx ,&
leurs adherans , ioinct l'amytié particuliere que ie porte à la Princeſſe .Ie
prendz à ma charge vne des quatre chaucées,pour faire compagnie à monſeigneur & frere Floriſel, comme ie luy feis à le deliurer de ſa priſon . Ie ne
pourrois trouuer plus belle emploite du dernier exploit de mes armes,que
mon nouueau ſeigneur & eſpoux me contraint laiſſer . Falanges oyant le
propos de ſa chere dame. Ia Dieu ne plaiſe (diſt il) que ie demeure derriere, ou ma dame marche: puis qu'elle expoſant ſa vie,n'eſpargne peu la mienne. Pource entreprendz-ie pour ma part la tierce chaucée du chaſteau.
Adonc parla le grand roy Amadis: Puis que tant de magnanité ſe monſtre
en ceſte empriſe, raiſon veult que pour plus ſolemniſer le delaiz & renoue-
ment des armes de ma vaillante fille Alaſtraxerée, ie les acompagne des
miennes, deſquelles l'aage me diſpence, comme elle ſon habit: parquoy ie
prendz pour moy la quatrieſme chaucée. Et moy donc le ſoucy & ennuy
de toutes les quatre, diſt la royne Oriane. Quand on vid qu'il n'y auoit ordre de les en deſtourner, on fit en diligence equiper vne belle galere pour
les quatre champions,à fin que le ſecours d'Arlande ne fuſt retardé.Et cinq
ou ſix iours apres partirent tous les grandz Seigneurs, pour aſsiſter à ce que
beſoing ſeroit . Le beau Florarlan ne ſe pouuoit contenir de ioye , d'eſtre ſi
bien venu au deſſus de ſon embaſſade, & s'en alla baiſer les mains aux trois

V   Princes

Princes entrepreneurs . Et diſt à la pucelle Alaſtraxerée · Ma dame ie vous
ſeruiray d'Eſcuyer s'il vous plaiſt en ceſte iournée, poùr m'aquerir felicité
par la voſtre. Ce qu'elle accepta en le remerciant . Ainſi departent les treſ-
redoutez champions, apres les deuotions publiques , prenant le temps qui
leur eſtoit propice à leur voyage , comme firent peu apres la pluſpart des
Princes qui lors eſtoient à la court , laiſſans les Dames fort melencoliques
de voir ſi ſouuent hazarder ainſi ces Royalles perſonnes.

Comme le roy Amadis, le prince

Falanges, la pucelle Alaſtraxerée, & Floriſel de Niquée, ayans pris terre, allerent chaſcun à part combatre les gardes des quatre chaucées.

Chapitre   LIX.

A galere des quatre vaillans Princes ſingla de bon vent à
voile & rame, tant qu'arriuée à port ilz acorderét enſemble, que pour mieux conduire leur fait à bonne fin, ilz i-
roiét en vn meſme iour & heure aſſaillir chaſcun ſa chau
cée : & que celuy qui premier paruiendroit à l'entrée du
chaſteau, atédroit l'auenture de ſes compagnons. Ce có-
plot ainſi pris , chaſcun s'arme & monte , ne menant que ſon Eſcuyer qui
portoit la lance & l'eſcu : De quoy le beau damoyſel Florarlan ſeruit ma dame Ala-

me Alaſtraxerée. Vray eſt qu'elle auoit vne Damoyſelle qui luy portoit en
vne valize vne paire d'acouſtremens qu'elle prenoit quand elle ſe vouloit
monſtrer en ſon propre eſtat, qui luy vint à poinct pluſtoſt qu'elle ne penſoit, comme vous orrez cy apres. Eulx departis, ie vous diray premier ce
qui en auint au roy Amadis de Gaule, lequel arriué à la porte d'vne des caues, ſe print à côtempler l'aſsiete & diſpoſition du lieu, qui luy ſembla im-
prenable par force humaine. Lors le geant nómé Braforan, couſin du Duc
oyant le hanniſſement du cheual du Roy, vint à luy armé de toutes pieces,
luy demander qui l'amenoit. A'quoy le Roy reſpondit, qu'il auoit entendu le tort & oultrage que le duc Madaſanil tenoit à la princeſſe Arlande,
de luy forcer ſa volunté par priſon & mauuais traitement : ſurquoy il luy
voudroit remonſtrer ſa faulte, ainſi que droit de cheualerie l'obligeoit,
pource le pryoit de le faire parler à luy. Braforan ne fut fort content d'ouyr
ainſi blaſonner ſon ſeigneur & couſin, ſi diſt au roy Amadis: Dam Cheualier, ie croy que ſoyez tombé de la manche de quelque preſcheur de la loy,
qui vous venez icy fonder en raiſon, laquelle vous n'entendez : mais demeurez vn peu, ie voys querir vn cheual pour le vous faire comprendre.
Gueres ne tarda le Geant qu'il reuint monté ſur vn puiſſant d'eſtrier, la lance en l'arreſt, & ſans autre deffy, picquerent l'vn contre l'autre, de telle vigueur que les lances rompues, s'entredonnerent d'eſcuz & de heaumes vn
choc ſi lourd, que les cheuaulx ne les ſceurent ſouſtenir, ains verſerent par
terre, & maiſtres auſsi. Amadis ſe releua le premier, & alla l'eſpée au poing
vers Braforan, qui auoit vne iambe ſi foulée ſouz ſon cheual, que poſsible
ne luy eſtoit de ſe mouuoir. Parquoy voyant ſon ennemy en tel auantage,
ſe rendit à ſa mercy, s'offrant à faire du tout ſa volunté. Ma volunté eſt (diſt
le Roy) que tu me côduiſes au chaſteau pour parler à ton Duc. Ie m'y acorde, diſt le Geant, mais ie ne vous aſſeure pas de luy. Amadis qui ne demandoit ceſte aſſeurance, luy ayda à leuer. Apres qu'il ſe fut vn peu repoſé, mena le Roy en ſa caue, iuſques à la porte du chaſteau, ou pendoit vne bucine
d'yuoire qu'il entonna trois fois. Or deuez ſçauoir, qu'a chaſcune des quatre portes, en auoit vne, que les Geans ne ſonnoient qu'vn coup, quand ilz
aportoient au Duc bonnes nouuelles de quelque plaiſir ou ſeruice : & ſi
eulx meſmes vouloiét entrer, deux foys l'embouchoient : mais trois quand
la garde eſtoit vaincuë, & amenoit ſon vaincueur. Parquoy le Duc oyant
les trois, vint à la feneſtre qui reſpondoit ſur la porte, & demanda à Braforan : quelles nouuelles ? monſieur (diſt-il) i'ameine ce Cheualier qui m'a
vaincu, & veult eſprouuer voſtre valeur. Ouy dea (diſt le Duc) la porte luy
ſera ouuerte, s'il a en luy tant de hardieſſe d'y oſer entrer. Madaſanil (reſpond Amadis) la hardieſſe ne giſt pas à entreprendre choſes impoſsibles
à la vertu de l'homme, ce ſeroit temerité : mais ſi tu me veulx aſſeurer de
tout, fors que de toy, i'entreray volútiers : Par mes dieux ie t'en aſſeure (diſt
le Duc) qui deſcend pour luy faire ouurir. A' quoy ne differa Amadis, mais
ſi toſt qu'il eut paſſé le guichet marcha ſur vne faulſe trappe, qui luy faillit

V ii　　　ſouz les

fouz les piedz, d'ou il tóba en vne baſſe foſſe, qui enuironnoit tout le don-
ion de la fortereſſe , ou il fut fort froiſſé à la cheutte, pour la peſanteur de
ſes armes. C'eſtoit la ſeureté que Madaſanil luy auoit apreſtée, ſi toſt qu'il
eut ouy le ſon triple de la bucine . La trappe ſe releua & ferma incótinent,
laiſſant le Roy en vne obſcurité hideuſe, auſsi eſtonné qu'il fut oncques depuis la priſon d'Arcalaüs l'enchanteur, qui par ſembable trahiſon l'auoit
enſerré auec ſon pere, & Floreſtan ſon frere qui luy reuint alors en memoire, ſupliant noſtre ſeigneur le vouloir deliurer de ceſte captiuité, comme il
auoit fait de l'autre , cognoiſſant l'intention equitable qui l'auoit precipité
en ce danger. Ainſi qu'il eſtoit en ce deſconfort, de ne veoir moyen de ſortir, ne contre qui en pourchaſſer la vengeance, Floriſel auoit fait pareil deuoir à ſa chaucée contre le geant Zambanel, qui l'auoit mené à la porte du
chaſteau de la meſme ſorte que Braforan auoit fait le Roy ſonnát par trois
foy̋s le cor pendu à la porte: parquoy luy fut l'autre porte ouuerte, ou il tóba en pareille trappe . Et à ſa cheutte , le Roy qui eſtoit ſouz la ſienne l'entendit , par-ce que ce n'eſtoit qu'vne foſſe . Si luy eſcria ſoudain, qui eſt là?
Qui c'eſt (reſpond Floriſel) qui vous fera cher comparer voſtre malheureu
ſe trahiſon. ie croy que la venez payer vous meſmes, diſt le Roy, ne le recognoiſſant point. Sur ces paroles ſe viennent entrechercher aux eſpées tran-
chantes, à tort & à trauers, ſi deſeſperement qu'ilz ſe naürerent l'vn l'autre
en mainte partie de leur corps. Et las de chamailler, s'embraſſerent à la lutte ſi furieuſement qu'ilz tomberent tous deux par terre , ou ilz ſe roulloiét
& forgeoient l'vn ſur l'autre , comme ſur vne enclume, chacun deliberé de
ne ceſſer auant la mort de ſon ennemy. Si à l'heure le Prince Falanges (qui
auoit eſté conduit comme eulx par le tiers geant nommé Madaſaran) ne
fuſt tombé par vne autre trappe: lequel les deux cóbatans n'ouyrent cheoir,
pour le bruit qu'ilz menoient enſemble, que la reſonance de la foſſe renforçoit tellement qu'il ſembloit eſtre plus de vingt Cheualiers . Parquoy
Falanges comme bien fort briſé de ſa cheutte , ſi toſt qu'il les ouyt s'en va à
taſtons les trouuer, s'eſcriant: Quelz diables ſont cecy qui dreſſent chauce-
trappes aux Cheualiers, comme à loups ? les combatans l'oyant ſe ſepare-
rent, & le Roy luy demanda, qui il eſtoit luy meſmes: Ie ſuis celuy (diſt-
il) qui vous punira de voſtre laſcheté frauduleuſe, ſi ſans elle vous oſez deffendre . Laiſſe moy acheuer ce conflit que i'ay contre ce Cheualier (diſt le
Roy) puis ie te reſpondray. Falanges ſe douta de le cognoiſtre à la parole:
Parquoy luy repliqua: ie ſuis bien abuſé, ſi vous n'eſtes trompez cóme moy
meſchamment. Ie le ſuis vrayement (reſpond le Roy) Adonc Floriſel entendit à la voix qui c'eſtoit: Bien le ſuis ie moy (diſt-il) plus que tous, ayát
leué les mains contre celles qui m'ont bien chaſtié de ma follie. Lors diſt au
Roy: A' à monſieur, pardonnez moy l'offence que vous ay faite, veu la penitence ſuffiſante que i'en porte quant & le peché : qui deuois cognoiſtre
voſtre ſplendeur, voire parmy ces eſpeſſes tenebres. Remercions Dieu (diſt
le Roy) qui ne nous a laiſſé paſſer oultre, le prians nous vouloir dóner telle yſſuë

le yſſuë de ce lieu, qu'il me dóna autrefois des priſons d'Arcalaüs,& à mon
pere & voſtre oncle Floreſtan roy de Sardegne, car nous en auons grand
meſtier, veu la façon de laquelle ceſte obſcurité nous à fait acouſtrer l'vn
l'autre. Moy meſme ne ſuis gueres mieux (diſt Falanges) du combat que i'ay
eu contre le maſtin, ſouz la parole duquel ie ſuis venu icy, que trop mieux
m'euſt valu luy auoir trenché la teſte. Alors chacun rendit conte de ſon a-
uenture, s'eſuertuans de prendre cueur contre la fortune. Au reſte s'ilz pou
uoient ſortir de là eulx trois enſemble ilz ne craignoient tout le monde. A-
lors vint le Duc faire ouurir vn ſouſpiral de la foſſe, par lequel il leur cria:
Cheualiers rendez les armes,& acceptez ma priſon,& ie vous feray tirer de
là, pour vous eſtre aminiſtré ce qu'il vous fait beſoing. Ia Dieu ne m'ayde
(reſpond Amadis) ſi ie me fie iamais à telle canaille: Mais ſi tu es ſi bon que
ie te iuge au contraire, laiſſe moy faillir d'icy ſeulement, ſans autrement
m'aſſeurer de ta meſgnie, & tu verras quelle rançon ie te payeray, combien
que i'aye pluſgrand meſtier de repos que de bataille. Ie n'ay que faire (diſt
Madaſanil) d'eſprouuer ta force, puis que ie te tiens à ſi bon marché: mais
tu tremperas encores là, auec tes compagnons, iuſques à ce que la faim te
face parler autre langage. Adonc fit fermer le ſouſpiral, les laiſſant là en
grand deſconfort, ſe remettans à atendre ce que Dieu ordonneroit de la
pucelle Alaſtraxerée, craignans ſur toute choſe qu'ilz ne fuſſent cogneuz
par le roy de Trace, de qui il ne s'aſſeuroit que de la mort.

Comme la pucelle Alaſtraxerée

deliura les trois Princes priſonniers,
par ſubtile inuention.

Chapitre   LX.

V iii   La vaillante

A vaillante Princesse ayāt prins son chemin vers la chau
cée qui luy estoit assignée, n'y peut pas si tost arriuer que
les autres, au moyen du destourbier qui luy suruint, d'vn
Cheualier voulant forcer vne fille qu'elle occist, puis rentra en son sentier, ou elle rencōtra vn page vestu de satin
verd bandé d'incarnat, cheuauchant au galop : lequel si
tost que Florarlan l'aperceut, dist à la Princesse : Ne me croyez iamais s'il
n'est auenu quelque nouueauté au chasteau, que ce page (qui porte la liurée
du Duc) va en diligence annoncer au roy de Trace. Il sera donc bon, dist
elle, que sachōs de luy que c'est, à fin de mieux auiser à nostre affaire. Alors
s'escarta Florarlan, de paour de gaster les faintes. Et Alastraxerée se met au
deuant du page, luy demandant ou il alloit si hasté. Cheualier vous ne le
sçaurez pas (respond il) mais laissez moy passer : car ie n'ay pas cause de m'a-
muser. Si me le direz vous (replique Alastraxerée) ou ie vous abatray ceste blonde

ſte blôde teſte de deſſus les eſpaulles. Et ſoudain mit la main à l'eſpée pour l'eſpouenter. Ha (diſt il) Cheualier ne me vueillez occire , & ie vous conteray le tout . Sachez que le duc Madaſanil mon maiſtre m'enuoye vers le Roy l'auertir de venir incontinent au chaſteau : par-ce que ce matin y ſont arriuez trois Cheualiers par trois chaucées, ayans en vn moment deffait les trois gardes : la bonté deſquelz luy fait iuger que ce ſoient Floriſel de Niquée, Amadis de Grece: & l'vn des deux gemeaux, qui puis n'agueres ont eſté recogneuz : qu'il eſtime eſtre amenez icy par le damoyſel Florarlan, qui a tué ſon geolier Bocarel, pour le change duquel il a iuré la teſte du mignon s'il peult eſtre empoigné , pour l'acoupler à celles des trois autres , ſi les perſonnes qu'il penſe ſont maintenant en ſes priſons . Alors s'enquit Alaſtraxerée de la maniere de leur prinſe, que l'enfant luy raconta à la verité, c'eſt à ſçauoir du ſecret de la faulce trappe . Dequoy elle fut fort ſaiſie au cueur, dont toutesfois elle ne monſtra aucun ſemblant : ains continua à luy demander comme il alloit d'Arlande. Le plus mal du monde (diſt-il) car ſelon qu'elle ſe gouuerne enuers le Duc, nous n'en eſperons que la mort au bout de l'an : veu que pour ſeruice & bon traitement qu'il luy face , il ne la peult conuertir à ſon amour, & auſsi peu par menaces, dont il commence à vſer . Puis que tu nous as tout conté, vaten à la bonne heure querir le Roy, que Dieu vueille bien amener au profit d'elle. Ie le voudrois, diſt le page. Si s'en va : & elle auſsi toſt fait apeller Florarlan , à qui elle diſt : Mon mignon, à nouuel affaire , nouueau conſeil . Si Dieu m'ayde , ie m'atendz auiourd'huy faire la meilleure iournée du monde . Ainſi luy plaiſe , reſpond Florarlan, voſtre bon heur & prouëſſe le peuuent bien. Ie côſidere que par hardieſſe nous ne paruiendrons pas, à ce enquoy trois telz Cheualiers ont failly, au moyen de la trahiſon. Si fault il trouuer remede à leur deliurance, lequel i'ay auiſé tel : que ie me veſtiray de mes propres acouſtremés de femme , & monteray ſur vne hacquenée , menant ma Damoyſelle auec moy ſur la ſienne, & porteray mon eſcu au col, & mon armet en teſte, mais vous demeurerez en ceſte foreſt, iuſques à ce que ſoyez auerty de ce qu'aurez affaire. Ainſi m'en iray vers le Duc , ſouz couleur de luy porter le preſent de ces armes cy , auec nouuelles d'importance. Par-ce moyen i'eſpere entrer dedans la fortereſſe, & du remanét ay bien peu de ſoucy. Et au cas que ma ruſe me faille, ie retourneray en ce boys eſpier le Roy au paſſage, pour eſſayer à le prendre, à fin que pour luy les Princes ſoient deliurez , & ma dame Arlande. Le Damoyſel ayant ouy ceſte cautelle, la trouua ſi bonne que de mere ioye luy alla baiſer les mains, diſant : Madame , le cueur me diſoit bien à qui ie deuois offrir mon ſeruice en ceſte entrepriſe, à qui ou par prudence, ou par magnanimité l'honneur ne pouoit eſchaper. Alors elle ſe tire hors du chemin pres d'vn buiſſon , ou elle s'affubla par deſſus ſes armes d'vne longue robe à femme de veloux violet, bordée de baſtons d'or, & atachée de boutons par deuant, pour ayſément la deſpouiller au beſoing. Puis print ſon eſcu & ſon heaume, & bailla ſon eſpée à ſa Damoyſelle à cacher deſſouz

V iiii

cher deſſouz ſa robe, pour luy rendre quand elle en auroit affaire. Adonc Florarlan prenant congé luy diſt: Ma dame, il ne vous faudroit oſter la robe, mais le harnois pluſtoſt, pour vaincre tous les Cheualiers du monde. Et n'ay pas paour que Madaſanil en reſchape, ſi ce n'eſt par faulte de iugemét. Elle ſe ſouzriant de ce propos, le recommanda à Dieu, bien marry de demeurer derriere: ce qu'il n'euſt fait pour crainte quelconque, ſinon de deſcouurir l'embuſche. Ainſi s'en va la vaillante Alaſtraxerée à la quatrieſme chaucée, ou elle trouua la garde à la porte nommé Broſtolfe, qui de prime face s'eſtonna fort de ſa beauté. Et elle luy diſt: Bon ſeigneur, nous ne venons pas icy pour rauir voz armes, ains pour en porter à monſieur le Duc, de la part de tel qui moult le priſe, comme celuy à qui la couronne Royalle s'apreſte. Pource mettez moy de grace deuát ſa ſeigneurie, pour luy preſenter ces armes, qui ſont ineſtimables en bonté, comme eſt en ſageſſe celuy qui les luy enuoye, auec auertiſſement de grand' conſequence. Le Geant non moins rauy de ſa beauté ſinguliere que de ſon propos, luy diſt, qu'elle eſtoit la bienuenuë, comme celle de qui il s'aſſeuroit que ſon ſeigneur ſeroit autant reſiouy de la bonne grace, que de ſes preſens, de quelque pris qu'ilz peuſſent eſtre. Ie m'en tiendrois trop heureuſe (diſt elle) de pouuoir complaire à tel preudhomme que luy, mon honneur ſauf. Or allons donc ma mignonne (diſt Broſtolfe) & voſtre cópagne auſsi, que ie vous mene droit à luy. Au nom des dieux ſoit (reſpond elle pour mieux couurir ſa menée) Ainſi s'en va par la chaucée qui longue & large eſtoit: mais le Geant ſeru de ſon amour luy diſt en chemin: Ma dame, ie vous voy telle, que ſi vouliez adreſſer voſtre cueur en mó endroit, ie me reputerois plus tenu aux dieux, que s'ilz me faiſoient monarque de l'vniuers. Auſsi de voſtre part ne ſeriez trop abuſée, veu la maiſon d'ou ie ſuis, & la force que i'ay, ne redoutant homme qui viue, ſi feu Furio Cornelio mon couſin n'eſt reſſuſcité: duquel pour le moins la vengeance ne peult gueres tarder, ne celle de Balarte prince de Trace: Par ce que tenons priſonniers d'hier leurs meurdriers meſmes: qui eſt bien pour conſermer l'embaſſade que vous luy portez. Ie ſerois fort heureuſe (diſt elle) de venir à temps de veoir la vengeance de ſi bon Cheualier que fut Cornelio: d'autát que ie n'ay moindre raiſon de haïr ceux qui l'ont occis, que ſes propres parés, & à moy, & aux miés n'eſt deuë moindre vengeance ſur les ſeigneurs de Grece. Quát au mariage dequoy me parlez, nous aurons loiſir d'en deuiſer plus amplement, apres que i'auray fait mon exploit vers monſieur: car vous portez repreſentation de gentilhomme, tel que la Damoyſelle me ſembleroit bien fortunée qui vous auroit à mary. Ie vous baiſe les mains de ce mot (reſpond Broſtolfe) & ainſi gay de ſes nouuelles amours la códuit à la porte du chaſteau: elle ſupliant noſtre ſeigneur en allant luy vouloir dóner entrée par quelque moyen, peu ſouciée du ſurplus. Eulx arriuez le Geant prend le cor qu'il entonne vne foys ſeulement. Qui fit venir celle part Madaſanil ioyeux à la feneſtre eſtant deſſus ceſte porte, & encores plus quand il aperceut la taille, & le beau trait de viſage

d'Alaſtraxed’Alaſtraxerée. Couſin (diſt adonc le Duc) quelle bóne nouuelle eſt ce cy. Ceſte belle Damoyſelle (reſpond il) vous aporte vn preſent d’armes, auec quelque auertiſſement d’vn ſage, qui vous importe. Si la receuez dedans, à fin que ie retourne à ma garde. Le Duc deſcend’ à grand haſte, & luy fit ouurir la porte, & les Damoyſelles entrerent ſur leurs palefrois: dont Alaſtra xerée ſe lance ſoudain en terre, qui eſtonna Madaſanil de ſa haute corpuléce, non ſans quelque ſurſault en ſon cueur que ce fuſt elle, ſelon les enſeignes de ſa renommée. Toutesfois ſans ſi fonder d’auantage luy demanda la cauſe de ſa venuë. Monſeigneur (reſpond il) pour vous faire preſent de ces armes, deſquelles l’armet (oultre ſon prix) à telle vertu que celuy qui le met en teſte, change à l’inſtant ſa premiere forme, comme vous en verrez main tenant l’experience. Adonc le lace, & desboutonnant ſa robbe, ſe monſtre toute armée: dequoy il eur quelque frayeur, mais il ne s’y arreſta, eſtimant que ce fuſt enchantement. Voulez vous voir encores vne autre merueille? Voluntiers, reſpód Madaſanil: C’eſt, diſt elle, qu’vn cauteleux & malicieux paillard comme vous, ne s’eſt peu garder de l’inuention d’Alaſtraxerée. Ce diſant, ſa Damoyſelle luy met l’eſpée en la main, & le Duc gaigne le hault par vn eſcallier, criant trahy, trahy, ſecourez moy Cheualiers. Ceux qui l’entendoient coururent incontinét aux armes, & premiers de tous les trois Geans ſes couſins, qui lors eſtoient au chaſteau. Ce pendant la pucelle court apres Madaſanil, lequel ſe ſauue en vne ſalle haulte, dont il n’oublia à tirer l’huys apres luy. Et comme elle cuydoit chercher autre entrée, fut aſſaillie de plus de vingt Cheualiers, ſans les trois Geans, leſquelz elle receut d’vne hardieſſe nompareille, abatant à ſes piedz deux Cheualiers en deux coups, & faiſant teſte aux autres, ſans leur laiſſer gaigner auantage ſur elle. Mais il n’euſt eſté poſſible à force humaine de ſouſtenir tel effort iuſqu’à la fin, ſi ſa Damoyſelle, effrayée de voir venir celle troupe de gens en armes, ne fuſt fuye pour ſe ſauuer, laquelle trouua vn petit huis de fer ſerré ſeulement par dehors d’vn gros verroul, l’ouurit pour ſe cacher, la ou trouuant vne viz de pierre de taille, deſcend quelques marches, en pleurant & gemiſſant tendremét. Or eſtoit vne des portes par ou on deualloit en la foſſe ou les Prin ces eſtoient, qui l’entendirent gemir. Et Floriſel eſcria: qui eſt ce là qui pleu re? la pauurette cogneut incontinent ſa voix, & luy diſt: Helas monſieur, ie ſuis Galandrie, iamais plus à poinct ne fuſtes trouué, pour ſecourir ma maiſtreſſe, qui eſt la hault aſſaillie de tous ceux du chaſteau. Il n’eſt poſſible d’xprimer la ioye qu’eurent les bons Princes, de ſentir la Damoyſelle en l’eſcallier, s’aſſeurans de pouuoir ſortir par ou elle eſtoit entrée. Si mirent ſoudain armetz en teſte qu’ilz tenoient en leurs mains, & vont à taſtons trouuer l’eſcallier ou elle eſtoit, qu’ilz monterent ſans nombrer: courans ſi toſt qu’ilz furent en la court la part ou ilz entendoient le chamaillis. Ou ilz aperceurent Alaſtraxerée ne faiſant plus que parer aux coups, tant eſtoit laſſe de reſiſter à tant de gens enſemble. Dequoy forcenez, comme Lyons rugiſſans, ſe vindrent atacher à ceſte canaille, en ruant ius les trois premiers

qu’ilz

qu'ilz rencontrerent . Lors le Roy (qui se voyant si bien acompagné n'en eust redouté troys fois autant) cria Gaule , Gaule , voicy Amadis de Gaule l'ennemy des tirans , & leur sequelle . Ce nom les effraya grandement , & d'autant redoubla le cueur à la gentille Princesse , soy tenant à leur venuë hors de tout danger: mais elle sentit ouurir la porte à son dos par ou le Duc s'estoit sauué , lequel elle auisa armé de toutes pieces , ayant l'escu au col peint en champ dor de la figure d'Arlande , & vn grand cimeterre en sa main, qui luy dist: voicy dequoy ie viens deffaire les enchantemens des fem mes: & comme il vouloit sortir , elle le repousse si rudement qu'il fait cinq ou six pas en arriere , & ferme la porte sur eulx , laissans les Princes à traiter la multitude . Lors se trouuant en vne grand' salle commença à escrimer contre Madasanil , & luy de son costé fort furieusement , comme hardy & puissant qu'il estoit: & dura leur meslée longuement , d'autant qu'Alastra xerée ne pouuoit tirer ses coups de si verde veine , à cause du trauail prece- dant , mais si peu qu'elle en tira furent adressez en si bon endroit , qu'elle le couloura tout de son sang , tellement que de foiblesse il s'estendit emmy la place demy mort. Adonc ne fut paresseuse de l'acheuer , sans le laisser trop languir : si le traine par vne iambe à la fenestre , puis le souzleua & ietta du hault en bas , ou il se rompit le col . Ce fait voulant retourner au secours de ses compagnons , ne sceut ouurir l'huys qu'elle auoit fermé , en façon quel- conque . Lors auisant vn petit huisset l'ouurit aysément , par lequel le Duc souloit aller prescher Arlande , pour la conuertir à son desir , qui fut fort estonnée de voir entrer vn Cheualier tout armé en sa chambre , ne sachant que penser de sa vie ou de sa mort: ayant bien entendu la grand' esmeute du chasteau. Alastraxerée qui la recogneut incontinent , combien qu'elle fust palle , & fort ameigrie de la prison, leuant vn peu sa veuë la vint acoller. La quelle Arlande , en sursault prenant pour Florisel , luy ietta les bras au col , disant: las cruel , la prison ou vous me tenez m'est plus rigoureuse que celle ou me trouuez la moytié. C'est chose estrange que la cõsolation ne me vien ne que du costé d'ou pend mon principal tourment. Plusieurs autres plain tes vouloit faire à la pucelle , si elle ne luy en eust coupé la broche, songeant à l'affaire qu'on pouuoit auoir d'elle en lieu plus necessaire : Parquoy luy dist , en se descouurãt du tout la face, ma grand' amye vous me prenez bien pour vn autre: mais il nous conuient penser d'autre chose: c'est de me met- tre hors d'icy , si vous sçauez les estres de ceans , pour aller secourir les bons Princes qui cõbatent en ce chasteau pour vostre deliurance. Ce disant print Arlande par la main (bien marrie d'auoir esté ainsi trompée) & la mene à l'huis qu'elle n'auoit peu ouurir , d'ou elles entendoient le bruit des grandz coups qui se donnoient par les Princes & les Geans, auec leurs satrapes gar- nis de haches , iauelines , & chapelletz d'acier , que vous pouez penser que les trois preud'hommes traiterent selon leur merite: mais depuis qu'ilz sen- tirent l'escrime trop chaude , se tirerent arriere , lançans de loing dardz , & gros carreaux , contre ceux qui s'estoient adressez pres vn mur pour euiter

la ceinture.

la ceinture. Lors Florifel, à qui l'affaire deuoit toucher au cueur plus auant
qu'aux autres, s'enflamba d'ire & de mal talent : dont s'auança d'vn fault
contre Zambanel qui l'auoit trahy, empoignant fon efpée aux deux mains,
de laquelle il luy tire vn coup d'eftoc au deffouz de l'efcu, fi violent qu'il
luy perfe la cuiraffe, luy trauerfant tout le ventre, dont les trippes luy faillirent à la retraite de l'efpée : Et le maftin s'en va roullant le long des degrez
iettant criz horribles de la mort. Le bon Roy, & Falanges en auoient dix
gifa ns à leurs piedz, mais pour rien n'eftoient contez, s'ilz n'y terraffoient
les deux autres Geans, defquelz apres le coup de Florifel ilz eurent trop
meilleur marché. Si les viennent faifir chacun le fien propre de fa chaucée,
de fi pres qu'ilz eurent moyen de fe harper à leurs efcuz, par lefquelz ilz les
deroquerent à leurs piedz, tant auoient le cueur recreu & failly par l'exéple
de leur compagnon. Et gueres ne tarderét à le fuyure à tous les diables, leur
eftans leurs groffes teftes trenchées par ceux mefmes aufquelz ilz auoient
fait la faute. Florifel ce pendant fouftenoit le refte de la mefgnie, laquelle
aux efpouentables criz de Braforan & Madafar fe mit à vau de route, fuyát
par le chafteau, l'vn çà, l'autre là, ou ilz penfoient mieux garentir leurs vies.
Ceux qui furent attrapez rendans les armes, furent receuz à mercy des bons
Princes qui fcauoient aufsi bien pardonner aux vaincuz, que de faire les ou-
trecuydez. Alaftraxerée (comme vous ay dit) furuint fur la fin, encores affez à temps pour donner fur la queuë : laquelle apres l'execution de la victoire, les Princes vindrent embraffer amoureufement : difans que fa prouëffe acompagnée de telle prudence, qu'elle auoit monftrée en cefte auenture, leur faifoit honte : exauçant & eleuant fon fexe par deffus le loz des
hómes : Bienheurée fille que Dieu m'a donneé, difoit le Roy : Bienheurée
feur, difoit Florifel. Lors Falanges, & qui me paffe donc en felicité, ayant
telle dame & efpoufe. Adonc Florifel alla faire la reuerence à la princeffe
Arlande, la remerciant de l'honneur qu'elle luy auoit fait de s'adreffer à luy
en fon extremité, luy donnant occafion de s'aquiter en quelque endroit de
l'obligation d'amour, dont il luy eftoit tant redeuable, fans la pouoir payer
en fa mónoye. Elle qui pleuroit de ioye luy refpond : Helas cher amy, affeu
rez moy de voz playes, auant que vous puiffe tenir autre propos, car i'en
tremble toute de frayeur. Ma dame (dift il) ie ne me fens en danger aucun,
mais regardez à rendre graces au roy Amadis mon feigneur, & au prince
Faláges d'Aftre, & à ma dame Alaftraxerée, qui ont expofé leurs vies pour
la voftre. Ce qu'elle alla faire, la larme à l'œil, les efmouuans tous à grande
compaffion, du piteux eftat ou ilz la voyoient tant amortie & desfigurée,
qu'à peine la pouuoient recognoiftre. Et plus en eurent de fon amour incu
rable enuers Florifel, qu'elle ne pouuoit celer ne diffimuler deuant eulx fa
paffion, chaffant tout autre refpect, comme l'ardent Soleil met à neant les
legeres nuës. Elle donna ordre à les mener repofer, & faire regarder & apareiller leurs playes, par le Cirurgien du Duc. Et luy redoubla fa ioye, quand
elle entendit le difcours du voyage du damoyfel Florarlan, difant qu'elle

eftoit

eſtoit bien tenuë à ſi bel enfant. Au ſouper Alaſtraxerée dechifra la maniere de ſa conduite pour gaigner l'entrée du chaſteau, & du ſurplus : dequoy
leuerent tous les mains au ciel, de grande admiration . Et firent rechercher
la pauure Galandrie , encores mucée en la foſſe : la paour de laquelle auoit
mis la forterefſe en leur ſuiection.

Comme Floriſel s'arma pour faire

*entrer dedans le chaſteau le geant Broſtolfe , qui
ſeul des quatre eſtoit demeuré vif.*

Chapitre   LXI.

E premier ordre que le roy Amadis donna au chaſteau,
fut de garder que perſonne n'en ſailliſt , qui peuſt porter
nouuelles au roy de Trace , de ce qui eſtoit auenu . Parquoy ſuruenant le geant Broſtolfe, qui reſtoit vif des quatre couſins du duc Madaſanil , parce qu'apres auoir conduit Alaſtraxerée il eſtoit retourné à ſa garde , fut auiſé
que Floriſel (le moins naüré) s'armeroit pour luy ouurir la porte, le prenãt
à mercy s'il ſe rendoit en ſon pouuoir, ſinon qu'il en diſpoſaſt par raiſon.
Qui en euſt creu Arlande vn autre euſt eu ceſte commiſsion,laquelle le ſuyuit touſiours de pres,& voyant en paſſant, les gens du Duc pleurans à l'entour du corps de leur maiſtre, diſt hault & cler. O' Madaſanil , que ie ne te
tiens vif, pour tourmenter ton corps à mon aiſe, comme tu as fait mon a-
me. Ie laiſſerois de toy exemple aux hommes , de n'atenter iamais oultra-
geuſement la volunté des Dames . De là allerent à la porte pour receuoir
Broſtolfe, qui ſe trouua fort esbahy du nouueau portier qu'il vit armé de
pied en cap , & plus des corps qu'il cogneut de ſes couſins, giſans emmy la
court, meſme voyant Arlande deliurée pres de ce Cheualier, ne douta plus
de la fortune eſcheuë en ſon abſence: Ha malheureuſe (cria ſur la princeſſe)
deſgaignãt quant & quãt ſon grãd cimeterre, c'eſt par toy que tout ce meſchef eſt auenu,duquel ſur toy i'en prendray la vengeãce. Lors deſmarchoit
pour l'ataindre, quand Floriſel ſe lança au deuant,receuant le coup ſur ſon
eſcu, qui en vola en pieces, mais Floriſel luy chargea le bras meſme,qui luy
cheut ſur le chãp, auec le brand d'acier,luy diſant, groſſe beſte c'eſtoit ton
cas de t'adreſſer aux femmes , mais tu as rencontré Cheualier, qui fera de
toy tel carnage que de tes trahiſtres couſins. Le Geãt apres vn horrible cry,
de la douleur qu'il ſentit du bras abatu, luy ietta l'autre pour l'empoigner,
duquel Floriſel fit autant que du premier , dont le gros diable tomba en la
place, ſe veautrant & roullant comme vn gros Ours, reniant Iupin, Terua-
gant, & tous ſes autres dieux,& maugreant celuy des Chreſtiens,qui auoit

eſté le

esté le maistre. En quoy auint que Florifel luy cuydant trencher le col, luy pourfendit la teste à trauers des machoires, tellemét que la langue luy pendoit fur la poitrine, par miftere de la iuftice diuine, voulant qu'il fuft puny en la partie coulpable. Eftant ainfi defpefché de ce truât, ofte fon armer, & s'en va vers Arlande prefque pafmée de la paour de Broftolfe, laquelle toutesfois luy dift: A, ah, mon cher amy, qu'aufsi bien fuffe-ie fatiffaite par vous, que vengée, ie m'eftimerois de l'abifme de malheur, eleuée au fefte de toute felicité. A' quoy refpondit: ma Dame, il me defplaift de mon impuiffance: au refte n'efpargnez la vie de celuy qui ne peult difpofer de fon cueur ia afferuy. Las ie le cognois bien (dift elle) & ne me puis plaindre que de mon aftre tant contraire à mon heur. Or allons (le prenant par la main) conter au Roy cefte bonne defpefche. Ainfi vont en la grand' chambre, ou les Princes eftoient couchez en diuers liétz, pour fe mieux refiouir par compagnie. Lors Florifel en entrant dift au Roy. Monfieur plus de mortz, moins d'ennemys: ie viens d'enuoyer la guide de ma Dame ma feur porter vn pacquet aux enfers à fes bons coufins. Si l'auez vous mal acouftré en porteur (aiouxte Arlande) ne luy ayant laiffé bras, dont il fe puiffe ayder: dequoy fe prindrent fort à rire. Or luy dift adonc le roy Amadis: Ma dame il fault penfer de la reception du Roy voftre pere, qui ne peult plus gueres tarder. Auquel ie ferois d'auis que la porte fuft ouuerte, de la forte qu'elle a efté au Geant, i'entendz fans luy faire outrage, mais le laiffant entrer feul, pour auoir par ce moyen raifon de luy en voftre endroit, bon gré mal gré, quand il fe verra en noftre puiffance. A' quoy Arlande: las monfieur, mal fied à voftre ferue & captiue de contredire voftre opinion: mais le fang qui ne peult mentir, vous requiert que s'il vient, vous luy laisfiez vfer enuers moy de tel pouuoir que nature luy a donné, prenant garde au demourant à voftre feureté: car ie me fens tant perfecutée de tout defaftre, que veulx deformais lafcher la bride à fortune, à tout ce qu'elle vouldra ordonner de moy. Les Princes louërent grandement la naïue affeétion de la fille fi mal traitée, à quoy le Roy luy refpondit: Ma dame, eftans venuz icy en voftre faueur, ne fommes deliberez nous eflógner en rien de voftre vouloir, mefmement en cefte fainte & naturelle intention enuers voftre feigneur & pere Elle adóc luy fit telle replique: ie recognois par la violéce d'amour, enuers celuy qui eft caufe de tout mon mal, & tout mon bien (iettant l'œil fur Florifel) auoir offencé le Roy mó pere, adreffant mon cueur à celuy, de qui le fang de mon frere me clamoit vengeance: dequoy ie puis trouuer excufe enuers vous, qui eftes la fleur des loyaux amás, laquelle luy pafsionné du zele paternel enuers l'vmbre & memoire de fon filz, ne peut prendre en payement. De ce propos elle tomba aux regretz fur Florifel non tant couuertz que la compagnie ne les entédift, dont ilz auoient tous grand' pitié, quand voicy venir le gentil Damoyfel Florarlan à la porte du chafteau qui heurte, eftans les Efcuyers auec luy, qui eftoient aufsi demeurez dehors: auquel Galandrie enuoyée, auoit conté en chemin le di-

X   fcours de

ſcours de toute l'hiſtoire, dont il mit les genoux en terre, regraciant Dieu de ſa iuſte clemence, diſant telles paroles, en l'honneur du roy Amadis & de ſon lignage, quelles ne ſeroient croyables en ſon aage: & comme raconta la Damoyſelle il l'embraſſoit en parlant, & luy faiſoit reiterer ſouuent vne meſme choſe du plaiſir extreme qu'il en auoit. Floriſel affublé d'vn mã teau de nuiĉt, fourré de martres ſubelines, alla luy meſmes ouurir la porte, ne s'en voulát fier à perſonne: à laquelle il acolla l'enfant par pluſieurs fois: Puis monterent en la chambre, ou la reuerence faite aux ſeigneurs, s'alla a-genouiller deuant ſa mere, qui le baiſe & rebaiſe cent fois, luy baignant la face vermeille de chaudes larmes, & luy à elle, qui tant eſtoit rauie de le te-nir entre ſes bras, que peu s'en falut que d'exces d'aiſe, elle ne deſcouuriſt à l'heure la verité de ſa naiſſance, en le preſentant à ſon pere: mais elle s'en garda, reſeruant le declarer apres qu'il auroit fait acte digne de la race dont il eſtoit yſſu. A`ah (diſoit elle) Florarlan que ma nourriture a eſté bien em-ployée en toy, de qui en ceſt aage ie reçoy deſia tel ſeruice: plaiſe à Dieu me donner vn iour moyen de le te rendre. Adonc luy commença à dire: Ma dame ie vous dois bien d'auãtage, ſi i'auois puiſſance de ſatisfaire. Lors s'en va baiſer les mains au Roy & aux deux Princes: puis venant à la pucel-le Alaſtraxerée luy diſt: Ma dame ie ſçauois bien qu'il n'y auroit forterèſſe inexpugnable à voſtre triple force, de beauté, diſcretion, & vaillance: ie vous remercie de l'honneur que m'auez fait, me receuant pour Eſcuyer en ſi heureuſe auenture. Mon mignon (reſpondit elle) c'eſt à voſtre bon heur que ceſte fortune eſt deuë: ſi vous en ſache gré ma dame Arlande pluſque à moy. En telz propos paſſerent le ſoir, ſoupans enſemble en grand plaiſir de leur viĉtoire, dont ceux du chaſteau auoient tres mauuaiſe part.

Comme le roy de Trace vint au

chaſteau du Lac aux quatre chaucées, ne ſachant rien de ce qui y eſtoit auenu.

Chapitre.   **LXII.**

Le iour

LE iour enſuyuant enuiron mydi, on deſcouurit de loing le roy de Trace, qui venoit acompagné de douze Cheualiers ſeulement: Parquoy les Princes, combien qu'ayás bon meſtier de repos, ſe leuerent pour l'aller receuoir à la porte, comme ilz auoient auiſé. Or venoit le Roy ſans riés ſçauoir de la fortune paſſée, au moyen du bon ordre qu'on y auoit mis. Auquel fut leuée vne porte couliſſe par les ſeruiteurs du Duc, & abatuë auſsi toſt, ſe trouuant bien esbahy d'entrer ainſi ſeul, & ſes gens d'auoir viſage de boys : beaucoup plus le fut, quand il vit ſa fille ſoy proſternant à genoux deuant luy, requerant pardon de l'offence qu'il eſtimoit luy auoir faite, enuirónée des Princes non armez que de leurs eſpées. Monſeigneur, diſt Arlande, i'ay vn temps employé tout mon pouuoir à pourchaſſer la vengeance de Balarte mon frere, ſur ceux qui l'auoiét occis cóme chacun peult auoir entédu : depuis, mes ennemys m'ont rencótré en tel peril, que ſans leur ſecours perdois l'hóneur ou la vie. Qui doncq' ſeroit le cueur ſi inhumain, de procurer la mort de celuy de qui la vie il tiendroit? veu meſmemét que l'accidét de mon frere ne les charge d'aucune trahiſon, ne deſloyauté, & n'eſt à imputer qu'au hazard ordinaire de la guerre. A' ce ſte cauſe eſtant par vous liurée contre mon gré à Madaſanil, ſouz códition de vengeáce ſur les princes de Grece, auſquelz i'eſtois redeuable de ma deliurance, à tout le moins eulx quittes enuers moy, par cópenſation du bien au mal, ilz m'ont ſecouruë en la captiuit ou i'eſtois : de telle ſorte que vous voyez, nonobſtát les trahiſons du Duc, comme ce noble ſang eſt touſiours en la protection de Dieu. Pource vous ſuplie monſeigneur, conſiderer mon fait par raiſon, apaiſant voſtre courage en mon endroit, & faiſant apoinctement auecques ceux de qui l'alliance ne reçoit comparaiſon de celle

X ii   de Furio

de Furio Cornelio. Quand à moy, ie m’offre à vous, pour en difpofer à voftre volunté, côme Ifaac fit à Abraham fon pere. Et d’eulx ie vous affeure
que ne ferez empefché en vn feul poinct de voftre liberté Royalle. Voyez
cy le grand roy Amadis de Gaule, voylà Florifel de Niquée, de qui le pere
m’a fur la mer fauué la vie, voylà le prince Falanges d’Aftre, & la vaillante
Alaftraxerée, qui ne defirent que voftre amytié, combien qu’ilz vous tiennent entre leurs mains. Le Roy en oyant la fage requefte de fa fille, fut efmeu du fuiet prefent & naturel, tellement qu’il luy fit oublier le paffé de
fon filz : confiderant la courtoifie extreme de fes ennemys, qui luy vindrét
faire la reuerence, en tel auantage qu’ilz auoient fur luy. A’ cefte caufe fe refolut de faire apoinctemét auec eulx, leurs difant: Meffieurs, ce feroit grád
fimpleffe à moy d’apeller de fentence de iuge fouuerain, & fans fuperieurs,
i’entendz de noftre feigneur, que ie voy vous fauorifer en toutes voz entreprifes, fpecialement en la prefente, qui me rend voftre obligé, de l’honne-
ftetè dont vous vfez à l’endroit de celuy que tenez en voftre pouuoir. Partant vous declare, qu’en effaçant du tout la memoire des chofes paffées, ie
defire voftre alliance & confederation eternelle, s’il vous plaift me l’otroyer. Et à vous ma fille, veu voftre repentance & fatisfaction, ie remetz toute
l’indignation que ie pouuois auoir contre vous. Lors elle luy embraffe les
genoux, & il la leue, & baife en la face, arrofant fa barbe blanche de groffes
larmes meflées auec celles de fa fille. Apres vint au roy Amadis, & aux autres Princes donner les accollades, dequoy fut demené grand’ ioye par
le chafteau. Si monterent en la grand’ falle, là ou fe repofans, conterent au
roy de Trace la forme de leur venuë, prife, & victoire : dont il fut fort efmerueillé. Alors entra le damoyfel Florarlan, qui fe vint mettre à genoux
deuant le Roy, qui luy bailla la main, difant: mignon, quand ie fuz auerty
de la mort du Geolier, ie ne te la penfois pardonner fi ioyeufement, monfeigneur (refpondit il) tout eft conduit par la main de Dieu, & à bon port,
comme vous voyez. Les Princes merueilleufement contentz de l’efprit &
de la grace de ceft enfant, demanderent à Arlande qui il eftoit: laquelle refpondit qu’elle n’en fçauoit autre chofe, finon que le fage Aftibel luy auoit
donné, l’affeurant qu’il eftoit forty de hault lieu, comme lon cognoiftroit
quand fon temps feroit venu. Il en porte bien la phifionomie (dift le roy
Amadis) Dieu le face aufsi bon qu’il eft beau & bien apris. Alaftraxerée
n’en dift pas ce qu’elle en penfoit, l’ayant fceu d’Arlande mefme, vn iour
qu’elle la print pour Florifel au treillis du verger, & pour mieux l’atraire à
fon defir, luy declara qu’elle auoit vn bel enfant de luy: mais la fage pucelle n’en voulut rien defcouurir, iufques à ce qu’il fut recogneu: comme il fera raconté en la tierce part de cefte hiftoire, contenant fes faitz encores plus
cheualeureux en fon aage d’homme, que fa petite ieuneffe n’auoit efté di-
fcrette. Les tables furent couuertes pour fouper, qui fut fort recreatif felon
la fortune. Apres lequel, le Damoyfel mettant vn genoil en terre deuant le
roy Amadis, le fuplia luy otroyer vn don. Ouy, foy de prince mon beau
filz, de

filz, demandez hardiment. Monſeigneur c'eſt d'aller à Conſtantinople porter aux Dames les premieres nouuelles de voſtre bonne auenture, pour leur rendre autant de ioye, que leur ay donné de triſteſſe. Ce que luy eſtant acordé trop voluntiers, partit le lendemain en grand' diligence. Le roy de Trace fit faire enterrement & ſepulture ſolemnelle au duc Madaſanil, & à ſes couſins à la mode payenne: & ſeiourna enuiron quinze iours en ce chaſteau, tandis que les Princes ſe gueriſſoiét de leurs playes: Vn iour deſquelz Arlande ſa fille luy declarât le deſir qu'elle auoit d'aller aux noces des princes Floriſel & Lucidor, il delibera y aller luy meſme, tant eſtoit ſatisfait de l'honorable compagnie des princes Grecz, mais auant qu'ilz fuſſent paſſez, arriua la flotte de l'Empereur de Rome & de Lucidor, leſquelz deſcenduz en terre marcherent en ordonnance de bataille iuſques à la fortereſſe du Lac, au grand eſpouentement de tout le païs, & du Roy meſme, quand il deſcouurit du chaſteau les enſeignes Romaines & Frãçoyſes, ſi les ſeigneurs ſes hoſtes ne l'euſſent aſſeuré d'eulx, comme de ſes amys: deſquelz les chefz vindrent au chaſteau, qu'ilz cogneurent ſi fort que leur grand' puiſſance y euſt de peu ſeruy, ſans la ſubtille inuention de la pucelle Alaſtraxerée. Or fut acreuë la ioye à leur venuë, & apres quelques iours de repos, les Nauz de Trace eſtans apareillées firent voyle toutes enſemble par bon temps la route de Conſtantinople, paſſant l'ennuy de la mer en tous les deduitz dont ilz ſe peurent auiſer.

Comme le damoyſel Florarlan

porta à Conſtantinople les nouuelles de la
victoire des Princes.

Chapitre. LXIII.

X iii Le Damoyſel

LE damoyſel Florarlan arriua en peu de iours à Conſtantinople, là ou ne vous fault declarer la chere qui luy fut fai
te par les Dames, veu les ioyeuſes nouuelles qu'il portoit:
pour leſquelles furent faitz feuz de lieſſe en la ville, auec
dances publiques à l'entour, iuſques à l'arriuée de la flotte
des Roys & princes, qui fut auec tant de fanfares pompes
& magnificences, que trop longues ſeroient à reciter. Grand recueil fut fait
au roy de Trace en la cité par les Empereurs & par les Princeſſes, & à Arlã-
de pareillemét: laquelle eſtant careſſée par Helene luy diſt: Ma dame, l'aſſeurance que pouez auoir de voſtre beauté par deſſus toutes celles du monde, & de la loyauté de voſtre amy, vous garde de ſurſault pour ma venuë.
Si le dernier (reſpõdit elle en ſouzriant) ne m'aſſeuroit plus que le premier,
i'aurois occaſion de crainte, pour la perfection que ie voy en vous. Là deſſus
ſuruint Darinel qui rompit leur propos, par ſes ioyeux diſcours acouſtu-
mez de glorieuſes penſées de ſa maiſtreſſe Siluie: laquelle auſsi venant receuoir la princeſſe Arlande luy fit monter la couleur au viſage, par la memoire du bon tour qu'elle auoit ioué à Floriſel en la foreſt, s'affublant du
manteau de Siluie. Le l'endemain arriua la ducheſſe Armide, bien acompa
gnée de Damoyſelles & Cheualiers, & en treſmagnifique arroy, n'ayant
rien oublié ne obmis de ce qui pouuoit ſeruir à quelque teſmoignage de ſa
grandeur. Au deuant laquelle les Princes ſortirent hors de la cité, pour la
recueillir honorablemét. Entre leſquelz vous deuez croire que l'Empereur
de Rome ne demeura derriere, qui ſe tint bien pour le mieux party, de la
ioye de ſa venuë, à cauſe de l'acompliſſement du deſir qu'il auoit de la pren
dre à femme, qui fut accordé quant & les autres. Peu de iours apres vint le
prince Olorius, & Luciane ſa chere eſpouſe. A' la reception deſquelz, la pucelle

celle Alaſtraxerée ne fut pareſſeuſe & ſon frere Anaxartes: duquel elle eut
en peu de paroles pratiqué le mariage, auec la belle Oriane, qui fut aſsigné
au iour noſtre Dame de Septembre, dont la ioye eſtoit nompareille de luy
& du prince Falanges, qui ne ceſſoient chacun iour de faire armes diuerſes
pour l'amour de leurs Dames. Les derniers arriuerét l'empereur Lucencio,
& Axiane ſa femme: puis Perion, ſeigneur de la grand' Turquie, & la royne Gricelerie. Iamais la ville de Conſtátinople n'auoit eſté ſi pleine de peu
ple, & autant y auoit de tentes & pauillons tenduz en la campagne, & bien
tel nombre de vaiſſeaux au port, qu'il y auoit eu au cruel ſiege de Lucidor:
Car il n'y eut Prince ne Cheualier qui en peuſt ſçauoir les nouuelles, qui ne
s'y trouuaſt pour veoir la pompe extreme de tant de noces illuſtres, & s'exercer es braues iouſtes & tournois.

Comme les fiançailles & noces des

Chapitre   LXIIII.

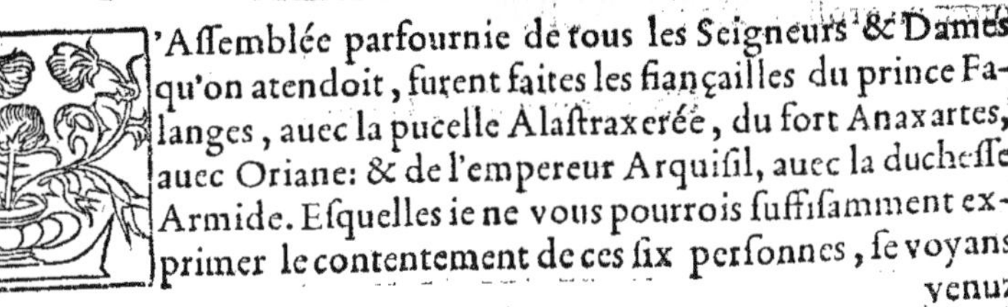

'Aſſemblée parfournie de tous les Seigneurs & Dames
qu'on atendoit, furent faites les fiançailles du prince Falanges, auec la pucelle Alaſtraxerée, du fort Anaxartes,
auec Oriane: & de l'empereur Arquiſil, auec la ducheſſe
Armide. Eſquelles ie ne vous pourrois ſuffiſamment exprimer le contentement de ces ſix perſonnes, ſe voyans
venuz

venuz au port de leur fouhait, apres tant d'angoifles & tormens. Or deuez
fçauoir, qu'oultre tant de grandz feigneurs qui s'y trouuerent, ceux qui eurent empefchement, y enuoyerent (felon la couftume de leur temps) leurs
ymages taillées pres du naturel, qui furent toutes afsifes en vn hault trofne
erigé en la maiftreffe falle, & donnerent grand plaifir à les côtempler. Dehors la ville furent dreffez force beaux theatres & efchafaux, pour les fo-
lemnitez de la pompe nuptialle, & apareil des iouftes, & autres emprifes
d'armes. L'ordre ainfi donné à tout, trois iours apres les fiançailles, les nouueaux fiancez parez & atournez de drap d'or, d'argent, & de pierrerie infinie, furent conduitz du palais iufques au temple (qui pres eftoit) chacuns
par fes parrains & marraines : c'eft à fçauoir, Falanges & Alaftraxerée, par le
roy Amadis & la royne Oriane : Lucidor & la princeffe Oriane, par l'empereur Efplandian & fa femme : Anaxartes & fon Oriane, par l'empereur
Lifuart & l'emperiere Abra : Florifel & Helene, par l'empereur Lucencio &
fa femme : Zahir & Timbrie, par dom Frifes & Siluie. Ce qui donna le plus
de plaifir fut Darinel, qui marchoit deuant, veftu à la paftorale, fa houlette
en vne main, fa cornemufe en l'autre, de laquelle il ne fonnoit à caufe des
haultboys, mais alloit danfant par les rues à mefure & cadence, faifant iam
bes routes, moulinet, auec boffettes, pas de cheual, & maintz autres faultz,
paffages, & tours de pied, voire d'vne telle grace, que les plus fages ne fe
pouuoient tenir de rire. Au temple ilz furent voilez en grande cerimonie
par vn Legat enuoyée expres par le Pape. Apres les benedictions, retourne
rent au palais imperial, ou ilz trouuerent les tables couuertes pour le feftin:
auquel furent feruiz felon leur grandeur, auec melodie de rares & diuers in
ftrumentz. Eftás leuées, Darinel vint à gambader en place, lequel le roy A-
madis apella luy difant : Mon amy Darinel, ie voudrois bien entédre la raifon de l'habit de berger qu'auez pris auiourd'huy : d'autát que i'eftime plus
l'inuention de voz deuifes, que celles de tous ces feigneurs cy. Monfeigneur, (refpondit-il) c'eft pour fignifiance de reuenir au premier eftat des
hommes, puis que ie voy mon efperance faillie, le iour que chacun a iouïffance de la fienne. Le prince Falanges, qui toufiours luy menoit la guerre,
luy replique. Quel befoing as tu de cornemufe en telle occafion de defefpoir ? Pour me reconforter moymefme (dift-il) en me contentant fur le ieu,
en plus grand' gloire de mes penfées que les voftres, ayans afpiré plus hault
que la puiffance ne pouuoit ataindre. La rifée fut grande, du bon payemét
qu'il auoit rendu au prince Falanges. Et de là s'alla coucher aux piedz de fa
belle maiftreffe Siluie, fonnant & chantant fes pafsions & amourettes rufti-
ques, en groffe ryme champeftre.

Chant ruftique de Darinel.

A *dieu*

A' Dieu ville vous command,
Il n'est plaisir que des champs.

Lautr'hier ie trouuay Siluette
Son petit troupeau gardant,
Quand ie l'auisay seulette
S'amour allay demandant.
    A dieu &c.
A' quoy pensez vous bergere
En ceste fleur de quinze ans,
La beauté passe legere
Comme la Rose au printemps.
    A dieu &c.
Fille qui ne fait amy
De tout son desir content,

On ne fait cas ne demy
De son teint ne son corps gent.
    A dieu &c.
Il vous donnera ceinture,
Demy ceint ferré d'argent,
Rouge cotte & la doubleure,
Plus que l'herbe verdoyant.
    A dieu &c.
A la feste aurez la dance
Et le ioyau triumphant:
Lors vy à sa contenance
Qu'elle s'alloit eschaufant.
    A dieu ville vous command,
    Il n'est plaisir que des champs.

Nul ne se pouuoit tenir de rire, de ce ioyeux chant, acompagné d'vn geste de mesme, auec menuz souspirs, sanglotz, & œillades vers sa maistresse. Lors il se leua pour le dancer quant & quant, en batant les sonnettes d'argent, dont son gaban estoit semé, & ses brodequins aussi. Adonc continua.

Respond, qu'elle est si ieunette
Que n'entend mon preschement,
Mais qu'on dit qu'en amourette
N'y a que peine & torment.
    A dieu &c.
Depuis l'espie au passage
Tant que la trouué filant
A l'orée du boscage
Pres de son troupeau bellant.
    A dieu &c.
Dieu gard (dis) la filandriere
Et celuy qui la surprend:
Elle regarde derriere
Et vn doux salut me rend.
    A dieu &c.
Belle (dy-ie) à ce solage

Vous haslez vostre teinct blanc:
Vous seriez mieux à l'ombrage
De ce petit couldre franc.
    A dieu &c.
Voicy vn chapeau de paille
Vn cœuurechef bauolant:
Combien que le don peu vaille
Le cueur est franc & vaillant.
    A dieu &c.
Ie l'affuble, & luy declare
Que de soif allois mourant:
Me meine à la source claire
Ou luy dis le demourant.
    A dieu ville vous command,
    Il n'est plaisir que des champs.

Chacun prenoit grand plaisir au passe temps que Darinel leur donnoit, disans à Siluie (demy pasmée de rire) que son honneur restoit soupçonné, s'il n'en dechifroit la fin. Ie ne veux oublier à vous dire, qu'on auoit desia couuert pour le soupper, qui fut tresmagnifique, & le bal apres, ou vindrét

Y   plusi-

pluſieurs bandes de maſques de diuerſes façons: qui fut aſſez toſt finy, pour
la haſte qu'auoient ces loyaux amans d'aller receuoir le doux loyer de leurs
longs & angoiſſeux ſeruices , que leurs hiſtoires particulieres racontent . Si
fut chacun couché ſolénellement, auec ſa nouuelle eſpouſe, iuſques au léde-
main, qu'au retour de la meſſe arriuerét en court ſix pucelles, toutes veſtuës
de drap d'or, dont la plus aparente des premieres portoit vne ymage d'or,
de taille fort exquiſe : laquelle la reuerence faite, leur diſt : Treſexcellens
Princes, la royne Cleofile ma maiſtreſſe ſaluë voz mageſtez , vous auertiſſant qu'elle ne s'excuſe d'abſence par ceſt enuoy, qui eſt ſa vraye effigie naturelle: ains eſtime bien acomplir par luy l'obligation de ſa venuë:d'autant
qu'en luy la pouuez veoir côme preſente. Car les traitz & lineamens ſont ſi
propres, qu'on n'y pourroit aiouſter ne diminuër. Et elle ne s'eſtime en rien
plus viue que la ſtatuë, ayant laiſſé ſon ame en ce palais: laquelle ſuplie eſtre
remiſe en ce corps, par celuy qui en eſt demeuré proprietaire . Tous les ſeigneurs & dames furent esbahis de ceſte harangue eſtrange, & priſerent fort
l'image, dont la façon paſſoit le pris de l'eſtoffe. Si fut asſiſe au plus honorable lieu du troſne , ou entre tous elle fut contemplée à loiſir , par le beau
damoyſel Florarlan : en telle ſorte que de ſon regard fainct & ſimulé , elle
lança en ſon ieune & tendre cueur, rayós plus ardens d'affection veritable,
que ne fit iamais la Venus de marbre faite iadis par Praxiteles. Dequoy depuis porterent teſmoignage ſuffiſant , les peines & trauaulx quaſi incroyables par luy ſouffertz pour l'amour de la belle royne Cleofile, qui auoit remis la diſpoſition entiere de ſa perſonne es mains du roy Amadis: deſquelz
la tierce partie de ceſte hyſtoire fera ample & ſpecial diſcours.

De l'auenture eſtrange des Da-

moyſelles de la roye Sidonie. Et comme le roy Amadis
fut enleué & tranſporté par les ſages.

Chapitre   LXV.

Le lendemain

E lendemain à l'iſſuë du diſner entrerét en la grand' ſalle du palais ſix pucelles veſtuës en long deul, auec cótenance bien conforme à leurs habitz. Deux deſquelles, apres deuë reuerence, deſployerét vn parchemin, auquel eſtoit pourtrait & painct en or & azur, les faitz de Floriſel de Niquée, & de Falanges d'Aſtre en l'Iſle de Guindaye, & leurs perſonnages, tant au vif qu'il ne ſembloit reſter que la parole. Ce qui troubla fort le prince Floriſel, meſmemét quand vne d'entre elles, pendant que les autres tenoient le parchemin tendu, vint ouurir vne lettre, & auant que la lire, leur diſt: Oyez tous & toutes la ſeule vengeance que la royne Sidonie peut prendre de celuy qui luy a fait offence mortelle, lors cómença.

Lettre de la royne Sidonie.

Sidonie royne de l'Iſle de Guin-

daye, fondatrice des loix glorieuſes, à ſa honte. A toy faint Moraiſel ce ſalut enuoye, pour mieux t'en pouuoir priuer. T'ayant fait preſent de ma perſonne & ſeigneurie royalle, fuyuant la rigueur de mes ordonnances, tu l'as frauduleuſement acceptée, nonobſtant l'incapacité de la tienne, te ſeruant d'vne partie de l'edit, en violant l'autre. Et ayant ainſi iniuſtement vſurpé l'honneur de mon lit Royal, m'as laiſſée en long regret de ton abſence, ſans oncques puis m'auertir de l'abus que m'auoit braſſé. Mais du nouueau lit

Y ii   par toy

par toy pratiqué qu'elle excuſe en peulx tu forger? ſinon d'auoir voulu racheter la vie du gentil prince Faláges d'Aſtre. A' a l'amytié t'obligeoit bien
à expoſer pour luy la tienne, non pas ton honneur & la mienne: dequoy
i'apelle les dieux à ma vengeance que tu as pariurez en noz eſpouſailles: &
la pourchaſſeray enuers les hommes par le fruit meſmes yſſu de toy d'vne
fille, dont m'as laiſſée enceinte: laquelle pour l'auantage de beauté qu'elle
a ſur toutes les belles du monde, ay nommée Diane, à la ſemblance de celle dont la planette efface au ciel les autres. Laquelle ie nourriz pour pris &
loyer de ta teſte, la promettant à femme auec mon royaume, à quiconque le
preſent m'en aportera. Pource ay fait baſtir les tours de Phebus & Diane,
ou elle ſera encloſe, ſans eſtre veuë d'homme viuant, iuſques à la venuë de
mon vengeur ſon mary: qui lors luyra en ton lieu, elle eclypſant au mien,
apres la compagnie que mon ame ira faire à la tienne. Pour aſſeurance deſquelles conditions, ay ſigné ceſte lettre de mon nom, & l'enuoye ſéeller de
ſon ſang en ta preſence, auſsi innocent que le tien eſt laſche & coulpable.

La pucelle ayant acheué la lectu-

re de la lettre, tira vne dague deſſouz ſa robe, & ſes compagnes pareillement chacune la ſienne, qu'elles ſe fourrerent à deux mains parmy les poitrines, tombans deſſus mortes en la place, qui fut toute tainte & ſouillée
de leur ſang. Or telle eſtoit en ce temps la rigueur de ſeruitude, que les ſuietz franchement immoloient leurs corps au ſimple commandement de
leurs ſeigneurs, principalement es contrées des meſcreans & payens. Ce
qu'elles firét ſi ſoudain qu'on ne peut auoir loiſir de les en deſtourner. Dequoy tous les Seigneurs & Dames furent tellement troublez, qu'ilz demeu
rerent long temps comme ſtatuës fichez ſans mot ſonner. Mais Floriſel à
qui le cas touchoit ſpecialement, eſtant ſaiſi d'vne douleur extreme, apres
quelque pauſe parla en ceſte maniere: Si, treſilluſtres ſeigneurs, par la loy
de vraye amytié, on ne doit eſpargner corps ne biens à quelque beſoing de
l'amy, que pouuós nous reſeruer au poinct de l'extremité de ſa propre vie?
auquel eſtoit tombé le prince Falanges, par les loix rigoureuſes de l'Iſle de
Guindaye, ſi ie ne luy euſſe donné ſecours ſoudain: combien qu'au preiudice de la foy que ie deuois à Dieu premier, puis à ma chere dame Helene,
de laquelle ie n'eſpere moindre pardon que de la maieſté diuine enſemble
offencée, la Royne qui m'acuſe eſt douée de tant de grace & perfection que
ſeule pouuoit forcer tout cueur humain à ſon vouloir, & ſi elle ſe plaint du
lien trop ſolemnel des faintes noces, à elle meſme doit imputer le meſchef
auenu, par la contrainte de ſon ordonnance. Toutesfoys pour ſatisfaction
de ſon honneur (dont on me voudroit charger) ie conſens que le preſent
pourtrait ſoit ataché en vn perron qui ſera eleué en la court de ce palais, &
l'accident de ces pauures pucelles en vn autre, pour mieux publier le fait:
à fin que

à fin que par ignoráce Cheualiers ne luy faillent à l'entreprife de fa querelle : pour laquelle des maintenant ie iure & prometz affeurance, telle qu'il
conuient en tel deffy, à tous ceux qui font ores en cefte cité, lefquelz voudront contre moy entrer en camp pour elle, à fin que fi la vengeance luy eft
deuë, de ma part ne foit differée. Ainfi acheua Florifel fa refponce, qui trop
luy coufta de fon fang (comme l'hyftoire deduira amplement en la tierce
partie) la beauté foueraine de la fille, feruant d'experience plufgrande de
pareille bonté & valeur du pere. Ce iour les Damoyfelles furent inhumées
honorablement, & le pourtrait de leur mort affiché en vn des perrons. Le
lendemain fut continuée la fefte, qui dura enuiron vn moys. Adonc les
Princes eftranges prindrent congé des feigneurs Grecz, pour retourner en
leurs terres, qui firent à tous de beaux & riches prefens. Apres partit aufsi
la royne d'Argenes, & le fage Alquif, & Vrgande, ayans planté vis à vis
du grand palais chacun vn perron de cuyure, auec telles propheties en lettres Grecques.

Prophetie de la royne d'Argenes.

Quand le feul auec la feule fera

feul, fçaura le feul que feul peult eftre feul.

Prophetie d'Alquif.

Quand la belle Diane fera pleine

du refplendiffant Apollo, la maifon de fa premiere exaltation fera vuide,
pour la plufgrande impreffion de fa conionction, difpofée à plus haultz
facrifices que les litz des apareilleurs.

Prophetie d'Vrgande.

Quand le filz de la braue Lyon-

ne prendra vie des criz de fa mere, ceux qui ont logé la gloire en Grece la
perdront, pour ailleurs l'aquerir plus grande.

De ces propheties demeurerent

tous fort esbahis, ne pouuant nul rien comprédre de leur fuftance: & ainfi

Y iii

durerent

durerent long temps auant qu'eftre dechifrées. Ce fait les fages defpefche-
rent leurs adieux, enuers tous les Seigneurs & Dames, emmenans quant &
eulx le roy Amadis & la royne Oriane: lefquelz (nofans en rien defobeïr
à leurs commandemens) les fuyuirent au grand regret de toute leur lignée,
qui ne fçauoit ou les fages les tranfportoient. Si les acõpagnerent en pleurs
& douleurs iufques à leur nef qui les atendoit au port, equipée & garnie de
toute prouifion ueceffaire, ou ilz prindrent les doux baifers & acollées: leur
faifant le Roy auant qu'embarquer vne brieue remonftrance de l'obferuation de la loy diuine, & du iufte gouuernemét de leurs peuples. Puis entra
en la nef, & aufsi toft firent voile, les bons Princes au haüre, les conduifans
de l'œil tant qu'il peut porter. Ce fait triftes & dolens retournerent en la
ville: d'ou dedans peu de iours fe retira chacun en fes païs: c'eft à fçauoir
Efplandian & fa femme en la grand' Bretaigne (laiffant Lifuart & Abra
Empereurs de Conftantinople) Amadis de Grece & Niquée en leur Empire. Ou peu apres Florifel & Helene les fuyuirent, lefquelz l'année mefme eurent fruit de lignée vn beau filz nommé Rogel de Grece. Autant en
eut à mefme terme Falanges en Colchos de fa chere Alaftraxerée: qu'ilz
nommerent pour fes vertuz eftranges Agrifilan. De Lucidor pareillement
nafquit Lucendos de Gauie. Et du fort Anaxartes, dom Arlanges d'Efpa-
gne, pour le droit fuccefsif qu'il y auoit du chef d'Olorius fon ayeul. Defquelz Galorfis le grand croniqueur, auĉteur de la tierce & quarte parties
de cefte hiftoire, deduira à plain cy apres les faitz & geftes cheualeureux,
entremeflez de maintes amoureufes pourfuites, continuant le fil du difcours precedent efcrit par la royne d'Argenes, laquelle en ceft endroit a-
cheua fa vie & fon liure.

Fin du dixiefme liure d'Amadis de Gaule, imprimé nouuellement
à Paris par Eftienne Groulleau Imprimeur, pour luy,
Iean Longis, & Vincent Sertenas Libraires.

1 5 5 2